Ulfert Zöllner

An den Peripherien Westeuropas

HISTORISCHE EUROPA-STUDIEN
HISTORIC EUROPE STUDIES

Geschichte in Erfahrung, Gegenwart und Zukunft
History in Experience, the Present and the Future

herausgegeben vom
Institut für Geschichte
der Stiftung Universität Hildesheim
unter der Leitung von Michael Gehler

edited by
the Institute of History
University of Hildesheim
directed by Michael Gehler

Band 25
Volume 25

Ulfert Zöllner

An den Peripherien Westeuropas

UV

Universitätsverlag Hildesheim
Hildesheim

O̲

Georg Olms Verlag
Hildesheim · Zürich · New York

2022

Ulfert Zöllner

An den Peripherien Westeuropas

Irland und Österreich und die Anfänge der wirtschaftlichen
Integration am Beispiel des Marshall-Plans

Universitätsverlag Hildesheim
Hildesheim

Georg Olms Verlag
Hildesheim · Zürich · New York

2022

Diese Publikation entstand in Zusammenarbeit von Georg Olms Verlag und
Universitätsverlag der Stiftung Universität Hildesheim.

Die Deutsche Nationalbibliothek verzeichnet diese Publikation
in der Deutschen Nationalbibliografie; detaillierte bibliografische
Daten sind im Internet über http://dnb.d-nb.de abrufbar.

Hochschulschriftenvermerk: Dissertation, Stiftung Universität Hildesheim,
Fachbereich 1 Gutachter*innen: Janna Teltemann, Michael Gehler,
Wolf D. Gruner (Universität Rostock), Tag der Disputation: 28.11.2019

© Georg Olms Verlag AG, Hildesheim 2022
www.olms.de
© Universitätsverlag Hildesheim, Hildesheim 2022
www.uni-hildesheim.de/bibliothek/universitaetsverlag/
Alle Rechte vorbehalten
Gedruckt auf säurefreiem und alterungsbeständigem Papier
Satz: Jan Jäger
Umschlagentwurf: Anna Braungart, Tübingen
Herstellung: Hubert & Co., Göttingen
Printed in Germany
Print-ISSN 1869-1196
Print-ISBN 978-3-487-16052-8
Online-ISBN 978-3-487-42313-5

Danksagung

Ein langjähriges Projekt ist nun vollendet.

Mein besonderer Dank gilt meinem Doktorvater, Prof. Dr. Dr. Wolf D. Gruner. Obwohl ich mit einigen Herausforderungen zu kämpfen hatte, glaubte er unbeirrbar an mich und das Gelingen des Promotionsprojektes. Er hat mich stets unterstützt, motiviert und bestärkt, die Doktorarbeit abzuschliessen.

Ein großes Dankeschön geht auch an meinen weiteren Doktorvater, Prof. Dr. Michael Gehler. Er hat die Promotion nicht nur intensiv begleitet, sondern wichtige Impulse gegeben und ebenso wie Prof. Dr. Dr. Wolf D. Gruner an das Gelingen geglaubt. Darüber hinaus hat er nach Abschluss der Promotion das Buchprojekt, das mit einem ergänzenden Aspekt hier vorliegt, forciert. Für mich war es eine besondere Ehre, gleich zwei Inhaber eines Jean Monnet Lehrstuhls an meiner Seite zu wissen und damit die Möglichkeit zu haben, einen Beitrag zur europäischen Integrationsforschung zu leisten.

Die Dissertation ist durch ein Projekt am Institut für Geschichte der Stiftung der Universität Hildesheim hervorgegangen. Mein Dank gilt auch der Stiftung, ohne deren Förderung die vorliegende Veröffentlichung nicht möglich gewesen wäre. Neben dem Dank an meine beiden Professoren, möchte ich mich sehr herzlich bei meiner guten Freundin und Wegbegleiterin, Rebecca Bernstein, bedanken. Unsere gemeinsamen Arbeitstreffen und der kritische Diskurs waren eine wichtige Stütze, um Arbeitsfortschritte diskutieren zu können. Danke Rebecca. Simone möchte ich ebenfalls meinen Dank aussprechen, wie auch Ulla und Mel.

Ein großes Dankeschön geht auch an meine Frau und meine Kinder. Sie haben den langen Prozess mit einer großen Portion Langmut und viel Verständnis begleitet. Ein letztes Dankeschön gilt meinen Eltern, die immer an mich geglaubt haben.

Vorwort

Die historische Beschäftigung mit Kleinstaaten und mittleren Staaten in Europa ist nach wie vor sehr lohnenswert, insbesondere ihr Agieren und ihre Rolle im Kontext der europäischen Integration, v. a. wenn man an allianzfreie und neutrale Staaten denkt, von denen es immerhin noch sechs mit Finnland, Irland, Malta, Österreich, Schweden und Zypern im Rahmen der heutigen Europäischen Union gibt. Ausmaß und Intensität der europäischen Einigungsdynamik hatten jeweils Rückwirkungen auf das Verständnis von Allianzfreiheit und Neutralität dieser Staaten, was von den Anfängen des Integrationsgeschehens bis in die jüngste Zeit verfolgbar ist.

Selbst die Einführung einer wechselseitigen militärischen Beistandspflicht zwischen den EU-Staaten durch den Vertrag von Lissabon 2009 schloss eine fortbestehende dauernde Neutralität eines Mitgliedstaates nicht aus. Im Falle eines bewaffneten Angriffs auf das Hoheitsgebiet eines Mitgliedstaates sollten die anderen Staaten „alle in ihrer Macht stehende Hilfe und Unterstützung" schulden (Art. 42 Abs. 7 Satz 1 EUV). Die Beistandsklausel, die aus dem 2005 gescheiterten Verfassungsvertrag übernommen wurde, wurde aber schon in dessen Vorfeld durch eine ganz entscheidende Passage, die dann auch in den Vertrag von Lissabon Eingang gefunden hat, relativiert. In einer auf Drängen von Irland, Finnland und Schweden vorgenommenen Ergänzung bleibt trotz Beistandsgarantie „der besondere Charakter der Sicherheits- und Verteidigungspolitik bestimmter Mitgliedstaaten unberührt" (Art. 42 Abs. 7 Satz 2 EUV). Diese so bezeichnete „irische Klausel" bildet als Ausnahme ein Novum der wechselseitigen Bündnisverpflichtung der übrigen Mitgliedstaaten und eine einseitige Auslegung zugunsten der Neutralen. Diese Vertragslage war und ist mit der Neutralität Österreichs vereinbar, da dem dauernd Neutralen keine Verpflichtungen, die seiner Neutralität entgegenstehen, aufgenötigt werden. Historischer Hintergrund dieser Modifikationen war die Frage der Zustimmung der Bevölkerung der Republik Irland zum Lissabon-Vertrag in den Jahren 2008/09, die eben Auswirkungen auf die Regelung der Beistandsklausel in Sicherheits- und Verteidigungsfragen der EU-Staaten unter Wahrung der irischen Neutralität und damit auch Folgen für andere Staaten mit gleichem oder ähnlichem Status unter Anwendung der „irischen Klausel" ebenfalls dann auch durch Österreich fand. Von Anfang an war das Verhältnis dieser Art von Staaten Europas bei allen handels- und wirtschaftspolitischen Notwendigkeiten zum europäischen Einigungswerk brisant.

In den Jahren von 1948 bis 1958 entstand eine Reihe der ersten westeuropäischer Institutionen. Nach Ankündigung des European Recovery Programs (ERP) durch US-Außenminister George C. Marshall am 5. Juni 1947, welches im Zeichen der „containment"-Strategie von US-Präsident Harry S. Truman stand, bildete sich nach längeren Verhandlungen am 16. April 1948 in Paris die Organization of European Economic Cooperation (OEEC), um Koordination, Organisation, Verteilung und Kontrolle des ERP, die wirtschaftliche Kooperation der Mitgliedstaaten, gemeinsame Abstimmung der ökonomischen Bedürfnisse sowie die Liberalisierung des Handels und Zahlungsverkehrs unter den 17 westeuropäischen Staaten in die Hand zu nehmen. Mitglieder waren Belgien, Dänemark, Frankreich, Griechenland, Großbritannien, Irland, Island, Italien, die Niederlande, Norwegen, Luxemburg, Österreich, Portugal, die Türkei, Schweden, die Schweiz und die drei deutschen Westzonen; assoziiert waren Jugoslawien, Kanada und die USA als europapolitisch ambivalente Förderer. Die UdSSR lehnte eine Teilnahme am ERP ab.

Vor dem Hintergrund der multilateralen Zusammenarbeit im Rahmen des Marshall-Plans und der OEEC sind die Anfänge der westeuropäischen Integration zu verstehen. Zu Recht wird das „Europa des Marshall-Plans" bereits als „Entscheidung für die Westintegration", so Wilfried Loth, begriffen, also schon vor der Geschichte der Montanunion angesetzt.

Dr. Ulfert Zöllner hat sich mit seiner umfassenden Darstellung und eingehenden Analyse dieser ersten Formationsphase westeuropäischer Kooperation gewidmet und sich dabei im Sinne einer vergleichenden europäischen Integrationsbetrachtung die Kandidatenländer Irland und Österreich vorgenommen, um Analogien, Gemeinsamkeiten, Parallelen und Unterschiede herauszuarbeiten. Zöllner setzte sich dabei zum Ziel, „detailliert die Entscheidungsfindungen der Regierungspolitik Irlands und Österreichs" zu untersuchen. Um Abweichungen und Übereinstimmungen der beiden Fallbeispiele zu analysieren, hat er die Diplomatie und Regierungspolitik der beiden Länder systematisch verglichen.

Für die europäische Integrationsforschung ist die Betrachtung von Kleinstaaten, wie schon erwähnt, durchaus sinnvoll, weil diese Länder auch Träger multinationaler Beziehungen waren und in der neuen politischen Architektur Europas geostrategisch relevante Akteure bildeten. Von besonderer Relevanz waren hierbei Irland und Österreich, die sich in der bipolaren Nachkriegsordnung politisch an der inneren wie äußeren Peripherie Westeuropas befanden. Beide Länder waren auf der Suche nach internationaler politischer Akzeptanz: Irland als eigenständiges, geteiltes, zunächst noch im British Commonwealth befindliches Land und im Krieg mehr oder weniger „neutral" geblieben, Österreich als besetztes Land, das sich als erstes „Opfer von Hitlers Aggressionspolitik" definierte, wie auch die Vorgabe der Anti-Hitler-Koalition in der Moskauer Deklaration von 1943 gelautet hatte.

Im Kontext des Multilateralismus, Grundlage eines *Neuen Denkens* in Europa made in USA, bildete die neue bipolare Weltordnung für die an den Randzonen Westeuropas gelegenen „Neutralen" und „Allianzfreien" den Rahmen für die handelspolitische Integration. Aufgrund der unterschiedlichen politischen und wirtschaftlichen Schwierigkeiten nach dem Zweiten Weltkrieg wies der Weg beider Länder zum Marshall-Plan und in die Westorientierung sowohl Unterschiede als auch Gemeinsamkeiten auf. Als Antwort auf die großen Herausforderungen der Nachkriegszeit leiteten multilaterale Vereinbarungen nicht nur ein neues Denken, sondern auch ein neues Agieren in den Staatenbeziehungen in Westeuropa ein. Die Arbeitsgruppen aus den beteiligten Ländern, die während der Gründungsphase der OEEC gebildet wurden, waren Beispiele für die multinationale Zusammenarbeit. Die finanzielle Unterstützung der USA war dabei eine wesentliche Voraussetzung.

Im weiteren Verlauf der Integration wurden Strukturen geschaffen, wie später das Clearing der Europäischen Zahlungsunion (EZU) und die Handelsliberalisierung, die die Staaten zur Lockerung und Öffnung ihrer Binnenwirtschaften, sprich Nationalökonomien, trieb, die es heute als solche im EU-Binnenmarkt gar nicht mehr gibt. In dieser seinerzeit noch bipolaren Weltordnung mit Handelsrestriktionen konnten kleine und mittlere Staaten wie Irland und Österreich durch die von den USA definierten Vorgaben zu Akteuren im Prozess der wirtschaftlichen Integration werden.

Irland war durch seine Neutralitätspolitik im Zweiten Weltkrieg, dem Kondolenzbesuch bei der Deutschen Botschaft nach Hitlers Suizid 1945, dem durch Moskau verwehrten Beitritt zur UNO und dem Austritt aus dem British Commonwealth außenpolitisch isoliert. Es existierten dennoch Kontakte nach London und Washington. Die Beziehungen zur Sowjetunion waren dabei irrelevant. Nach der mühsamen Einigung im anglo-irischen Vertrag versuchten die irischen Regierungen, schrittweise Souveränität zu erlangen. Der Republic of Ireland Act 1949 und der damit verbundene Austritt aus dem British Commonwealth machten Irland politisch unabhängig von Großbritannien. Obwohl geographisch an der westlichen Peripherie Europas gelegen, betrachtete die irische Regierung unter Taoiseach John Costello ihr Land als Brücke zwischen Alter und Neuer Welt. Irland entschied sich gegen eine Beteiligung an der NATO, solange Nordirland Teil Großbritanniens war. Die irische Neutralität war damit selbst gewählt und freiwillig.

Für Österreich war zunächst Allianz- bzw. Bündnislosigkeit existentiell und überlebenswichtig für den Erhalt der staatlichen Einheit. Die Frage einer Beteiligung an der NATO stellte sich aufgrund der Besatzung überhaupt nicht. Souverän wurde Österreich formal erst durch den Staatsvertrag, der erst am 15. Mai 1955 unterschrieben werden konnte.

Während Irland am 5. Mai 1949 Gründungsmitglied im Europarat wurde, konnte Österreich, trotz des vorherigen Beobachterstatus, erst am 16. April 1956 seinen Beitritt zur Straßburger Organisation erreichen. Der Beitritt zur UNO hatte unterschiedliche Gründe. Österreich konnte als unabhängiger Staat erst nach dem Staatsvertrag beitreten. Irland trat nach Aufgabe des sowjetischen Vetos bei. Beide Beitritte erfolgten übrigens zeitgleich im Dezember 1955.

Ulfert Zöllner kann in seiner Pionierarbeit deutlich machen, dass der Ost-West-Gegensatz durch das geschickte Agieren der österreichischen Regierung nur wenig Einfluss auf die Teilnahme am Marshall-Plan nehmen konnte. Für Irland war der Ost-West-Gegensatz hinsichtlich des Marshall-Plans dagegen kaum von erheblicher Bedeutung.

Als politisch geteilte bzw. nicht geeinte Staaten an der Peripherie Westeuropas beanspruchten Irland und Österreich Sonderrollen und erhofften sich eine bevorzugte Behandlung durch die USA: Irland aufgrund der guten Kontakte zu Washington, Österreich durch seine prekäre geostrategische Position als Schnittstelle zwischen Ost und West. Mit der Gründung der OEEC und des Europarates ergaben sich für beide Regierungen Möglichkeiten, sich aus der internationalen Isolierung zu befreien.

Irland und Österreich waren ähnlich von den wirtschaftlichen Kriegsfolgen betroffen (Arbeitslosigkeit, Inflation und Devisenmangel). Verbunden mit den Kriegsschäden, der Demontage in der sowjetischen Zone Österreichs, der Problematik des „deutschen Eigentums", der Übernahme der Besatzungskosten, der Trennung in Besatzungszonen, der sowjetischen Steuerung der USIA-Betriebe und der Gefahr der Teilung des Landes war in Österreich im Vergleich zu Irland nicht nur die Not größer, auch die wirtschaftlichen und politischen Bedingungen waren erschwerter und komplexer. Nachvollziehbar ist daher für Zöllner vor diesem Hintergrund die geringere US-amerikanische Unterstützung Irlands.

Trotz der schwierigen Lage gab es in beiden Ländern wirtschaftlichen Fortschritt, was sich auf den Handel positiv auswirkte. Aufgrund der schlechten Versorgungslage und des damit verbundenen Dollarbedarfs verschlechterten sich jedoch die Handelsbilanzen. Das US-Dollarproblem verschärfte sich. Weder Österreich noch Irland waren wirtschaftlich unabhängig, eine Beteiligung am ERP war für beide Länder daher elementar.

Im Rahmen des Marshall-Plans zahlten die USA insgesamt 13,2 Milliarden US-Dollar an alle Empfängerländer. Inflationsangepasst würde die Summe heute 137.886 Milliarden

US-Dollar betragen. Mit 676 Millionen US-Dollar, die Österreich in direkter Form als Marshall-Plan-Hilfe erhielt, war die Unterstützung höchst bedeutsam. Sie lag über dem Schnitt und deutlich höher als die Irlands. Pro Kopf erhielt Österreich 130 US-Dollar. Mit Norwegen und Island war dies der höchste pro-Kopf-Wert insgesamt. Zusätzliche Gelder aus dem Counterpart-Programm und weitere Zuwendungen erhöhten die Summen auf 962 Millionen US-Dollar. Weitere Gelder aus dem GARIOA-Programm ließen die Summe auf 1.383,3 Millionen US-Dollar anwachsen. Die höheren Summen dienten dabei auch der Kompensation der Demontage durch die UdSSR.

Irland dagegen erhielt 146,2 Millionen US-Dollar, davon lediglich 18 Millionen US-Dollar als Zuschuss und 128,2 Millionen US-Dollar als Kredit. Die USA nahmen besondere Rücksicht auf die geostrategische Lage Österreichs an der Ost-West-Nahtstelle und bevorzugten es. Anders in Irland: Mit 48 US-Dollar pro Kopf lag die Summe unter den irischen Erwartungen und auch deutlich unter denen Österreichs.

Obwohl die Zuwendungen stark voneinander abwichen, kann Ulfert Zöllner zeigen, dass die OEEC für beide Länder eine wesentliche Grundlage ihrer Politik der Unabhängigkeitswerdung war: Auf intergouvernementaler Ebene wurde es möglich, multilateral zusammenzuarbeiten, Außenhandel zu fördern, die Wirtschaft zu stabilisieren und politische Kontakte aufzubauen. Das ERP hatte dabei auch einen strukturverändernden Einfluss auf beide Länder. Irland schloss während der Laufzeit des Marshall-Plans mehr wirtschaftliche Vereinbarungen mit anderen Staaten ab als in den ersten zwanzig Jahren seiner Unabhängigkeit. Die Abhängigkeit der irischen Wirtschaft gegenüber Großbritannien sank in Folge ganz erheblich. Dagegen war Österreichs Außenhandel schon nach 1918 einem Wandel unterworfen, d. h. tendenziell vom Donauraum und Mitteleuropa abgewandt und stärker westorientiert, was sich nach 1945 noch verstärkte. Die geostrategisch relevante Lage und die Sonderrolle Österreichs zahlten sich nicht nur finanziell, sondern auch für den Staatserhalt aus.

Zusätzlich bildeten der Ordnungsrahmen der OEEC, die EZU, die Saldierung der Währungen und die Handelsliberalisierung weitere positive Voraussetzungen. Diesen Ordnungsrahmen galt es zwar auch für die irische Wirtschaft richtig zu nutzen, sie konnte dies aber erst seit Ende der 1950er Jahre. Damit erreichte Irland eine nie gekannte wirtschaftliche Unabhängigkeit von Großbritannien. Die direkte finanzielle Unterstützung im ERP-Rahmen war für Irland bedeutsam, stand aber in keinem Verhältnis zu den viel positiveren Wirkungen für Österreich.

In der wirtschaftlichen Integration Westeuropas war der Übergang vom Bilateralismus zum Multilateralismus für alle an der OEEC beteiligten Staaten die entscheidende Grundlage für die weitere Entwicklung. Die bereitgestellten ERP-Mittel gaben wesentliche Impulse. Österreich und Irland trugen den multilateralen Ansatz der OEEC auch voll und ganz mit, der auch die Kontaktaufnahme der Staaten untereinander erleichterte.

Durch die Neutralität bzw. Allianzfreiheit beider Länder war für sie jedoch eine militärische Integration weder möglich noch nötig. Dennoch gelang es beiden Staaten trotz ihres außenpolitischen Status, politische und wirtschaftliche Strukturen im westlichen Sinne aufzubauen. Die Kooperation im Rahmen der OEEC hat die noch unterentwickelte Souveränität Irlands und Österreichs nicht geschmälert, sondern tendenziell gestärkt. Das war auch möglich, weil die OEEC strikt intergouvernemental war und auch blieb. Durch die Ergebnisse der von Zöllner analysierten Länderbeispiele Irland und Österreich erfährt die

Generalthese von Alan S. Milward von der „Europäischen Rettung des Nationalstaates" im Rahmen der westeuropäischen Integration eine weitere wissenschaftliche Bestätigung.

Zöllner kann mit seiner Arbeit verdeutlichen, dass die ERP-Teilnahme sowohl für Irland als auch für Österreich politisch und wirtschaftlich zwingend war. Die Wahl der Außenminister beider Länder zu Vize-Präsidenten der OEEC unterstrich auch die Anerkennung beider Staaten innerhalb der Organisation.

Auf die geostrategische Lage Österreichs nahmen die USA, wie gesagt, besondere Rücksicht, um das Land von Außenminister Karl Gruber wirtschaftlich mittel- und langfristig an den Westen zu binden. Anders als Österreich bekam Irland eine solche Sonderrolle nicht zuerkannt, obwohl Sean MacBride auf die Gefahr einer Vertiefung der Teilung Irlands hinwies.

Wie alle anderen Länder beteiligten sich Österreich und Irland am System des saldierten Zahlungsausgleiches. Die schwerfälligen Abläufe bei Kompensationsgeschäften wurden durchbrochen und der multilaterale Warenaustausch vereinfacht. Kurzfristig hatte der OEEC-Prozess für Österreich aufgrund seiner geostrategischen Lage und der Sonderrolle eine für den Verfasser dieser Studie messbar stärkere Wirkung, wie er nachvollziehbar ermitteln konnte.

Der Autor greift zuletzt auch die gängigen integrationstheoretischen Debatten auf, die am Ende seiner Darstellung die analytische Krone aufsetzen. Das Handeln der politischen Akteure Irlands und Österreichs war gekennzeichnet durch bestimmte Normen, Werte, Identitäten und Kulturen. Zöllner hat diese Zugänge nicht zuletzt gewählt, weil er auch auf die jeweiligen Biographien und Sozialisationen der handelnden Politiker Wert legt. Er hat damit seine verdienstvolle Studie auch noch in den Theorie-Diskurs eingeführt und die Kategorie des Intergouvernementalismus und Realismus im Rahmen seiner empirischen Untersuchung bestätigen können.

Abschließend lässt sich festhalten: Ulfert Zöllner hat mit seinen Forschungen dankenswerterweise zu einem nicht geringen Teil wissenschaftliches Neuland betreten, v. a. mit Blick auf Irland als Vergleichsfolie für Österreich. Sein nun vorliegendes Buch stellt eine Erweiterung der Kenntnisse im Bereich der vergleichenden OEEC-Länderforschung dar und zwar im Rahmen einer von der europäischen Zeithistoriographie noch relativ unterentwickelten Europäistik der komparativen Staatenanalyse.

Zu danken ist nicht zuletzt dem langjährig an den Universitäten Hamburg und Rostock lehrenden Jean-Monnet-Chair, Kollegen und Freund Professor Dr. Wolf Gruner, der über weite Strecken der akademischen Sozialisation von Ulfert Zöllner dessen Betreuer und Mentor war, die abschließende Begutachtung seiner Dissertation geleistet und damit zum Gelingen dieses Werks maßgeblich mitbeigetragen hat.

Ich wünsche diesem Buch viele interessierte Leser, die die Leistung des Verfassers auch wertschätzen und würdigen können.

Hildesheim, 5.9.2021
Michael Gehler

Inhaltsverzeichnis

Abbildungsverzeichnis

Tabellenverzeichnis

I. Einleitung

1. Einführung und Fragestellung

Die Idee von einem vereinten Europa ist Jahrhunderte alt. Im Zeichen der Entwicklung des Nationalstaates und nationaler Interessen kam die Vereinigung Europas lange nicht zustande. Die politischen und wirtschaftlichen Eliten dachten überwiegend in national-staatlichen und nicht in europäischen Kategorien. Das „europäische Konzert der Mäch-te", die Koordination und Kooperation von Staaten und deren Krisenmanagement funk-tionierte im Wesentlichen vom Wiener Kongress 1815 bis zum Ersten Weltkrieg.[1] Durch viele Konflikte und die beiden Weltkriege verloren die Länder des alten Kontinents ihre Machtposition in der Welt und wurden nach 1945 durch eine bipolare Machtkonstellation, repräsentiert durch Moskau und Washington, ersetzt.[2]

Anders als nach dem Ersten Weltkrieg engagierten sich die Vereinigten Staaten von Amerika in Westeuropa nach dem Zweiten Weltkrieg deutlich stärker.[3] „Die amerikani-sche Außenpolitik orientierte sich daran, daß die wirtschaftliche Zukunft der USA von einer expandierenden Weltwirtschaft mit freiem Zugang zu fremden Märkten, stetiger Rohstoffversorgung und offenen Türen für den amerikanischen Kapitalexport überall in der Welt abhing."[4] In der Atlantikcharta von 1941 sollten alle Staaten, ob klein oder groß, Zugang zu Rohstoffen und Handel haben – die Staaten wurden aufgefordert, zum Wohle besserer Arbeitsbedingungen, sozialer Sicherheit und eines wirtschaftlichen Fortschritts zusammenzuarbeiten.[5] Es entstanden neue internationale Organisationen, wie zum Bei-

---

[1] Wolf D. Gruner, Europa – Europavorstellungen – Europabilder – Europäische Einheitspläne: Ein historischer Überblick, S. 13–50, in: Wolf D. Gruner/Wichard Woyke, Europa-Lexikon, München 2007 (2. Auflage), Michael Gehler, Europa, Ideen, Institution, Vereinigung, Zusam-menhalt, Reinbek 2018 (3. komplett überarbeitete und erheblich erweiterte Auflage), S. 91–204, Matthias Schulz, Normen und Praxen, Das Europäische Konzert der Großmächte als Sicher-heitsrat, 1815–1860, München 2009, Wolf D. Gruner, Deutschland in Europa, 1750–2007, Cluj-Napoca 2009, S. 101–186, Ders., Der Deutsche Bund 1815–1866, München 2012, S. 13 ff.

[2] Walter Lipgens, Die Anfänge der Europäischen Einigungspolitik 1945–1950, I. Teil: 1945–1947, Stuttgart 1977, S. 1 f.

[3] Die Weltwirtschaftskrise seit Ende der 1920er Jahre hatte dazu geführt, dass Präsident Roose-velt und seine Berater zu der Überzeugung kamen, dass eine nachhaltige Erholung der ameri-kanischen Wirtschaft „nur im Rahmen einer stabilen internationalen Wirtschaftsordnung zu er-reichen wäre". Gerd Hardach, Der Marshall-Plan. Auslandshilfe und Wiederaufbau 1948–1952, München 1994, S. 32.

[4] Ebd., S. 32 f.

[5] Atlantic charter: Art. Fourth; "they will endeavor, with due respect for their existing obligations, to further the enjoyment by all states, great or small, victor or vanquished, of access, on equal terms, to the trade and the raw materials of the world which are needed for their economic pro-perity" und Art. Fifth; "they desire to bring about the fullest collaboration between all nations in the economic field with the object of securing, for all, improved labor standards, economic advancement and social security;" Atlantic charter vom 14.8.1941, Original Draft Telegram An-nouncing the Results of the Atlantic Conference, 8. (August 14, 1941, Note: President's Secre-

spiel die OEEC,[6] der Europarat,[7] die NATO,[8] das GATT,[9] der Internationale Währungs-fonds[10] und die Weltbank,[11] die auf intergouvernementaler Basis arbeiteten. In all diesen Organisationen wurde die UdSSR ausgeschlossen oder schloss sich selbst nicht an.[12] Diese Umbruchphase erforderte ein neues multilaterales Denken, in deren Folge neue Bündnisse gesucht werden mussten. Zudem zwangen die wirtschaftlichen Schwierigkeiten und die Forderungen der USA zur Wirtschaftskooperation die Europäer zur Zusammenarbeit.

---

tary's Files: Atlantic Charter (Box1): https://www.fdrlibrary.marist.edu/_resources/images/sign/fdr_33pdf. Abgerufen am 2.1.2019 oder https://www.fdrlibrary.org/documents/356632/390886/atlantic_charter.pdf/30b3c906-e448-4192-8657-7bbb9e0fdd38. Abgerufen am 26.8.2021.

6   Die Organisation für wirtschaftliche Zusammenarbeit (OEEC) wurde 1948 gegründet. Vgl. Kapitel IV.3.

7   Der Europarat wurde am 5.5.1949 gegründet und nennt sich die „erste europäische politische (Organisation), die nach dem 2. Weltkrieg entstand". Der Europarat, Veröffentlicht von der Presse- und Informationsabteilung des Europarats, Straßburg 1986 und Wolf D. Gruner, Der Europarat wird fünfzig – „Vater" der europäischen Integration: Gründungsvorstellungen, Wirkungen, Leistungen und Perspektiven nach 50 Jahren, in: Wolf D. Gruner (Hrsg.) Jubiläumsjahre – Historische Forschungen, Rostock 1999, S. 117–234.

8   Die NATO wurde am 4.4.1948 in Washington gegründet. https://www.nato.int/cps/en/natohq/official_texts_17120.htm. Abgerufen am 4.1.2019.

9   „Nach dem Ende des Zweiten Weltkriegs herrschte große Einigkeit darüber, dass eine weltwirtschaftliche Entwicklung nur über den Abbau von Zöllen und anderen Handelshemmnissen zu erreichen sei. Die neu gegründeten Vereinten Nationen beriefen daher mehrere internationale Konferenzen über Handel und Beschäftigung ein. Diese hatten unter anderem die Neuordnung des internationalen Wirtschaftswesens durch die Gründung einer Internationalen Handelsorganisation (International Trade Organization, ITO) zum Ziel. Die ITO sollte neben der neu gegründeten Weltbank und dem Internationalen Währungsfonds (IWF) die dritte Säule einer neuen Weltwirtschaftsordnung werden. Die Teilnehmerstaaten konnten sich jedoch nicht auf entsprechende umfassende Regelungen einigen. Stattdessen wurde nur ein Teil der vorgesehenen ITO realisiert und das Allgemeine Zoll- und Handelsabkommen (General Agreement on Tariffs and Trade, GATT) beschlossen." https://www.bmz.de/de/themen/welthandel/welthandelssystem/gatt/index.html. Abgerufen am 18.5.2020. Der Vertrag wurde am 3.10.1947 unterzeichnet. Vgl. hierzu: https://www.wto.org/english/tratop_e/gatt_e/task_of_signing_e.htm. Abgerufen am 18.5.2020.

10   International Monetary Fund: "The IMF was conceived in July 1944, when representatives of 45 countries meeting in the town of Bretton Woods, New Hampshire, in the northeastern United States, agreed on a framework for international economic cooperation, to be established after the Second World War. They believed that such a framework was necessary to avoid a repetition of the disastrous economic policies that had contributed the Great Depression. The IMF came into formal existence in December 1945, when its first member countries signed its Articles of Agreement. It began operations on March 1, 1947. Later that year France became the first country to borrow from the IMF." www.imf.org/external/about/histcoop.html. Abgerufen am 12.4.2018.

11   Die Weltbank wurde wie der Internationale Währungsfonds 1944 auf der Konferenz gegründet. https://www.bmz.de/de/ministerium/wege/multilaterale_ez/akteure/Weltbank/index.html. Abgerufen am 12.4.2018. Die International Bank for Reconstruction and Development ist Teil der Weltbank. www.worldbank.org/en/about. Abgerufen am 12.4.2018. "Originally, its loans helped rebuild countries devastated by World War II. In time the focus shifted from reconstruction to development ..." https://www.worldbank.org/en/about/history. Abgerufen am 12.4.2018.

12   Michael Gehler, From Saint-Germain to Lisbon, Austria's Long Road from Disintegrated to United Europe 1919–2009, Vienna 2020, S. 56.

1. Einführung und Fragestellung

Der langjährige belgische Außenminister und Sozialdemokrat Paul-Henri Spaak sah in dieser zeitlichen Phase einen entscheidenden Impuls für den europäischen Integrationsprozess:

> Sie zwangen die europäischen Regierungen zur Zusammenarbeit. Sie zwangen sie, ihre Probleme unter einem Aspekt zu betrachten, der über ihre egoistischen nationalen Interessen hinausging. Die Europäische Gemeinschaft für Kohle und Stahl und der spätere Gemeinsame Markt fanden so ihren Ursprung in den Bemühungen der Jahre 1947 und 1948.[13]

Folgende Fragestellungen bilden daher den erkenntnisleitenden Rahmen dieser Studie:

- Vor welchen Herausforderungen standen europäische Regierungen in der neuen bipolaren Weltordnung und den sich entwickelnden Kooperationsansätzen und welche Rolle hatten kleine Staaten in diesem Prozess?
- Wie fügten sich kleine Länder in das US-Wiederaufbauprogramm für Westeuropa ein? Beeinflussten sie möglicherweise das Projekt, beziehungsweise wurden selbst beeinflusst?
- Vor welchem Hintergrund wurden die wirtschafts- und verteidigungspoltischen Entscheidungen getroffen? Gab es in diesem Kontext politische Theorien, die die Entstehung des Marshall-Plans prägten und den Prozess wechselseitig beförderten?

Für die europäische Integrationsforschung ist die Betrachtung von kleinen Staaten innerhalb Europas durchaus sehr sinnvoll, weil diese Länder auch Träger multinationaler Beziehungen waren und in der neuen politischen Architektur Europas entscheidende Mosaiksteine bildeten. So wurden Länder wie Irland auch als "stepping stone countries" bezeichnet, weil sie aus verteidigungspolitischen Gründen bei einem sowjetischen Angriff eine Rolle spielten.[14]

- Welche Schwierigkeiten ergaben sich auf dem neuen internationalen Terrain? Welche Herausforderungen galt es zu bestehen und welche entsprechenden Strukturen galt es aufzubauen?
- Welche Rolle spielten die irischen und österreichischen Hauptakteure für den Weg in den Marshall-Plan und wurde deren Agenda eher von den außenpolitischen Abteilungen oder von den Regierungschefs bestimmt?
- "The United States must run this show", so formulierte es William Clayton, der Under Secretary of State for Economic Affairs.[15] Wie entscheidend waren neben diesem machtpolitischen Anspruch der USA, soziokulturelle Faktoren? Veränderte sich die Gewichtung im Laufe des Prozesses?

---

13 Paul-Henri Spaak, Memoiren eines Europäers, Hamburg 1969, S. 256.

14 Für das State Department waren diese Staaten wichtig für die Verteidigung Westeuropas. Benn Steil, The Marshall Plan, Dawn of the Cold War, New York 2018, S. 318.

15 Foreign Relations of the United States, 1947, The British Commonwealth; Europe, Volume III, Office of the Historians, Memorandum by the Under Secretary of State for Economic Affairs

– Wie haben sich die Beziehungen Irlands und Österreichs durch die Beteiligung bzw. Nicht-Beteiligung an den entsprechenden Organisationen und durch die wirtschaftlichen Abhängigkeiten verändert?

Von besonderer Relevanz sind hierbei Irland und Österreich, die sich in der bipolaren Nachkriegsordnung politisch an der inneren und äußeren Peripherie Westeuropas befanden. Interessant sind sowohl die spezifischen, sehr unterschiedlichen Ausgangssituationen beider Länder als auch Gemeinsamkeiten auf dem Weg in ein kooperativ organisiertes Westeuropa. Sowohl Österreich als auch Irland waren auf der Suche nach internationaler politischer Akzeptanz: Irland als eigenständiges, geteiltes, noch im British Commonwealth, aber dennoch im Krieg neutral gebliebenes Land und Österreich als besetztes Land, das sich als erstes „Opfer von Hitlers Aggressionspolitik" definierte – allerdings nach Vorgabe der Anti-Hitler-Koalition.[16] Gelang es Irland und Österreich, im westeuropäischen Integrationsprozess schrittweise Souveränität zu erlangen und respektive die Einheit zu erhalten? Welchen Einfluss hatten wirtschaftliche Abhängigkeiten und die angepeilte bzw. praktische Neutralität/Allianzfreiheit beider Länder in diesem Kontext?

Gegenstand der Studie ist die Wirkung des Prozesses der wirtschaftlichen Integration an den Peripherien Westeuropas. Die Arbeit konzentriert sich dabei auf die Anfänge dieser Entwicklung am Beispiel des Marshall-Plans:

– Welche Auswirkungen hatte der Marshall-Plan auf die internationale Zusammenarbeit der Länder, insbesondere im Hinblick auf multilaterale Beziehungen?

Eine weitere Frage lautet:

– Wie hat der Marshall-Plan den europäischen Integrationsprozess gefördert und hatte die Neutralität bzw. Allianzfreiheit einen Einfluss darauf?

Ob die Neutralität, wie Michael Gehler fragt und ausführt, „auferlegt", „frei gewählt", als „Bündnis mit Nachbarstaaten" oder „als Sonderform einer Bindung" im Rahmen der europäischen Integration definiert werden kann, ist nicht tieferer Gegenstand dieser Arbeit.[17] Geprüft wird, ob die Ost-West-Gegensätze die Entwicklung der betreffenden Länder ge-

---

(Clayton) am 27.5.1947. https://history.state.gov/historicaldocuments/frus1947v03/d136. Abgerufen am 3.5.2018.

16 In der Moskauer Deklaration vom 1.11.1943 wurde erklärt, dass eine „Wiederherstellung eines unabhängigen Österreich nach dem Krieg" das Ziel sei. Günter Bischof, Die Planung und Politik der Alliierten 1940–1954, in: Michael Gehler/Rolf Steininger (Hrsg.), Österreich im 20. Jahrhundert, Band 2: Vom Zweiten Weltkrieg bis zur Gegenwart, Wien u. a. 1997, S. 107–146, S. 110. Für Irland siehe: Mervyn O'Driscoll, Ireland, West Germany and the New Europe 1949–73, Best Friend and Ally? Manchester 2018, S. 3 f.

17 „Kleinstaaten hatten die Wahl zwischen folgenden Optionen: Neutralität – auferlegt („oktroyiert"/Oktroi) bzw. international abgesichert oder „frei gewählt" (Voluntarismus) –, Bündnisse mit Nachbarstaaten („Regionalismus") und als Sonderform einer Bindung die europäische Integration." Michael Gehler, Finis Neutralität? Historische und politische Aspekte im europäi-

fährdet haben. Welche Auswirkungen hatte die neue bipolare Weltordnung hinsichtlich der grundsätzlichen Frage der Teilnahme am Marshall-Plan?

Von grundlegendem Interesse für diese Arbeit sind die wirtschaftlichen und politischen Voraussetzungen beider Länder:

– War die Teilnahme am Marshall-Plan wirtschaftlich direkt messbar und hatte sie strukturell verändernden Einfluss?[18]

Der Komplex der eingeschränkten politischen und internationalen Handlungsfähigkeit, der politische Bedeutungsverlust Europas und die im Entstehen begriffene, neue bipolare Weltordnung beeinflussten fraglos auch Irland und Österreich. Dabei soll deren spezielle Wirkung auf beide Länder untersucht und vergleichend in Beziehung zueinander gesetzt werden. Der inhaltliche Fokus liegt auf dem Marshall-Plan; die Themen Europarat, British Commonwealth und NATO werden gestreift und nur bei Relevanz in Beziehung zueinander gesetzt. Herausgearbeitet wird aus irischer Sicht die Lage des Sterling-Pools[19], da dieser in direkter Verbindung zum Marshall-Plan steht. Die Arbeit verfolgt detailliert die Entscheidungsfindungen der Regierungspolitik Irlands und Österreichs. Um Unterschiede und Gemeinsamkeiten dieser verschiedenen Wege zu analysieren, wird die Diplomatie und Regierungspolitik von Irland und Österreich einem direkten Vergleich unterzogen.

2.   Aufbau der Studie

Der Prozess der wirtschaftlichen Integration wird in fünf Schritten erforscht. Die Untersuchung erstreckt sich vom Ende des Zweiten Weltkriegs 1945 bis zur frühen Umsetzungsphase des Marshall-Plans 1948 und berücksichtigt weitere Entwicklungen bis 1952/53. Dabei wird die Ausgangssituation beider Länder zunächst getrennt dargestellt und analysiert. Erkenntnisleitendes Interesse hierbei ist es, die Gemeinsamkeiten und Unterschiede beider Länder transparent zu machen und in relevanten Schritten jeweils zu

---

schen Vergleich: Irland, Finnland, Schweden, Schweiz und Österreich, in: Zentrum für Europäische Integrationsforschung, Rheinische Friedrich-Wilhelms-Universität Bonn, Discussion Papers C 92, Bonn 2001, S. 16.

18   „Der Marshall-Plan entfaltete ab 1948/49 seine Wirkung auf die Nachkriegswirtschaft Österreichs. Das European Recovery Program (ERP) war in seiner Konzeption sorgfältig durchdacht." Günter Bischof/Hans Petschar, Der Marshall-Plan, Wien 2017, S. 116.

19   Mitglied des Sterling-Pools zu sein bedeutete, dass ein Land innerhalb des Systems frei über den Kauf von Gütern unter den Mitgliedsländern (Irland, Neuseeland, Großbritannien etc.) wählen konnte. Die Im- und Exporte wurden über ein Verrechnungssystem in London ausgeglichen. Benötigte ein Land z. B. Dollar, so forderte es diese in London ab. https://eh.net/encyclopia/the-sterling-area/. Abgerufen am 4.1.2019. „Die Sterling-Zone bot London devisenwirtschaftliche Vorteile und bildete nach dem Kriege das bedeutendste multilaterale Handels- und Zahlungssystem der Welt." Clemens A. Wurm, Großbritannien und die westeuropäische Integration, in: Wolf D. Gruner/Bernd-Jürgen Wendt (Hrsg.): Großbritannien in Geschichte und Gegenwart, Beiträge zur deutschen und europäischen Geschichte, Band 9, Hamburg 1994, S. 225–245, S. 232.

evaluieren. Ziel der Vorgehensweise ist es, die zu betrachtenden Aspekte vertieft zu erarbeiten und eine präzise Gesamtbewertung zu erleichtern. Diese Struktur ermöglicht es, den gewählten Zeitraum 1945–1948 als entscheidende Phase im Kontext der europäischen Integrationsforschung zu identifizieren.

Da es sich bei den infrage kommenden Ländern um kleine Staaten handelt, ist die Kenntnis der für den Integrationsprozess bedeutenden politischen Akteure wichtig. Aus diesem Grund werden relevante politische Persönlichkeiten aus Irland und Österreich im Anhang mit ihren Lebensläufen vorgestellt. Sie dienen auch der möglichen Einordnung in integrationstheoretische Konzepte. Eine Chronologie der Marshallfoundation vervollständigt die Analyse durch eine Dokumentation von Tagesnotizen aus US-amerikanischer Sicht.

Ausgangspunkt für die Arbeit ist die Rede von George C. Marshall vom 5. Juni 1947 (Kapitel IV). Sie wird in den historischen Kontext der neuen bipolaren Weltordnung eingebettet und in Beziehung zur Entwicklung in Europa allgemein und in Irland und Österreich speziell gesetzt. Diese Entwicklung bildete die Voraussetzung für die OEEC und den Multilateralismus. Die Grundsatzrede von Paul G. Hoffman im Oktober 1949 vor dem Rat der OEEC, auf deren Bedeutung auch Bischof und Petschar hinweisen, wird im Rahmen eines politiktheoretischen Überblicks (Kapitel IV.4) betrachtet.[20] Mit Ausnahme dieses Kapitels IV werden die Länder Irland und Österreich in den betroffenen Kapiteln einzeln untersucht und die Unterschiede und Gemeinsamkeiten beleuchtet.

In Kapitel II wird die Ausgangssituation Irlands und Österreichs nach dem Zweiten Weltkrieg erörtert. Dabei werden die wirtschaftlichen und politischen Abhängigkeiten Irlands und Österreichs aufgezeigt, wie zum Beispiel das besondere Verhältnis Irlands zu Großbritannien. Weitere außenpolitische Rückschläge, die Irland in eine immer stärkere Isolierung trieben, werden in diesem Zusammenhang erläutert, nicht aber vertieft.

Geprüft wird, wie stark die Auswirkungen der wirtschaftlichen und politischen Abhängigkeiten waren. Ebenfalls wird intensiv herausgearbeitet, wie sich die wirtschaftliche Abhängigkeit Irlands gegenüber Großbritannien gestaltete.

In Bezug auf Österreich wird die besondere Situation der Viermächtebesatzung mit dem Alliierten Rat als Oberster Gewalt herausgearbeitet. Die außenpolitischen Rahmenbedingungen Österreichs und deren Auswirkungen auf dem Weg zur Teilnahme am Marshall-Plan werden untersucht. Genannt sei hier die Wiederherstellung Österreichs als freies und unabhängiges Land, gemäß dem alliierten Kriegsziel seit dem 1. November 1943, die Proklamation der Selbstständigkeit noch vor Kriegsende am 27. April 1945, die Einsetzung einer österreichischen Staatsregierung durch Karl Renner unter Mithilfe der UdSSR und die spätere Akzeptanz durch die westlichen Alliierten. Dabei werden die Auswirkungen, die das zweite Kontrollabkommen vom 28. Juni 1946 mit dem „negativen Veto" hatte, geprüft, um festzustellen, welche konkreten Ergebnisse die für die Regierung erheblich erweiterten Handlungsspielräume gegenüber den Alliierten hatten. Die in diesem Kontext von Gerald Stourzh formulierte „weder West- noch Ostorientierung" Österreichs soll dabei evaluiert werden.[21]

---

20 Paul G. Hoffman sprach sich „zur Verbesserung der Wettbewerbsfähigkeit für einen europäischen Binnenmarkt" aus, in: Bischof/Petschar, Der Marshall-Plan, S. 156.

2. Aufbau der Studie

In der Folge wird die Bedeutung der Moskauer Außenministerkonferenz vom 10. März bis 24. April 1947 für die weitere Stellung Österreichs zu den Besatzungsmächten betrachtet. Die Widerstände und die Funktion der „Opferthese Österreichs" werden in diesem Zusammenhang untersucht.[22] Am Ende des ersten Schrittes werden die Ergebnisse zusammengefasst.

In Kapitel III werden die Folgen der Dollarlücke als ein Grundproblem der europäischen Nachkriegswirtschaft dargestellt und in Beziehung zu den spezifischen Problemen Irlands und Österreichs gesetzt. Es wird konkret geprüft, welchen Einfluss der Krieg auf die wirtschaftliche Situation Irlands hatte. Die Folgen für die Bevölkerung hinsichtlich Arbeitslosigkeit und Inflation werden ebenfalls betrachtet. Die besondere zahlungsspezifische Situation Irlands als Mitglied im Sterling-Pool ist von wesentlicher Bedeutung. Die Situation Österreichs nach dem Zweiten Weltkrieg und die wirtschaftliche Not der Bevölkerung werden herausgearbeitet, wie auch die sich wandelnde Westbindung der Wirtschaft nach dem Zerfall der österreichisch-ungarischen Monarchie 1918.

Vor dem Hintergrund der europäischen Nachkriegssituation wird in Kapitel IV die Gründungsphase des European Recovery Programme (ERP) behandelt. Den Ausgangspunkt bildet, wie beschrieben, die Rede George C. Marshalls an der Harvard University vom 5. Juni 1947. Die europäischen Reaktionen und die Haltung der UdSSR, insbesondere auf der Pariser Konferenz vom 27. Juni bis zum 2. Juli 1947, sind wesentliche Voraussetzungen für die Entstehungsphase der OEEC bis zu ihrer Gründung 1948. Da diese einen großen Wirtschaftsraum Westeuropas abdeckte, wird ihre Bedeutung nicht nur als bilaterale, sondern auch als multilaterale Institution untersucht. Die Diskussion um die Frage einer „bundestaatlichen" versus einer „intergouvernementalen" Struktur wird im Rahmen der OEEC nur skizziert. Letztlich soll deutlich werden, wie die OEEC den politischen und wirtschaftlichen Rahmen in der Entwicklungsphase bildete und welche Ergebnisse die OEEC insgesamt erzielte. Anschließend sollen die Wege Irlands und Österreichs analysiert werden.
Die Studie gibt zudem einen Überblick über Ansätze der Integrationsforschung, die im Zeitrahmen des Marshall-Plans wirkten.[23] Dabei wird angestrebt, wichtige Meilensteine der politischen Theorien und deren Weiterentwicklungen aufzuzeigen.

In Kapitel V wird untersucht, wie Irland und Österreich den durch den Marshall-Plan aufgezeigten Weg aus der Peripherie Westeuropas in den europäischen Integrationsprozess beschritten. Die irische Regierung unter Eamon de Valera war außenpolitisch isoliert und Irland wirtschaftlich stark mit Großbritannien verbunden. Auf dieser Basis wird die Diskussion innerhalb der irischen Regierung im Anschluss an die Rede Marshalls erörtert.

---

21 Gerald Stourzh, Geschichte des Staatsvertrages, 1945–1955, Österreichs Weg zur Neutralität, Graz/Wien/Köln, 1985 (3. Auflage, als durchgesehener Nachdruck der 2. Auflage), S. 98 f.

22 „Die Moskauer Deklaration bildete den Grundstein für die Opferthese." Michael Gehler, Vom Marshall-Plan bis zur EU: Österreich und die europäische Integration von 1945 bis zur Gegenwart, Innsbruck/Wien/Bozen 2006, S. 19.

23 Ludolf Herbst: Die zeitgenössische Integrationstheorie und die Anfänge der europäischen Einigung 1947–1950, in: *Vierteljahrshefte für Zeitgeschichte* 34 (1986), Heft 2, S. 161–205.

Es wird geprüft, ob sich mit dem irischen Regierungswechsel die Sichtweise in Bezug auf den Marshall-Plan änderte. Aus der Perspektive Österreichs wird dargestellt, wie der formale Entscheidungsprozess bezüglich der Einladung zur Pariser Konferenz ablief. Die Diskussion innerhalb der Allparteienregierung unter Beteiligung der KPÖ, der öffentliche Diskurs über die „Figl-Fischerei"[24] und der Prozess zur Gründung der OEEC unter der Gefahr der Teilung Österreichs stellen die Kernpunkte in diesem Abschnitt dar.

Die Untersuchung soll helfen, den „Sonderfall Österreich"[25] einzuordnen. Beispielhaft seien hier der Hintergrund der Allianzfreiheit und der Einheitssicherung einerseits, aber auch die wirtschaftliche Westbindung andererseits genannt. Es wird geprüft, inwieweit Österreich wirklich ein „Sonderfall" war, wie es Karl Gruber in seinem Buch „Zwischen Befreiung und Freiheit – Der Sonderfall Österreich"[26] 1953 formulierte und den Manfried Rauchensteiners zum Gegenstand seiner wissenschaftlichen Analyse gemacht hat.[27]

In Kapitel VI wird die Umsetzungsphase in der frühen Phase des Marshall-Plans seitens Irlands und Österreichs ermittelt. Im irischen Kontext wird die weitergehende Diskussion aufgezeigt, inwieweit die Beteiligung am Programm abhängig von der Möglichkeit war, überhaupt teil- oder nicht teilzunehmen. Die Handlungsalternativen werden untersucht, ebenso wie die Frage der Haltung, die die US-amerikanische Administration hierzu einnahm. Beispielhaft wird dies am Besuch des irischen Außenministers Sean MacBride in Washington D.C. dargestellt und die daraus folgende Debatte innerhalb der irischen Regierung erörtert. Eine Vergleichsfolie zu den Reisen Grubers in die USA wird als kleine Ergänzung in Kapitel VI dargestellt. Im österreichischen Kontext ist die Bedeutung der Teilnahme am Marshallprogramm Untersuchungsgegenstand, um die Bedeutung aufzuzeigen bzw. mögliche Alternativen herauszuarbeiten. Es wird untersucht, wie Österreich die Einheitssicherung und die Quasi-Neutralität als Grundvoraussetzungen für die Teilnahme am Marshall-Plan beurteilte und wie sich diese in einem besetzten Land auswirkte.

Die Schlussbetrachtung und Zusammenfassung werden am Ende ein möglichst klares Bild über die Handlungsfelder beider Länder innerhalb des ERP aufzeigen.

---

24 Bei der sogenannten „Figl-Fischerei" ging es um Gespräche der österreichischen Regierung und dem KPÖ Nationalratsabgeordneten Fischer. Nach den von der KPÖ organisierten Massendemonstrationen soll es das Ziel der KPÖ gewesen sein, sogenannte reaktionäre Kräfte (Karl Gruber war auch genannt) aus der Regierung zu entfernen und eine Regierungsumbildung zu erreichen. Dies wurde öffentlich, endete in einem Skandal und einer weiteren Isolierung der KPÖ. Manfred Mugrauer, „Reaktionäre aus der Regierung hinauswerfen". „Die Figl-Fischerei" im Mai/Juni 1947, in: Alfred Klahr Gesellschaft, Mitteilungen, 25. Jg. Nr. 2 Juni, Wien 2018, S. 1ff.

25 Karl Gruber, Zwischen Befreiung und Freiheit – Der Sonderfall Österreich, Wien 1953, Titel.

26 Ebd.

27 Manfried Rauchensteiner: Der Sonderfall: Die Besatzungszeit in Österreich 1945–1955, Graz/Wien/Köln 1979.

3. Forschungsstand und Quellenlage

Der Marshall-Plan und die europäische Integrationsgeschichte sind seit den 1950er Jahren Forschungsgegenstand. Die Diskussionen hinsichtlich der europäischen Integration wurden sowohl in der Politikwissenschaft als auch in der historischen Forschung geführt. Generell wurden und werden die europäische Integration und das European Recovery Programme[28] umfänglich erforscht. Zunächst lag der Schwerpunkt auf der Bewertung der konkreten Ergebnisse, z. B. durch Werner Abelshauser,[29] Günter Bischof,[30] John Gimbel,[31] Alfred Grosser,[32] Gerd Hardach,[33] Walter Lipgens,[34] Wilfried Loth,[35] Hans-Jürgen Schröder,[36] Richard J. Mayne,[37] Charles S. Maier,[38] Alan S. Milward[39] und Wolfgang Benz/Hermann Graml.[40] Im Laufe der Zeit wurde die zunächst sehr positive Einschätzung durch differenziertere Stimmen ergänzt, wie zum Beispiel durch Jürgen Elvert,[41] der die wirtschaftlichen Ergebnisse einerseits kritischer sieht und andererseits die später messbaren Verdienste der OEEC, die durch die vertrauensbildenden Maßnahmen in der gemeinsamen Arbeit in den Organisationen entstanden, positiv bewertet. So nehmen der Politikwissenschaftler Curt Gasteyger,[42] die Historiker Michael Gehler[43] und Wolf D. Gruner[44] eine weitere Betrachtungsweise vor, die versucht, die mittelfristigen wirtschaftlichen Ergebnisse hervorzuheben. Auch die Wirkung der Hilfe auf die verschiedenen, parallel initiierten Integrationsprojekte werden im Zusammenhang betrachtet. Für diesen Kontext relevante Autoren sind unter anderem: Curt Gasteyger,[45] Ludolf Herbst,[46] Michael J. Hogan,[47] Walter Lipgens, Klaus Schwabe[48] und Benn Steil.[49] Die Sichtweise Werner Abels-

---

28   Britisches Englisch (European Recovery Programme).

29   Werner Abelshauser, Deutsche Wirtschaftsgeschichte: Von 1945 bis zur Gegenwart, München 2011 (2. vollständig aktualisierte und erweiterte Auflage).

30   Bischof/Petschar, Der Marshall-Plan.

31   John Gimbel, The Origins of the Marshall Plan, Stanford 1976.

32   Alfred Grosser, The Western Alliance, European-American Relations since 1945, London 1980.

33   Hardach, Der Marshall-Plan.

34   Lipgens, Die Anfänge der Europäischen Einigungspolitik 1945–1950.

35   Wilfried Loth, Der Weg nach Europa: Geschichte der europäischen Integration 1939-1957, Göttingen 1990; Ders., Die Anfänge der europäischen Integration 1945-1950, Bonn 1990 und Ders. Die Teilung der Welt: Geschichte des Kalten Krieges, München 2000 (Februar 2000, erweiterte Neuausgabe).

36   Hans Jürgen Schröder, Marshallplan und westdeutscher Wiederaufstieg, Stuttgart 1990.

37   Richard J. Mayne, The Recovery of Europe – From Devastation to Unity –, London 1970.

38   Charles S. Maier, The Marshall Plan and Germany, New York/Oxford 1991.

39   Alan S. Milward, The Reconstruction of Western Europe, 1945–1951, London 1984.

40   Wolfgang Benz/Hermann Graml (Hrsg.), Das Zwanzigste Jahrhundert II – Europa nach dem Zweiten Weltkrieg –, Frankfurt a. M. 1990 (35–37. Tausend Dezember 1990).

41   Jürgen Elvert, Die europäische Integration, Darmstadt 2013 (2. Auflage).

42   Curt Gasteyger, Europa zwischen Spaltung und Einigung 1945 bis 1993 Band 321 (Überarbeitete und wesentlich erweiterte Neuauflage), Bonn 1994.

43   Gehler, Vom Marshall-Plan bis zur EU. Österreich und die europäische Integration von 1945 bis zur Gegenwart, Innsbruck/Wien/Bozen 2006.

44   Gruner/Woyke, Europa Lexikon.

45   Gasteyger, Europa zwischen Spaltung und Einigung 1945 bis 1993.

hauser,[50] der die Wirkung des Marshall-Plans für Deutschland äußerst kritisch beurteilt, ist aufgrund der Fragestellung nicht Gegenstand dieser Untersuchung. Jedoch bewertet auch er die Wirkungen des Marshall-Plans nicht nur ökonomisch.[51]

Nur wenige Autoren, zu denen unter anderen Jürgen Elvert, Michael Gehler und Wolf D. Gruner gehören, beziehen in ihre übergreifenden Betrachtungen auch kleinere Länder detailliert mit ein. Auch in neueren Forschungsarbeiten, wie die von Benn Steil, finden kleinere Länder kaum Berücksichtigung.

Der überwiegende Beitrag der Forschungsarbeiten über kleinere Staaten stammt von Autoren betroffener Länder. In Bezug auf Irland haben Dermot Keogh[52] und Joseph J. Lee[53] richtungsweisende Beiträge zur europäisch-irischen Integrationsforschung geleistet. So auch der Autor Mervyn O' Driscoll, der die Staaten Irland und Deutschland in Beziehung setzt.[54] Diese bieten das Verständnis für die allgemeine wirtschaftliche Situation Irlands nach dem Zweiten Weltkrieg. Eine Ausnahme bildet Jürgen Elvert[55], der als deutschsprachiger Historiker Irland in der europäischen Integrationsgeschichte analysiert hat. Vertiefend hat Bernadette Whelan[56] die Untersuchung zu der Rolle und den Auswirkungen des Marshall-Plans für Irland bearbeitet. Eine umfassende Analyse des irischen Finanzministeriums legte Ronan Fanning[57] vor, die ergänzend zur meist quellengestützten Arbeit des irischen Außenministeriums herangezogen wurde. Da das Department of Finance hinsichtlich der Positionen zum Marshall-Plan zum permanenten Gegenpol des Außenministeriums wurde, ist die Arbeit Ronan Fannings ungemein wichtig, um die Diskussion innerhalb der irischen Regierung nachvollziehen zu können. Die Ergebnisse eigener Forschungen zu Irland und die Anfänge der europäischen Integration und Irlands Weg zum Marshall-Plan sind in die vorliegende Arbeit mit eingeflossen.[58]

Auch zu Österreich ist der Forschungsstand umfangreich. Hier haben unter anderem Günter Bischof,[59] Klaus Eisterer,[60] Michael Gehler[61] Rolf Steininger[62] und Karl Vocelka[63],

46   Ludolf Herbst, Option für den Westen. Vom Marshallplan bis zum deutsch-französischen Vertrag, München 1989.

47   Michael J. Hogan, The Marshall Plan, America, Britain, and the Reconstruction of Western Europe, 1947–1952, Cambridge u. a. 1987.

48   Klaus Schwabe, Der Marshall-Plan und Europa, in: Raymond Poidevin (Hrsg.), Histoire des Débuts de la Construction européene (Mars 1948–Mai 1950), Origins of the European Integration (March 1948–Mai 1950), Baden-Baden, Brüssel, Mailand, Paris 1986, S. 47–69.

49   Steil, The Marshall Plan.

50   Abelshauser, Deutsche Wirtschaftsgeschichte: Von 1945 bis zur Gegenwart.

51   Ebd., S. 15 f.

52   Dermot Keogh, Ireland & Europe 1919–1948, Dublin 1988 und Ders., Twentieth-Century Ireland – Nation and State –, New York 1995.

53   Joseph J. Lee, Ireland 1912–1985, Cambridge u. a. 1990 (2. Auflage).

54   O'Driscoll, Ireland, West Germany and the New Europe 1949–73.

55   Jürgen Elvert, Geschichte Irlands, München 2003 (4. Auflage).

56   Bernadette Whelan, Ireland and the Marshall Plan 1947–1957, Dublin 2000.

57   Ronan Fanning, The Irish Department of Finance 1922–1958, Dublin 1978.

58   Ulfert Zöllner, Irland und die Anfänge der europäischen Integration, in: Michael Gehler/Rolf Steininger, Die Neutralen und die europäische Integration 1945–1955, Wien/Köln/Weimar, S. 113–143 und ders., Irlands Weg zum Marshall-Plan, Hamburg 1995 (Magisterarbeit, Universität Hamburg).

entscheidende Arbeiten zu Österreich und Europa vorgelegt. Michael Gehler[64] setzt in verschiedenen Publikationen zusätzlich mehrere Länder in Beziehung, Florian Weiss[65] und Wilfried Mähr[66] haben detaillierte Forschungsarbeiten zum Marshall-Plan geleistet. Unter dem Aspekt der Neutralität wurden Österreich und weitere kleinere Staaten von Michael Gehler erforscht.

Bei einem Großteil der Autoren dominieren politische Themen, wirtschaftliche Fragestellungen stehen oftmals weniger im Vordergrund. Hier setzt die Studie an: Sie untersucht die Zusammenhänge von politischen und wirtschaftlichen Kräften und leistet damit einen wichtigen Beitrag zum vertiefenden Verständnis der europäischen Integrationsgeschichte.

Ergänzend werden Politiktheorien der Internationalen Beziehungen herangezogen. Zur Einordnung in den Kontext zwischen Funktionalisten und Föderalisten dient der Aufsatz von Ludolf Herbst,[67] der zudem ein Brückenschlag zu anderen Wissenschaftsdisziplinen leistet. Die von Hans Joachim Morgenthau entwickelte Theorie des Realismus findet ebenso Berücksichtigung.[68] Der Funktionalismus und seine Theorie wurde während des Zweiten Weltkriegs von David Mitrany beschrieben und in den Gegensatz zum Föderalismus gestellt.[69] Aus politikhistorischer Perspektive betrachtet Werner Weidenfeld[70] den Forschungsstand zum Thema Föderalisten und Funktionalisten.

Zum Multilateralismus liefert John Gerard Ruggie[71] wichtige Impulse. Er sensibilisiert für die Schwierigkeit, theoretische Modelle anzuwenden. Ralf Dahrendorf belebt mit dem Modell des „Homo Sociologicus" den Diskurs um die Rolle der sozialen Akteure.[72] Die

59 Bischof/Petschar, Der Marshall-Plan.

60 Klaus Eisterer, Österreich unter alliierter Besatzung 1945–1955, in: Michael Gehler/Rolf Steininger: Österreich im 20. Jahrhundert, Band 2. Vom Zweiten Weltkrieg bis zur Gegenwart, Wien 1997, S. 147–216.

61 Michael Gehler, Modellfall für Deutschland? Die Österreichlösung mit Staatsvertrag und Neutralität 1945–1955, Innsbruck u. a. 2015 und ders., From Saint-Germain to Lisbon.

62 Gehler/Steininger (Hrsg.), Österreich im 20. Jahrhundert, Band 2. Vom Zweiten Weltkrieg bis zur Gegenwart, Wien 1997.

63 Karl Vocelka, Geschichte Österreichs, Kultur – Gesellschaft – Politik, München 2002 (3. Auflage).

64 Michael Gehler/Rolf Steininger, Die Neutralen und die europäische Integration 1945–1955, Wien u. a. 2000.

65 Florian Weiss, Auf sanften Pfoten gehen. Die österreichische Bundesregierung und die Anfänge der westeuropäischen Integration 1947–1957, München 1989 (Magisterarbeit, Ludwig-Maximilians-Universität München, November 1989).

66 Wilfried Mähr, Von der UNRRA zum Marshallplan, Wien 1985 (Dissertation, Universität).

67 Herbst, Die zeitgenössische Integrationstheorie und die Anfänge der europäischen Einigung 1947–1950.

68 Hans Joachim Morgenthau, Politics Among Nations, The Struggle for Power and Peace, New York 2006 (7. Auflage) und Hans Joachim Morgenthau/Kenneth W. Thomson: Principles & problems of international politics: Selected readings, Washington 1950/1982.

69 David Mitrany, A Working Peace System, Chicago 1966 (die Auflage wird nicht genannt, es gibt den Hinweis auf drei Nachdrucke in Großbritannien auf Seite 25, daher vermutlich 5. Auflage. Es entstand in der Kriegszeit, als er für das State Department gearbeitet hat).

70 Werner Weidenfeld, Die Europäische Union, Akteure-Prozesse-Herausforderungen, München 2013.

Studie greift den Aspekt auf und stellt im Anhang (Kapitel VIII) die außerhalb ihrer Länder größtenteils unbekannten Akteure der irischen und österreichischen Politik in Kurzbiographien vor.

Die Zäsur für die europäische und damit auch die irisch-österreichische Entwicklung ist das Ende des Zweiten Weltkrieges. Aus diesem Grund setzt die Arbeit zu diesem Zeitpunkt an. Die Sekundärliteratur wurde gesichtet, geprüft und gewichtet. Aufgrund des guten Forschungsstandes wird für die gesamteuropäische Betrachtungsweise nur zur Verifizierung auf gedrucktes und ungedrucktes Quellenmaterial zurückgegriffen.

Für die vorliegende Studie wurden vornehmlich die Staatsarchive herangezogen. Neben den Originaldokumenten, zu denen schwerpunktmäßig US-amerikanische Quellen zählen, werden zur historischen Einordnung auch Medienberichte wie Zeitungsartikel aus Irland und Österreich hinzugezogen, sowie auch Berichte von Zeitzeugen berücksichtigt.

Die Arbeit im Nationalarchiv in Dublin war höchst erfreulich, da es keinerlei Einschränkungen für die Vorlage von Originaldokumenten gab. Grundlage der Arbeit waren die Auswertung der Bestände der Ministerien des Premierministers (Department of the Taoiseach) und des Außenministeriums (Department of External Affairs). Der Bestand des Department of the Taoiseach deckt mit seinen Quellen alle wesentlichen irischen Entscheidungen zum Marshall-Plan ab. Zusätzlich werden noch interne Dokumente und Minutes des Außenministeriums herangezogen. Sie dienten der Abrundung und Ergänzung dieser Untersuchung. Eine Nutzung der internen Bestände der Ministerien Industry and Commerce und Agriculture wäre möglich gewesen, hätte jedoch nach Durchsicht der Akten der Arbeit keine zusätzlichen Impulse verleihen können. Auf die Durchsicht der Bestände des irischen Finanzministeriums wurde verzichtet, da Ronan Fanning in seiner Arbeit „The Irish Department of Finance" die entsprechenden Materialien bearbeitet, ausgewertet und in seiner Studie dokumentiert hat.

Die österreichischen Quellen befinden sich im Österreichischen Staatsarchiv/Archiv der Republik. Hier wurden vor allem die Bestände des Außenamts[73] und die wirtschaftspolitische Abteilung (in der Folge „wpol") durchgearbeitet und ausgewertet. „Politische Vorbereitung und Durchführung der Verhandlungen mit dem Ausland auf dem Gebiet der Wirtschafts-, Finanz- und Verkehrspolitik" war die verantwortliche Sektion des „wpol"-Archivs.[74] Kaum berücksichtigt wurden die Akten des „Bundesministeriums für Vermögenssicherung und Wirtschaftsplanung (BMfVuW)" und die „pol-Dateien", da sie nach Durchsicht keine maßgeblichen weiteren Erkenntnisse für die Fragestellungen lieferten. Wie in Irland wurden dort als verantwortliche Schnittstelle für den Marshall-Plan die

71 John Gerard Ruggie, Multilateralism. The Anatomy of an Institution. Multilateralism Matters. The Theory and Praxis of an Institutional Form, New York/Oxford 1993, S. 3–47.

72 Ralf Dahrendorf, Homo Sociologicus. Ein Versuch zur Geschichte, Bedeutung und Kritik der Kategorie der sozialen Rolle, Wiesbaden 2006 (16. Auflage).

73 Das Außenamt war eine Sektion des Bundeskanzleramts BKA/AA, erst 1959 wurde es ein eigenes Bundesministerium für Auswärtige Angelegenheiten, in: Michaela Follner, Der Aufbau des Bundesministeriums für Auswärtige Angelegenheiten, in: Rudolf Agstner/Gertrude Enderle-Burcel/Michaela Follner, Österreichs Spitzendiplomaten zwischen Kaiser und Kreisky, Wien 2009, S. 77–101, S. 87 und 100.

74 Ebd., S. 87.

3. Forschungsstand und Quellenlage

Dokumente archiviert. Bei der Durchsicht der Materialien zum Thema der Arbeit gab es keinerlei Beschränkungen hinsichtlich der Vorlage von Dokumenten. Die Quellenlage für das Forschungsanliegen war sehr gut. Eine Ausweitung auf weitere Ministerien hätte für die Fragestellung keine weiteren Erkenntnisgewinne gebracht. Deshalb wurde nach Überprüfung der Bestände auf die Durchsicht der Unterlagen weiterer Ministerien verzichtet. Die US-amerikanischen Quellen, die durch die Foreign Relations of the United States (FRUS) sehr gut erfasst und erschlossen sind, runden die Quellenlage sehr gut ab.

II. Irland und Österreich nach dem Zweiten Weltkrieg

1. Irland nach dem Zweiten Weltkrieg

a) Irlands außenpolitische Situation nach dem Krieg

Nach dem Sieg über Deutschland durch die Alliierten der Anti-Hitlerkoalition 1945 befand sich Irland als neutrales Land in einer problematischen Situation. Irland war in den unmittelbaren Nachkriegsjahren isoliert und nicht in die europäische Politik eingebunden. Diese schwierige Situation war bedingt durch die Neutralitätspolitik Irlands, die das Ziel verfolgte, sich politisch definitiv von Großbritannien zu lösen.[1] Gleichzeitig bestanden Traditionen und Verhaltensmuster weiter, die in anderen Ländern durch die Notmaßnahmen im Krieg verschwunden waren.[2] Wie negativ die Neutralität Irlands während des Krieges bewertet wurde, verdeutlicht eine Äußerung Winston Churchills, der seinem Unmut über das irische Verhalten und die fehlende aktive Unterstützung für die Alliierten Ausdruck gab:

> This was indeed a deadly moment in our lives and if it had not been for the loyalty and friendship of Northern Ireland, we should have been forced to come to close quarters with Mr. de Valera or perish forever from earth.[3]

Die irische Neutralitätspolitik dokumentiert sich auch im symbolischen Akt Eamon de Valeras, der der deutschen Botschaft als einziger Regierungschef eines demokratischen Landes nach dem Tod Adolf Hitlers einen Kondolenzbesuch abstattete.[4] Für Eamon de Valera war dieser gemeinsame Besuch mit Joseph Walshe in der deutschen Botschaft ein Zeichen für die Unabhängigkeit und Neutralität Irlands.[5] Aus seiner Sicht handelte er streng nach Protokoll, ohne das Agieren der betroffenen Regierung, in dem Fall der Nationalsozialisten, zu bewerten.[6] Dennoch verursachte dieser Besuch Entrüstung bei der

---

[1] Elvert, Geschichte Irlands, S. 442 f.

[2] "Moreover, unlike the situation in many European countries, continuity had not been broken by violent changes occasioned by the war and thus no sudden need or clear-cut opportunity for radical change presented itself. The developments that did occur, for example in the social services, owed little to Civil Services inspiration. For a decade or more the exciting changes that transformed Western Europe made little impact on Ireland, the more because of slowness of Great Britain, whose culture and values so influence and insulate Ireland, to respond to them, since Britain, like Ireland, had been able to preserve a considerable continuity." Basil Chubb, The Government & Politics of Ireland, London/Stanford 1970, S. 242.

[3] Zit. nach Keogh, Ireland & Europe 1919–1948, S. 199.

[4] *Irish Times* vom 4.5.1945.

[5] Ryle T. Dwyer, Strained Relations-Ireland at Peace and the USA at War 1941–1945, Dublin/Tatowa 1988, S. 160 f.

[6] O'Driscoll, Ireland, West Germany and the New Europe, S. 22.

kanadischen, britischen und amerikanischen Presse. Exemplarisch für die Reaktion war hier die *New York Times*: "... there is obviously something wrong with the protocol, the neutrality or Mr. de Valera."[7]

Etwas zurückhaltender war der britische Repräsentant in Irland, der dies als unklugen Schritt bewertete.[8] Insgesamt wurde die Handlungsweise Eamon de Valeras von der Weltöffentlichkeit negativ eingeschätzt. Sie verringerte die Unterstützungsbereitschaft des Auslandes für Irland, insbesondere, als in der Öffentlichkeit die Grausamkeiten des Naziregimes bekannt wurden. Welche negative Stimmung Eamon de Valeras Handlung auslöste, wird durch ein Schreiben einer irisch-stämmigen US-Amerikanerin an Eamon de Valera deutlich (diese hatte zufällig den gleichen Nachnamen wie der irische Secretary des Department of External Affairs Joseph Walshe, der den irischen Taoiseach zu dem Kondolenzbesuch in die Deutsche Botschaft begleitete). In diesem Brief zeigte sich die Absenderin beschämt darüber, dass ein zivilisierter katholischer Staat Sympathie für einen Massenmörder ausgedrückt hatte. Dass die Betroffenheit einer US-Amerikanerin ernst genommen wurde, zeigt die entsprechende Einordnung in die Archive der irischen Regierung und dass sowohl Eamon de Valera als auch Joseph Walshe sich über diesen Brief informierten.[9] Diese kritische Haltung gegenüber Irland konnte auch nicht durch die Tatsache verbessert werden, dass zwischen 70.000 und 80.000 Iren auf Seiten der Alliierten gekämpft hatten.[10]

Die irische Neutralität, die durch den Kondolenzbesuch dokumentiert worden war, verlangte nach Kriegsende eine zunehmend diplomatische Präsenz, um die Interessen Irlands zu vertreten:

> The wave of hostility which followed upon the de Valera visit to the German legation in 1945 and the residual anger over Ireland's neutral status, required a strong diplomatic presence in Europe, Canada, the United States, South America and Commonwealth countries.[11]

Die Bemühungen einer verstärkten außenpolitischen Aktivität erhielten einen erheblichen Rückschlag bei dem Versuch Irlands, der UNO beizutreten.[12] In der Kabinettssitzung vom 19. Juli 1946 wurde der Antrag zur Mitgliedschaft in der UNO beschlossen. Die Dail Eireann[13] wurde in diesem Beschluss aufgefordert, den Antrag zu unterstützen, um so schnell wie möglich Mitglied in der internationalen Organisation werden zu können.[14] Dieser Aufforderung kam die Dail Eireann mit breiter Mehrheit nach.[15] Nicht nur die Dail Eireann, auch die breite Öffentlichkeit und die Medien unterstützten diese Entscheidung.[16] Als

---

7   Ryle T. Dwyer, Strained Relations-Ireland at Peace and the USA at War 1941–1945, Dublin 1988, S. 160 f.

8   Ebd., S. 161.

9   Brief an Eamon de Valera von Angela Walshe vom 3.5.1945, P 98. (National Archives of Ireland, Dublin, in der Folge NAIRL, P. files).

10   Keogh, Ireland & Europe, 1919–1948, S. 197.

11   Zit. nach Keogh, Ireland & Europe, S. 201.

12   Ebd., S. 202.

13   Irisches Parlament.

14   Cabinet Minutes vom 19.7.1946, item 5, S 13750A (NAIRL S. files).

15   Schreiben an den Taoiseach von der Dail Eireann vom 26.7.1946, S 13750 A (NAIRL, S. files).

16   *Irish Independent* vom 22.7.1946, *Irish Times* vom 22.7.1946 und *Irish Times* vom 23.7.1946.

Ergebnis der positiven Beurteilung wurde der offizielle Antrag auf Mitgliedschaft in der UNO am 30. Juli 1946 gestellt.[17] Die Sowjetunion verhinderte durch ihr Veto den irischen Antrag auf Mitgliedschaft.[18] Dies führte zur Enttäuschung in der irischen Presse, die ihre Nation, insbesondere durch die Führung der UdSSR, ungerecht behandelt sah.[19] Offizieller Hintergrund dieser Ablehnung war die Aussage des sowjetischen Delegierten Andrei Gromyko, der ausführte, dass sowohl Irland als auch Portugal mit den „Achsenmächten" sympathisiert hätten.[20] Irland betreffend ist die Aussage nicht zutreffend, denn das Land exportierte nicht nur wichtige Lebensmittel nach Großbritannien, sondern Großbritannien wurde auch durch irische Freiwillige und Mitarbeiter in der Wirtschaft unterstützt, wie in den weiteren Kapiteln dargestellt wird.[21]

Auf Angriffe von Vertretern der UdSSR äußerte sich Eamon de Valera: "The statement that Ireland expressed sympathy with the Axis is untrue. The Irish people are genuinely a democratic people."[22] Die Enttäuschung über die Ablehnung resultierte vor allem aus historischen Gründen. Denn im Gegensatz zu vielen anderen Ländern in der Welt hatte die irische Regierung 1934 den Eintritt der Sowjetunion in die Vorgängerorganisation der UNO, den Völkerbund, unterstützt.[23] Auch die Unterstützung des irischen Antrags durch Länder wie Polen und Jugoslawien, die unter sowjetischem Einfluss standen, änderte nichts an der Situation und der sowjetischen Einstellung.[24] Je länger die Nichtmitgliedschaft andauerte, desto stärker wurde das Gefühl der Isolation. Als Beispiel sei hier der *Irish Independent* angeführt:

> This is something that must hurt a nation with a sense of its dignity and of its position as mother country with a tradition of civilisation, culture and devotion to peace – a tradition that was old before some of our censor-nations had yet emerged from barbarism.[25]

Die Verärgerung in der irischen Öffentlichkeit führte dazu, dass Sympathiebekundungen anderer Länder zugunsten Irlands positiv in der Presse vermerkt wurden. Es wurde so versucht, ein Gefühl entstehen zu lassen, dass Irland nicht so isoliert sei, wie es tatsächlich der Fall war.[26]

---

17 Cabinet Minutes vom 30.7.1946, item 7, S 13750.

18 *Irish Press* vom 13.8.1946 und *Irish Press* vom 30.8.1946.

19 Laut Thomas J. Barrington war die Sowjetunion nur bereit, ihr Veto gegenüber dem Eintritt Irlands in die Vereinten Nationen fallenzulassen, wenn die USA dafür andere, von der UdSSR unterstützte Staaten in der UNO akzeptieren würden, in: Thomas J. Barrington, The Irish Administrive System, Dublin 1980, S. 68.

20 "...that even in the most critical part of the war, Ireland expressed sympathy with Axis and Franco's Spain", in: Keogh, Ireland & Europe 1919–1948, S. 203.

21 https://historyireland.com/20th-century-contemporary-history/the-forgotten-volunteers-of-world-war-ii/. Abgerufen am 14.4.2018. Published in 20th century Contemporary History, Features, Issue (Spring 1998), The Emergency, Volume 6.

22 *Irish Press* vom 31.7.1947.

23 Patrick Comerford, Do you want to die for NATO?, Cork/Dublin 1984, S. 52.

24 *Irish Independent* vom 16.8.1946 und 31.8.1946

25 *Irish Independent* vom 12.12.1946.

26 *Irish Press* vom 31.7.1947 und 16.9.1947.

Wie wichtig diese Thematik für die irische Bevölkerung war, wird daran deutlich, welche breite Medienwirkung die Mitteilung erhielt, dass die Vollversammlung der UNO der Mitgliedschaft Irlands positiv gegenüberstand. Eine Mitgliedschaft scheiterte daher nur an der UdSSR.[27] Der irische Historiker Dermot Keogh vermutete, dass Irland ein Opfer des beginnenden Kalten Krieges geworden sei.[28] Umso wichtiger war es für die Iren, dass ihr Land an den von der UNO einberufenen International Health Conferences in New York teilnahm.[29] Irland beteiligte sich aktiv und nahm auch die Constitution of the World Health Organization (WHO)[30] an. Über diesen Weg beteiligte sich Irland an der WHO und an der kulturell, bildungsorientiert und wissenschaftlich arbeitenden Institution der UNESCO.[31] So war Irland zumindest in einer Teilorganisation der UNO vertreten.[32] Eine Vollmitgliedschaft in der UNO gelang erst am 14. Dezember 1955.[33]

Gegenüber allen weiteren internationalen Organisationen war die irische Regierung sehr skeptisch eingestellt. So verzichtete Irland 1947 auf die Mitgliedschaft an der internationalen Handelsvereinbarung General Agreement on Tariffs and Trade (GATT), die den Welthandel liberalisieren sollte. Aufgrund der Teilung des Landes trat die irische Regierung 1949 auch nicht der NATO bei.[34]

Als Höhepunkt einer sich selbst isolierenden Neutralitätspolitik schied der Freistaat Irland durch die Deklaration der Republic of Ireland 1949 aus dem British Commonwealth aus, obwohl die Isolierung des Landes abgebaut werden sollte.[35]

b) Irland und Großbritannien: Ein besonderes Verhältnis

Obwohl die Verfassung Irland als unabhängigen, souveränen und demokratischen Staat bezeichnete, lagen Anspruch und Wirklichkeit weit auseinander. Denn auch nach dem anglo-irischen Vertrag von 1921 war Irland von seiner wirtschaftlichen Bedeutung mehr oder weniger eine Teilprovinz von Großbritannien. Die Gründe hierfür waren die geringe geographische Größe Irlands, der historische Kontext als Teil des British Empire

---

27 *Irish Press* vom 18.11.1947.
28 "Perhaps Ireland was a victim of Cold War diplomacy avant la lettre.", Keogh: Ireland & Europe 1919–1948, S. 204.
29 Department of Local Government and Public Health, International Health Conferences, New York, vom 21.6.1946, S 13878A (NAIRL, S. files).
30 Weltgesundheitsorganisation der Vereinten Nationen, die 1948 gegründet wurde. http://www. euro.who.int/de/about-us/organization/who-worldwide. Abgerufen am 28.2.2019.
31 Keogh, Twentieth-Century Ireland, S. 161.
32 Cabinet Minutes vom 29.4.1947, item 1, S 13878.
33 O'Driscoll, Ireland, West Germany and the New Europe, S. 26, und Lysaght O'Connor: The Republic of Ireland, Cork 1970, S. 145. Weitere europäische Länder wurden am 14.12.1955 Mitglied: Albanien, Bulgarien, Finnland, Österreich, Portugal, Rumänien, Spanien und Ungarn. https://www.un.org/en/member-states/. Abgerufen am 10.6.2019.
34 Donald Harman Akenson, The United States and Ireland, Cambridge 1973, S. 121 f.
35 O'Driscoll, Ireland, West Germany and the New Europe, S. 2, und Wolfgang Benz, Neutrale Staaten, in: Benz/Graml, Das Zwanzigste Jahrhundert II - Europa nach dem Zweiten Weltkrieg 1945–1982, S. 206–224, S. 208.

und die politische wie ökonomische Dominanz Großbritanniens.[36] Wie bedeutend dessen Einfluss Großbritanniens auf die irische Kultur war, wird am nahezu vollständigen Verlust des Gälischen mit seiner Sprache und Schrift deutlich. Das Land wurde seit der erneuten Besetzung durch Oliver Cromwell 1649 neu verteilt und neu besiedelt.[37] Es wurde die englische Gerichtsbarkeit eingeführt, das soziale Leben neu definiert und versucht, eine andere als die katholische Konfession durchzusetzen.[38] Zudem wurde die irische Aristokratie verdrängt.[39]

> The Irish have hated the insides of their British conquerors for something like three centuries, yet they are saddled with the language of their conquerors, like the people of India, and they were struggling vainly against it as best they could.[40]

Die Abhängigkeiten bestanden auf allen Ebenen der Gesellschaft, so dass die Iren sich mit vielen ihrer Lebensgrundlagen an Großbritannien orientierten. Trotz der formalen irischen Unabhängigkeit gab es weiterhin eine faktische Abhängigkeit von Großbritannien auf mehreren Ebenen.[41] Diese Verbindung zeigte sich politisch in der Zugehörigkeit zum British Commonwealth bis 1949. Konkret bedeutete dies für Irland, dass der englische König zugleich das Staatsoberhaupt Irlands war.[42] Zusätzlich gehörten sechs von 32 irischen Counties nicht zum unabhängigen Irland, sondern waren und sind als Nordirland politisch und wirtschaftlich an Londoner Entscheidungen gebunden.[43]

Viel weitreichender als dieser politische Bereich war die fast völlige wirtschaftliche Abhängigkeit Irlands. Wie stark diese war, wird bei der Betrachtung der irischen Handelsbilanz über mehrere Jahre deutlich:

---

36 Basil Chubb, The Government & Politics of Ireland, S. 313 f. Nach Jürgen Elvert lässt sich der „fast dreißigjährige Sezessionsprozeß" in „drei Phasen" einteilen:
1. Zwischen 1922 und 1932 war das strikte „Bemühen um das Einhalten des anglo-irischen Vertrages" gekennzeichnet.
2. Zwischen 1932 und 1938 versuchte eine neue Regierung, den Vertrag teils bewusst zu verletzen und eine „quasi-republikanische Verfassung" einzuführen und den „Vertrag von 1921 weitgehend außer Kraft" zu setzen.
3. Zwischen 1938 und 1948/1949 als „eine neue Verfassung verabschiedet wurde, die eine Weichenstellung zur endgültigen Sezession Irlands vom Commonwealth gemäß dem Republic of Ireland Act" bedeutete. Jürgen Elvert, Korporativismus aus Tradition, in: Werner Reutter/Peter Rütters (Hrsg.): Verbände und Verbandssysteme in Westeuropa, Opladen 2001, S. 197–220, S. 197.
37 James C. Beckett, Geschichte Irlands, Stuttgart 1991 (3. erw. Auflage), S. 101 ff.
38 Basil Chubb, The Government & Politics of Ireland, S. 2 f.
39 Ebd., S. 6 ff.
40 Thomas A. Bailey, The Marshall Plan Summer – An Eyewitness Report on Europe and the Russians in 1947, Stanford 1977, S. 18.
41 Basil Chubb, The Government & Politics of Ireland, S. 44 ff.
42 Keogh, Twentieth-Century Ireland, S. 189 f. und Basil Chubb, The Government & Politics of Ireland, S. 40 ff.
43 Elvert, Geschichte Irlands, 2003, S. 407 f.

Tabelle 1 – Irische Exporte[44]

Jahr	Gesamt	Großbritannien[45]	Anteil in %
1938	24	22,5	93,8
1945	36	34,9	96,9
1946	39	36,2	92,8
1947	40	34,5	86,2
1948	49	42,6	86,9

Tabelle 2 – Irische Importe[46]

Jahr	Gesamt	Großbritannien[47]	Anteil in %
1938	41	20,6	50,2
1945	41	19,9	48,5
1946	72	37,6	52,2
1947	131	54,4	41,5
1948	137	73,2	53,4

Es wird somit deutlich, dass die ökonomische Entwicklung Irlands nur gemeinsam mit einer wirtschaftlichen Erholung Großbritanniens stattfinden konnte. Irland war eine Nation ohne eigenes Wirtschaftsgebiet.[48] Großbritannien nahm 1946 noch 92,8 % der irischen Exporte ab und war gleichzeitig für 52,2 % der irischen Importe verantwortlich. 1947 sank der britische Anteil an den Importen auf 41,5 %.[49] Dies war vor allem auf die Schwierigkeiten Großbritanniens direkt nach dem Krieg zurückzuführen, ausreichend Kohle und Textilien nach Irland zu liefern.[50] Ein weiteres Beispiel für die Abhängigkeit Irlands von Großbritannien war die eigene Währung, die durch den Sterlingblock völlig an die britische Währung gebunden war. Wenn Großbritannien seine Währung abwertete, musste Irland auch abwerten. Als Großbritannien das Dezimalsystem akzeptierte, musste Irland auch hier folgen. Irland war so gesehen ein ökonomischer Satellit Großbritanniens, ohne dass es eine Alternative dazu gegeben hätte.[51]

---

44   Brian R. Mitchell, The European Historical Statistics 1750–1970, Basingstoke/London 1975, S. 495.

45   Inklusive Nordirland.

46   Mitchell, The European Historical Statistics, S. 495.

47   Inklusive Nordirland.

48   Hubert Sturm, Hakenkreuz und Kleeblatt – Irland, die Alliierten und das „Dritte Reich" 1933–1945, Frankfurt a.M. 1984 (Europäische Hochschulschriften. Reihe 3, Geschichte und ihre Hilfswissenschaften; 222). Erschienen in: Bd. 1. 1984–Bd. 2. 1984, München 1983, (Dissertation), S. 322.

49   Mitchell, The European Historical Statistics, S. 495.

50   The European Recovery Programme, Country Studies, Chapter VIII, Ireland, durch das Department of External Affairs in der irischen Regierung verteilt am 3.3.1948, S 14106B (NAIRL, S. files).

> Ireland's efforts to break its economic dependence on Britain and end its effective status as a provincial economy came to naught, while its industrial protectionism produced anaemic results.[52]

Insgesamt schafften es die irischen Regierungen nicht, die Abhängigkeiten von Großbritannien seit der eigenen Unabhängigkeit zu reduzieren.[53] Auch in der Zwischenkriegszeit änderte sich die Situation nicht.[54] Auf die weitere Entwicklung und die aktuellen Verhältnisse wird im Laufe der Arbeit und im Fazit eingegangen. Für irische Nationalisten stand eine tatsächliche Unabhängigkeit somit noch lange weiter auf der Tagesordnung.[55] Auf der anderen Seite hatte diese Abhängigkeit aus britischer Sicht die Folge, dass Irland weiterhin von London als eine Art Kolonie betrachtet werden konnte.

> The Irish economy had developed as that of a colony of Great Britain and a peripheral region within the British Isles, reinforced by its proximity to the centre of political power and the developed industrial core in Britain and by the nature of its resource base. Its evolution may be seen to accord with dependency theory. Ireland functioned principally as a primary producer, mainly of agricultural products supplying the British market.[56]

Aufgrund dieser Abhängigkeiten kam es zu Gesprächen der irischen und britischen Regierungen am 3. und 4. November 1947 in der Downing Street u. a. mit Eamon de Valera. Als deren Ergebnis wurde eine gemeinsame Arbeitsgruppe eingesetzt, um beide Länder betreffende Fragen zu besprechen.[57] Gleichzeitig wurde ein anglo-irisches Handelsabkommen vereinbart. Irische Agrar- und Industrieprodukte durften einerseits zollfrei eingeführt werden. Andererseits erhielten auch Produkte aus Großbritannien eine Vorzugsbehandlung in Irland. Der Vertrag wurde 1950 verlängert und 1965 zu einem Freihandelsabkommen erweitert.[58] Durch diese Verträge wurden die ohnehin schon engen Verbindungen zwischen der irischen und britischen Wirtschaft noch weiter vertieft. Großbritannien war nicht nur der Hauptmarkt für irische Produkte, sondern beschäftigte auch eine erhebliche Anzahl von irischen Emigranten. Innerhalb des Zeitraums von 1939 bis 1947 emigrierten über 300.000 Menschen nach Großbritannien.[59]

---

51 Akenson, The United States and Ireland, S. 111, und O'Driscoll sagte über Irland, "To all intents, it was a satellite economy." O'Driscoll, Ireland, West Germany and the New Europe, S. 4.

52 O'Driscoll, Ireland, West Germany and the New Europe, S. 3.

53 Paul Sharp, Irish Foreign Policy and the European Community – A Study of the Impact of Interdependence on the Foreign Policy of a small State, Aldershot 1990, S. 11.

54 "This interwar effort to counterbalance its former ruler and powerful neighbour, Britain, failed." O'Driscoll, Ireland, West Germany and the New Europe, S. 3.

55 Chubb, The Government & Politics of Ireland, S. 46 f.

56 Desmond A. Gillmor, Economic Activities in the Republic of Ireland: A Geographical Perspective, Dublin 1985, S. 7.

57 Fanning, The Irish Department of Finance, S. 402.

58 Akenson, The United States and Ireland, S. 110.

59 "Total figures on Irish volunteers and war workers remain uncertain, but the number of ,new travel permits', identity cards and passports issued to men and women in 1940–1945 was in the region of 200.000. To this should be added the 45.000 which the Department of External

Einer der Gründe, sich grundsätzlich Gedanken über die wirtschaftlichen und politischen Fragen einer Beteiligung am British Commonwealth zu machen, war die starke Abhängigkeit der irischen Regierung von Entscheidungen Großbritanniens. So wurde beispielsweise in einer Analyse des Außenministeriums über das British Commonwealth und den Sterling-Pool die vereinbarte Akzeptanz von Banknoten jeweils anderer Mitgliedsländer als positiv gesehen. Auch die für Irland kostenfreie Nutzung von Botschaften im Ausland wurde positiv bewertet, wie auch die Gültigkeit von Bildungsabschlüssen.[60] Trotz dieser guten Bewertung trat Irland 1949 aus dem British Commonwealth aus.[61] Eine irrationale Entscheidung der neuen Inter-Party Regierung, die bei Kenntnis der Lebensläufe und der Historie der politischen Parteien erstaunlich war.[62] Der Republic of Ireland Act änderte aber nichts an der Abhängigkeit Irlands von Großbritannien.

Irland verließ damit eine internationale Organisation, versuchte aber den Verlust an internationalen Kontakten mit dem erhofften Eintritt in die UNO zu kompensieren.[63] Unabhängig von dieser Analyse sah der irische Außenminister Sean MacBride in einem Interview das Verhältnis zu Großbritannien trotz der Teilung Irlands und dem Austritt aus dem British Commonwealth positiv:

> Our relations with Britain were never better. Since the enactment of the Republic of Ireland Act, there is only one outstanding cause of friction – the problem of Partition. Apart from this, there is very real feeling of admiration and friendship for the British.[64]

Dies sagte MacBride, obwohl er nach Aussage von Donald Harmann Akenson eine Abscheu gegen alle Organisationen hatte, in denen Großbritannien Mitglied war.[65] Irland war nach dem Krieg für westeuropäische Beobachter "pro-Western, anti-communist and a free economy, but it was neutral and an industrial protectionist".[66] Durch die starke Fi-

---

Affairs estimated went to the UK between September 1939 and the fall of France in June 1940, after which restrictions were imposed. In other words, out of a total population of approximately 2.968.000 (1936 census), over 8 per cent emigrated during the war." Werden noch bestimmte Altersklassen ausgenommen, geht der Artikel von 15% der relevanten Altersklasse aus, die ausgereist waren. https://historyireland.com/20th-century-contemporary-history/the-forgotten-volunteers-of-world-war-ii/. Abgerufen am 14.4.2018. Published in 20th century Contemporary History, Features, Issue (Spring 1998), The Emergency, Volume 6. Joseph J. Lee beschrieb, dass in diesem Zusammenhang auch die Arbeitslosigkeit stark von 15% auf 10% sank (S. 226). Die Emigration ging auch nach Kriegsende weiter. Joseph J. Lee: "With an average outflow of nearly 30.000 a year between 1945 and 1947." Lee, Ireland 1912–1985, S. 226 und S. 288. Die Zahl liegt (auch wenn diese teilweise geschätzt sind) bei über 300.000.

60 Resume of subjects dealt with by Departments in reply to query concerning ties with the Commonwealth, P 231 (NAIRL, P. files). Dieses Dokument ohne Datum muss 1948 erstellt worden sein, da es durch die im Februar 1948 gewählte Inter-Party-Regierung verfasst und der Austritt aus dem British Commonwealth erst im September des Jahres 1948 bekannt gegeben wurde.

61 Lee, Ireland 1912–1985, S. 300.

62 Kapitel VIII.1.a) Kurzbiographien Irland.

63 Sharp, Irish Foreign Policy, S. 7 f.

64 *Irish Independent* vom 14.2.1949.

65 Akenson, The United States and Ireland, S. 122.

66 O'Driscoll, Ireland, West Germany and the New Europe, S. 4.

xierung auf Großbritannien wurde Irland nicht nur beeinflusst, sondern blieb politisch und wirtschaftlich vom Rest Europas und der Welt isoliert.[67] Im Ergebnis mussten die Iren fast alle Entscheidungen akzeptieren, die von größeren Staaten wie Großbritannien oder den USA getroffen wurden.[68] Eine Koordination von politischen und wirtschaftlichen Fragen mit Großbritannien war damit von grundlegender Bedeutung für die irische Regierung.

2.   Österreich nach dem Zweiten Weltkrieg

a)   Österreichs politische und außenpolitische Situation nach dem Krieg

In Folge des Endes des Ersten Weltkriegs wurde die Erste Republik Österreich gegründet, „die das Anschlussverbot der Pariser Friedenskonferenzen streng einhalten musste".[69] Dabei empfanden viele Menschen den neugebildeten Staat als nicht lebensfähig.[70] Die österreichische Krise der Demokratie in der Zwischenkriegszeit „führte zu einem autoritären, ständestaatlichen Staatsmodell, begünstigte den Einfluss der Nationalsozialisten und bereitete den von vielen emotional gewünschten ‚Anschluss' an das Deutsche Reich vor".[71] Anton Staudinger bezeichnet die „Stilisierung der ständestaatlichen Österreichideologie" als „eine defensive Funktion gegen Tendenzen eines Anschlusses an das nationalsozialistische Deutsche Reich". Nach Anton Staudinger gelang es durch „kompliziert-intellektuelle Stilisierung der ständestaatlichen Österreichideologie" nicht, eine „im Entstehen begriffene Formulierung österreichischen Nationalbewußtseins" zu fördern.

> Zudem vermochte es diese Österreichideologie schon gar nicht, jenen Teil der österreichischen Bevölkerung (Sozialdemokraten und Kommunisten), der zwar dem autoritär-ständestaatlichen Regime in Österreich opponierte, aber in noch stärkerem Ausmaß den Nationalsozialismus ablehnte, in eine antinationalistische Front zu integrieren, da diese Österreichideologie gleichzeitig auch eine Legitimierungsfunktion für eine innenpolitische Machtausübung durch die Vaterländische Front zu erfüllen hatte.[72]

---

67   Chubb, The Government & Politics of Ireland, S. 314.

68   Ebd., S. 316 und Kapitel III.2.

69   Gruner/Woyke, Europa Lexikon, S. 177. Im Artikel 2 wurde der Wunsch nach einem Anschluss als „Bestandteil der Deutschen Republik" in der Verfassung von Deutsch-Österreich (Artikel 1) dokumentiert, in: Gehler, From Saint-Germain to Lisbon, Austria's Long Road from Disintegrated to United Europe 1919–2009, S. 23. Der Anschluss und der Name Deutsch-Österreich wurde von den Siegermächten verboten. Am 10.9.1919 akzeptierte Karl Renner in Saint-Germain en Laye mit der Unterzeichnung des Vertrages das Anschlussverbot. Ebd., S. 25 f.

70   Günter Bischof, Austria in the First Cold War, 1945–55, The Leverage of the Weak, London/New York 1999, S. 7.

71   Wolf D. Gruner bezeichnete die autoritären Strukturen als eine fördernde Entwicklung. Gruner/Woyke, Europa-Lexikon, S. 177.

72   Anton Staudinger: Die nationale Frage im Österreich der Ersten und Zweiten Republik, in: Erich Zöllner, Volk, Land und Staat in der Geschichte Österreichs, Wien 1984, S. 168–179, S. 174.

Der „Anschluss" erfolgte am 12. März 1938 und wurde im April durch eine Volksabstimmung gebilligt.[73] Durch eine starke Propaganda und eine entsprechende Formulierung des Wahlzettels war die nicht freie Wahl am 10. April 1938 mit 99,73% Zustimmung deutlich.[74] Trotz der „pseudoplebiszitären" Wahl war das Ergebnis eindeutig.[75] Dieser „ambivalente Anschluss" „war von spontaner Zustimmung in Teilen der österreichischen Öffentlichkeit unter gleichzeitiger Anwendung von Zwang und Gewalt geprägt...".[76] Diese Sichtweise verdeutlicht die schwierige Situation in Österreich, dennoch begrüßte ein hoher Anteil der österreichischen Bevölkerung dieses Ergebnis.[77]

Der „Anschluss" wurde völkerrechtlich hingenommen und nur wenige Staaten protestierten beim Völkerbund.[78] Zu den Kritikern gehörte die Sowjetunion, die sich auch im September 1938 gegen den Anschluss aussprach. Dabei deuteten die Äußerungen der sowjetischen Diplomaten und der Presse darauf hin, dass sich der Protest vor allem auf den Machtzuwachs Deutschlands bezog.[79] Diese Haltung änderte sich erst mit dem Hitler-Stalin Pakt vom 23. August 1939.[80] Großbritannien beurteilte die Entwicklung als unvermeidlich, lediglich die Art der Besatzung sorgte für Unmut. Dennoch änderte London den Status der Botschaft in Wien zu einem Konsulat.[81] Die USA kritisierten zwar „die

---

73   Gruner/Woyke, Europa-Lexikon, S. 177.

74   „Fast alle Österreicher haben Ja gesagt", die *Wiener Zeitung* spricht von 99,75% der Österreicher (4.273.887 von 4.284.795). *Wiener Zeitung*, 11.4.1938. Der erste Kanzler der Ersten Republik, der Sozialdemokrat Karl Renner, hatte es als erster provisorischer Bundeskanzler und späterer Bundespräsident der Zweiten Republik schwer, zu erklären, warum er im April 1938 „unaufgefordert ein öffentliches Bekenntnis für den Anschluss abgegeben hatte". Laut Wilhelm J. Wagner rechtfertigte sich Karl Renner mit seinem Einsatz für den ehemaligen sozialdemokratischen Wiener Bürgermeister, den er dadurch aus der Haft holen konnte. Wilhelm J. Wagner: Geschichte Österreichs, St. Pölten 2002, S. 312.

75   Gehler, Modellfall für Deutschland?, S. 25.

76   Michael Gehler zitiert hier den Wiener Zeithistoriker und Nationalsozialismus-Experten Gerhard Botz. Ebd., S. 24.

77   Karl Vocelka beschreibt, dass auch wichtige Personen, wie z. B. der Sozialdemokrat Karl Renner, aber auch die katholischen Bischöfe für den Anschluss warben. Karl Vocelka: Geschichte Österreichs, Kultur – Gesellschaft – Politik, München 2002 (3. Auflage), S. 297. Michael Gehler weist darauf hin, „dass viele Österreicher den Einmarsch der deutschen Truppen im März 1938 bejubelt, die neue Politik mitgetragen und diese teilweise auch tatkräftig umgesetzt hatten". Gehler, Modellfall für Deutschland?, S. 33. Günter Bischof verweist auf den US-amerikanischen Konsul, der nach dem Anschluss differenzierter berichtete: "It is said that at the time of the annexation of Austria by Germany 25% of the Austrian population were in sympathy with the National Socialist regime, 25% were opposed to it, while 50% were indifferent." in: Bischof, Austria in the First Cold War, S. 9.

78   „Chile, China, Mexiko, Venezuela und das republikanische Spanien" erhoben im Völkerbund formal Protest gegen den Anschluss. Gehler: Modellfall für Deutschland?, S. 25. Auch die Sowjetunion protestierte gegen den Anschluss und forderte am 18.3.1938 von den USA, Großbritannien und Frankreich gemeinsame Maßnahmen innerhalb des schon geschwächten Völkerbundes. in: Gehler, From Saint-Germain to Lisbon, S. 130.

79   Wolfgang Mueller, Die sowjetische Besatzung in Österreich 1945–1955 und ihre politische Mission, Wien/Köln/Weimar 2005, S. 17.

80   Ebd.

81   Bischof, Austria in the First Cold War, S. 10.

Form und die Methode", auch sie erkannten aber die neue Situation, unter anderem durch die Umwandlungen der Botschaft in ein Generalkonsulat in Wien, „de facto" an.[82] Die Sichtweise der USA veränderte sich im Zeitraum von September 1939 bis Dezember 1941 schrittweise. Am 27. Mai 1941 bezeichnete Franklin D. Roosevelt „die Machtübernahme in Österreich" als "the seizure of Austria" und verdeutlichte damit die Weigerung der USA, die unter Druck entstandenen Veränderungen zu akzeptieren.[83] Das Selbstbestimmungsrecht der Völker, das in der Atlantikcharta vom 14. August 1941 formuliert wurde, verdeutlicht die veränderte Haltung der USA zur Periode von 1938 bis 1940, als der „Anschluss vorerst nolens volens" akzeptiert wurde.[84]

Als „Teil des Deutschen Reiches" waren die Menschen, die in dem ehemaligen Österreich lebten, ab 1939 Kriegsteilnehmer.[85] Schon während des Krieges einigten sich 1943 die Alliierten darauf, dass Österreich wieder ein eigenständiges Land werden sollte, mit den Grenzen von 1938.[86] Die Moskauer Deklaration postulierte die Wiederherstellung eines „freien Österreichs als ein wichtiges Kriegsziel der Alliierten".[87] Sie dokumentiert die dritte und noch weiter veränderte Phase der US-amerikanischen Politik, neben der Unabhängigkeit Österreichs das Land als Opfer der Aggression Hitler-Deutschlands zu bezeichnen.[88] Dabei war die Deklaration der Alliierten kein eigenständiger Tagesordnungspunkt auf der Moskauer Außenministerkonferenz, sondern sollte vielmehr dem Zweck dienen, „Hitler-Deutschland" zu schwächen und auf diesem Wege die österreichische Bevölkerung zum Widerstand aufzurufen.[89]

Die Moskauer Deklaration vom 1. November 1943 formulierte den Anschluss wie folgt:

The Governments of the United Kingdom, the Soviet Union and the United States of America are agreed that Austria, the first free country to fall a victim to Hitlerite aggression, shall be liberated from German domination. They regard the annexation imposed on Austria by Germany on March 15, 1938 as null and void.[90]

---

82 Michael Gehler verweist auf einen Bericht aus dem State Department vom 23.6.1945. Gehler, Modellfall für Deutschland?, S. 27 und S. 29.

83 Ebd.

84 Ebd.

85 Gruner/Woyke, Europa-Lexikon, S. 177.

86 Bischof, Austria in the First Cold War, S. 25.

87 Wagner, Geschichte Österreichs, S. 318.

88 Die Alliierten Großbritannien, UdSSR und die USA. Gehler, Modellfall für Deutschland?, S. 30.

89 Ebd., S. 31 f. Es wurde unter dem Tagesordnungspunkt „Behandlung Deutschlands und anderer Feindstaaten in Europa" aufgeführt und wurde dort „lediglich als Klammerausdruck" berücksichtigt. Für Gerald Stourzh war Österreich ein „Anhängsel" einer Neuordnung Deutschlands. Gerald Stourzh, Um Einheit und Freiheit, Staatsvertrag, Neutralität und das Ende der Ost-West-Besetzung Österreichs 1945–1955, Wien/Köln/Graz 1998 (4., völlig überarbeitete und wesentlich erweiterte Auflage), S. 18.

90 Moskauer Memorandum gedruckt in Vocelka, Geschichte Österreichs, S. 317, oder auch in: Manfried Rauchensteiner, „Die Zwei" – Die Große Koalition 1945–1966, in: Gehler/Steininger, Österreich im 20. Jahrhundert (deutsch übersetzt), Wien 1997, S. 259–305, S. 305. Original in: FRUS, Diplomatic Papers, 1943, General Volume I, Moscow Conference, Annex 6. https://history.state.gov/historicaldocuments/frus1943v01/pg_761. Abgerufen am 24.3.2019.

Aus sowjetischer Sicht sollte Österreich wieder eigenständig werden und nicht in „ein ost-, mittel- oder südeuropäisches föderatives Gebilde" aufgehen.[91] Das Ziel der USA war es, ab 1945 ein eigenständiges Österreich und vom Deutschen Reich getrenntes Land aufzubauen.[92] Auf dieser Grundlage konnten österreichische Politiker den „Opferstatus" durch einen mächtigen „Sponsor", die USA, für sich beanspruchen.[93] „Die Okkupationstheorie" wurde durch die österreichische Politik konstruiert und basierte darauf, „dass Österreich als Völkerrechtssubjekt trotz des Anschlusses nicht aufgehört hatte zu existieren". Mit dieser Argumentation gelang es, dass Österreich nicht als Rechtsnachfolger des Deutschen Reiches angesehen werden sollte.[94] Österreich hatte durch den Krieg stark gelitten. Nicht nur eine halbe Million Österreicher befanden sich in alliierter Kriegsgefangenschaft, auch 247.000 Österreicher, die in der Wehrmacht gedient hatten, waren gefallen oder wurden vermisst.[95]

Zusätzlich zur kritischen politischen Lage und der Besetzung war die gesamte Situation in Österreich „chaotisch".[96] Es lebten 1,6 Millionen Flüchtlinge, Heimatvertriebene, Umsiedler etc. in Österreich, von denen zwei Drittel nicht deutschsprachig waren.[97]

Nach starken Kriegsschäden und 53 Luftangriffen allein auf Wien und weiteren im gesamten Land, waren viele Städte zerstört.[98] 380.000 Österreicher verloren ihr Leben, 65.349 österreichische Juden wurden ermordet.[99] Nachdem die kampflose Übergabe Wiens gescheitert war, wurde die Stadt am 13. April 1945 von sowjetischen Truppen erobert.[100] Franzosen und Amerikaner besetzten erst Ende April/Anfang Mai die westlichen Landesteile.[101]

Bereits vor der Besetzung ganz Österreichs gründeten sich wieder Parteien: Die Sozialdemokratische Partei Österreichs (SPÖ) am 14. April 1945 sowie die Österreichische Volkspartei (ÖVP) und die Kommunistische Partei Österreichs (KPÖ) am 17. April 1945.[102] Noch bevor der Krieg beendet war, teilte der stellvertretende sowjetische Außenminister Andrej Wyschinski am 26. April 1945 Vertretern von Großbritannien und den USA mit, dass unter der Führung von Karl Renner eine provisorische Regierung gebildet worden sei.[103] Die Entscheidung wurde von den Westmächten, auch aufgrund Karl Renners Zu-

---

91 Die Sowjetunion wollte keine föderative Strukur, da es „als britisches Instrument zur Eindämmung sowjetrussischen Einflusses angesehen" wurde. Stourzh, Um Einheit und Freiheit, S. 17.
92 Gehler, Modellfall für Deutschland?, S. 30 f.
93 Ebd.
94 Ebd., S. 33.
95 Die meisten Kriegsgefangenen aus den westlichen Lagern kehrten noch 1945 zurück. Die sowjetischen Kriegsgefangenen kehrten erst durch die Intervention der Kommunisten zwischen 1947 bis 1949 (einige erste 1955) zurück. Vocelka, Geschichte Österreichs, S. 318.
96 Ebd., S. 317.
97 Ebd.
98 Laut Wilhelm J. Wagner wurden in Wien 28 %, in Innsbruck, Klagenfurt etc. bis zu 70 % der Häuser zerstört. Wagner, Geschichte Österreichs, S. 312. Vocelka spricht von mehr als 50 Luftangriffen auf Wien, bei denen allein 8.000 Menschen getötet und 6.000 Gebäude vernichtet wurden. Vocelka, Geschichte Österreichs, S. 316.
99 Wagner, Geschichte Österreichs, S. 318.
100 Vocelka, Geschichte Österreichs, S. 316.
101 Gruner/Woyke, Europa-Lexikon, S. 177.
102 Vocelka; Geschichte Österreichs, S. 317.
103 Wagner, Geschichte Österreichs, S. 318. Gebildet wurde die provisorische Regierung am frühen Morgen des 27.4.1945, in: Gehler, From Saint-Germain to Lisbon, S. 157 f.

stimmung zum „Anschluss", äußerst kritisch gesehen.[104] Dass ein von der Sowjetunion beauftragter konservativer Sozialdemokrat mit der Regierungsbildung betraut wurde, ist sehr bemerkenswert.[105] Der sowjetische Befehlshaber in Wien, Marshall Fjodor Tolbuchin empfing Renner am 27. April 1945 und sicherte „der Regierung weitgehende Unterstützung der Roten Armee" zu.[106] Eine völkerrechtliche Anerkennung bedeutete dies für Österreich jedoch nicht.[107]

Auf einer konstituierenden Sitzung der Regierung wurde auf Basis der Moskauer Deklaration die Eigenständigkeit proklamiert.[108] Die Unabhängigkeitserklärung beinhaltete die vorher beschriebene „Opferthese", in dem „Art. II: Der im Jahre 1938 dem österreichischen Volke aufgezwungene Anschluß ist null und nichtig".[109] Schon 1941 bezeichnete Josef Stalin die Wiederherstellung Österreichs als Kriegsziel der Sowjetunion.[110] Auch Winston Churchill und Franklin D. Roosevelt vertraten diese Meinung. Dies führte letztlich zur Moskauer Deklaration. Österreich hatte nicht aufgehört zu existieren, war selbst Opfer und dadurch auch nicht verpflichtet, Entschädigungen zu zahlen, so die Interpretation am Ballhausplatz.[111]

Die drei Parteien SPÖ, ÖVP und KPÖ bildeten die provisorische Regierung, die im „Geiste der Verfassung von 1920" geführt werden sollte.[112] Dabei knüpfte Österreich an seine Verfassung an und stellte „äußerlich die Eigenstaatlichkeit" her.[113]

Die Regierung folgte später weiter der schon dargestellten Politik der „Opferthese", wie ein Bericht im Kabinett erläutert:

a) Der Kabinettsrat beschließt die Annahme der Besetzungstheorie. Das müßte möglichst farblos geschehen, eher als eine Art bloß akademischer Feststellung einer längst bestehenden Überzeugung der Regierung.

b) Es müßten alle Staatsämter, ebenfalls möglichst unauffällig, von dieser Rechtsauffassung der Prov. Staatsregierung verständigt werden (...).

c) Alle Gesetze und Verordnungen müßten von nun ab auf die Besatzungstheorie abgestellt sein, was bisher nicht geschehen.[114]

---

104 Wagner, Geschichte Österreichs, S. 318.

105 Schon am 1.4.1945 reagierte Karl Renner in Gloggnitz auf die Übergriffe der sowjetischen Truppen und wurde an das Hauptquartier in Hochwolkersdorf weitergeleitet, um dort in indirekten Kontakt zu Josef Stalin zu treten. Vocelka, Geschichte Österreichs, S. 316.

106 *Neues Österreich* vom 28.6.1945.

107 Mueller, Die sowjetische Besatzung in Österreich und ihre politische Mission, S. 92.

108 *Neues Österreich* vom 28.6.1945.

109 Gehler, Modellfall für Deutschland?, S. 33

110 Mueller, Die sowjetische Besatzung in Österreich und ihre politische Mission, S. 18.

111 Die Ministerien wurden mit zehn Ministern von der SPÖ, neun Ministern von der ÖVP und sieben Ministern von der KPÖ gebildet. Vocelka, Geschichte Österreichs, S. 317.

112 Ebd.

113 Gruner/Woyke, Europa-Lexikon, S. 177.

114 Michael Gehler berichtet über einen von Robert Knights („Ich bin dafür, die Sache in die Länge zu ziehen.") dargestellten „Motivenbericht" des österreichischen Kabinetts. Gehler, Modellfall für Deutschland?, S. 34.

Bischof weist darauf hin, dass über die Komplexität der Situation der Österreicher in Hitlers Krieg geschwiegen wurde und die Moskauer Deklaration als *„magna carta"* der österreichischen Unabhängigkeitspolitik nach dem Zweiten Weltkrieg instrumentalisiert.[115] Für Gerald Stourzh ist es verständlich, dass Regierungen wie Österreich politische Aussagen zur eigenen Interessenvertretung für eine „advokatorische Funktion" nutzen.[116] Tatsächlich konnten soziale Akteure wie der ehemalige KZ-Gefangene und zum Tode verurteilte Leopold Figl, der spätere Bundeskanzler und der Widerstandkämpfer und spätere Außenminister Karl Gruber die Position äußerst glaubhaft gegenüber den Alliierten vertreten.[117]

Am 29. April 1945 proklamierten die österreichische Regierung und weitere wichtige Vertreter der Stadtregierung im kleinen Sitzungssaal des Wiener Rathauses die Wiederherstellung der Republik.[118] Bei der symbolischen Übergabe des Schlüssels zum Parlament durch den sowjetischen Stadtkommandanten Alexej Blagodatow wurde die Regierung von zehntausenden Wienern bejubelt.[119]

Die provisorische Regierung hatte keinen Überblick über die gesamte gesellschaftliche Situation Österreichs und befand sich damit in einer schwierigen Ausgangslage.[120] Trotzdem gelang es innerhalb des Monats Mai 1945, in allen Regionen Österreichs provisorische Landesregierungen zu bilden.[121] Auch auf lokaler Ebene übergab die sowjetische Armee die Zivilverwaltung an eingesetzte Bürgermeister.[122] Die Lage war unmittelbar nach Kriegsende dennoch chaotisch.[123]

Das britische Foreign Office hatte hinsichtlich der Vorgehensweise der Sowjetunion in Österreich Vorbehalte und die Sorge, dass das einseitige russische Vorgehen wie in Bulgarien, Rumänien und Polen sich auch in Österreich fortsetzen könne und es damit schwierig werde, „über Österreich verhandeln" zu können.[124] Churchill kritisierte insgesamt die US-amerikanische Naivität hinsichtlich der sowjetischen Verhaltensweise.[125] Bezogen auf die provisorische Regierung war das Ergebnis ein formaler Protest der britischen Regierung am 1. Mai 1945 in Moskau.[126] Die USA teilten diese Befürchtungen anfänglich nicht und vermittelten unter Leitung des US-amerikanischen Hochkommissars zwischen der Sowjetunion und Großbritannien.[127] Doch auch George F. Kennan warnte das State Department vor der neuen Staatsregierung.[128] Trotz der kritischen Sichtweise und Proteste

---

115 Bischof, Austria in the First Cold War, S. 57.

116 Stourzh, Um Einheit und Freiheit, S. 26.

117 Vgl. hierzu Kurzbiographien. in: Kapitel VIII.1.b) 1 und 2.

118 Wagner, Geschichte Österreichs, S. 319.

119 Ebd.

120 Eisterer, Österreich unter alliierter Besatzung 1945–1955, in: Gehler/Steininger, Österreich im 20. Jahrhundert, 1997, S. 147–216, S. 157.

121 Ebd., S. 154 f.

122 Ebd.

123 Ebd.

124 Bischof, Die Planung und Politik der Alliierten 1940–1954. Die alliierte Österreichpolitik 1945–1950, S. 107–146, S. 115 f.

125 Bischof, Austria in the First Cold War, 1945–55, S. 48.

126 Mueller, Die sowjetische Besatzung in Österreich und ihre politische Mission, S. 105.

127 Bischof, Die Planung und Politik der Alliierten 1940–1954, S. 116.

128 Mueller, Die sowjetische Besatzung in Österreich und ihre politische Mission, S. 105.

Großbritanniens gegenüber der österreichischen Regierung agierte diese aktiv und nutzte die Möglichkeiten, die die sowjetische Führung ihnen gab. Dabei konnte diese sich der Unterstützung der Bevölkerung sicher sein.[129]

Es dauerte Monate, bis die Anerkennung durch die USA und Großbritannien gelang, in der Zwischenzeit gab es Mueller zufolge eine Art „Monopolstellung" in den Beziehungen zur UdSSR.[130] Es dauerte bis zum 20. Oktober 1945 bis der Westen die provisorische Regierung für ganz Österreich anerkannte.[131]

Die oberste, formale Regierungsgewalt übernahmen die Alliierten mit dem Ersten Kontrollabkommen vom 4. Juli 1945, das vorerst bis zu einer frei gewählten und von den vier Alliierten anerkannten Regierung Bestand haben sollte.[132] Durch die Nationalrats- und Landtagswahlen am 25. November 1945 wurde der „provisorische" Status der Regierung Karl Renner beendet und derselbe wurde Bundespräsident.[133]

Die Regierung hatte zwar gewisse Handlungsspielräume, war aber aufgrund der geostrategischen Lage des Landes am Schnittpunkt zwischen West und Ost eingeschränkt und musste die Interessen der Siegermächte, insbesondere der Sowjetunion, in ihren Entscheidungen mitberücksichtigen.[134]

b) Österreich und die Alliierten: Die Viermächtebesatzung

Österreich hatte, wie berichtet, noch vor Kriegsende eine eigenständige Regierung gebildet. Die oberste formale Regierungsgewalt lag mit dem Kontrollabkommen vom 4. Juli 1945 jedoch weiterhin bei den Alliierten.[135] Österreich befand sich in einer eigentümlichen Zwischenstellung:

> Es hatte weder Krieg erklärt noch einen geführt, war aber von 1938 bis 1945 Teil Deutschlands gewesen. Es war nicht besiegt, galt aber als befreit, es war weder Verbündeter noch Siegesstaat, aber auch kein Feindesstaat. In dieser Ambivalenz war sein spezieller Status als einzigartiger Fall in Europa gegeben und als solcher wurde der „Sonderfall" (so Manfried Rauchensteiner nach Karl Gruber) des vierfach besetzten Landes begründet.[136]

---

129 Wagner, Geschichte Österreichs, S. 319.

130 Mueller, Die sowjetische Besatzung in Österreich und ihre politische Mission, S. 105.

131 Bischof, Austria in the First Cold War, S. 51.

132 Stourzh, Um Einheit und Freiheit, S. 32.

133 Gruner/Woyke, Europa-Lexikon, S. 177 f.

134 Ebd., S. 178.

135 "The Kremlin policies towards Austria ran parallel to their German policies, and Stalin held Austria hostage to the resolution of the German question." Bischof, Austria in the First Cold War, 1945–55, S. xi. Auch für Wolf D. Gruner war die Situation Österreichs Teil der deutschen Frage. Gruner/Woyke, Europa-Lexikon, S. 177.

136 Michael Gehler, Vom Sonderfall zum Modellfall?, in: Susanne Krauß/Jürgen Elvert (Hrsg.), Jubiläumstagung der Ranke-Gesellschaft in Essen 2001 (Historische Mitteilungen der Ranke-Gesellschaft, Beiheft 46), Stuttgart 2003, S. 175–205, S. 176.

Ein Abkommen über die Besatzungszonen wurde am 9. Juli 1945 unterzeichnet.[137] Diese Unterzeichnung wurde ein wichtiger Schritt in der Besatzungspolitik, und so erläuterte Leopold Figl die veränderten Rahmenbedingungen:

> Der Ton und das Milieu war geradezu ein kollegiales. Man hat nach der ersten halben Stunde nicht mehr das Gefühl gehabt, daß man vor dem Marshall eines Siegerstaates steht, dass man nur die geduldete, von seinen Gnaden eingesetzte Regierungsvertretung ist, sondern wir hatten den Eindruck, daß wir ein gleichberechtigter Partner sind und dass das Bestreben besteht, nunmehr in ehrlicher Zusammenarbeit an den Neubau des Staates zu schreiten.[138]

Karl Renner erklärte in der Kabinettssitzung: „Bis dahin war eigentlich Krieg. Jetzt wollen wir Friedensarbeit leisten."[139] Von Beginn an lautete die zentrale Frage der österreichischen Politik, wie die Einheit des Landes innerhalb der verschiedenen Besatzungszonen gewährleistet werden konnte.[140] Dabei war eine Erleichterung gegeben, als die provisorische Regierungsbildung durch die Sowjetunion stattfand und sie später durch die westlichen Alliierten anerkannt wurde.[141] Hilfreich war dabei auch, dass sich Josef W. Stalin früh für einen unabhängigen Staat eingesetzt hatte.[142] Dabei war es die Intention Stalins, im Sommer 1945 den sowjetisch besetzten Teil Österreichs, wie auch Finnland, im eigenen Einflussbereich zu halten.[143]

Die Anerkennung der provisorischen Regierung, mit dem Anspruch, für ganz Österreich zu sprechen, bestand anfänglich jedoch nur in der sowjetischen Besatzungszone.[144] Deshalb arbeitete die Regierung an einer einheitlichen Vorgehensweise der österreichischen Bundesländer und der österreichischen Staatsregierung.[145] Versuche der US-Amerikaner, eine westösterreichische Regierung zu bilden, lehnten die westlichen Bundesländer ab.[146] Stattdessen wurden Regeln der Zusammenarbeit in einer Länderkonferenz in Wien vom 24. bis 26. September 1945 besprochen und die provisorische Regierung anerkannt.[147] Diese neue Regierung wurde aus Teilnehmern ganz Österreichs gebildet,

---

137 Eisterer, Österreich unter alliierter Besatzung 1945–1955, S. 147–216, S. 156.

138 Laut Klaus Eisterer hatten die österreichischen Gesprächsteilnehmer Karl Renner, Leopold Figl und Johann Koplenig dies als „Wendepunkt" empfunden. Eisterer, Österreich unter alliierter Besatzung 1945–1955, S. 157.

139 „Auch Figl hatte den Eindruck, daß im Verhältnis zur Besatzungsmacht, ‚eine gewaltige Änderung eingetreten ist, und daß jetzt ein gewaltiger Ruck nach Vorwärts kommt'." Ebd.

140 Gruner/Woyke, Europa-Lexikon, S. 181.

141 Wagner, Geschichte Österreichs, S. 320.

142 Bischof, Die Planung und Politik der Alliierten 1940–1954, S. 107–146, S. 111.

143 Steil, The Marshall Plan, S. 7.

144 Heinrich Neisser/Gerhard Loibelsberger/Helmut Strobl, Unsere Republik auf einen Blick, Wien 2005 (aktualisierte und erweiterte Neuausgabe), S. 28 und Vocelka, Geschichte Österreichs, S. 317.

145 Wagner, Geschichte Österreichs, S. 320.

146 Ebd.

147 Michael Gehler nennt die Anerkennung auch durch die Westmächte die „*staatspolitischen* Voraussetzungen" und die Wahlen zum Nationalrat die „*regierungspolitische* Weichenstellung". Gehler, Vom Marshall-Plan bis zur EU, S. 18. Die *Wiener Zeitung* berichtet von den Ergeb-

statt vorher nur aus „ost-österreichischen" Regierungsmitgliedern.[148] Die Wahlen zur Nationalratswahl erfolgten dann am 25. November 1945.[149]

Die Besatzungsmächte zogen am 1. September 1945 in Wien ein und konstituierten am 11. September den Alliierten Rat, der durch die Oberbefehlshaber der Besatzungstruppen gebildet wurde.[150] Das Misstrauen Großbritanniens gegenüber der provisorischen Regierung Renner wurde bei dieser Sitzung durch die Proklamation an das österreichische Volk dokumentiert: Der Alliierte Rat übernehme „die höchste Gewalt".[151] Dennoch erkannten auch die Westmächte am 20. Oktober 1945 die provisorische Regierung an.[152] Trotz dieser positiven Entwicklung blieb die Kontrolle des Alliierten Rates bestehen und führte nach Stourzh zu erheblichen „Reibungsverlusten".[153] Die Ausgangsbasis für die Regelungen war die Potsdamer Dreimächtekonferenz vom 17. Juli bis zum 2. August 1945, auf der beschlossen wurde, den Geltungsbereich der provisorischen Regierung auf ganz Österreich auszudehnen.[154] Auf der gleichen Konferenz wurde vereinbart, auf Reparationsleistungen Österreichs zu verzichten.[155] Die Sowjetunion reklamierte jedoch das „Deutsche Eigentum" in Österreich für sich und untergrub damit den Beschluss, in dem es fortan auf deutsches Eigentum im Rahmen der Potsdamer Beschlüsse Anspruch erhob.[156] Im Gegensatz dazu verzichteten die US-Amerikaner sowie später auch Großbritannien und Frankreich auf das deutsche Eigentum in Österreich.[157] Die Sowjetunion eignete sich wichtige Wirtschaftsbetriebe an

---

nissen aus der Länderkonferenz wie folgt: „Wenn die Staatsregierung als Vertretung etwa des Nationalrates aufgefaßt wird, so könne die gegenwärtige Länderkonferenz als ein vorläufiger Ersatz für den Bundesrat betrachtet werden", *Wiener Zeitung* vom 26.9.1945. „Länderkonferenz – Triumph der Einigkeit" so zitierte die *Wiener Zeitung* die weiteren Ergebnisse der Länderkonferenz, die unter anderem den Wahltermin festlegte. *Wiener Zeitung* vom 27.9.1945.

148 Bischof, Die Planung und Politik der Alliierten 1940–1954, S. 107–146, S. 118.

149 Gehler, Vom Marshall-Plan bis zur EU, S. 18.

150 Bischof, Die Planung und Politik der Alliierten 1940–1954, S. 107–146, S. 117 und Gehler, From Saint Germain to Lisbon, S. 158.

151 Stourzh, Um Einheit und Freiheit, S. 33.

152 Laut Wilhelm J. Wagner hatte der US-amerikanische General Mark W. Clark Karl Renner als demokratiebewussten und westlich orientierten Staatsmann kennengelernt. Wagner, Geschichte Österreichs, S. 320 und auch Eisterer, Österreich unter alliierter Besatzung 1945–1955, S. 147–216, S. 158. Klaus Eisterer spricht von einer „de facto Anerkennung" der österreichischen Regierung durch die vier Siegermächte. Siehe hierzu auch Karl Vocelka, der zusätzlich auf die Regierung hinweist, die dreizehn ÖVP, zwölf SPÖ und zehn KPÖ sowie vier unabhängige Minister umfasste. Vocelka, Geschichte Österreichs, S. 319.

153 Stourzh, Um Einheit und Freiheit, S. 33 f.

154 „Regierung Dr. Renner anerkannt", so die Überschrift der *Wiener Zeitung*. Sie dokumentierte die Akzeptanz der Regierung durch die vier Besatzungsmächte am 20.10.1945. *Wiener Zeitung* vom 21.10.1945. Vgl. hierzu auch: Die „Big Three" Großbritannien, USA und die UdSSR, in: Grosser, The Western Alliances, S. 41 f.

155 Wagner. Geschichte Österreichs, S. 321.

156 Dadurch, dass die sowjetische Seite das „Deutsche Eigentum" in Österreich forderte, untergrub diese den Beschluss. General Kurassow erhob im „Befehl 17" Anspruch auf das Deutsche Eigentum, „das vor 1938 deutschen Staatsbürgern gehörte oder nach 1938 von ihnen gekauft wurde, sowie Betriebsanlagen, in die deutsche Unternehmer oder das Deutsche Reich nach 1938 investiert hatten." Wagner, Geschichte Österreichs, S. 321.

und fasste das Deutsche Eigentum in dem USIA[158]-Konzern zusammen, in dem circa 55.000 Menschen arbeiteten.[159] Um die eigenen Interessen zu wahren und die Einziehung der wirtschaftlichen Güter in die USIA zu verhindern, versuchte die österreichische Regierung, eine Vielzahl von größeren Betrieben (Banken, Kraftwerke etc.) zu verstaatlichen und diese so vor dem Zugriff der UdSSR zu schützen, was die Sowjets jedoch zu verhindern versuchten.[160] Interessanterweise waren sowohl die kommunistische Partei als auch die ÖVP für eine Verstaatlichung, während die Sowjets diese deutlich ablehnten und es dadurch zu einer Verschlechterung der Beziehungen zur österreichischen Regierung kam.[161] Die Befürchtung der österreichischen Regierung war real. Denn bis 1955 erhielt die UdSSR die Erzeugnisse und die Ergebnisse des USIA-Konzerns als eine Art Reparationsleistung.[162] Damit wurden laut Günter Bischof 500 Millionen US-Dollar als Reparationsleistungen aus Österreich erbracht, zusätzlich zu einer Milliarde US-Dollar an Demontagen aus dem Jahr 1945. Bischof verweist darauf, dass diese hohen Werte, die Österreich erbracht hat, nicht ausreichend in der Literatur gewürdigt werden. Er beschreibt, dass Österreich mit 1,5 Milliarden US-Dollar von den USA so viel Unterstützung erhielt, wie die UdSSR an Reparationen.[163]

In der Nationalratswahl vom 25. November 1945 erreichte die Österreichische Volkspartei unter Führung von Leopold Figl mit 85 von 165 Sitzen die absolute Mehrheit im Parlament.[164] Die KPÖ erhielt 5,41 % und 4 Sitze.[165]

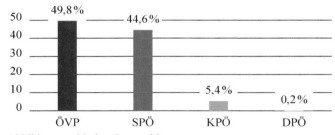

Abbildung 1 – Nationalratswahl 1945
ÖVP: 85 Sitze, 1.602.227 Stimmen; SPÖ: 76 Sitze, 1.434.898 Stimmen; KPÖ: 4 Sitze, 174.257 Stimmen; Sonstige: 5.972 Stimmen

157 Ebd.
158 USIA-Konzern steht für Upravlenie Svetskogo Imusesta v Avstrie. Wagner, Geschichte Österreichs, S. 321 oder auch Eisterer, Österreich unter alliierter Besatzung 1945–1955, in: Gehler/ Steininger, Österreich im 20. Jahrhundert, S. 147–216, S. 162.
159 Wagner, Geschichte Österreichs, S. 321.
160 Ebd.
161 Bischof, Austria in the First Cold War, 1945–55, S. 85.
162 Bischof, Die Planung und Politik der Alliierten 1940–1954, S. 107–146, S. 119.
163 Ebd., S. S. 119 ff. und S. 130.
164 „Das Ergebnis der Wahlen in den Nationalrat", die Überschrift der *Wiener Zeitung* zum Ausgang der Wahlen. Danach entfielen auf die ÖVP 85 Sitze, auf die SPÖ 76 Sitze und auf die KPÖ 4 Sitze im Parlament, *Wiener Zeitung* vom 27.11.1945. Laut Wilhelm J. Wagner schaffte es der ehemalige KZ-Häftling Leopold Figl mit seinem Aufruf, sich zu einem neuen demokratischen Österreich zu bekennen, viele Wähler zu überzeugen. Wagner, Geschichte Österreichs, S. 320 und Vocelka, Geschichte Österreichs, S. 319.

Die kommunistische Partei erzielte ein unerwartet schlechtes Ergebnis. Dies war vermutlich auch durch den schlechten Ruf der Roten Armee beeinflusst, den diese in der österreichischen Bevölkerung besaß.[166] Sowohl die KPÖ als auch die sowjetische Führung waren überrascht und enttäuscht, da sie ein besseres Ergebnis erwartet hätten.[167] Die UdSSR rückte von der Idee einer kurzfristigen Erreichung einer „Volksdemokratie" ab und betrachtete Österreich nunmehr als langfristiges Projekt. Sie forderte von der österreichischen Regierung und vom Alliierten Rat eine "Erfüllung des festgelegten Besatzungsregimes".[168] Hinsichtlich des Verhältnisses der Regierung zu den Besatzungsmächten war das Ergebnis der Wahlen damit besonders relevant.[169]

Obwohl eine Alleinregierung durch die ÖVP möglich gewesen wäre, wurden auch die anderen beiden Parteien in eine Koalition miteingebunden, und die Regierung hatte dadurch die Möglichkeit, gegenüber den Siegermächten gestärkt aufzutreten.[170] Die Regierung repräsentierte den absolut größten Teil der Bevölkerung und trat am 19. Dezember 1945 erstmals zusammen.[171] Mit 204 von 205 Stimmen wählten der Nationalrat und der Bundesrat Renner zum neuen Bundespräsidenten, der wiederum direkt Figl zum neuen Bundeskanzler ernannte.[172] Die Regierung umfasste nun acht ÖVP, sechs SPÖ und einen KPÖ-Minister.[173] Die kommunistische Partei verlor damit neun von zehn Ministerposten, lediglich Karl Altmann verblieb als Minister für Industrie und Elekrifizierung in der Regierung.[174] Mit diesen Wahlen und der Bildung der Regierung wurde die „Kontinuität zur demokratischen Verfassung der Ersten Republik" wiederhergestellt und demokratisch legitimiert.[175]

Die Bewahrung der Einheit Österreichs blieb dabei die wichtigste Aufgabe der neuen Regierung, zumal bei der zunehmenden Teilung Deutschlands klar wurde, welche Gefahren für das eigene Land bestünden.[176] Die Demarkationslinien durchschnitten Österreich, und es war eine reale Gefahr vorhanden, diese plötzlich nicht mehr passieren zu können.[177] Ein Schwerpunkt der Regierungsarbeit lag deshalb auch in der Öffnung der Demarkationslinien, der Unteilbarkeit Kärntens und der Rückgabe Südtirols.[178] „Österreich

---

165 *Wiener Zeitung* vom 27.11.1945, eigene Grafik.

166 Vocelka, Geschichte Österreichs, S. 319.

167 Mueller, Die sowjetische Besatzung in Österreich und ihre politische Mission, S. 142 ff.

168 Ebd., S. 154.

169 Eisterer, Österreich unter alliierter Besatzung 1945–1955, S. 147–216, S. 158.

170 Rauchensteiner, „Die Zwei" – Die Große Koalition 1945–1955, S. 259–305, S. 263.

171 *Wiener Zeitung* vom 20.12.1945.

172 Karl Renner erhielt 204 von 205 Stimmen, wobei ein Stimmzettel leer war. *Wiener Zeitung* vom 21.11.1945.

173 Vocelka, Geschichte Österreichs, S. 319.

174 Bischof, Austria in the First Cold War, 1945–55, S. 69.

175 Neisser/Loibelsberger/Strobl, Unsere Republik auf einen Blick, S. 28 f.

176 Rauchensteiner, „Die Zwei" – Die Große Koalition 1945–1955 mit einem Ausblick, in: Gehler/Steininger, Österreich im 20. Jahrhundert, S. 259–305, S. 265. Michael Gehler verweist darauf, dass die territoriale Integrität und weitgehende Souveränität das erste Ziel der Regierung war. Michael Gehler, 17. Juli 1989. Der EG- Beitrittsantrag, in: Gehler/Steininger, Österreich im 20. Jahrhundert, S. 515–595, S. 517.

177 Wagner, Geschichte Österreichs, S. 324.

178 Ebd., S. 321.

war zwar ein befreites Land, aber nicht frei."[179] Der neue Außenminister Karl Gruber versuchte darüber hinaus, bessere wirtschaftliche Bedingungen für Österreich zu erreichen, indem er den Kommunismus als „rote Gefahr" bezeichnete.[180]

Das Wahlergebnis änderte die sowjetische, österreichfreundliche Politik „schlagartig".[181] Obwohl in Österreich noch vor Kriegsende durch die Sowjetunion die erste provisorische österreichische Regierung gebildet und diese von den Westmächten kritisch begleitet wurde, änderten sich jetzt die Rahmenbedingungen. Schon im Verlauf des österreichischen Wahlkampfes gelang es, wie berichtet, aus der „ost-österreichischen" provisorischen Regierung Renner eine ganz Österreich umfassende neue Regierung zu bilden, die auch von allen Besatzungsmächten akzeptiert wurde. Als im November 1945 die Wahlergebnisse sehr schlecht für die kommunistische Partei ausfielen, wandelte sich die sowjetische Sichtweise auf Österreich. „Vor allem wegen der harten russischen Gangart geriet es zunehmend in die Mühlen der Großmachtpolitik."[182] Der Versuch, Österreich in den sowjetischen Machtbereich zu ziehen, gelang der UdSSR dennoch nicht.[183]

Sowohl die erste provisorische als auch die Ende 1945 neu gebildete Regierung hatten nicht nur die politischen Probleme zu lösen, sondern auch die wirtschaftlichen Schwierigkeiten zu bewältigen.[184] Die Not der Bevölkerung war auch durch die Zerstörungen des Krieges dramatisch.[185] Nicht nur die Industrie war beeinträchtigt, auch Nahrungsmittel und andere Konsumgüter waren knapp.[186] Besonders betroffen war Wien, das kurz vor einer Hungerkatastrophe stand.[187] Die wirtschaftliche Situation wird im nächsten Kapitel III intensiver betrachtet.

Die „Opferrolle" Österreichs wurde dabei von offizieller Seite gerne betont und in der Nachkriegszeit politisch und wirtschaftlich zum Vorteil Österreichs genutzt.[188] Dieser Status wurde in der historischen Forschung Österreichs kontrovers diskutiert. Die „Instrumentalisierung der Opferthese" durch die Regierung Österreichs auf der einen Seite und die Kritik daran wurde laut Michael Gehler von Gerald Stourzh in richtige „Proportionen" gesetzt.[189] Es wird hier erläutert, dass trotz unterschiedlicher Sichtweise der Opferrolle des Staates gefolgt werden kann.[190] In einem anderen Kommentar beschreibt

---

179 Wagner, Geschichte Österreichs, S. 324.

180 Bischof, Die Planung und Politik der Alliierten 1940–1954, S. 120, in: Gehler/Steininger, Österreich im 20. Jahrhundert, S. 107–146, S. 120.

181 Ebd., S. 118.

182 Laut Günter Bischof wurde ab 1946 die USA „mehr und mehr zur eigentlichen Schutzmacht des Landes". Bischof, Die Planung und Politik der Alliierten 1940–1954, in: Gehler/Steininger, Österreich im 20. Jahrhundert, S. 107–146, S. 129.

183 Ebd., S. 131.

184 Vocelka, Geschichte Österreichs, S. 319.

185 Ebd., S. 318.

186 Ebd.

187 Die Kalorienmenge lag bei etwa 500 Kalorien. Durch die Unterstützung der Roten Armee besserte sich die Lage nur geringfügig. Vocelka, Geschichte Österreichs, S. 318.

188 Ebd., S. 319.

189 Gehler, Vom Sonderfall zum Modellfall?, in: Krauß/Elvert (Hrsg.), Jubiläumstagung der Ranke-Gesellschaft, S. 175–205, S. 177.

190 Ebd.

Günter Bischof, dass der Begriff „Opferthese" ausgereicht hätte, erläutert aber auch, dass alle anderen Staaten der Welt eine solche Argumentation für sich genutzt hätten.[191] Erfolgreich, wie der Besuch Karl Grubers im Herbst 1946 im State Department dokumentierte. Dort wurde der Status „eines zu befreienden Landes" anerkannt.[192] Damit befand sich Österreich nicht im Krieg mit den USA und konnte jegliche „Mitverantwortung an den NS-Verbrechen" zurückweisen sowie Ansprüche für eine Wiedergutmachung ablehnen.[193]

In der Phase des ersten Kontrollabkommens spricht Stourzh von einer „Periode der totalen Kontrolle" (von Oktober 1945 bis Juni 1946), die der „relativen Autonomie der Provisorischen Regierung" folgte.[194] Das zweite Kontrollabkommen ermöglichte dann, „sich schrittweise von den Besatzungsmächten" zu emanzipieren. Dies gelang in den westlichen Zonen relativ schnell, während in den östlichen Zonen noch bis 1955 mehr oder weniger strenger Besatzungszustand herrschte.[195]

Zusätzlich schöpfte die österreichische Regierung mit der Politik „weder West- noch Ostorientierung" die Freiräume, die ihr auch das spätere zweite Kontrollabkommen gab, nicht aus.[196] Das Hauptziel, die Einheit des Landes nicht zu gefährden, führte nach Karl Gruber folgerichtig im Januar 1947 dazu, dass Österreich keine Allianzen eingehen wollte.[197]

Generell wurden die Regeln der Besatzungsmächte innerhalb Österreichs durch Kontrollabkommen festgelegt. Insbesondere im zweiten Kontrollabkommen vom 28. Juni 1946 wurden Regeln in einigen Bereichen zu Gunsten Österreichs verändert.[198] Einer der wichtigsten Punkte war dabei der Artikel 6.[199] Dieser erlaubte es der österreichischen Regierung (mit Ausnahme von Verfassungsänderungen), Gesetze zu erlassen, die nach einem Monat automatisch in Kraft traten, wenn nicht binnen dieser Zeit der alliierte Kontrollrat ein einstimmiges Veto aussprechen würde.[200] Nicht nur das umgedrehte Veto oder, anders

---

191 Gehler, Vom Sonderfall zum Modellfall?, S. 197.

192 Gehler, Modellfall für Deutschland?, S. 45.

193 Ebd.

194 Stourzh, Um Einheit und Freiheit, S. 33.

195 Gehler, Vom Sonderfall zum Modellfall?, S. 177.

196 Weiss, Auf sanften Pfoten gehen, S. 13.

197 Ebd., S. 14.

198 „Historischer Tag für Oesterreich", „Neues Kontrollabkommen gibt der Regierung fast volle Autorität. Auch weitgehende Erleichterungen für Handel und Verkehr – Fast völlige Aufhebung der Demarkationslinien", so titelte die *Weltpresse* (Herausgegeben vom britischen Weltnachrichtendienst) vom 29.6.1946 oder rationaler die *Wiener Zeitung*: „Neues Kontrollabkommen für Österreich – sehr weitgehende Zugeständnisse", *Wiener Zeitung* vom 29.6.1946. *Die Österreichische Volksstimme* (Zeitung der KPÖ) nannte das neue Abkommen den „Beschluss von größter Bedeutung. Er hat ein neues Kontrollabkommen beschlossen, durch welches die Rechte der österreichischen Regierung und des Nationalrates in entscheidender Weise erweitert und die Kontrolle der vier Besatzungsmächte bedeutend verringert wird." *Österreichische Volksstimme* vom 29.6.1946. Eisterer, Österreich unter alliierter Besatzung 1945–1955, in: Gehler/Steininger, Österreich im 20. Jahrhundert, S. 147–216, S. 159.

199 Ebd.

200 Eisterer erläutert den Art. 6 des Kontrollabkommens: „Im Falle von Verfassungsgesetzen bedarf es der schriftlichen Zustimmung des Alliierten Rates, bevor ein solches Gesetz veröffentlicht werden und in Kraft treten kann. Im Falle aller anderen legislativen Maßnahmen und internationalen Abkommen darf angenommen werden, daß der Alliierte Rat seine Zustimmung

ausgedrückt, das negative Veto verbesserte die Handlungsfähigkeit, sondern auch, dass Österreich Abkommen mit einem der vier Besatzungsmächte abschließen konnte, ohne hier den Alliierten Rat um Zustimmung zu bitten.[201] Das negative Veto ("reverse veto") bedeute faktisch, dass nur eine „einstimmige Ablehnung" der Alliierten formal österreichische Regierungsbeschlüsse stoppen konnte.[202] Das neue Kontrollabkommen erhöhte die Gestaltungsmöglichkeiten der österreichischen Regierung im steigenden Spannungsverhältnis zwischen West und Ost deutlich.[203] Es ermöglichte sowohl der Bundesregierung als auch den Landesregierungen nun einen größeren Handlungsspielraum.[204] Auch hinsichtlich der späteren Entscheidung zur Teilnahme am Marshall-Plan ist das Abkommen von Bedeutung. Österreichs Einheit blieb dennoch durch die Interessen der Siegermächte gefährdet.[205] Die Sowjetunion versuchte weiterhin, Österreich in das eigene Einflussgebiet zu bekommen.[206]

c) Die Moskauer Außenministerkonferenz (10. März bis 24. April 1947) und ihre Folgen[207]

Für Österreich war die Moskauer Außenministerkonferenz von zentraler Bedeutung. In dieser sollte nicht nur über eine mitteleuropäische Friedensordnung beraten werden, sondern auch über einen Vertrag mit Österreich, der die Besatzung beenden und die Souveränität des Landes herstellen sollte.[208] „Noch im März 1947 rechneten amerikanische

---

erteilt hat, wenn er binnen einunddreißig Tagen nach Einlangen bei der Alliierten Kommission die österreichische Regierung nicht benachrichtigt, daß er gegen eine legislative Maßnahme oder ein internationales Abkommen Einspruch erhebt. Solche legislativen Maßnahmen oder internationalen Abkommen können dann veröffentlicht werden und in Kraft treten. Die österreichische Regierung hat den Alliierten Rat über alle internationalen Abkommen in Kenntnis zu setzen, die sie mit einer oder mehreren der Vier-Mächte geschlossen hat." Zusammen mit dem Artikel 12, der besagte: „Die Beschlüsse des Alliierten Rates, des Exekutivkomitees und anderer bestellter Körperschaften der Alliierten Kommission müssen einstimmig gefaßt werden", entstand ein System des anderen Vetos. Die österreichische Regierung schlug beispielsweise ein Gesetz vor und dies konnte **nur** aufgehalten werden, wenn alle Besatzungsmächte es innerhalb von 31 Tagen ablehnten. Eisterer, Österreich unter alliierter Besatzung 1945–1955, in: Gehler/Steininger, Österreich im 20. Jahrhundert, S. 147–216, S. 159 und 197 ff.

201 Das zweite Kontrollabkommen sollte sechs Monate gültig sein, bildete jedoch bis 1955 den rechtlichen Rahmen der Besatzungszonen. Weiss, Auf sanften Pfoten gehen, S. 12 f.

202 Stourzh, Um Einheit und Freiheit, S. 49.

203 Eisterer, Österreich unter alliierter Besatzung, S. 147–216, S. 159 und Weiss, Auf sanften Pfoten, S. 12.

204 Klaus Eisterer zitiert aus einem Bericht des US-amerikanischen Hochkommissars, "in the process of turning over Austria to the Austrians". Gleichzeitig verweist er auf die Wichtigkeit des Artikels 6 ausdrücklich als „Markstein" in der Besatzungspolitik hin, der Österreich einen sehr großen Freiraum gab. Eisterer, Österreich unter alliierter Besatzung 1945–1955, S. 147–216, S. 160.

205 Neisser/Loibelsberger/Strobl, Unsere Republik auf einen Blick, S. 29.

206 Ebd., S. 29 f.

207 *Wiener Zeitung* vom 25.4.1945.

208 Weiss, Auf sanften Pfoten gehen, S. 78.

Diplomaten in Wien damit, daß die Elemente der Alliierten Kommission ihre Tätigkeit zum 1. Oktober 1947 einstellen würden."[209] Aus diesem Grund wurde auf der Londoner Außenministerkonferenz am 29. März 1947 beschlossen, eine österreichische Delegation zur Folgekonferenz nach Moskau einzuladen.[210] Grubers Ziel war es, einen Staatsvertrag für Österreich so schnell wie möglich zu erreichen.[211] Der Verlauf der Gespräche stand aber unter keinem guten Vorzeichen. Nicht nur die Stimmung sei schlecht gewesen, sondern auch die Versuche, zu einer einheitlichen Sichtweise zu gelangen, scheiterten.[212] Ansätze wie der Versuch der österreichischen Regierung, die Reparationen aus der laufenden Produktion zu begleichen und die Demontage von Industrieanlagen zu stoppen, wurden von Wjatscheslaw Molotow abgelehnt. Auch hinsichtlich der weiteren Vorgehensweise in Deutschland konnten die Alliierten keine gemeinsame Linie finden.[213] „Nach vorherrschender Meinung scheiterte sie an der Reparationsfrage (Deutschlands U. Z.), an sowjetischer und amerikanischer Intransigenz."[214] Die USA wollten aus ihrer Sicht dem sowjetischen Expansionsdrang durch die Containment-Politik[215] entgegentreten.[216] Die Großmächte vertraten ihre eigenen Interessen und die jeweiligen Positionen klarer.[217] Kurz nach Beginn der Konferenz gab US-Präsident Harry S. Truman eine Erklärung im US-Kongress ab, die später als „Truman-Doktrin" bekannt wurde.[218] Stourzh bestätigt die entschiedene und „vielleicht sich sogar verhärtende Haltung" der USA bei den Verhandlungen in Moskau.[219] Da dessen Aussagen die Blockbildung vorantrieben, erschwerte sich die Lage für Österreich.

Auch aus Grubers Sicht kamen die Äußerungen des US-amerikanischen Präsidenten für Österreich zu einem falschen Zeitpunkt, da die internationalen Ereignisse den Abschluss eines Staatsvertrages verzögerten.[220] Er erwartete, dass die US-amerikanische Politik der „Truman Doktrin", die allen von sowjetischem Expansionsdrang gefährdeten Ländern Unterstützung zusicherte, die Konflikte zwischen den Siegermächten verschärfen und damit die Kooperationsbereitschaft in Bezug auf Österreich beeinträchtigen wür-

---

209 Stourzh, Um Einheit und Freiheit, S. 61.

210 Ebd., S. 81.

211 Stourzh berichtet über ein Gespräch zwischen John Foster Dulles und Karl Gruber vom 28.3.1947: Gruber sei „so eager to get out the Soviet troops that I think he would accept almost any economic terms", so Dulles. in: Ebd., S. 101.

212 *Die Zeit* vom 15/1947.

213 Ebd.

214 Martina Kessel, Westeuropa und die deutsche Teilung: Englische und französische Deutschlandpolitik auf den Außenministerkonferenzen von 1945 bis 1947, München 1989, S. 211.

215 Politik der Eindämmung des Kommunismus. Neil A. Wynn, Vom Weltkrieg zur Wohlstandsgesellschaft 1941–1961, in: Willi Paul Adams, Die Vereinigten Staaten von Amerika, Frankfurt a. M. 1990 (71–72 Tausend Februar 1990), S. 354–404, S. 383.

216 Gruber, Zwischen Befreiung und Freiheit, S. 130.

217 *Die Zeit* vom 15/1947.

218 Wolf D. Gruner, Die deutsche Frage in Europa 1800–1990, München 1993, S. 231.

219 Stourzh, Um Einheit und Freiheit, S. 100.

220 Florian Weiss reflektierte auf die von Harry Truman am 12.3.1947 verkündete Position, dass sich die USA verstärkt in Europa sowohl wirtschaftlich als auch militärisch einbringen wollte. Weiss, Auf sanften Pfoten gehen, S. 9.

de.[221] Folglich versuchte Gruber so schnell wie möglich einen Vertragsabschluss für Österreich zu erhalten.[222] Die österreichische Regierung verabschiedete bereits am 15. Januar 1947 einen 16-Punkte-Plan zur Erlangung eines Staatsvertrages, der die Einheit Österreichs, die Herstellung der Unabhängigkeit und den Abzug der Besatzungstruppen vorsah und verwies erneut darauf, dass Österreich das „erste von Hitler-Deutschland überfallene und besetzte Gebiet" war.[223]

Am 18. April 1947 warb Gruber im Rat der Außenministerkonferenz in Moskau, vor dem Hintergrund der politischen Entwicklung, eindringlich für die Wiedererlangung der Souveränität Österreichs:

> Gentlemen, in the name of the Austrian people I solemnly appeal to you not to delay the re-establishment of Austria's liberty. Is it not an affront to nature that there should exist in the very heart of Europe a country which, though acknowledged as liberated, still remains occupied by the military forces of Four Powers? It is vitally necessary to grant now to the Austrian people a speedy end to the burdens of occupation.[224]

Gruber vertrat die Sichtweise, dass es im Rahmen der Moskauer Konferenz noch eine Möglichkeit gab, den Staatsvertrag zu erhalten:

> Die Moskauer Konferenz würde vielleicht gerade noch ein Schlupfloch lassen, um den österreichischen Vertrag unter Dach und Fach zu bringen, bevor die Weltmächte in immer drohender Form einander gegenüberstünden.[225]

Im Rückblick erklärt Gruber die Schwierigkeiten, mit denen die österreichische Delegation auf der Moskauer Konferenz konfrontiert war. Er äußerte sich wie folgt kritisch: „Die Konferenz zog sich stur und ergebnislos hin; bald war der Zeitpunkt vorauszusehen, wo sie an Ungeduld der hohen Besucher scheitern würde."[226]

Die österreichische Delegation versuchte die Westmächte vom geeigneten Zeitpunkt für die Unterzeichnung des Staatsvertrags zu überzeugen.[227] Die Konferenzteilnehmer sahen keine aktuelle Notwendigkeit, zu handeln.[228] Die strittige Frage Deutschland dominierte die Konferenz: "All Marshall and Stalin could agree on was that neither the United States nor the Soviet Union could risk the possibility of Germany becoming an ally of the other."[229] Die letzte Hoffnung Österreichs war die Geheimsitzung der Außenminister. Trotz der Tatsache, dass die deutsche Frage nicht geklärt wurde, hoffte die österreichische Delegation, dass ihr Anliegen diskutiert werden würde.[230] Die Situation für Österreich

---

221 Ebd., S. 10.
222 Ebd.
223 *Wiener Zeitung* vom 16.1.1947.
224 Michael Gehler, Karl Gruber, Reden und Dokumente 1945–1953, Wien u. a. 1994, S. 167 f.
225 Gruber, Zwischen Befreiung und Freiheit, S. 131.
226 Ebd., S. 136.
227 Ebd.
228 Ebd.
229 Steil, The Marshall Plan, S. 83.

schien positiv zu sein. Die Außenminister konnten sich jedoch bei ihrem zweiten Geheimtreffen in der Frage des „Deutschen Eigentums" in Österreich nicht einigen. Im weiteren Verlauf wurde die „Stimmung immer eisiger", Ergebnisse kamen nicht zustande.[231] Weitere Versuche führten lediglich dazu, den Sachverhalt, insbesondere die Fragen des „Deutschen Eigentums", zur nächsten Außenministerkonferenz vorzubereiten.[232]

> Die so unfruchtbare Moskauer Konferenz begann schon ihren dunklen Schatten auf die zukünftigen Beziehungen der Großmächte zu werfen. In General Marshalls Kopf reifte offensichtlich das große Konzept des Marshall-Planes, vielleicht auch das des Atlantikpaktes.[233]

Michael Gehler merkt dazu an:

> Auf der Moskauer Außenministerkonferenz vom März bis April 1947 drängte Gruber auf eine rasche Unterzeichnung eines Staatsvertrages, obgleich die Sowjets hohe wirtschaftliche Forderungen an Österreich stellten. General Mark W. Clark, amerikanischer Chefunterhändler, lehnte solche Konzessionen an den Kreml ab und verweigerte die Unterzeichnung des Staatsvertrages, wodurch er sich Grubers Unmut zuzog.[234]

Gruber und die österreichische Delegation versuchten die amerikanischen Vertreter zu Kompromissen zu bewegen, um doch noch einen Vertragsabschluss zu erreichen.[235] Das State Department war dagegen davon überzeugt, dass ein Vertragabschluss „nicht im Interesse Österreichs gelegen" hätte.[236] Die Moskauer Außenministerkonferenz scheiterte und deutete die veränderten weltpolitischen Rahmenbedingungen an, in der die USA „endgültig auf eine Politik der Blockbildung gegen die UdSSR eingeschwenkt" waren.[237] "It was the Moscow Conference, which really rang down the Iron Curtain" so der Botschafter und politischer Berater Lucius C. Clay's Robert Murphy.[238]

Ein wichtiger US-amerikanischer Funktionär äußerte sich hinsichtlich der österreichischen Hoffnungen auf einen Staatsvertrag noch erwartungsvoll: "Don't worry, you will have your treaty at the next meeting."[239]

Mit dem Scheitern der Moskauer Außenministerkonferenz musste die österreichische Delegation ohne Verhandlungsergebnis die sowjetische Hauptstadt verlassen. Dabei war

---

230 Gruber meinte: „So beschränkte sich die Geheimkonferenz vor allem auf den österreichischen Staatsvertrag". Gruber, Zwischen Befreiung und Freiheit, S. 139.
231 Ebd., S. 140 f.
232 Ebd., S. 142.
233 Gruber, Zwischen Befreiung und Freiheit, S. 142 f.
234 Gehler, Modellfall für Deutschland?, S. 55.
235 „Hier antizipierte Gruber in der Tat den unheilvollen Nexus zwischen Eskalation des Kalten Krieges in den Folgejahren und dem jahrelangen Warten Österreichs auf seinen Vertrag." Stourzh, Um Einheit und Freiheit, S. 103.
236 Mitteilung des State Department an den österreichischen Gesandten Kleinwächter in Washington im Nachgang zur Moskauer Konferenz mit. Ebd., S. 104.
237 Gruner, Die deutsche Frage in Europa, S. 231.
238 Steil, The Marshall Plan, S. 83.
239 Gruber, Zwischen Befreiung und Freiheit, S. 131.

für die österreichische Delegation nicht nachvollziehbar, warum die westlichen Mächte einen Vertragsabschluss nicht förderten.[240] Insbesondere, da die österreichische Regierung „auf festen antikommunistischen Grundlagen" stand und ein Staatsvertrag auch zum Abzug der Besatzungstruppen geführt hätte.[241] Eine wirtschaftliche Anbindung Westösterreichs an die deutsche Westzone, wie sie laut Gruber von John Foster Dulles im Notfall angeboten wurde, stand aufgrund der Gefahr einer Teilung Österreichs nicht zur Debatte.[242]

Im Umfeld der Konferenz bat Gruber bei einem Treffen mit Marshall direkt um Unterstützung bei Nahrungsmittellieferungen und Kohle. Diesem Anliegen wollte Marshall auch nachkommen und forderte Gruber auf, eine Liste mit den benötigten Waren zu erstellen.[243] Der Aufforderung folgte Gruber am 24. April 1947, verband dies aber mit einer Kritik in Richtung der USA und Großbritanniens, die er für das Scheitern der Verhandlungen in Moskau mitverantwortlich machte.[244] Er verband mit der Kritik vermutlich den Wunsch auf umfangreiche wirtschaftliche Unterstützung, da er befürchtete, die wirtschaftliche Krise könnte sich nach dem schweren Winter 1946/1947 zu einer politischen Krise ausweiten.[245]

Mit dem Scheitern der Moskauer Außenministerkonferenz entstanden starke innenpolitische Schwierigkeiten, bei denen die Großparteien von Spaltungstendenzen bedroht waren.[246]

Dennoch wird das Scheitern der Verhandlungen in Moskau auch beschrieben als Startsignal zu einer westeuropäischen Integration der österreichischen Außenpolitik.[247] Einen Staatsvertrag um jeden Preis sollte es nicht geben, sondern nur in einem Umfang, der die lebenswichtigen Interessen des Landes sicherstellte.[248]

---

240 Ebd.

241 Ebd., S. 133.

242 Stourzh, Um Einheit und Freiheit, S. 103. John Foster Dulles war republikanisches Mitglied der US-amerikanischen Delegation. Ebd., S. 101.

243 George C. Marshall sagte zu Karl Gruber: „Dabei werden Sie meine volle persönliche Unterstützung haben." Gruber, Zwischen Befreiung und Freiheit, S. 143.

244 Die leicht kritische Aussage Karl Grubers, "The Austrian Delegation may have taken in some questions different views, but we have never forgotten that all actions of the American Delegation are inspired by the desire to help Austria. We could have put a signature under the American Draft without altering a word", in: FRUS, 1947, Council of Foreign Minister; Germany and Austria, Volume II, Office of the Historians. The Austrian Foreign Minister (Gruber) to the Secretary of State, Moscow 24.4.1947. https://history.state.gov/historicaldocuments/frus1947v02/d209. Abgerufen am 17.4.2018.

245 "The present result of the conference means for the Austrian people that they have to go through another winter under four Power occupation with all the hardships we know. I firmly believe that our population in a supreme desperate effort will overcome these difficulties but it is obviously necessary to avoid by all means that the political difficulties which are bound to come in the autumn should be increased by an economic crisis as it happened in the last winter.". FRUS, 1947, Council of Foreign Minister; Germany and Austria, Volume II, – Office of the Historians. The Austrian Foreign Minister (Gruber) to the Secretary of State, Moscow 24.4.1947. https://history.state.gov/historicaldocuments/frus1947v02/d209. Abgerufen am 17.4.2018.

246 Weiss, Auf sanften Pfoten gehen, S. 14.

247 Eine Teilung des Landes war für die Regierung keine Alternative, da die Industrie Österreichs im Osten lag und der Westen des Landes mehr eine „scenery" umfasste. Das Ergebnis wäre eine Disintegration und das Ende Österreichs. Gehler, From Saint Germain to Lisbon, S. 172.

Da die KPÖ nicht an den Verhandlungen in Moskau beteiligt gewesen war, nutzte sie die akute Nahrungsmittelknappheit und organisierte Demonstrationen.[249] Es wurden „sofortige Verhandlungen mit den Oststaaten verlangt, um durch Anbahnung freundschaftlicher Beziehungen mit der Sowjetunion eine ausreichende Nahrungsmittelzufuhr sicherzustellen".[250] Nachdem die Regierung der Forderung nicht folgte, führten die Ereignisse am 5. Mai 1947 zum Sturm auf das Bundeskanzleramt, der laut Gruber erst durch die „Intervention" der Alliierten aufgelöst wurde.[251]

Die KPÖ versuchte aber nicht nur außerparlamentarisch, sondern auch in Gesprächen mit dem Bundeskanzler Figl Einfluss zu nehmen.[252] Der KPÖ-Vorsitzender Ernst Fischer verhandelte mit der ÖVP über eine „Regierungsumbildung" in einem größeren Umfang. Es sollten Gruber und andere nicht-sowjetfreundliche Minister ausgetauscht werden.[253] Diese geheimen Gespräche, „Figl-Fischerei" genannt, wurden von Gruber, der nicht an den Gesprächen teilgenommen hatte, öffentlich gemacht.[254] Sie entwickelten sich zu einer der „geheimnisvollsten Politaffären der jungen Zweiten Republik".[255]

Obwohl anfänglich gute Chancen der KPÖ bestanden, entweder den Einfluss auf die Regierung zu erhöhen oder die Volksfront wiederzubeleben, scheiterten diese Bemühungen.[256] Das Ergebnis war eine gegenteilige Wirkung. Da parallel in Ungarn die Kommunisten ihre Macht erweiterten, kam es zu „einer noch deutlicher akzentuierten Westorientierung".[257] Statt Gruber abzusetzen und die Westbindung zu reduzieren, blieb er in der Regierung und „die außenwirtschaftliche und außenpolitische Westorientierung" der großen Parteien blieb „unumkehrbar".[258]

Als dann auch die Londoner Außenministerkonferenz Ende des Jahres ebenfalls scheiterte, war Gruber bewusst, dass kaum Aussicht auf den Abschluss eines Staatsvertrages bestand.[259] Im Anschluss an diese Konferenz im Dezember wurde kein weiterer Termin

---

248 Ebd., S. 172.

249 Weiss, Auf sanften Pfoten gehen, S. 15.

250 Gruber, Zwischen Befreiung und Freiheit, S. 162 f.

251 Ebd., S. 163 f.

252 Mugrauer, „Reaktionäre aus der Regierung hinauswerfen", S. 1 ff.

253 Mueller, Die sowjetische Besatzung in Österreich und ihre politische Mission, S. 191.

254 Mugrauer, „Reaktionäre aus der Regierung hinauswerfen", S. 2 f. Vgl. hierzu auch Michael Gehler: „…this nine days wonder"? Die „Figl-Fischerei" von 1947. Eine politische Affäre mit Nachspiel, in: Michael Gehler/Hubert Sickinger (Hrsg.), Politische Affären und Skandale in Österreich: Von Mayerling bis Waldheim, Wien/Thaur/München 1995, 2. durchgesehene und erweiterte Auflage 1996, S. 346–381.

255 Mueller, Die sowjetische Besatzung in Österreich und ihre politische Mission, S. 191.

256 Ebd., S. 192.

257 Stourzh, Um Einheit und Freiheit, S. 106.

258 Mugrauer zitiert hier Michael Gehler, Mugrauer, „Reaktionäre aus der Regierung hinauswerfen", S. 6.

259 Die Ergebnisse der Londoner Außenministerkonferenz vom 25.11. bis zum 15.12. erläutert Michael Gehler in einer Fußnote: „Am 15.12. hatte Gruber erklärt, daß praktisch keine Aussichten für eine Einigung über den Staatsvertrag beim derzeit tagenden Rat der Außenminister bestehen, doch würde Österreich mit den Westmächten nie einen Sondervertrag schließen. Die Westzonen könnten keinen lebensfähigen Staat bilden.", in: Gehler, Karl Gruber. Reden und Dokumente, S. 214.

vereinbart.[260] Friedensverträge für Deutschland und Österreich konnten damit nicht erarbeitet werden. Einen Friedensvertrag erhielt Österreich, anders als Italien und Finnland, nicht, da Österreich Teil der „deutschen Frage" sei.[261] Gruber gewann den Eindruck, „daß der Schatten der deutschen Frage auf das österreichische Problem gefallen war".[262] Die Besetzung und formale Teilung des Landes unter dem Viermächte-Status bildeten die politischen Rahmenbedingungen der nächsten Jahre. Das Scheitern der Moskauer und der Londoner Außenministerkonferenz hatte weitreichende Folgen:

1. Nach der Konferenz galt das zweite Kontrollabkommen für Österreich als Basis für das politische Handeln. Bevor Österreich 1955 einen Staatsvertrag abschließen konnte, war politisches Handeln damit eingeschränkt möglich.[263]
2. Anstatt „einer bis dahin noch denkbare[n] multipolare[n] Weltordnung" entstand „ein Blocksystem mit den USA und der UdSSR als Führungsmächten" und damit ein bipolares System.[264]
3. Die Unterstützung der USA bildete die wirtschaftliche Grundlage, um die Reparationszahlungen an die UdSSR leisten zu können. Österreich wurde dabei von den Großmächten als „Anhängsel, teils als Nebenschauplatz" der Deutschlandpolitik gesehen.[265]

Nach Einschätzung Grubers muss das Scheitern der Moskauer Außenministerkonferenz als eine „Zäsur zu einer neuen internationalen Phase angesehen werden. Ihre völlige politische Ergebnislosigkeit spiegelte nur die Weigerung der westlichen Unterhändler wider, dem kommunistischen Standpunkt weiterhin bequeme Zugeständnisse zu machen".[266]

Die Konferenz, die am 10. März 1947 begann, und bei der Marshall Teile seiner Idee eines Marshall-Plans vermutlich durchdachte, endete als Misserfolg. Die Teilung Deutschlands zeichnete sich ab, die Situation in Griechenland und der Türkei verschärfte sich, so dass Harry S. Truman noch während der Konferenz diesen Ländern Unterstützung zugestand.[267] Damit waren die Standpunkte, insbesondere zwischen der Sowjetunion und vor allem der USA und Großbritannien, auch in Mitteleuropa klar und unterschiedlich. Österreich hatte eine unabhängige Regierung, große Gestaltungsmöglichkeiten, blieb aber weiter besetzt.

---

260 Gruner, Die deutsche Frage in Europa, S. 231.
261 Gruner/Woyke, Europa-Lexikon, S. 177 f.
262 Gehler, Modellfall für Deutschland?, S. 57 f.
263 Gruner/Woyke, Europa-Lexikon, S. 181. Der Staatsvertrag wurde am 15.5.1955 unterschrieben. Rolf Steininger, 15. Mai 1955. Der Staatsvertrag, in: Gehler/Steininger (Hrsg.), Österreich im 20. Jahrhundert. Vom Zweiten Weltkrieg bis zur Gegenwart, Band 2, Wien 1997, S. 217–257, S. 217 ff.
264 Gruner, Die deutsche Frage in Europa, S. 231.
265 Bischof, Die Planung und Politik der Alliierten 1940–1954, in: Gehler/Steininger, Österreich im 20. Jahrhundert, S. 107–146, S. 131.
266 Gruber, Zwischen Befreiung und Freiheit, S. 154.
267 Ebd., S. 130.

3. Gemeinsamkeiten und Unterschiede

Irland und Österreich hatten politisch grundlegend unterschiedliche Bedingungen nach dem Zweiten Weltkrieg.

Irland war kein Kriegsteilnehmer und im Zweiten Weltkrieg neutral. Insofern waren direkte Kriegsschäden an Gebäuden und Menschen nicht vorhanden. Die Auswirkungen der Zerstörung waren dagegen in Österreich, wenn auch nicht vergleichbar mit Deutschland, aber im Verhältnis zu Irland, dramatisch. Die Okkupation des Landes und die Aufteilung in vier Besatzungszonen zeigen deutlich die Gefahr einer Teilung Österreichs. Es war nicht nur durch den Krieg zerstört, sondern musste erhebliche Reparationszahlungen leisten. Das Land stand damit vor wesentlichen Herausforderungen: Die politische Einheit durch geschicktes Agieren mit den Besatzungstruppen zu erhalten und die wirtschaftliche Entwicklung voranzubringen, um die Einheit auf diesem Wege zu erringen.

Sowohl die provisorische als auch die Ende 1945 neu gebildete Regierung hatten nicht nur die politischen Probleme zu lösen, vor allem aber waren die wirtschaftlichen Schwierigkeiten für Österreich bestimmend.[268] Die „Opferrolle" Österreichs wurde dabei gerne aufgenommen und in der Nachkriegszeit zum Vorteil Österreichs genutzt.[269] Zusätzlich verfolgte die österreichische Regierung mit der Formulierung „weder West- noch Ostorientierung" schon frühzeitig eine Politik, die Freiräume, die ihr das zweite Kontrollabkommen gab, nicht auszuschöpfen.[270] Alles dies, um das Hauptziel der Einheit des Landes nicht zu gefährden. Gruber erklärte folgerichtig im Januar 1947, dass Österreich keine Allianzen eingehen wolle.[271]

Nur in der Beibehaltung der Allianzfreiheit Österreichs war es auch perspektivisch möglich, einen souveränen Staat zu bilden. Die provisorische und dann gewählte Regierung ermöglichte zwar ein einheitliches politisches Handeln, aber in einem besetzten Land und unter den Regeln des zweiten Kontrollabkommens.

In Irland war die Situation anders. Das Land hatte sich langsam zu einem politisch souveränen Staat entwickelt. Bis zum Republic of Ireland Act war Irland Mitglied im British Commonwealth und wurde durch die britische Krone offiziell repräsentiert. Diese formale Struktur hinderte die irische Regierung nicht daran, im Zweiten Weltkrieg neutral zu bleiben. Diese Neutralität entwickelte die Regierung mit dem Republic of Ireland Act gegenüber Großbritannien politisch weiter und wurde vollständig souverän. Dennoch verstärkten Großbritannien und Irland in wirtschaftlicher Hinsicht, z. B. in der Anerkennung von Bildungsabschlüssen, die Zusammenarbeit.

Österreichs Politiker wollten die außenpolitische Offenheit, da eine Richtungsentscheidung die Spaltung des Landes bedeutet hätte. Anders war dies in Irland. Es hätte bei einer Möglichkeit der Vereinigung Irlands die Neutralitätsfrage eventuell anders bewertet. Dazu kam es nicht und Irland blieb weiter neutral. Einen Zwang aus der Gefahr

---

268 Vocelka, Geschichte Österreichs, S. 319.
269 Ebd.
270 Weiss, Auf sanften Pfoten gehen, S. 13.
271 Ebd., S. 14.

einer weiteren Teilung des Staatsgebiets gab es nicht – Irland blieb geteilt. Die politische Neutralität Irlands war deshalb eindeutig selbstgewählt und damit freiwillig.

Im Ergebnis sind Österreich und Irland neutral beziehungsweise allianzfreie Staaten, aber mit ganz unterschiedlichen Rahmenbedingungen. Österreich sah sich gezwungen, diesen allianzfreien Zustand zu wahren, um die Einheit zu erhalten, musste dabei aber immer die Sichtweise der Besatzungsmächte berücksichtigen. Irlands Neutralität war dagegen aus keinen äußeren Zwängen entstanden, sondern politisch selbst gewählt und hätte jederzeit durch die irische Regierung beendet werden können.

Für beide Staaten war die geographische und territoriale Einheit Kernpunkt ihrer jeweiligen Politik. Im österreichischen Fall war es die wichtigste Aufgabe, die Einheit zu erhalten und die Souveränität wiederzuerlangen. Im Falle Irlands war es die Überwindung der Teilung und die formale Erlangung der Souveränität.

In Irland war die Lage wirtschaftlich angespannt, führte aber eben nicht zu einem Sturm auf das Bundeskanzleramt. Die Moskauer Außenministerkonferenz zeigte, wie abhängig Österreich von den Entscheidungen der Besatzungsmächte war. Österreichs Staatsvertrag wurde erst nach dem „Moskauer Memorandum" vom 15. April, am 15. Mai 1955 in Wien unterschrieben.[272] Die Mitgliedschaft im Europarat konnte Österreich am 16. April 1956 als 15. Mitglied erreichen, während Irland am 5. Mai 1949 Gründungsmitglied wurde.[273] Die UNO-Mitgliedschaft erlangten Österreich wie Irland am 14. Dezember 1955.[274]

Zusammenfassend lässt sich festhalten, dass die österreichische Allianzfreiheit und die irischen Neutralitätsansätze sowohl ausgehend von den Rahmenbedingungen als auch in den Zielsetzungen sehr unterschiedlich waren. Wie in diesem Kapitel herausgearbeitet, war Allianzfreiheit für Österreich eine existentielle Notwendigkeit, um die Einheit zu erreichen. Irlands Neutralität diente im historischen Kontext vornehmlich dazu, die eigene Souveränität von Großbritannien zu erlangen.

---

272 Steininger, 15. Mai 1955: Der Staatsvertrag, in: Gehler/Steininger (Hrsg.), Österreich im 20. Jahrhundert, vom Zweiten Weltkrieg bis zur Gegenwart, Band 2, Wien 1997, S. 217-S. 257, S. 233 f.
273 Council of Europe, Mitgliederliste. https://www.coe.int/de/web/portal/austria bzw. ireland. Abgerufen am 9.4.2018.
274 UNO, Member States. https://www.unric.org/de/pressemitteilungen/4116-die-192-mitglied staaten-der-vereinten-nationen. Abgerufen am 9.4.2018.

III. Irland und Österreich:
Die Dollarlücke als ein Grundproblem der europäischen Nachkriegswirtschaft

1. Die europäische Nachkriegswirtschaft: Die Ausgangssituation

Der Zweite Weltkrieg forderte über 36 Millionen Kriegsopfer.[1] Damit war er der gravierendste Konflikt in der Geschichte der Menschheit. Doch das Leiden der Menschen war nach Ende des Krieges noch nicht beendet. Denn nach dem Krieg herrschte ein wirtschaftliches Chaos in Europa. Um den Wiederaufbau der europäischen Wirtschaft zu unterstützen, musste die Wettbewerbsfähigkeit wiederhergestellt werden. Im Vergleich zum Ersten Weltkrieg war Europa durch die enormen Zerstörungen im Zweiten Weltkrieg wirtschaftlich stark geschädigt.[2] Die USA, als größter Gläubiger, konnten nicht auf die Zurückzahlung von Kriegskrediten bestehen, denn die Kosten des Zweiten Weltkrieges waren allein höher als alle Kriegskosten der seit dem Mittelalter geführten Kriege zusammen. Dies führte zur Verschuldung und zu hohen Inflationsraten des gesamten europäischen Kontinents.[3] Es musste erheblich in den Wiederaufbau der europäischen Wirtschaft investiert werden.[4] Die Situation verschärfte sich durch eine einsetzende Rezession nach dem Krieg weiter.[5]

Der Rückzug von 40.000 britischen Truppen aus Griechenland und die Übernahme der finanziellen und sicherheitspolitischen Unterstützung durch die USA dokumentierte für Dean Acheson das Ende des Pax Britannica.[6] Europa war seiner politischen Macht beraubt und wirtschaftlich ruiniert.[7]

Folgerichtig sah das amerikanische State Department in einer Analyse des Potenzials des Alten Kontinents nach dem Krieg für Europa keine bedeutende wirtschaftliche Kraft mehr:

> Great Britain was exhausted and impoverished. Germany did not exist; France was barely alive, defeated; Italy did not count; and the smaller countries were not important.[8]

---

1   Steil, The Marshall Plan, S. 16.
2   Die Bank für Internationalen Zahlungsausgleich schätzte die Kosten auf 750 Milliarden Dollar. Urs Wartmann, Wege und Institutionen zur Integration Europas 1945–1961, Köln/Opladen/Paris 1961, S. 13.
3   Mayne, The Recovery of Europe, S. 32 f.
4   Andrea Boltho, The European Economy Growth and Crisis, Oxford 1982, S. 17.
5   Ute Daniel, Dollardiplomatie in Europa: Marshallplan, kalter Krieg und US-Außenwirtschaftspolitik 1945–52, Düsseldorf 1982, S. 34 ff.
6   Steil, The Marshall Plan, S. 22.
7   Jean-Baptiste Duroselle bezeichnete Europa als ruinierten Kontinent: „En 1945 l' Europe occidentale est ruine". Jean Baptiste Duroselle, 1948: Les Debuts de la Construction Européene, in: Raymond Poidevin (Hrsg.), Origins of the European Integration – Histoire des debuts de la construction européene (March 1948–May 1950), Brüssel 1986, S. 11–22, S. 12.

Der Hauptgrund für diese dramatische Situation waren die direkten Kriegsschäden. So waren allein in Europa, ohne die UdSSR, 5 Millionen Häuser zerstört und noch viele weitere stark beschädigt worden. Für das direkte Überleben der Menschen war jedoch das Nahrungsmittelproblem am dringendsten. Unzählige Bauernhöfe waren zerstört, die, die noch produktiv arbeiten konnten, waren in einer äußerst schwierigen Lage: Allein der Tierbestand war um 40 % durch den Mangel an Tierfutter reduziert. Darüber hinaus bestand ein Mangel an allen für die Landwirtschaft wichtigen Gütern, wie Dünger, Maschinen, Zugtieren etc. Im Jahre 1945 war die Getreideernte in Europa (ohne die UdSSR) von 59 Millionen Tonnen auf 31 Millionen Tonnen gesunken.[9] Doch nicht nur die Getreideerzeugung ging stark zurück, sondern auch die gesamte landwirtschaftliche Produktion, die um 30 % sank.[10] Das Ergebnis war, dass die tägliche Kalorienmenge in der britischen Besatzungszone in Deutschland um ein Drittel auf 1050 Kalorien fiel und in Städten wie Wien und Budapest auf 800.[11]

Einen massiven Rückgang gab es auch bei der für die Energie- und Stahlerzeugung so wichtigen Kohleförderung. So fiel die Kohleproduktion beispielsweise in West-Deutschland von 221 Millionen Tonnen vor dem Krieg auf 144 Millionen Tonnen.[12] Um zumindest die Basisversorgung zu gewährleisten, musste Europa 1946 über 17 Millionen Tonnen Kohle aus Übersee importieren, obwohl der Weltmarktpreis fast doppelt so hoch war wie der europäische.[13]

Eine im Jahr 1946 erhobene Bestandsaufnahme verglich die Produktionszahlen mit denen des Jahres 1938. Die Ergebnisse waren schlecht. Außer Irland, Schweden und Großbritannien erreichte kein Land den Indexwert des Jahres 1938. Der harte Winter des Jahres 1946/1947 behinderte den wirtschaftlichen Aufbau.[14] Im Laufe des Jahres 1947 verschärfte sich die wirtschaftliche Situation weiter. Zum einen führten gestiegene Rohstoff- und Nahrungsmittelpreise zu stärkeren Dollarabflüssen, zum anderen brachte die Energiekrise die Produktion zu einem Zeitpunkt, als die Produktion eigentlich wieder hätte steigen müssen, teilweise zum Stillstand.[15] Die Versorgung mit Lebensmitteln und Rohstoffen aus dem traditionellen Liefergebiet Osteuropa war zusammengebrochen.[16] Hinzu kamen instabile Währungen wegen der Inflation, und es fehlten europäische Regulierungsstellen, um Handelsungleichgewichte untereinander auszugleichen. So fand der Handel oft nur noch in Form von Bartergeschäften[17] statt. Als neuer Rohstofflieferant bot sich der amerikanische Kontinent an, wie im Vergleich der Export- und Importzahlen von 1938 und 1947

8   Hans A. Schmitt, The Path to the European Union – From the Marshall Plan to the Common Market –, Baton Rouge/Louisiana 1962, S. 19.
9   Mayne, The Recovery of Europe, S. 30 ff.
10   Lipgens, Die Anfänge der Europäischen Einigungspolitik 1945–1950, S. 7.
11   Steil, The Marshall Plan, S. 18.
12   Mayne, The Recovery of Europe, S. 95.
13   Ebd.
14   Die Indexzahlen der Länder sahen wie folgt aus: Belgien 77, Bulgarien 90, Tschechoslowakei 70, Dänemark 93, Finnland 65, Frankreich 75, Deutschland 22, Griechenland 44, Irland 103, Italien 54, Niederlande 62, Norwegen 93, Polen 71, Schweden und Großbritannien je 101 %. Gasteyger, Europa zwischen Spaltung und Einigung 1945 bis 1993, S. 54.
15   Mayne, The Recovery of Europe, S. 85 ff.
16   Wartmann, Wege und Institutionen zur Integration Europas, S. 14.

deutlich wird: Während Europa in nicht-europäische Länder 1938 noch 8 Milliarden US-Dollar exportierte, reduzierte sich diese Summe 1947 auf 5,4 Milliarden US-Dollar.[18] Auf Seiten der USA erhöhten sich dagegen die Exportzahlen von durchschnittlich 1,1 Milliarden US-Dollar im Zeitraum 1936–1938 auf 5,7 Milliarden US-Dollar 1947.[19] Im Ergebnis steigerte sich so das gesamte Defizit mit dem Dollarraum auf 7 Milliarden US-Dollar.[20] Hierbei entfielen allein 70% auf die USA. 1947 war Europa zu erschöpft, um eigenständig das notwendige Kapital für den Wiederaufbau aufzubringen.

Immense Käufe im Dollarraum wären nötig gewesen, um die Wirtschaft mit lebenswichtigen Gütern zu versorgen. Über die notwendigen US-Dollar verfügten die europäischen Staaten jedoch nicht. Der Grund hierfür lag in den hohen Kriegskosten und Kriegsschäden. Die eigenen hohen ausländischen Investments mussten deshalb aufgelöst werden. Vor dem Krieg hatten diese Auslandsinvestments die europäischen Staaten mit Devisen versorgt, die nun den Ländern nicht mehr zur Verfügung standen.[21] So befand sich die europäische Wirtschaft im Frühjahr 1947 in einer schweren Krise. Eine Stabilisierung war nicht zu erkennen.

Die USA befürchteten folgende Entwicklung:

1. Wachsender kommunistischer Einfluss auf die europäischen Staaten
2. Schwächung des Welthandels und der internationalen Finanzmärkte
3. Einschränkungen der US-Importe durch die Dollarlücke (Dollar-Gap) und einsetzende Handelsbeschränkungen
4. Unterminierung der wirtschaftlichen Grundlage Europas und Bedrohung des Friedens als Folge.[22]

Am Rande der Diskussion in den USA formulierte Marshall diese Gefahren wie folgt:

The patient is sinking while the doctors deliberate.[23]

Um die Probleme der Handels- und Zahlungsbilanz zu beseitigen, war Hilfe von außen notwendig.[24] Nur die USA, die ihre Lebensqualität und Produktionsleistungen in und nach dem Zweiten Weltkrieg erheblich steigern konnten, waren in der Lage, Hilfe zu leisten.[25]

---

17 Tauschgeschäfte ohne Geldmittelfluss. Es werden Kompensationsgeschäfte abgeschlossen, bei denen die Handelspartner Warenlieferungen mit dem gleichen Wert vereinbaren.

18 Mayne, The Recovery of Europe, S. 95.

19 Robert A. Pollard, Economic Security and the Origins of the Cold War 1945–1950, New York 1985, S. 60.

20 Ebd., S. 64.

21 Schmitt, The Path to the European Union, S. 18.

22 Hardach, Der Marshall-Plan, S. 42 ff., Loth, Die Teilung der Welt, S. 124 ff und Steil, Marshall-Plan, S. 86.

23 George C. Marshall als Secretary of State in einer Radioansprache am 28.4.1947, https://www.marshallfoundation.org/library/digital-achive/6-060-radio-address-april-28-1947/. Abgerufen am 18.5.2018.

24 Gottfried Niedhart, Geschichte Englands im 19. und 20. Jahrhundert (Band 3), München 1987, S. 184.

Für den Außenminister Marshall war es eindeutig, dass die UdSSR darauf hoffte, Europa wirtschaftlich zu destabilisieren, um stärkeren politischen Einfluss zu erlangen. Laut Paul-Henri Spaak[26] war der amerikanische Außenminister nach einer Reise durch Europa schwer erschüttert. Das galt sowohl hinsichtlich der politischen und wirtschaftlichen Situation Europas als auch in Bezug auf die Haltung der UdSSR.[27] Marshall erlebte in Europa, dass die Zerstörungen der wirtschaftlichen Strukturen auf dem Kontinent unterschätzt worden waren.[28]

Daher war eine Gegeninitiative der USA notwendig. Der stellvertretende Außenminister Dean Acheson forderte, in Abstimmung mit Marshall, schon am 20. Mai 1947 einen Zusammenschluss Europas.[29] Die USA und die UdSSR lösten Europa in der Führungsposition der Welt ab.[30] Im Zusammenhang mit der Containment-Politik der Truman-Administration und der Tatsache, dass die USA das einzige Land waren, das Europa helfen konnte, entstand der sogenannte Marshall-Plan.[31]

2. Irland und die wirtschaftlichen Probleme der Nachkriegszeit

a) Die wirtschaftliche Lage Irlands nach dem Zweiten Weltkrieg

Zwei grundsätzliche Faktoren – die geographischen und die wirtschaftlichen – bestimmten die Rahmenbedingungen der irischen Politik. Der geographische Faktor bedeutete für Irland, dass die Insel nicht über Rohstoffe und nicht über eine traditionelle Industriekultur verfügte. Das hieß, dass sich die irische Ökonomie hauptsächlich auf die Landwirtschaft konzentrierte.[32] Der weitere wirtschaftliche Faktor war die Abhängigkeit Irlands von Großbritannien.[33]

---

25 Wilfried Loth, Die Anfänge der europäischen Integration 1945–1950, Bonn 1990, S. 11.

26 Der belgische Sozialist Paul Henri Spaak war mehrmals Ministerpräsident (1938/39, 1946, 1947–49) und Außenminister (1936–1939, 1946–49, 1954–57, 1961–66) seines Landes und direkt nach dem Krieg entschiedener Verfechter der europäischen Integration. Spaak, Memoiren eines Europäers.

27 Spaak, Memoiren eines Europäers, S. 255.

28 Jean Monnet, Erinnerungen eines Europäers, München/Wien 1978, S. 338 f.

29 Schmitt, The Path to European Union, S. 20.

30 Wolf D. Gruner, Die Rolle und Funktion von „Kleinstaaten" im internationalen System 1815–1914. Die Bedeutung des Endes der Deutschen Klein- und Mittelstaaten für die europäische Ordnung, in Wolf D. Gruner, Deutschland mitten in Europa, Beiträge zur deutschen und europäischen Geschichte: Band 5, Hamburg 1992, S. 107–172, S. 107.

31 Schmitt, The Path to the European Union, S. 21 und Schwabe, Der Marshall-Plan und Europa, in: Poidevin, Origins of the European Integration (March 1948-May 1950), S. 47–69, S. 49. Diese Meinung vertritt auch der kommunistische Autor Josef Schopp (Pseudonym Josef Schleifstein), Was ist der Marshallplan?, (Hrsg: Kommunistische Partei Deutschlands), Frankfurt a. M. 1950, S. 6.

32 Chubb, The Government & Politics of Ireland, S. 1.

2. Irland und die wirtschaftlichen Probleme der Nachkriegszeit

Irlands grundsätzliche Position nach dem Krieg lässt sich folgendermaßen skizzieren: Für ein Land am Rande des nordwestlichen Europas befand sich Irland in einer anormalen Situation, da die sozialen Parameter eher in die unterentwickelte Peripherie des Mittelmeeres gepasst hätten, als in die höherentwickelte nordwestliche Region Europas, die grundsätzlich erheblich stärker industrialisiert und urbanisiert war. Dieser Zustand verstärkte sich noch in der Nachkriegsperiode durch die internationale Isolierung, wodurch Hilfsmaßnahmen von außen behindert und die sozialen Verhältnisse der Bevölkerung beeinträchtigt wurden.[34]

Trotz der Tatsache, dass Irland keinen direkten Kriegsschaden genommen hatte, wurde die Wirtschaft ernsthaft negativ berührt. Die Nachkriegsjahre brachten, wie erläutert, einen weiteren Rückschritt. Die Inflation, die Arbeitslosigkeit und auch die für Irland typischen Auswanderungszahlen stiegen an. Die Bevölkerung war weiterhin von den Kriegsfolgen betroffen. So wurde die Rationierung von Brot, Zucker, Butter und Fleisch direkt nach dem Krieg fortgesetzt, um, laut Fanning, Flüchtlingshilfe für das europäische Festland zu leisten.[35] Der Lebensmittelkonsum der irischen Bevölkerung war zwar während und nach dem Krieg wesentlich geringer als bei anderen Ländern Europas gesunken, dennoch war das wirtschaftliche Leben eingeschränkt. Insgesamt wurde die schlechte Situation Irlands in der Vorkriegszeit in der Friedensphase nicht verbessert. Einige Bereiche wie der Hausbau kamen durch fehlende Holzimporte sogar fast ganz zum Erliegen. Dies führte dazu, dass sich die Wohnungssituation weiter verschlechterte.[36]

Wie die Wohnungssituation war auch die Preisentwicklung negativ. So waren die Preise während des Krieges insgesamt um 69,7 % gestiegen. Damit war die Inflation höher als in Großbritannien, die eine Steigerung von 30,5 % vorwies. Zwar stoppte der Preisauftrieb in Irland 1946, aber schon 1947 lag die Inflationsrate wieder bei 10,2 %.[37] Der Regierung gelang es trotz Preiskontrollen nicht, die Lage zu verbessern.[38] Bereits seit dem Krieg erhielten auch Unternehmen viele Produkte, wie z. B. Rohmaterialen, nur auf Zuteilung, da diesbezüglich ein permanenter Mangel herrschte. Die Kontrolle der Regierung setzte sich nach dem Krieg bei Produkten des Im- und Exports fort.[39] Die Industrieproduktion war zwar während des Krieges um 9,2 % gesunken, übertraf aber 1946 wieder die Vorkriegsproduktion. Damit sah die Entwicklung in Irland zahlenmäßig besser aus als in Großbritannien, wo erst 1947 der Stand von 1938 wieder erreicht wurde.[40]

---

33 Ebd., S. 313.

34 Barry Brunt, The Republic of Ireland, London 1988, S. 1.

35 Ronan Fanning, Independent Ireland, Dublin 1983, S. 153.

36 The European Recovery Programme, Country Studies, Chapter VIII Ireland, in der irischen Regierung durch das Department of External Affairs am 3.3.1948 verteilt, S 14106B (NAIRL, S. files).

37 Die Lebenshaltungskosten sanken 1946 um 1 %. Mitchell, European Historical Statistics, S. 745 f.

38 The European Recovery Programme, S 14106B (NAIRL, S. files).

39 Ebd.

40 Wird Irland mit einem anderen neutralen Land wie Schweden verglichen, sieht die Entwicklung der Industrieproduktion negativer aus, da es Schweden gelang, eine Steigerung von 10,7 % von 1938 bis 1945 zu erzielen, um dann im Jahr 1947 nochmals um 21,2 % zuzulegen.

Trotz der Steigerung der industriellen Produktion und der damit verbundenen leicht sin-
kenden Arbeitslosenzahlen blieb auch die Emigration mit durchschnittlich 30.000 Menschen zwischen 1945 und 1947 hoch. Und obwohl Großbritannien sehr viele Emigranten
als Arbeitskräfte aufnahm, fand eine signifikante Auswirkung auf die Erwerbslosenzah-
len nicht statt.[41] Sie verringerte sich zwar von 15,6% 1938 auf 10,6% 1945, doch diese
Entwicklung war, im Vergleich mit anderen neutralen Staaten wie Schweden oder der
Schweiz, nicht so stark.[42]

Die Zahlungsbilanz war ein weiterer entscheidender wirtschaftlicher Faktor. So wurden direkt vor dem Krieg lediglich 50 bis 60% der Importe durch entsprechende Exporte
finanziert. Der Rest wurde ausgeglichen durch Transferzahlungen von Emigranten, Tou-
risten, ausländischen Fonds und durch Erträge aus Auslandsinvestitionen. Durch diese
Mittel fand ein fast regelmäßiger Ausgleich der Bilanz statt.[43]

Die schon in der Vorkriegszeit negative Handelsbilanz veränderte sich während des
Krieges in ein Handelsplus. Dies war auf um ein Drittel sinkende Importe und nur leicht-
fallende Exporte zurückzuführen. Die irischen Gastarbeiter, die während des Krieges in
Großbritannien arbeiteten, beeinflussten mit ihren hohen Überweisungen die Zahlungs-
bilanz weiter positiv.[44] In einem Zeitraum von 1939 bis 1946 erwirtschafte Irland einen
Handelsbilanzüberschuss von 162 Millionen Pfund.[45]

In der direkten Nachkriegszeit stiegen die Importe aus dem Dollarraum stark an, was
zu Dollarabflüssen führte. Die Exporte dagegen sanken leicht.[46] Daraus resultierte ein starkes Handelsbilanz- und vor allem ein US-Dollardefizit. So stiegen die Importe 1945 von
162 Millionen US-Dollar im Jahre 1946 auf 287 Millionen US-Dollar und von circa 400 bis
450 Millionen US-Dollar 1947. Dieser Anstieg der Dollarausgaben spiegelte jedoch nicht
den eigentlichen Anstieg der gesamten Importe wider. Dieser war wesentlich geringer.

Nur der Mangel an Produkten, wie z.B. Kohle aus Großbritannien, erforderte den verstärkten Import von Produkten aus den USA und erhöhte die Dollarimporte. Die USA
mussten neben Kohle vor allem Getreide liefern, das vor dem Krieg aus anderen Quellen
importiert worden war.[47] Irland rief die benötigten Summen für die Dollarimporte grundsätzlich über den Sterling-Pool ab. Das irische Problem bestand darin, dass der Umtausch
von Pfund in US-Dollar in Abstimmung mit Großbritannien begrenzt war.[48]

Die noch wichtigere Zahlungsbilanz entwickelte sich positiv. Der Grund hierfür war
die starke Bedeutung der in sie einfließenden Handelsbilanz. Nach dem Krieg war dann
die Entwicklung stärker negativ:

In Irland betrug die Steigerung von 1947 zu 1946 aber nur 10,3%. Mitchell, The European
Historical Statistics, S. 358.

41   Lee, Ireland 1912–1985, S. 288.
42   Die Arbeitslosigkeit in Schweden sank von 10,9% 1938 auf 4,5% 1945 und in der Schweiz von
     8,6% 1938 auf 1,0% 1945. Mitchell, The European Historical Statistics, S. 170f.
43   The European Recovery Programme, S 14106B (NAIRL, S. files).
44   Ebd.
45   Elvert, Geschichte Irlands, S. 442.
46   Der Anteil der USA an den Importen Irlands stieg von durchschnittlich 10–11% 1938–1945 auf
     22% 1947. Mitchell, The European Historical Statistics, S. 495.
47   The European Recovery Programme, S 14106B (NAIRL, S. files).
48   Kapitel III.2.b).

2. Irland und die wirtschaftlichen Probleme der Nachkriegszeit

Tabelle 3 – Zahlungsbilanz 1938–1948[49]

Jahr	Millionen Pfund
1938	-2,7
1939	-2,7
1940	-2,3
1941	13,0
1942	16,5
1943	32,3
1944	32,6
1945	28,5
1946	8,9
1947	-37,9
1948	-29,0

Die Zielsetzung der irischen Regierung war es nun, nach dem Krieg die angesammelten Pfund-Ersparnisse für die dringend notwendigen Käufe zu nutzen, die die wirtschaftliche Entwicklung Irlands voranbringen sollten.[50] Dies gelang der Regierung von Ende 1945 bis Anfang 1946 und führte zur kurzfristigen Verbesserung der wirtschaftlichen Situation.[51] Begleitet wurde dieser Aufschwung von einer Steigerung des Tourismus. Der Hintergrund dieser Besucherströme war eine im Verhältnis bessere Versorgungslage als in Großbritannien. Dieser direkte Nachkriegsboom brach bald wieder zusammen.[52] Das Gleiche galt für die gesamte Wirtschaft, da infolge der Wirtschaftskrise Großbritanniens und des weiterbestehenden Mangels bei vielen Produkten sich die Hoffnungen auf einen Aufschwung nicht durchsetzen konnten.

Stattdessen verschlimmerte der harte Winter 1946/1947 die Situation. Um den Konsum und das Haushaltsdefizit in Grenzen zu halten, wurden die Steuern auf Produkte erhöht, die für die wirtschaftliche Entwicklung nicht wichtig waren. So stellte sich der Staatshaushalt auf 276 Millionen US-Dollar für das Jahr 1947 ein. Das Defizit betrug 33 Millionen US-Dollar. Dies stand im Gegensatz zu den Kriegsjahren, in denen das Defizit so gering gewesen war, dass es geringe inflationäre Gefahren gab und auch der Kapitalmarkt nicht in Anspruch genommen werden musste.[53]

Um die eigene Wirtschaftsleistung voranzubringen, wies die irische Gesandtschaft bei der Planungskonferenz der OEEC in Paris darauf hin, dass sie mit stärkeren Wirtschaftslieferungen, wie z.B. erhöhter Zufuhr von unter anderem Kohle und Stahl, die eigene Produktivität erhöhen könnte. Das Ziel sollte ein stärkerer wirtschaftlicher Verbund Großbritanniens und Irlands sein, um gemeinsam auf Importe aus US-Dollar-Gebieten verzichten zu können und den Sterling-Pool Großbritanniens zu stützen.[54]

---

49 Mitchell, The European Historical Statistics, S. 823 f.
50 Kapitel III.2.c).
51 The European Recovery Programme, S 14106B (NAIRL, S. files).
52 Akenson, The United States and Ireland, S. 120 f.

Die schon vor dem Krieg geringe landwirtschaftliche Produktivität verschlechterte sich durch den Krieg weiter. Dies lag hauptsächlich an fehlendem Dünger, nicht ausreichendem Tierfutter und fehlenden neueren Ausrüstungsgegenständen, wie z. B. Traktoren.[55] Als Ergebnis dieser Situation war die für Irland lebensnotwendige Anzahl von lebenden Nutztieren stark gesunken.

Für drei der wichtigsten Bereiche fiel die Tierpopulation signifikant ab:

Tabelle 4 – Tierpopulation 1938–1947[56]

	1938	1945	1946	1947
Schweine	959	426	479	457
Schafe	3.197	2.581	2.423	2.094
Geflügel	19.630	18.314	18.276	17.304

Angaben in Tausend

Die Zahlen waren nach dem Krieg deutlich niedriger als in der Vorkriegszeit. Sie zeigen die Schwierigkeiten, mit denen die für Irland so wichtige Landwirtschaft konfrontiert war, und die Auswirkungen, die diese für die Gesamtbevölkerung hatten. Folgerichtig musste eine Brotrationierung am 18. Januar 1947 eingeführt werden, da das Getreide nicht ausreichte. Auch im Treibstoffbereich musste wegen des extremen Winters 1946/1947 die Rationierung in diesem Bereich beibehalten werden.[57] Die Wirtschaft wurde durch diese Situation in ihrer Wiederaufbauphase zurückgeworfen, und Eamon de Valera erklärte am 22. Januar 1947, dass sich das Land in einer Art Notstand befände.[58]

Da die USA und Kanada ihre Unterstützung, laut Ronan Fanning, auf die zerstörten Gebiete konzentrierten, entstanden Hunger und Leiden in einem Maße, wie es das unabhängige Irland noch nicht erlebt hatte:

The most affluent states, the United States and Canada, inevitably gave priority to the allies who had fought with them in the war and to the worst-hit areas of Europe where there was suffering and starvation on a scale never experienced in independent Ireland. Under these circumstances Ireland was condemned to stay at the bottom of the list for supplies of oil, fertiliser, wheat or whatever.[59]

---

53   The European Recovery Programme, S 14106B (NAIRL, S. files).

54   Akenson, The United States and Ireland, S. 107 ff. und Fanning, The Irish Department of Finance, S. 397 f.

55   The European Recovery Programme, S 14106B (NAIRL, S. files).

56   Mitchell, The European Historical Statistics, S. 312.

57   In einer Konferenz im April 1947 äußerte sich Eamon de Valera über die Brennstoffkrise wie folgt: "Famine is not a nice word to Irish ears and you know that next to food the most dangerous type of famine would be ... a fuel famine. There is a tremendous shortage of fuel. There are no stocks left. We are in a more dangerous situation even than we were during the war years." Fanning, Independent Ireland, S. 154 f.

58   Sturm, Hakenkreuz und Kleeblatt, S. 322.

2. Irland und die wirtschaftlichen Probleme der Nachkriegszeit

Dermot Keogh beschrieb Irlands Situation wie folgt:

> Wartime shortages had damaged the Irish economy. Lack of feeding stuffs and farm equipment had disrupted the pattern of agricultural activity and reduced productivity. Shortage of fuel, raw materials and machinery had retarded the development of industry.[60]

Thomas A. Bailey, der aus einem Augenzeugenbericht berichtete, bezeichnete Irland als offensichtlich unterentwickeltes Land.[61]

Irland benötigte einige wesentliche Güter, um zukünftig wieder in der Lage zu sein, insbesondere den Export von landwirtschaftlichen Produkten zu erhöhen. Die Landwirtschaft war hierbei das Fundament eines Aufschwungs und würde bei positiven Ergebnissen auch die Industrie beeinflussen. Um die veraltete Eisenbahn zu erneuern, bestand in Irland schon vor dem Krieg ein dringender Bedarf, die verkehrstechnische Infrastruktur für die notwendigen Transporte auszubauen.

Da Irland sich weder am Krieg beteiligt, noch zu den Feinden der Alliierten gehört hatte und es zusätzlich nicht zerstört worden war, war es für die Iren schwierig, internationale Hilfe für ihr Land zu mobilisieren. Die direkte Währungsabhängigkeit Irlands von Großbritannien hatte zur Folge, dass die britische Fiskalpolitik unmittelbaren Einfluss auch auf Irland hatte.[62] Diese Abhängigkeiten führten dazu, dass die britischen Nachkriegsprobleme sich in Irland auswirkten und eine wirtschaftliche Erholung nur im Einklang mit Großbritannien stattfinden konnte.

b) Die Dollarlücke und der Sterling-Pool

Direkt nach dem Krieg befand sich Großbritannien in einer dramatischen Situation, die sich nicht nur auf den wirtschaftlichen Bereich beschränkte, sondern auch seine Position als eine der Führungsmächte der Welt tangierte: "The burden of two devastating conflicts with Germany had dropped the British Empire from its commanding position as a great world power to one of second-rate status."[63]

Großbritannien hatte zu den mächtigsten Staaten der Welt gehört. Jedoch entstand nach dem Krieg ein bipolares System in der internationalen Struktur, mit den USA und der UdSSR als Führungsmächte, in dem Großbritannien nur noch eine zweitrangige Rolle spielte.

Doch nicht nur die politische Führung war verloren gegangen, sondern auch die wirtschaftliche Basis. Diese verlorene Position führte unter anderem zur dramatischen Verschlechterung in den Lebensverhältnissen der britischen Bevölkerung, wie es am Beispiel eines Zitates deutlich wird:

---

59   Fanning, Independent Ireland, S. 154.
60   Zit. nach Dermot Keogh, Ireland & Europe 1919–1989, Cork/Dublin 1990, S. 221.
61   "The country was obviously underdeveloped, that is unblanketed by slums, sludge, and smog." Bailey, The Marshall Plan Summer, S. 18.
62   The European Recovery Programme, S 14106B (NAIRL, S. files).
63   Bailey, The Marshall Plan Summer, S. 221.

Meanwhile the economic situation of two of the leading countries, namely England and France, is deteriorating with terrifying rapidity. If nothing is done for them within two to three months, they both face genuine hunger by winter, and other complications of unpredictable dimensions, with unforeseeable effects in other areas of the world.[64]

Diese dramatische Entwicklung wird bei der Betrachtung der wirtschaftlichen Rahmendaten deutlicher. Die Exporte betrugen 1945 nur noch 258 Millionen Pfund im Vergleich zu 471 Millionen Pfund 1938.[65] Die Handelsflotte war um 11,5 Millionen Tonnen reduziert. Teile der Auslandsinvestitionen mussten zur Begleichung der Kriegskosten verkauft werden und gingen um 8 Milliarden US-Dollar, d. h. 50 %, zurück und reduzierten so die Einkünfte aus diesem Bereich.[66] Das Handelsbilanzdefizit mit den USA wuchs auf 900 Millionen US-Dollar an.[67] Großbritannien, vor dem Krieg größter Gläubiger der Welt, wurde zum größten Schuldner.[68] Das Land war gezwungen, 80 Millionen Pfund allein an Zinsen zu zahlen, was die Leistungsbilanz weiter verschlechterte.

Mit dem zusätzlichen Bedarf für den Wiederaufbau der eigenen und der europäischen Volkswirtschaft problematisierte sich die Lage weiter.[69] Da die Devisenbestände 1945 auf circa 250 Millionen Pfund gesunken waren, machte dies eine Hilfeleistung der USA unumgänglich.[70] Eine ausreichende Versorgung konnte Großbritannien auch aufgrund fehlender Devisen nicht gewährleisten.[71] Zur sofortigen Hilfeleistung erhielt die britische Regierung von den USA 1945 einen zinslosen Kredit, der später in einen Kredit mit 50-jähriger Laufzeit und einer zweiprozentigen Verzinsung umgewandelt wurde. Um diesen Kredit zu erhalten, musste die Forderung der Amerikaner akzeptiert werden, die britische Währung binnen eines Jahres wieder konvertierbar werden zu lassen und sie gleichzeitig gegenüber dem Dollar abzuwerten.[72] Die britische Regierung sah jedoch die Gefahr, dass bei einer zu schnellen Freigabe des Pfundes die Mitglieder des Sterling-Pools[73] dies sofort ausnutzen würden, um Sterling-Bestände in US-Dollar zu tauschen. Dies würde dann jedoch das System der Konvertierbarkeit der britischen Währung zerstören, ohne dass es überhaupt wieder richtig begonnen hatte.[74]

---

64   FRUS, 1947, The British Commonwealth, Europe, Volume III, Office of the Historians, Memorandum by the Director of the Policy Planning Staff (Kennan), Report, Situation with Respect to European Recovery Programme, 4.9.1947, Document 233. https://history.state.gov/historicaldocuments/frus1947v03/d233. Abgerufen am 21.4.2018.

65   Niedhart, Geschichte Englands im 19. und 20. Jahrhundert, S. 175 f.

66   Pollard, Economic Security and the Origins of the Cold War, S. 7.

67   Ebd., S. 60.

68   Lipgens, Die Anfänge der Europäischen Einigungspolitik 1945–1950, S. 158 f.

69   Niedhart, Geschichte Englands im 19. und 20. Jahrhundert, S. 175 f.

70   Mayne, The Recovery of Europe, S. 71.

71   Bailey, The Marshall Plan Summer, S. 10 und 32 ff.

72   Daniel, Dollardiplomatie in Europa, S. 95 f. und Lipgens, Die Anfänge der Europäischen Einigungspolitik 1945–1950, S. 174 f.

73   Mitglied des Sterling-Pools zu sein bedeutete, dass ein Land innerhalb des Systems frei über den Kauf von Gütern unter den Mitgliedsländern (Irland, Neuseeland, Großbritannien etc.) wählen konnte. Die Im- und Exporte wurden über ein Verrechnungssystem in London ausgeglichen. Benötigte ein Land z. B. US-Dollar, so forderte es diese in London ab.

Besonders irisch-stämmige Amerikaner lehnten diese unterstützende Haltung der US-Regierung, die als Notmaßnahme gewährt wurde, ab. Sie erwarteten, dass die britische Regierung diese generöse Haltung der USA ausnützen würde: "There'll always be an England – with her hand out."[75]

Die Unterstützungsmaßnahme hatte aber keinen durchschlagenden Erfolg.[76] Die Rationierungen in Großbritannien mussten 1946 weiter verschärft werden.[77] Der kalte Winter Anfang 1947 hatte gezeigt, dass, obwohl die britische Kohleproduktion gut organisiert war, es dennoch zu Ausfällen in der Förderung kam.[78] Dies führte zu Stromabschaltungen, kalten Wohnungen und Fabrikschließungen.[79] Durch das schlechte Wetter wurde das ganze Land paralysiert und der Wiederaufbau entscheidend behindert.[80] Das Resultat war, dass Großbritannien mehr Kohle verbrauchte als es selbst produzierte, sich nicht mehr selbst versorgen konnte und somit auch als einer der Hauptexporteure für andere europäische Staaten ausfiel.[81]

Aufgrund all dieser Probleme hatte Großbritannien die Konvertierbarkeit des Pfundes Sterling eingebüßt. Um Großbritannien zumindest zahlungsfähig zu halten, erhielt es von den USA den genannten Kredit auf US-Dollarbasis. Zielsetzung der USA war es dann, langfristig das Pfund Sterling wieder konvertierbar werden zu lassen und die Warenproduktion schnell wieder auf Vorkriegsniveau anzuheben. Als das Pfund am 15. Juli 1947 auf Druck der US-Amerikaner[82] konvertierbar wurde, kam es zu dramatischen Ergebnissen, wie sie bei Gesprächen der Finanz- und Schatzministerien Großbritanniens und Irlands beschrieben wurden:

> ... since the convertibility became effective on 15th July, 1947, every country that could turn sterling into dollars hastened to do so.[83]

Dies betraf auch die Mitgliedsländer des Sterling-Pools, da sie bestimmte Produkte nur im US-Dollargebiet erhalten konnten und die Tauschmöglichkeiten entsprechend nutzten, als diese wiederhergestellt waren. Im Ergebnis wurden zu Beginn der Tauschmöglichkeiten jede Woche circa 115 Millionen US-Dollar abgefordert, bis diese Summe dann Anfang August auf 150 Millionen US-Dollar pro Woche anstieg.[84] Das Experiment erschöpfte den

---

74   Fanning, The Irish Department of Finance, S. 399.

75   Bailey, The Marshall Plan Summer, S. 10.

76   Das Problem des Kredits war, dass seit der Gewährung der Unterstützung die amerikanischen Großhandelspreise um über 40 % gestiegen waren und so den effektiven Wert des Kredits zu einem Drittel aufzehrten. Mayne, The Recovery of Europe, S. 87.

77   Mayne, The Recovery of Europe, S. 72 f.

78   In Großbritannien hatte der Januar 1947 die heftigsten Stürme seit 1894. Ebd., S. 86.

79   Niedhart, Geschichte Englands im 19 und 20. Jahrhundert, S. 183.

80   Mayne, The Recovery of Europe, S. 86.

81   Schmitt, The Path to the European Union, S. 18.

82   Josef Schopp zitiert hierbei die New York Times, die im Pfund die zweitgrößte Gefahr für die USA nach der kommunistischen Bedrohung sah. Schopp, Was ist der Marshallplan?, S. 20.

83   Report of a discussion with Mr. E. Rowe-Dutton, C. M. G. at the Treasury on Thursday, 4. September 1947, Present Mr. Rowe-Dutton and Mr. McElligot, Mr. Hogan and Mr. Murray of the Department of Finance, P 130 und Fanning, The Irish Department of Finance, S. 399.

restlichen Kredit der USA, da sich auch die Handelsbilanz im Verhältnis zum Sommer 1946 um weitere 50% verschlechterte.[85] "I had no idea that England was broke", schrieb schon im August 1944 Franklin D. Roosevelt nach einem Briefing über die britische Finanzsituation.[86] Mit dem Ergebnis sahen sich die Verantwortlichen in den USA zwei Jahre später bestätigt.

Zusätzlich zu dieser Situation entstanden durch die Brennstoffkrise des Winters 1946/1947 weitere Schäden.[87] Dies alles führte zur kurzfristigen Streichung der Konvertierbarkeit am 20. August 1947, also nach nur fünf Wochen.[88] Dennoch wurde die Idee grundsätzlich nicht aus den Augen verloren. Zielsetzung war es nun, bis zu Beginn des European Recovery Programme alle US-Dollarausgaben im Sterling-Pool auf die notwendigsten Ausgaben zu reduzieren. Dieser Aufforderung sollten alle Teilnehmer des Sterling-Pools Folge leisten.[89] Direkte Auswirkungen auf das Pfund Sterling hatte die Forderung der US-Amerikaner, die britische Währung abzuwerten.[90] Dies geschah im September 1949, als aufgrund der Rezession in den USA das Pfund Sterling erheblich unter Druck geriet und drastisch gegenüber dem US-Dollar abgewertet werden musste.[91]

c)   Die irische Währung und der Sterling-Pool

Während des Krieges wuchs die Sterling-Bilanz Irlands um ungefähr 600 Millionen US-Dollar. Dieses Geld konnte Irland nicht nutzen, da Großbritannien keine Tauschmöglichkeiten hatte.[92]

Die US-Dollar-Krise beschäftigte auch die irische Regierung. Es wurde am 21. August 1947 ein Treffen einberufen, um die Informationen der britischen Regierung zu verarbeiten, dass es Probleme in der vollen Verfügbarkeit von Dollar gebe.[93] Das Resultat war, dass Irland nicht frei über die eigenen Finanzen und Käufe in Hartwährungsländern entscheiden konnte. Irland musste den Umtausch von Pfund Sterling in US-Dollar reduzieren, um so das System des Sterling-Pools zu erhalten. Dies geschah, obwohl

---

84   Mayne, The Recovery of Europe, S. 87. Vgl. hierzu auch: Steil, The Marshall Plan, S. 161.

85   Pollard, Economic Security and the Origins of the Cold War, S. 72.

86   Steil, The Marshall Plan, S. 165.

87   Die Bedeutung Großbritanniens für die USA wird auch von der Zuteilung der Mittel innerhalb des Marshall-Plans deutlich, von denen Großbritannien insgesamt 3.442.800.000,- Dollar über vier Jahre erhielt. Dies war der höchste Betrag, den ein Staat allein in Europa – zumal größtenteils als Zuschuss – erhielt. Daniel, Dollardiplomatie in Europa, S. 59.

88   Ebd., S. 46.

89   Report of discussion with Mr. E. Rowe-Dutton, C.M.G. at the Treasury on Thursday vom 4.9.1947, P 130 (NAIRL, P. files).

90   Josef Schopp verweist hierbei auf den Bankausschussvorsitzenden der USA, Jesse Woolcott, der sich am 7. Januar 1948 dahingehend äußerte, dass das Pfund abgewertet werden müsse. Ansonsten dürfe Großbritannien keinen Marshall-Plan erhalten. Schopp, Was ist der Marshallplan?, S. 20.

91   Grosser, The Western Alliance, European-American Relations since 1945, S. 72f.

92   The European Recovery Programme, S 14106B (NAIRL, S. files).

93   Fanning, The Irish Department of Finance, S. 397.

Irland die genannten hohen Gegenwerte auf Basis des Pfund Sterling besaß.[94] Die irische Regierung erwartete dadurch Schwierigkeiten: "Apart from these considerations, the prevention of the collapse of sterling is so vital to our interest, that our approach to this matter must be realistic and constructive."[95] Als Ergebnis mussten die Importe eingeschränkt werden. Um dies zu koordinieren, kam es zu einem Treffen, auf dem auch Handelsprobleme diskutiert werden sollten.[96]

Da alle Reserven der irischen Zentralbank in London in Pfund Sterling lagerten, die Dollar- und Goldvorräte Irlands bedeutungslos waren, hieß dies, dass alle benötigten US-Dollar für Käufe in den USA über London und den Sterling-Pool abgefordert werden mussten. So betrug die Summe der irischen Einlagen im Sterling-Pool vor dem Krieg 1 Milliarde US-Dollar und stieg bis Mitte des Jahres 1947 um 600 Millionen auf 1,6 Milliarden US-Dollar auf Pfund Sterling-Basis an.[97] Wie wichtig dieser Zusammenhang für Geldanlagen der Regierung war, zeigt eine Mitteilung des Exchequer,[98] der grundsätzliche Überlegungen über die Rückführung von Finanzmitteln aus dem Sterling-Pool anstellte.[99]

Die Bindung an die britische Währung spiegelte sich nicht nur in der Zugehörigkeit zum Sterling-Pool wider, sondern die irische Währung war, wie berichtet, zusätzlich an das Pfund Sterling im Verhältnis von 1:1 gebunden.[100] Dies führte dazu, dass auch der gesamte Handel zwischen Großbritannien und Irland in Pfund Sterling abgerechnet werden musste.[101] Durch die Darstellung ist deutlich geworden, wie stark die Abhängigkeit Irlands von Großbritannien war, um US-Dollar zu erhalten. Die Krise des Pfund Sterling traf damit Irland unmittelbar, ohne dass die irische Regierung das Problem aktiv bekämpfen konnte.

---

94 The European Recovery Programme, S 14106B (NAIRL, S. files).

95 Fanning, The Irish Department of Finance, S. 398.

96 Ebd., S. 399.

97 The European Recovery Programme, S 14106B (NAIRL, S. files).

98 Finanzminister des Landes.

99 Diese Zusammenfassung zirkulierte in der Regierung. Exchequer Bills, unterzeichnet am 2.1.1946, S 13749A (NAIRL, S. files).

100 Die Währungsparität des irischen Pfunds mit dem britischen Pfund im Verhältnis 1 zu 1, blieb bis zum Eintritt Irlands in das „Europäische Währungssystem" 1979 bestehen. Fanning, Independent Ireland, S. 171.

101 The European Recovery Programme, S 14106B (NAIRL, S. files).

102 Weiss, Auf sanften Pfoten gehen, S. 20.

103 Ebd., S. 21.

104 Ebd.

105 Im Importbereich von 1924 34,7 % auf 36,7 % 1929 und beim Export von 39,1 % 1924 auf 40,6 % 1929. Betrachtet wurden die Länder: Deutschland, Italien, Frankreich, Großbritannien, Schweiz, Belgien und Niederlande. Weiss, Auf sanften Pfoten gehen, S. 22.

106 Weiss, Auf sanften Pfoten gehen, S. 22 f. Karl Gruber verweist auf ähnliche Zahlen. Er nennt in seinem Vortrag die Exportstatistik von 1937: Oststaaten 34,9 %, Westen/Übersee 36,1 %, Italien 14,2 % und Deutschland 14,8 %. Der Westen insgesamt repräsentierte damit zusammen 58 %. Vortrag „Außenhandel, heute und morgen" an den Sommerhochschulkursen Bad Ischl, in: Gehler, Karl Gruber. Reden und Dokumente, S. 138.

107 Weiss, Auf sanften Pfoten gehen, S. 23.

108 Ebd.

3.   Österreich und die wirtschaftlichen Probleme der Nachkriegszeit

a)   Die wirtschaftliche Lage Österreichs nach dem Zweiten Weltkrieg

Die österreichische Wirtschaft hatte schon nach dem Ersten Weltkrieg eine klare Westbindung entwickelt, insofern war eine Orientierung an der westeuropäischen Wirtschaft für Österreich wichtig.[102] Hintergrund war die Auflösung der Donaumonarchie nach dem Ersten Weltkrieg und die Bildung von neuen Staaten, die den vorherigen Wirtschaftsraum auflösten. Nationaler Protektionismus begünstigte die Trennung der Wirtschaftsräume; insofern musste sich die österreichische Wirtschaft neue Absatzwege im Westen suchen. Das Land war durch Protektionismus, Autarkiestreben und die Tatsache, dass Österreich innerhalb der Donaumonarchie den „höchsten Industrialisierungsgrad hatte", von neuen Handelsschranken besonders betroffen. Österreich benötigte die Überschüsse der Industrieproduktion, um Nahrungsmittel und andere Rohstoffe zu importieren.[103] Mittel- und Osteuropa verlor somit an Bedeutung für die österreichische Wirtschaft.[104] Aus diesen Gründen sank der Handel mit den ehemaligen sogenannten „Nachfolgestaaten" der Donaumonarchie stetig, die Anteile mit den westeuropäischen Staaten stiegen an.[105] Diese Entwicklung setzte sich fort. Der Handel mit den „Nachfolgestaaten" der Donaumonarchie erreichte im Jahr 1937 beim Import einen Anteil von 38,6%, beim Export einen Anteil von 31,8%, während der Anteil Westeuropas im Import bei 36,9% lag und beim Export 1937 schon 47% erreicht hatte.[106] Der Anschluss Österreichs und die Einbeziehung in die Rüstungswirtschaft und damit in das Wirtschaftsgebiet des Deutschen Reiches verstärkte die Entwicklung.[107] Dabei wurde die österreichische Wirtschaft zwar modernisiert, aber auf den deutschen Markt ausgerichtet und damit zu groß dimensioniert.[108]

Da die Produktionskapazitäten auf einen größeren Markt ausgerichtet waren und angepasst werden mussten, wurde die Wirtschaft Österreichs zusätzlich belastet.[109] Es lässt sich festhalten, dass die Bindung an Westeuropa damit nochmals stieg.[110] Die Kriegsschäden, die wirtschaftliche Anpassung der Produktionskapazitäten und die Trennung der Wirtschaft in die verschiedenen Besatzungszonen verschärften deshalb die Lage weiter.

Weitere Belastungen entstanden durch die Forderung der UdSSR nach Reparationsleistungen im Zusammenhang mit dem „Deutschen Eigentum", das in den sowjetischen Besitz übergehen sollte.[111] Zusätzlich sollte Österreich die Besatzungskosten mit übernehmen. Diese wurden auf 35% der Staatsausgaben begrenzt (50% erhielt die UdSSR, jeweils ein Sechstel die Westalliierten).[112] Schon im Sommer 1947 verzichteten die USA auf die Besatzungskosten und gaben bereits gezahlte Beträge im Wert von über 300 Millionen US-Dollar an Österreich zurück, die anderen Mächte folgten erst 1953.[113]

---

109 Ebd., S. 15f.
110 Eisterer, Österreich unter alliierter Besatzung 1945–1955, S. 147–216, S. 159f.
111 Weiss, Auf sanften Pfoten gehen, S. 16.
112 Eisterer, Österreich unter alliierter Besatzung 1945–1955, S. 147–216, S. 162.

3. Österreich und die wirtschaftlichen Probleme der Nachkriegszeit

Innerhalb der Besatzungszonen wurden aus Sicht Karl Grubers nicht immer die Interessen Österreichs vertreten:

> Die vier verschiedenen Militärbesatzungszonen bilden selbständige, gegeneinander sich abschließende Gebiete, die jedes nach anderen Grundsätzen verwaltet und regiert werden. Es kann ruhig gesagt werden, daß bei dieser Verwaltung nicht immer die Interessen Österreichs an erster Stelle liegen. Es ist vielmehr so, daß in verschiedenen Teilen das Militärbesatzungsregime gewisse wirtschaftliche Maßnahmen verfügt, die mit den Interessen Österreichs nicht im Einklang stehen.[114]

Dabei versuchte die UdSSR, wie berichtet, das „Deutsche Eigentum" in Besitz zu nehmen, während die USA demonstrativ darauf verzichteten.[115] Österreich verlor dadurch nicht nur den Besitz und Zugang zu den Firmen, sondern auch die Steuern der USIA-Betriebe.[116] Es war der „massivste Konflikt" zwischen Österreich und der Sowjetunion im Jahre 1946.[117]

Nicht nur die finanziellen Belastungen waren hoch, auch die landwirtschaftliche Produktion war durch den Krieg und auch durch die Besatzungsstruktur „desorganisiert." Noch dramatischer war aber die Situation in der Energieproduktion.[118] Es trafen dabei zwei Faktoren zusammen. Einerseits die sehr schwierige Situation im Nachkriegseuropa insgesamt, wie in den vorherigen Punkten beschrieben, andererseits die durch Kriegsschäden und Besatzung besondere Lage Österreichs. Gruber beschrieb die Situation wie folgt: „Die totale Zerrüttung des Handelsverkehrs und der Exportindustrien zwingt uns oft, Grundsätze anzuwenden, die an sich mit einer gesunden Handelspolitik im Widerspruch stehen mögen."[119] Einen guten Einblick in die allgemeine Lage nach dem Krieg gibt in diesem Zusammenhang der Bericht eines französischen Armeegenerals an Charles de Gaulle. Er schildert die Situation der Bevölkerung in der französischen Besatzungszone, die sich durch die vielen Flüchtlinge (125.000 Personen) verschärfte, von denen viele nicht zurückkehren wollten oder konnten.[120]

> „Die Region kann die für die Ernährung der Normalbevölkerung (rund 475.000 Personen) notwendigen Produkte nicht liefern.[121]

---

113 Ebd., S. 163.

114 Aus dem Artikel in der *Weltwoche*, 24.8.1945. Karl Gruber spielt auf die Entscheidungen innerhalb der sowjetischen Besatzungszone hinsichtlich von Ölnutzungsverträgen und entsprechender Konzession an. in: Gehler, Karl Gruber. Reden und Dokumente, S. 76 f.

115 Eisterer, Österreich unter alliierter Besatzung 1945–1955, S. 147–216, S. 162.

116 Ebd., S. 162.

117 Mueller, Die sowjetische Besatzung in Österreich und ihre politische Mission, S. 150.

118 Weiss, Auf sanften Pfoten gehen, S. 15.

119 Gruber Vortrag „Außenhandel, heute, morgen" anlässlich der Sommerhochschule Bad Ischl vom 26.7.1946. in: Gehler, Karl Gruber. Reden und Dokumente, S. 134.

120 Eisterer, Österreich unter der alliierten Besatzung 1945–1955, Dokument Le General de Corps d'Armee Marie – Emile Bethouart) a Monsieur le President du Gouvernement Provisoire de la Republique Francaise (Charles de Gaulle): Rapport sur la situation dans la Zone d'occupation francaise (Periode du 1er Aout au 5 Septembre 1945) vom 6.9.1945, S. 147–216, S. 201 f.

121 Ebd., S. 202.

Im Bericht heißt es weiterhin:

> Die landwirtschaftliche Produktion ist im Vergleich zu den vergangenen Jahren zurückgegangen. Die Ernährung der Bevölkerung ist immer schwieriger zu sichern. Die industrielle Aktivität ist sehr verlangsamt. Der Handel ist fast null."[122]

Die Lage in Österreich war schwierig und in Wien dramatisch.[123] Denn die Versorgungslage, insbesondere mit Nahrungsmitteln, war eine Herausforderung, und Wien stand „knapp vor der Hungerkatastrophe".[124] Anfänglich betrug der Zuteilungssatz für die österreichische Bevölkerung nur 800 Kalorien.[125] Die Lage besserte sich nur langsam und erreichte erst Ende 1946 die tägliche Menge von 1.550 Kalorien und Ende 1948 dann 2.100 Kalorien für Normalverbraucher.[126] Damit war die Hauptaufgabe der österreichischen Regierung klar und ihr auch bewusst. Es ging um „den Kampf gegen den Hunger".[127] Gruber betonte, ein normal arbeitender Mensch benötige 2.400 Kalorien. Nur durch die „großzügige Hilfe" der USA kam die Bevölkerung, aus seiner Sicht, „ohne wesentliche Schäden über die Hungerjahre" hinweg.[128] Auch in einer Rede im Rahmen des Harald Tribune Forums in New York, hob er hervor:

> For a year and a half, Austrians have been getting only 1200 calories per day, and there were months when they were down to 800. Austria's situation is worse than that of Germany, where the standard was raised recently to 1550. Austria was also the last country to receive UNRRA[129] aid, which the Austrians regarded as discriminatory.[130]

Gleichzeitig verwies er auf die 500.000 „displaced persons", die Österreich nicht versorgen könne und die auch umgesiedelt werden müssten.[131]

Die Schwierigkeiten Österreichs waren, wie beschrieben, den US-Amerikanern bewusst. So sind auch die persönlichen Zusagen Marshalls im Rahmen der Moskauer Außenministerkonferenz 1947 zu verstehen, insbesondere das Eingehen auf die Wünsche Österreichs nach Nahrung und Kohle.[132] Dass die Situation kritisch war, wird durch die ebenfalls in Kapitel II.2.c) beschriebenen Hunger-Demonstranten deutlich, die sogar das Bundeskanzleramt bestürmten.

---

122 Ebd.
123 Vocelka, Geschichte Österreichs, S. 318.
124 Karl Vocelka beschreibt, dass die tägliche Kalorienmenge im Mai 1945 bei ca. 500 Kalorien pro Tag lag. Erst durch die Spende der Roten Armee verbesserte sich die Situation etwas. Vocelka, Geschichte Österreichs, S. 318.
125 Gruber, Zwischen Befreiung und Freiheit, S. 40.
126 Vocelka, Geschichte Österreichs, S. 318.
127 Gruber, Zwischen Befreiung und Freiheit, S. 40.
128 Karl Gruber verweist darauf, dass auch Großbritannien 10 Millionen Pfund zur Verfügung gestellt hat, obwohl auch die eigene britische Bevölkerung Not litt. Gruber, Zwischen Befreiung und Freiheit, S. 40.
129 United Nations Relief and Rehabilitation Administration.
130 Rede in New York im Rahmen des Harald Tribune-Forums, in: Gehler, Karl Gruber. Reden und Dokumente, S. 157.

3. Österreich und die wirtschaftlichen Probleme der Nachkriegszeit

Nach den Erleichterungen des zweiten Kontrollabkommens wurden die Beschränkungen im Zonenverkehr weiter aufgelöst. Die formale Kontrolle lag zwar weiter beim Alliierten Rat, dennoch verbesserte sich der wirtschaftliche Austausch innerhalb Österreichs und den verschiedenen Besatzungszonen.[133]

Insgesamt lässt sich festhalten, dass sich Österreich in einer äußerst schwierigen Versorgungslage befand und die Regierung das Überleben der Bevölkerung sichern musste. Sie wurde dabei auf verschiedenen Ebenen von den USA stark unterstützt: Zunächst durch Leistungen der US-Armee, dann UNRRA, später Post-UNRRA.[134] Erst das UNRRA Programm löste dabei die größte Not der Bevölkerung bis zum Übergang zum ERP.[135]

b)   Die wirtschaftliche und zahlungspolitische Lage
Österreichs nach dem Zweiten Weltkrieg

Trotz der dramatischen Situation direkt nach dem Zweiten Weltkrieg gab es erste positive Tendenzen. Die Handelssituation entwickelte sich von 1946 auf 1947. Mit einem Wert von 422 Millionen US-Dollar übertrafen die Ausfuhren nach 8 Monaten deutlich die Zahlen des Gesamtjahres 1946 mit 219 Millionen US-Dollar. Die Entwicklung war zwar positiv, da aber die Importe noch stärker stiegen, verschlechterte sich die Handelsbilanz. Im Ergebnis wuchs das Handelsdefizit von 32 Millionen US-Dollar auf 59 Millionen US-Dollar.[136] Den steigenden Bedarf Österreichs an US-Dollar konnte das Land eigenständig nicht decken.

Ein weiterer, wichtiger Einflussfaktor auf die wirtschaftliche und zahlungspolitische Situation Österreichs war die Position der UdSSR.[137] Zu Beginn des Jahres 1945 war es das Ziel der Sowjetunion, durch Demontage und Abzug von wirtschaftlichen Gütern in Österreich „ein Chaos zu schaffen und das Land in diesem Zustand zu halten."[138] Die Idee war, die westlichen Alliierten mit der schwierigen Situation des Landes zu konfrontieren, um deren Interesse an Österreich zu senken.[139]

---

131 Ebd.

132 George C. Marshall sagte zu Karl Gruber: „Dabei werden Sie meine volle persönliche Unterstützung haben". Gruber, Zwischen Befreiung und Freiheit, S. 143.

133 Eisterer, Österreich unter alliierter Besatzung 1945–1955, in: Gehler/Steininger, Österreich im 20. Jahrhundert, S. 147–216, S. 159 f.

134 Gruber, Zwischen Befreiung und Freiheit, S. 40.

135 Vocelka, Geschichte Österreichs, S. 318.

136 Rede im Hauptausschuss Gehler, Karl Gruber. Reden und Dokumente, S. 204.

137 Mähr, Von der UNRRA zum Marshallplan, S. 262 f.

138 Ebd., S. 262 f.

139 Für Mähr sollte die Lage in Österreich für den Westen so deprimierend sein, "that they would soon be moved to strike Austria from their plans", Mähr zitiert aus einem Dokument Ehrhardts an den Secretrary of State: „Soviet Economic Policy toward Austria". Die Übersetzung stammt aus einem US-amerikanischen Bericht, dessen Basis ein Dokument des Ministeriums für Vermögenssicherung und Wirtschaftsplanung war. Dieser entstand aus Gesprächen mit sowjetischen Vertretern. Ebd., S. 262 f.

Österreich sollte derart im Zustand der Desorganisation gehalten werden, daß es völlig von den östlichen Nachbarn abhängig würde und so in den sowjetischen Block unter den von der UdSSR diktierten Bedingungen gezwungen würde.[140]

Die Erläuterung verdeutlicht das große Interesse, das die Sowjetunion an Österreich hatte und die Versuche, Einfluss zu gewinnen. Dieser Ansatz gelang nicht, da die USA und Großbritannien mit ihren Hilfen schon im Jahr 1945 umfangreich und schnell begannen.[141] Im Ergebnis entwickelten sich die westlichen Zonen besser als die sowjetische Zone. Georgii Kulagin versuchte mit einer Alternative zur bisherigen Politik der UdSSR, dem sogenannten „Kulagin-Plan", zu reagieren.[142]

Drei wesentliche Ansätze waren:

1. Die Zusammenarbeit mit der österreichischen Regierung sollte in der Weise gestaltet werden, dass dadurch der Einfluss auf die anderen Zonen ausgeweitet werden könne.
2. Sollte das nicht gelingen, müssten bei den Landesregierungen in der sowjetischen Zone Programme entwickelt werden, mit dem Ziel, dass die Loyalität gegenüber der Bundesregierung unterminiert werde.
3. Würde beides nicht funktionieren, sollte die Ostzone von der Westzone getrennt werden.[143]

Konkret bedeutete dies „die Beendigung aller Abtransporte von industriellen Einrichtungen" in Österreich.[144] Gleichzeitig sollte das „Deutsche Eigentum" in sowjetischen Besitz übertragen und die Zusammenarbeit mit den österreichischen Ländern, die dem sowjetischen Einflussbereich angehörten, gefördert werden. Die im sowjetischen Besitz befindlichen Industrieunternehmen sollten zusätzlich genutzt werden, um den politischen Einfluss zu erhöhen.[145] Österreichs Wirtschaft sollte auf dem Industrieniveau von 1937 bestehen bleiben und die Investitionstätigkeit des Westens verhindert werden. Des Weiteren sollte der Handel Österreichs mit anderen Ländern der „sowjetischen Sphäre vorangetrieben werden" und auch die „Abschaffung von zonalen Barrieren, um zu enge Beziehungen zwischen Westösterreich und den westlichen Alliierten zu verhindern", unterstützt werden.[146] Die Einhaltung eines einheitlichen Wirtschaftsraumes war weiter im sowjetischen Interesse. Da der UdSSR bewusst war, dass der ostösterreichische Lebensraum

---

140 Ebd.
141 Ebd.
142 Ebd.
143 Ebd.
144 Wilfried Mähr verweist hier auf einen Hinweis von Ehrhardt, der meinte, dass die UdSSR schon 1945 aufgehört hätte, Anlagen zu demontieren. Er bezweifelt in diesem Punkt den österreichischen Bericht. Ebd., S. 264.
145 Ebd.
146 Wilfried Mähr verweist hierbei auf eine Übersetzung eines russischen Berichtes vom 5.6.1947 mit dem Titel "Soviet Economic Program for Austria". In einer Fußnote erläutert Wilfried Mähr, dass dieses Dokument schon im Frühjahr (er meinte Januar bzw. Februar U. Z.) und von Georgii A. Kulagin zusammengestellt wurde. Ebd., S. 265.

zu klein war und die westösterreichischen Zonen leichter in die westlichen Wirtschaftsräume einzugliedern wären, sah der Kulagin-Plan die Trennung der Zonen nur als letzte Möglichkeit vor.[147]

Diese zeitgenössische Betrachtung wird von Wolfgang Mueller historisch eingeordnet. Er führt aus, dass es durch die geringen Erfolgsaussichten der KPÖ in Österreich schon ab 1946 „Vorstufen" gab, bei denen am 19 und 20. Oktober 1947 geheim und kurz vor dem Austritt aus der Regierung, ein Teilungsszenario Österreichs durchgespielt wurde.[148] Das Thema wurde aber erst in Moskau am 13. Februar 1948 diskutiert, dabei traten Meinungsunterschiede auf. Die sowjetische Führung war sich bewusst, dass ein geteiltes Österreich, anders als ein geteiltes Deutschland, von sowjetischer Unterstützung abhängig wäre. Zusätzlich bestand die Sorge, dass der strategisch und wirtschaftlich wichtige westliche Teil Österreichs dem Westen übergeben werden sollte. Denn anders als die KPÖ, lehnte die sowjetische Führung deshalb eine Teilung Österreichs ab.[149] „Die KPÖ gehorchte."[150]

Die Sowjetunion stand damit dem US-amerikanischen Ansatz der wirtschaftlichen Öffnung und Entwicklung Österreichs nahezu diametral gegenüber.[151] Obwohl die USIA-Betriebe im Rahmen „Exterritorialität" agierten und die USA dies kritisch sahen, unterstützte die österreichische Regierung, wie auch die westlichen Alliierten, den Austausch von Warengütern innerhalb der Zonen und tolerierte damit die Gefahren einer starken sowjetischen Einflussnahme.[152]

Im Rahmen einer durch die USA (General Geoffrey Keyes) erstellten "Strategic Survey of Austria", wurden die Schwierigkeiten, in denen sich Österreich durch den Druck der UdSSR befand, betrachtet:

> Es sei klar, wenn man jetzt von Seiten der österr. Regierung und der westlichen Alliierten die Hände in den Schoß lege, Österreich in naher Zukunft als Mitglied der "Soviet economic family" bezeichnet werden könne, ...and this is simply by virtue of the fact, that their policy is not being met with concerted and effective opposition.[153]

---

147 Ebd., S. 268.

148 Die KPÖ hatte innenpolitisch stark an Einfluß verloren und versuchte über eine mögliche Teilungsdiskussion, die zwar nicht favorisiert gewesen sei, dennoch Einfluß in einer Region Österreichs zu behalten, zumal auch der Abzug der sowjetischen Schutzmacht mit einem Staatsvertrag möglich erschien. Mueller, Die sowjetische Besatzung in Österreich 1945–1955 und ihre politische Mission, S. 194 f.

149 Ebd., S. 195.

150 Ebd., S. 197. Auch Bischof vermutete, dass der UdSSR die wirtschaftliche Situation der sowjetischen Zone bewusst war: "Austria was never divided like Germany, probably because the Soviet zone was too small to be economically viable and too insignificant to be allowed to provoke a serious Cold War crisis.", in: Bischof, Austria in the First Cold War, S. 5.

151 Mähr, Von der UNRRA zum Marshallplan, S. 266.

152 Wilfried Mähr beschreibt die "Strategic Survey of Austria", der von dem Hauptquartier der USA unter Leitung General Geoffrey Keyes erstellt wurde. Ebd., S. 266 f.

153 Ebd., S. 268.

Dass die österreichische Regierung trotz der Westorientierung den Osthandel fördern wollte, wird an der Äußerung Grubers deutlich. Im Oktober 1947 nahm er zu der Behauptung Stellung, die Regierung würde den Osthandel nicht fördern. Die Regierung habe im Gegenteil, so Gruber, die:

> ... Unterhändler angewiesen, im Interesse des Zustandekommens von Abmachungen mit unseren östlichen Nachbarn Opfer zu bringen, um nur überhaupt den Handelsverkehr wieder in Gang zu setzen.

Gruber behauptete, dass es Ziel der Sowjetunion sei, Österreich vom Westen abzuschneiden.[154] Er spielte die „rote Gefahr" „besonders für Wien immer wieder hoch", um dadurch günstigere Rahmenbedingungen für Österreich zu erhalten. Laut Bischof zeigte Grubers „hartnäckige Politik des Antikommunismus" Ergebnisse, und die USA unterstützte Österreich durch eine Vielzahl von Wirtschaftsprogrammen.[155] Gruber wiederum stellte klar, dass der Handel mit dem Westen bei weitem wichtiger für Österreich sei. Zwei Drittel des Handels würden mit dem Westen abgewickelt.[156] Auch die Schwierigkeiten des österreichischen Handels erläutert Gruber. Der für Österreich wichtige Tourismus rekrutiere seine Gäste vornehmlich aus dem Westen, die verarbeitende Industrie exportiere verstärkt in den Westen, während viele Agrarprodukte auch aus den östlichen Ländern kämen und die Kohle aus Polen und dem Ruhrgebiet.[157]

Grundsätzlich solle Österreich nach beiden Seiten offen sein, unter der Einschränkung der wirtschaftlichen Parameter, die Gruber aufzeigt:

> Schließlich darf auch nicht übersehen werden, daß der aktuelle Kreditbedarf und der dauernde Anschluß an die Weltwährungs- und Weltkrediteinrichtungen gewisse konstitutionelle Verpflichtungen mit sich bringen wird, auf die bei der Planung der künftigen Handelspolitik gleichfalls Bedacht genommen werden muß.[158]

Auch Anfang 1947 waren die wirtschaftlichen Rahmenbedingungen in Österreich äußerst schlecht.[159] Es gab nicht nur eine permanente Nahrungsmittelknappheit, die gesamte Wirtschaftsleistung, insbesondere die Energieversorgung, entwickelte sich zum „Kernproblem". Neben der Herausforderung der Kohleversorgung erschwerten die zerstörte Infrastruktur sowie die Devisenknappheit und der Mangel an vernünftigen Tauschgütern die Lage.[160] Die Industrieleistung hatte einen Indexwert von 55,8 % im Verhältnis zu 1937 erreicht, während der Produktionsindex erst bei 46,8 % im Verhältnis zu 1937 lag.[161] Der

---

154 Artikelserie „Schein und Wirklichkeit. Kommunistische Propaganda 1947 im Lichte der Tatsachen", in: Gehler, Karl Gruber. Reden und Dokumente, S. 189.
155 Bischof, Die Planung und Politik der Alliierten 1940–1954, S. 107–216, S. 120.
156 Artikelserie. in: Gehler, Karl Gruber. Reden und Dokumente, Artikelserie, S. 189.
157 Ebd., S. 138.
158 Ebd.
159 Weiss, Auf sanften Pfoten gehen, S. 15.
160 Ebd.
161 Ebd.

Ausfuhrindex lag mit 29 % zu 1937 sehr niedrig. Die Einfuhrbilanz mit 55 % lag höher, weil die Hilfslieferungen für Österreich davon 53 % ausmachten.[162] Folglich war auch die Handelsbilanz mit 6,1 % stark negativ.[163]

Zusätzlich zu der Notsituation der Bevölkerung kam die Belastung durch die Besatzung.[164] Ihre Kosten, die Schwierigkeiten beim Zonenwechsel, die Demontage des „Deutschen Eigentums" respektive dessen Übertragung des Eigentums in die eigene Verwaltung der sowjetischen Zone (USIA-Konzern) waren erhebliche Zusatzbelastungen.[165] In diesem Zusammenhang wurde laut Bischof, wie schon erläutert, in der Forschung zu wenig gewürdigt, dass Österreich circa 500 Millionen US-Dollar Reparationsleistungen zusätzlich zu der Summe von einer Milliarde US-Dollar an Demontagen bis 1955 aufgebracht hat.[166]

Dies alles wirkte sich negativ auf die wirtschaftliche und finanzielle Situation Österreichs, und das Land war im Ergebnis völlig auf Unterstützung angewiesen. Ohne die finanzielle Hilfe der USA wäre nicht nur im Nahrungsmittel- und Energiebereich ein Überleben und eine positive Entwicklung in Österreich nicht möglich gewesen.[167]

c)   Die wirtschaftlichen Planungen der USA für Österreich

Im Rahmen der Moskauer Außenministerkonferenz bat Gruber, wie berichtet, Marshall um Hilfe.[168] Österreich benötigte Kohle und Nahrungsmittel. Marshall wollte sich laut Gruber persönlich für die Lieferungen einsetzen.[169] Direkt nach dem Scheitern der Konferenz am 24. April 1947 adressierte Gruber seine Wünsche an die USA und an Großbritannien.[170] Er argumentierte, dass die wirtschaftliche Notlage die kritische innenpolitische Lage weiter verschärfen und dadurch die politische Krise noch intensivieren würde, und bat dabei um Unterstützung. Karl Gruber schrieb am 24. April 1947 Marshall direkt an:

---

162 Ebd., S. 16.
163 Ebd.
164 Über 300.000 Besatzungstruppen (200.000 Russen, 65.000 Briten, 47.000 US-Amerikaner und 40.000 Franzosen) waren in Österreich stationiert. Vergleiche hierzu: Vocelka, Geschichte Österreichs, S. 318 f. oder auch Klaus Eisterer, der von ca. 150.000 Russen, ca. 40.000 US-Amerikanern, ca. 55.000 Briten und 15.000 Franzosen im Januar 1946 spricht. Eisterer, Österreich unter alliierter Besatzung 1945–1955, S. 147–216, S. 163.
165 Weiss, Auf sanften Pfoten gehen, S. 16.
166 Bischof, Die Planung und Politik der Alliierten, S. 107–146, S. 119. Laut Michael Gehler verweist auch Günter Bischof in seinem Buch „Austria in the First Cold War" sehr umfangreich auf die Reparationsleistungen hin, die Österreich zu tragen hatte. Michael Gehler nennt diese „Quasi-Reparationsleistungen". Gehler, Vom Sonderfall zum Modellfall?, S. 175–205, S. 199.
167 Laut Florian Weiss versorgte die sogenannte GARIOA-Hilfe die US-amerikanische Zone mit „elementaren Bedarfsmitteln des täglichen Lebens" bis zum März 1946, später wurde diese auf ganz Österreich ausgedehnt. Ab April 1946 wurde die von den USA zu drei Vierteln finanzierte UNRRA-Hilfe in Österreich eingeführt. Weiss, Auf sanften Pfoten gehen, S. 17.
168 Gruber, Zwischen Befreiung und Freiheit, S. 143.
169 Ebd.
170 Weiss, Auf sanften Pfoten gehen, S. 8 und Gruber, Zwischen Befreiung und Freiheit, S. 143 f.

Such a danger can only be shunned if Austria is supplied with at least so much coal that our industries will not have to be closed down during weeks and weeks. I therefore beg to make an urgent appeal to you (...) use please all your influence that our coal supplies which are absolutely insufficient should be improved still this summer if necessary by direct shipments from the USA. Otherwise it would be impossible to prevent all the mishaps which I have mentioned above. (...) Believe me.[171]

Nach dem Scheitern der Moskauer Außenministerkonferenz wurden mit der Erstellung eines Finanzierungsplans erste Schritte unternommen, um die Versorgung mit Kohle zu verbessern. In einer Rede im Hauptausschuss des Nationalrates am 20. Oktober 1947, erläuterte Karl Gruber auch die Summen, die Österreich „seit der Befreiung" erhalten hat. Im Rahmen der UNRRA-Hilfe 137 Millionen US-Dollar, von der sowjetischen Besatzungsmacht 3 Millionen US-Dollar, von der französischen Besatzungsmacht 3 Millionen US-Dollar, von der britischen Besatzungsmacht 51,034 Millionen US-Dollar und von den USA 195,779 Millionen US-Dollar.[172] Mit dem Auslaufen der UNRRA-Hilfe wurde „in allen Hilfsfragen" die USA „in Anspruch genommen".[173]

Die USA unter General Mark W. Clark und Berater John G. Erhardt erkannten die sowjetische Expansionsgefahr und unterstützten die österreichische Wirtschaft stark, linderten die größte Not der Bevölkerung[174] und finanzierten auch den Großteil des österreichischen Handelsdefizites. Die einsetzenden UNRRA-Unterstützungen reduzierten die Not der Bevölkerung wie auch die frühen ERP-Mittel im Wert von 280 Millionen US-Dollar, fast die Hälfte davon in Form von Lebensmitteln.[175] Außerdem verzichteten die US-Amerikaner ab Mitte 1947, wie berichtet, auf die Besatzungskosten und erstatteten diese Österreich rückwirkend ab 1945.[176]

Als Antwort auf die sowjetische Wirtschaftspolitik entwickelten die USA einen „Neutralisierungsplan", der bei einem Scheitern der Moskauer und Londoner Außenministerkonferenz zum Tragen kommen sollte.[177] Dabei sollte Österreich so viel Wirtschaftshilfe erhalten, dass die Monopolstellung der USIA-Betriebe gebrochen werden konnte. Österreich sollte ausreichend Güter erhalten, um die USIA-Unternehmen systematisch wirtschaftlich auszuhungern und damit wertlos zu machen.[178] Aus US-amerikanischer Sicht

---

171 FRUS, 1947, Council of Foreign Minister, Volume II, Office of the Historians, The Austrian Foreign Minister (Gruber) to the Secretary of State, Moscow vom 24.4.1947. https://history. state.gov/historicaldocuments/frus1947v02/d209. Abgerufen am 12.4.2018.

172 Gehler, Karl Gruber. Reden und Dokumente, S. 203.

173 Laut Michael Gehler waren die Handelszahlen gestiegen. Die Einfuhr 1947 sei nach acht Monaten auf einen Wert von 481 Millionen US-Dollar zu 251 Millionen US-Dollar im Verhältnis zum Gesamtjahr 1946 gestiegen und die Ausfuhr auf 422 Millionen US-Dollar zu 219 Millionen US-Dollar. Ebd., S. 204.

174 Bischof, Die Planung und Politik der Alliierten, S. 107–146, S. 120.

175 Vocelka, Geschichte Österreichs, S. 318.

176 Laut Klaus Eisterer flossen über 300 Millionen US-Dollar zurück. Die anderen Siegermächte folgten erst 1953/1954. Eisterer, Österreich unter alliierter Besatzung 1945–1955, S. 147–216, S. 163.

177 Mähr, Von der UNRRA zum Marshallplan, S. 269.

war dies eine pragmatische Maßnahme, um dem Einfluss der Sowjetunion entgegenzuwirken.[179] Die Neutralisierungsmaßnahme sollte allein 27,2 Millionen US-Dollar umfassen. Mehr als die Hälfte, 14,7 Millionen US-Dollar, war in den Planungen für Erdölprodukte vorgesehen – dies zeigt die Schwierigkeiten im Energiesektor.[180] Der im Oktober/November 1947 erstellte Plan verdeutlicht, wie in der Diskussionsphase des Marshall-Plans mehrere Szenarien für Österreich durchgespielt wurden. Interessant an dem Plan, der auch mit Teilen der österreichischen Regierung diskutiert wurde, war die Bereitschaft der USA, Österreich in einer schwierigen Phase beizustehen, auch und insbesondere in dem Fall einer Bedrohung durch die UdSSR.[181]

Die Einbeziehung Österreichs in einen militärischen Block war aus Sicht der USA nicht möglich. Das Ziel der USA war die Einbindung des Landes in eine politisch-gesellschaftliche Westorientierung mit dem Fokus auf wirtschaftliche Integration.[182] Nach den Ereignissen in der Tschechoslowakei war es die primäre Aufgabe der USA, die „westliche Orientierung" Österreichs zu gewährleisten und erst dann einen Abschluss eines Staatsvertrages voranzutreiben.[183]

4. Auswirkungen der Dollarlücke auf Irland und Österreich – Gemeinsamkeiten und Unterschiede

Europa war nach dem Zweiten Weltkrieg in einer katastrophalen Lage. Nicht nur die direkten Kriegsschäden hatten Auswirkungen auf den Kontinent, sondern auch die wirtschaftliche Zerstörung der wichtigsten Länder.

Die wirtschaftliche Abhängigkeit Europas von den USA war eindeutig, und ein schneller Wiederaufbau konnte daher nur durch die USA gewährleistet werden.[184] Deutlich wird dies in den geringeren Ernten und gesunkenen Produktionszahlen, vor allem in dem so wichtigen Bereich der Kohleförderung.[185] Die stark gestiegenen Rohstoffpreise und der stark reduzierte Handel mit Mittel- und Osteuropa konnte nur durch Importe außerhalb Europas mit hohen Kosten kompensiert werden.[186] Dies verschlimmerte die handels- und zahlungspolitische Situation Europas zusätzlich.[187] Das Ergebnis war, damit auch für Irland und Österreich, eine fehlende wirtschaftliche Grundlage und ein geschwächter Welthandel, der den Einfluss der UdSSR stärkte. "The patient is sinking [Europe] while the doctors deliberate" dokumentiert dies deutlich.[188]

---

178 Ebd.
179 Wilfried Mähr beschreibt umfänglich die einzelnen Maßnahmen. Ebd., S. 270.
180 Ebd., S. 272.
181 Ebd., S. 271 f.
182 Laut Wilfried Mähr waren hierbei insbesondere Geoffrey Keyes und Ehrhardt die machtpolitische Situation bewusst. Er verweist dabei auf einen Brief Geoffrey Keyes an des Joseph E. Ridder dem Herausgeber des Journal of Commerce. Ebd., S. 242 f.
183 Ebd., S. 261.
184 Kapitel III.1 bis 3.
185 Ebd.
186 Ebd.
187 Ebd.

Um den Einfluss der UdSSR zu begrenzen, unterstützten die USA Europa mit einer Vielzahl von Maßnahmen.[188] Diese Ausgangssituation traf auf Irland und Österreich gleichermaßen zu.

Beide Länder hatten, wie erläutert, aus unterschiedlichen Gründen und in unterschiedlicher Intensität ein US-Dollarproblem. Obwohl Irland Devisen in Pfund Sterling besaß, waren diese nichts wert. Im Gegenteil, die Wirtschaft war auf die Landwirtschaft ausgerichtet. Der Fokus lag auf dem volkswirtschaftlich stärkeren Nachbarland, von dem eine hohe Abhängigkeit bestand. Österreich war seit dem Ende der Donaumonarchie wirtschaftlich immer stärker mit Westeuropa verbunden und deswegen wie alle Länder vom US-Dollarproblem betroffen.[190] „Wirtschaft und Politik sind weder Gegensätze noch getrennte Welten. Die Wirtschaft arbeitet unter den allgemeinen politischen Bedingungen, die Politik zieht ihre innere Kraft aus der Wirtschaft."[191]

a)   Gemeinsamkeiten

Irland und Österreich lagen beide an der politischen und wirtschaftlichen Peripherie Westeuropas: Irland befand sich als Insel dabei an der westlichen Peripherie, während Österreich an der östlichen lag und zusätzlich an einer politischen Grenze. Trotz ihrer jeweiligen Randlage waren beide Länder in die westeuropäische Wirtschaftsentwicklung eingebunden. Die Einbindung Österreichs in die westeuropäische Wirtschaft entwickelte sich zunächst durch die Trennung alter Wirtschaftsräume nach dem Ersten Weltkrieg und später als Teil des Großdeutschen Reiches. Dieser Prozess setzte sich nach dem Zweiten Weltkrieg fort. Trotz der Peripherie fokussierten sich beide Länder auf die westeuropäische Wirtschaft. Gemeinsam war beiden damit die Bindung an die westeuropäische Wirtschaft, allerdings war der Grad der Abhängigkeit verschieden.[192]

Beide Länder waren in der Produktion von Grundressourcen stark: Irland im Nahrungsmittelbereich und Österreich im Bereich von Holz- und Energieproduktion. Der wirtschaftliche Aufschwung Irlands konnte nur durch eine Produktionserhöhung in der Landwirtschaft schnell gelingen. Der dafür benötigte Dünger erforderte Devisen wie z. B. US-Dollar. Das zeigt exemplarisch das Dilemma, vor dem beide Länder standen. Im Ergebnis hatten beide Länder mit einer Hungerkrise, einer Energiekrise und einer Währungskrise zu kämpfen.

Auch von den Kriegsfolgen waren beide betroffen: Die Arbeitslosigkeit und Inflation waren hoch, und obwohl der Mangel in Österreich größer war, griff auch Irland zu Rationierungsmaßnahmen, aber später als Österreich: De Valera verkündete eine Lex Notstand am 22. Januar 1947.[193]

---

188 George C. Marshall als Secretary of State in einer Radioansprache am 28.4.1947 in: Bailey, The Marshall Plan Summer, S. 1.

189 Kapitel IV.1 bis 3 in diesem Buch.

190 Kapitel III.3.a in diesem Buch.

191 „Innere Stärke – äußere Geltung" Rede von Karl Gruber bei der Vereinigung Österreichischer Industrieller vom 30.6.1948. in: Gehler, Karl Gruber. Reden und Dokumente, S. 234.

192 Importzahlen Österreichs, im Importbereich 36,9 % und bei den Exporten 47 %, Kapitel III.2.

Trotz der schwierigen Lage gab es dennoch in beiden Ländern einen wirtschaftlichen Fortschritt, der Handel entwickelte sich. Allerdings zu Lasten ihrer jeweiligen Handelsbilanzen, die sich weiter verschlechterten und das US-Dollarproblem noch weiter verschärften.[194]

Der vermeintliche Vorteil Irlands, Mitglied im Sterling-Pool zu sein und damit theoretisch die Möglichkeit zu haben, die eigenen Guthaben für benötigte Importe zu nutzen, erwies sich in der Analyse als nicht tragfähig.[195] Da das System des Sterling-Pools insgesamt nicht mehr funktionierte, scheiterten die Versuche der irischen Regierung, diese zu nutzen. Irland war damit wie Österreich abhängig von US-amerikanischer Hilfe.[196]

Durch die politische Grenzlage wurde Österreich jedoch stärker von den USA unterstützt.

b)   Unterschiede

Irland lag politisch gesehen auf dem geographischen Weg zwischen dem amerikanischen Kontinent und Europa und hatte dabei, anders als Österreich, keine Grenzlage zum sowjetischen Block. Irland und Österreich waren, wie beschrieben, stark im Primärsektor der Wirtschaft positioniert. Österreich hatte zusätzlich eine industrielle Produktionsbasis (Sekundärbereich).

Die Abhängigkeit von Großbritannien bestimmte die Handlungsweisen von Politik und Wirtschaft in Irland, das Land war deshalb, anders als Österreich, nur über das starke Nachbarland in die westeuropäische Wirtschaft eingebunden.[197]

Als deutlichste Unterschiede zu Irland seien hier die direkten und indirekten Kriegsschäden aufgeführt:

- die Demontage (vornehmlich in der sowjetischen Besatzungszone),
- die Reparationsleistungen,
- die Trennung in verschiedene Besatzungszonen,
- die Übernahme der Besatzungskosten,
- die Frage des „Deutschen Eigentums",
- die politische Lage an der Grenze zu West und Ost.

In der Literatur wird dabei von Kosten von circa einer Milliarde US-Dollar für das Land ausgegangen.[198] Die Versuche der UdSSR, exemplarisch mit dem Kulagin-Plan und dem

---

193 Sturm, Hakenkreuz im Kleeblatt, S. 322.

194 Zwar war die irische Bilanz im zweiten Weltkrieg positiv, wurde nach Kriegsende aber wieder negativ und konnte innerhalb der Zahlungsbilanz u. a. nur durch Touristeneinnahmen und Transferzahlungen irischer Emigranten ausgeglichen werden. Hintergrund dafür waren die stark steigenden Importe. Ebd.

195 Kapitel III.2 in diesem Buch.

196 Ebd.

197 Österreich war nicht so stark von Deutschland oder Westeuropa abhängig wie Irland allein von Großbritannien, Kapitel II.2.

198 Reparationsleistungen und Demontagen sollten laut Günter Bischof ca. eine Milliarde US-

USIA-Konzern Einfluss auf die österreichische Wirtschaft und damit auch auf die Politik zu nehmen, waren eindeutig. Gruber beschrieb dabei mehrfach die Gefahr, in der sich Österreich durch die UdSSR befand.[199] Als Gegenreaktion verstärkten Großbritannien und besonders die USA ihre Unterstützung.[200]

Irland wurde laut Fanning von Kanada und den USA weniger unterstützt als andere kriegszerstörte Gebiete: "Ireland was condemned to stay at the bottom of the list for supplies of oil, fertilizer, wheat and whatsoever."[201] Dies zeigt die sehr unterschiedliche Unterstützungsbereitschaft großer Länder.

Im Gegensatz zu Irland war die österreichische Regierung bis zum zweiten Kontrollabkommen mit den Folgen der Besatzungszonen konfrontiert.[202] Die politischen Rahmenbedingungen hatten in Österreich ganz andere Auswirkungen auf die wirtschaftliche Entwicklung als in Irland. In ihrer Produktivität war die österreichische Wirtschaft im Verhältnis zur Vorkriegszeit (1937) deutlich schlechter als die Irlands.[203] Irland hatte 1946 das Vorkriegsniveau der Industrieproduktion erreicht.[204] Die Arbeitslosigkeit sank.[205]

Fazit: Bei allen Gemeinsamkeiten und Unterschieden waren weder Österreich noch Irland wirtschaftlich unabhängig. In den Kapiteln II und III konnte dabei herausgearbeitet werden, dass Österreich nach dem Zweiten Weltkrieg über noch weniger Souveränität verfügte als Irland.

In beiden Ländern besserte sich die Lage ab 1949. Die Voraussetzungen hierfür werden in der Folge erläutert.

Dollar an Belastung für Österreich ausgemacht haben. Bischof, Die Planung und Politik der Alliierten 1940–1954, in: Gehler/Steininger, Österreich im 20. Jahrhundert, S. 107–146, S. 119 f. Vgl. hierzu auch: Kapitel III.3.

199 Bischof, Die Planung und Politik der Alliierten, S. 107–146, S. 120.
200 Mähr, Von der UNRRA zum Marshallplan, S. 263. Vgl. hierzu auch Kapitel III.3.
201 Zit. nach Fanning, Independent Ireland, S. 154.
202 Eisterer, Österreich unter alliierter Besetzung, S. 147–216, S. 159 f. Vgl. hierzu auch: Kapitel II.2.b).
203 In Österreich lag die Industrieproduktion bei 55,8 % und die Produktion bei 46,8 %. Vgl. hierzu Kapitel III.3.
204 Mitchell, The European Statistics, S. 358.
205 Ebd., S. 170 f.

IV. Die Entstehungsphase des European Recovery Programme

1. Die Rede George C. Marshalls an der Harvard University vom 5. Juni 1947

Als Reaktion Trumans auf den wachsenden Einfluss der UdSSR, den er konkret in Griechenland und der Türkei ausmachte, wurde am 12. März 1947 die nach ihm benannte Doktrin verkündet.[1] Die Unterstützung der USA sollte den freien Völkern helfen, gegenüber „subversiven Kräften oder äußeren Druck" Widerstand zu leisten.[2] Trotz dieser Doktrin und einer ersten Resolution des amerikanischen Kongresses im März 1947 hielt sich die Regierung in der „praktischen Ausführung" noch zurück.[3]

Mit der Präsidentschaft Trumans und der Ernennung Marshalls erhielt das State Department wieder eine größere Bedeutung: "Direct presidential contact with foreign leaders diminished; the control of cable contact was returned to the State Department."[4] Auswirkungen auf das politische Handeln der USA hatten auch die Personen, die die Außenpolitik unter Marshall maßgeblich beeinflussten, wie George F. Kennan, William L. Clayton, General Lucius C. Clay und dem republikanischen Senator Arthur Vandenburg.[5] Wirtschaftspolitik als Teil der Diplomatie erhielt eine stärkere Bedeutung.[6]

---

[1] Gasteyger, Europa zwischen Spaltung und Einigung 1945–1993, S. 54. Vgl. hierzu auch: Wilfried Loth, Europa nach 1945, die Formation der Blöcke, in: Wolfgang Benz/Hermann Graml, Das Zwanzigste Jahrhundert II. Europa nach dem Zweiten Weltkrieg, S. 23–57, S. 40. Vgl. hierzu auch Elvert, Die europäische Integration, S. 43.

[2] Harry Truman formulierte in seiner Rede wie folgt: "At the present moment in world history nearly every nation must choose between alternative ways of life. The choice is too often not a free one. One way of life is based upon the will of the majority, and is distinguished by free institutions, representative government, free elections, guarantees of individual liberty, freedom of speech and religion, and freedom from political oppression. The second way of life is based upon the will of a minority forcibly imposed upon the majority. It relies upon terror and oppression, a controlled press and radio, fixed elections, and the suppression of personal freedoms. I believe that it must be the policy of the United States to support free people who are resisting attempted subjugation by armed minorities or by outside pressures. I believe that we must assist free people to work out their own destinies in their own way. I believe that our help should be primarily through economic stability and orderly political process." Truman Archives: https://www.trumanlibrary.org./publicpapers/index.php?pid2189. Abgerufen am 12.4.2018, https://www.trumanlibrary.gov/education/lesson-plans/harry-truman-and-truman-doctrine. Abgerufen am 26.8.2021. Teilweise übersetzt in: Gasteyger, Europa zwischen Spaltung und Einigung 1945–1993, S. 54. Einen Tag später, am 13.3.1947, beschloss der Kongress, im Rahmen der Truman-Doktrin, die Beratung und Finanzierung der griechischen Regierung im Kampf gegen die kommunistisch dominierten Guerillas zu übernehmen. Charles S. Maier (Ed.)/Günter Bischof, The Marshall Plan and Germany: West German development within the Framework of the European Recovery Program New York/Oxford 1991, S. 7.

[3] Gasteyger, Europa zwischen Spaltung und Einigung, S. 54.

[4] Steil, The Marshall Plan, S. 9.

Das Scheitern der Moskauer Außenministerkonferenz Ende April zeigte, dass die Konfrontation der beiden Blöcke wahrscheinlicher wurde.[7] Marshall kehrte mit der Erkenntnis aus Moskau und Europa zurück, dass die „Sowjetunion sich nicht an einem gemeinsamen Programm für den europäischen Wiederaufbau beteiligen werde".[8] Der Marshall-Plan war, wie Marshall später sagte, "an outgrowth of [my] disillusionment over the Moscow Conference".[9]

Erste Grundüberlegungen wurden von Kennan am 16. Mai 1947 erarbeitet: „Die USA müßten zum Wiederaufbau in Europa beitragen und möglichst viele europäische Länder an sich binden, um dem sowjetischen Einfluß entgegenzutreten."[10] Dabei sollte, laut Kennan, die USA stärker diplomatisch gegenüber der Sowjetunion die eigenen Grundüberzeugungen vermitteln:

> "We must", Kennan said, "put forward for other nations a much more positive and constructive picture of [the] sort of world we would like to see than we have put forward in [the] past."[11]

Und weiter:

> [W]e must have [the] courage and self-confidence to cling to our own methods and conceptions of human society.[12]

Das Programm sollte, auf vier bis fünf Jahre angelegt, sich vor allem an Westeuropa richten, dennoch aber auch zugänglich für Länder des sowjetischen Einflussbereiches, wie der Tschechoslowakei, sein. Als ein Element der Containment-Politik sollte die wirtschaftliche Not Europas bekämpft werden, um dadurch die Ausbreitung des Kommunismus zu bekämpfen.[13] In der Folge entstanden weiter unterschiedliche Überlegungen innerhalb der US-amerikanischen Regierung. Zwei wesentliche Memoranden und eine Zusammenfassung bildeten dabei eine Grundlage der späteren Rede Marshalls für ein Europäisches Wiederaufbauprogramm. Das Memorandum vom 23. Mai 1947 wurde dabei laut Kennan sehr kurzfristig erstellt.[14] Ein Wiederaufbauprogramm Europas sollte von den europäischen Staaten verantwortet und von der amerikanischen Regierung unterstützt werden:

---

5   "By the time General George C. Marshall became secretary of state in January 1947, men of a very different political and intellectual disposition—such as Dean Acheson, George Kennan, Will Clayton, General Lucius Clay, and Republican senator Arthur Vandenburg—were in position to reshape policy on many fronts, to enormous consequences", zit. nach Steil, The Marshall Plan, S. 9.

6   "To be sure, economics as a tool of diplomacy would became *more* rather than less important under Truman than under Roosevelt." Ebd., S. 12.

7   Vgl. hierzu Kapitel II.2.c).

8   Gasteyger, Europa zwischen Spaltung und Einigung, S. 54.

9   Steil, The Marshall Plan, S. 85.

10   Hardach, Der Marshall-Plan, S. 42.

11   Steil, The Marshall Plan, S. 31.

12   Ebd.

13   Ebd.

14   "It is only a few days since the Planning Staff, with an incomplete and provisional comple-

> With respect to the long-term problem, the Policy Planning Staff feels that the formal initiative in drawing up a program for its solution and the general responsibility for such a program must come jointly from European nations and that the formal role of this Government should be to support that program at joint European request.[15]

Laut Kennan wurde die kommunistische Gefahr nicht als der Ursprung ("as the root") der Schwierigkeiten gesehen, sondern dass diese die Krise Europas nutzen und die USA damit gefährden würden. Aus diesem Grund sollte nicht der Kommunismus bekämpft, sondern die Wirtschaft Europas gestärkt werden:

> It should aim, in other words, to combat not communism, but the economic maladjustment which makes European society vulnerable to exploitation by any and all totalitarian movements and which Russian communism is now exploiting.[16]

Das Programm sollte dabei kurzfristig die "disintegration of western Europe" verhindern und Zuversicht geben, dass die Probleme mit Hilfe der USA gelöst werden können.[17]

> The purpose of this action would be on the one hand psychological-to put us on the offensive instead of the defensive, to convince the European peoples that we mean business, to serve as a catalyst for their hope and confidence, and to dramatize for our people the nature of Europe's problems and the importance of American assistance. On the other hand, this action would be designed to make a real contribution to the solution of Europe's economic difficulties.[18]

Die Initiative für ein langfristiges Programm sollte dabei ausdrücklich von den Europäern ausgehen: "The formal initiative must come from Europe; the program must be evolved in Europe; and the Europeans must bear the basic responsibility for it."[19]

Dabei sollte das Programm auch für russische Satellitenstaaten offen sein. Es gab laut Kennan zwei Alternativen: Entweder würde die exklusive, wirtschaftliche Bindung an die Sowjetunion aufgelöst oder die Staaten schließen sich selbstständig aus dem Programm aus.[20]

---

ment of personnel, was able to give attention to the substance of its work. Normally, I would consider this far too short...." FRUS, 1947, The British Commonwealth, Europe, Volume III, Office of the Historians, The Director of Policy Planning Staff (Kennan) to the Under Secretary of State (Acheson) am 23.5.1947. https://history.state.gov/historicaldocuments/frus1947v03/d135. Abgerufen am 3.5.2018.

15   Ebd.
16   Ebd.
17   Ebd.
18   Ebd.
19   Ebd.
20   "Presumably an effort would be first be made to advance the project in the Economic Commission for Europe, and probably as a proposal for general European (not just western European) cooperation; but then it would be essential that this be done in such a form that the Russian satellite countries would either exclude themselves by unwillingness to accept the proposed conditions or agree to abandon the exclusive orientation of their economies." Ebd.

Dem Bericht gab Marshall "his full attention" und er bat seine Berater um ihre Ein-schätzungen.[21] Ein paar Tage später empfahl, fast parallel zu diesen Überlegungen, William Clayton am 27. Mai 1947 ebenfalls ein Europäisches Wiederaufbauprogramm.[22]

Anders als Kennan forderte Clayton ein weiteres UNRRA-Programm, ohne relevanten US-amerikanischen Einfluss zu verhindern, nur dadurch sei eine Wirtschaftshilfe auch in politischen Einfluss umsetzbar.[23] Claytons Sicht war von einer sechswöchigen Tour durch Europa beeinflusst. Er konnte seine Standpunkte der Regierung klar vermitteln. Paul Nit-ze äußerte sich über die Aussagen Claytons: "Will was genuinely alarmed that Europe was on the brink of disaster."[24]

Dabei war Claytons Meinung eindeutig:

The United States must run this show.[25]

Unabhängig von der Steuerung des Programms entweder durch die Europäer oder die USA beschreibt Clayton zahlenbasiert die dramatische wirtschaftliche Situation in Euro-pa und unterstützt damit die Aussagen von Kennan hinsichtlich der Krise Europas.

It is now obvious that we grossly underestimated the destruction to the European economy by the war. We understood the physical destruction, but we failed to take fully into account the effects of economic dislocation on production-nationalization of industries, drastic land reform, severance of long-standing commercial ties, disappearance of private commercial firms through death or loss of capital, etc., etc.[26]

Er errechnete ein jährliches Zahlungsbilanzdefizit von fünf Milliarden US-Dollar, das stark beeinflusst war durch den Bedarf an Kohle und Getreide. Wirtschaftsgüter, bei de-nen Europa vor dem Krieg nur geringfügig auf Importe angewiesen war. Das Ziel musste es daher sein, die Selbstversorgung Europas zu erreichen. Bis zu diesem Zeitpunkt könne und müsse die USA die notwendige Hilfe leisten.[27] Das dreijährige Programm mit einem Wert von sechs bis sieben Milliarden US-Dollar sollte unter die weitere Bedingung ge-stellt werden, dass die europäischen Länder eine Wirtschaftsunion nach dem Vorbild der

---

21   "Summoning his chief advisers the next day to hear the report, he went around the circle of men in his office asking each for comments." Forrest Pogue, George C. Marshall and the Mar-shall Plan S. 46–70, S. 52. in: Maier (Ed.)/Bischof, The Marshall Plan and Germany.

22   William Clayton wirkte an dem amerikanisch-britischen Finanzabkommen vom Dezember 1946 mit und vertrat die USA bei den GATT-Verhandlungen. Hardach, Der Marshall-Plan, S. 43.

23   William Clayton beschreibt die UNRRA-Hilfe als negatives Beispiel. Obwohl die USA das Programm maßgeblich finanzierte, war der Einfluss der USA, durch die Beteiligung der UNO, begrenzt. Ebd., S. 44.

24   "Clayton was able to impart to his audience a sense of urgency. His stories of fearful peasants, workers, and merchants hoarding to avoid hunger were vivid and compelling in a way that numbers, dire as they were, failed to capture." Steil, The Marshall Plan, S. 99.

25   FRUS, 1947, The British Commonwealth; Europe, Volume III, Office of the Historians, Memo-randum by the Under Secretary of State for Economic Affairs (Clayton) am 27.5.1947. https://history.state.gov/historicaldocuments/frus1947v03/d136. Abgerufen am 3.5.2018.

26   Ebd.

belgisch-luxemburgischen Zollunion bilden sollten.[28] "Europe cannot recover from this war and again become independent if her economy continues to be divided into many small watertight compartments as it is today."[29]

Die Schätzungen der gesamten benötigten Unterstützungsleistungen variierten dabei von 18 bis 21 Milliarden US-Dollar (Clayton) bis zu 25 Milliarden US-Dollar (Nitze).[30] Am 28. Mai 1947 besprachen dann unter anderem Kennan, Clayton und Dean Acheson die Vorschläge für ein Europäisches Wiederaufbauprogramm. Die wirtschaftlichen Kennzahlen Claytons, aber auch die Überlegungen, wie stark die Steuerung der USA bei dem Programm gehen sollte, bildeten die Ausgangsbasis der Diskussion. Kennan hob hervor, wie gefährlich es für die USA sein könnte, dass alle Fehler den USA zuzuordnen wären, wenn die Führung nicht von den Europäern übernommen werden würde.[31] In Abwägung der Argumente wurden Grundlagen für die Rede Marshalls erarbeitet:

> Balancing the dangers of appearing to force "the American Way" on Europe and the danger of failure if the major responsibility is left to Europe,....,the alternative is to place strong pressure on the European nations to plan by underscoring their situation and making clear that the only politically feasible basis on which the U. S. would be willing to make the aid available is substantial evidence of a developing overall plan for economic cooperation by the Europeans themselves, perhaps an economic federation to be worked out over 3 or 4 years.[32]

Es könnte die These entstehen, dass die Europäer ein Programm gemeinsam erarbeiten, die Verantwortung übernehmen, dies aber stark nach US-amerikanischen Regeln, im Sinne Claytons: the US must run the show.

Die wirtschaftlichen Eigeninteressen der USA waren dabei relevant. Die Wirtschaftsleistung in den USA sank durch die Kürzung nach dem Krieg 1946 um 11,6 Prozent.[33] Die Erwartung an die folgenden zwölf Monate war ein weiterer leichter Abstieg der US-Wirtschaft. Ein "revival of the European economies would be critical to limiting the downturn."[34]

Am 5. Juni 1947 präsentierte Marshall in einer Rede in Harvard die Umrisse eines Plans, wie Europa wiederaufgebaut werden könne:

---

27 "We are wasting and over-consuming food in the United States to such an extent that a reasonable measure of conservation would make at least another million tons available for export with no harm whatsoever to the health and efficiency of the American people." Ebd.

28 Ebd.

29 Ebd.

30 Steil, The Marshall Plan, S. 100.

31 FRUS, Office of the Historians, 1947, The British Commonwealth; Europe, Volume III, Summary of Discussion on Problems of Relief, Rehabilitation and Reconstruction of Europe, Die Besprechung fand am 28.5.1947 statt, das Protokoll wurde am 29.5.1947 versandt. https://history.state.gov/historicaldocuments/frus1947v03/d138. Abgerufen am 12.4.2018.

32 Ebd.

33 Steil, The Marshall Plan, S. 86.

34 Ebd.

In considering the requirements for the rehabilitation of Europe the physical loss of life, the visible destruction of cities, factories, mines and railroads was correctly estimated, but it has become obvious during recent months that this visible destruction was probably less serious than the dislocation of the entire fabric of European economy(...). The truth of the matter is that Europe's requirements for the next three or four years of foreign food and other essential products – principally from America – are so much greater than her present ability to pay that she must have substantial additional help, or face economic, social and political deterioration of a very grave character. ...The remedy lies in breaking the vicious circle and restoring the confidence of the European people in the economic future of their own countries and of Europe as a whole. The manufacturer and the farmer throughout wide areas must be able and willing to exchange their products for currencies the continuing value of which is not open to question. It is already evident that, before the United States Government can proceed much further in its efforts to alleviate the situation and help start the European world on its way to recovery, there must be some agreement among the countries of Europe as to the requirements of the situation and the part those countries themselves will take in order to give proper effect to whatever action might be undertaken by this Government. It would be neither fitting nor efficacious for this Government to undertake to draw up unilaterally a program designed to place Europe on its feet economically. This is the business of the Europeans. The initiative, I think, must come from Europe. The role of this country should consist of friendly aid in the drafting of a European program and of later support of such a program so far as it may be practical for us to do so. The program should be a joint one, agreed to by a number, if not all European nations.[35]

Die Rede von Marshall am 5. Juni 1947 in Harvard steht im Zusammenhang mit der Truman-Doktrin vom 12. März 1947, die der Monroe-Doktrin eine Absage erteilte hatte und bereits jedem Land im Kampf für seine Unabhängigkeit Unterstützung zugesagt hatte.[36] Marshall stimmte die Rede nicht mit Truman ab, was die Vermutung nahelegt, dass er die Inhalte im Einklang mit der neuen US-amerikanischen Außenpolitik sah.[37] Der Außenminister der USA, Marshall, hob in dieser Rede hervor, in welcher bedrohlichen Situation sich die europäischen Staaten befänden und dass sie kurz vor dem Zusammenbruch stünden. Damit sich Europa in Zukunft wieder selbst helfen könne, müsse es unterstützt werden, sein Selbstvertrauen wiederaufzubauen, sich wirtschaftlich zu stärken, damit Hunger, Chaos, Verzweiflung und Armut bekämpft werden könnten. Hierbei zu helfen, war nach Ansicht von Marshall die Aufgabe der USA. Das Angebot Marshalls zur Unterstützung Europas war mit der Bedingung verbunden, dass sich die Völker Europas zu-

---

35   Marshall Foundation: Collection Marshallplan. The speech was not given at the formal June 5 morning commencement exercise but after lunch when the twelve honorary degree recipients made speeches to the graduates, friends, and alumni. https://www.marshallfoundation.org/library/documents/text-marshallsharvard-speech-department-states-press-release/. Abgerufen am 28.2.2019.

36   Herbst, Option für den Westen. Vom Marshallplan bis zum deutsch-französischen Vertrag, S. 35.

37   Pogue, George C. Marshall and the Marshall Plan, S. 46–70, S. 53, in: Maier (Ed.)/Bischof, The Marshall Plan and Germany.

sammenschließen sollten. Über den Weg der Kooperation und gemeinsamer Institutionen sollte Vertrauen aufgebaut und ein abgestimmter Wirtschaftsplan für Europa entwickelt werden.[38] Nach Ansicht Marshalls musste diese Initiative von Europa selbst ausgehen. Sie sollte die Mehrzahl der europäischen Nationen einschließen, die dann von den USA unterstützt werden sollten.[39] Bei einem Wiederaufbau Europas sollten nach Ansicht der USA die Fehler des Versailler Vertrages vermieden werden. Eine mögliche Teilung Europas nahm der Beraterstab von Marshall hierbei in Kauf, wenn es gelänge, die Volkswirtschaften der traditionsreichen Demokratien, wie die Niederlande, Belgien, Dänemark und Schweden mit denen der großen Volkswirtschaften Großbritanniens, Frankreichs und der besetzten Gebiete Deutschlands zu verbinden.[40] Für den Beraterstab war eindeutig, dass Westeuropa ohne Osteuropa existieren könne. Hintergrund dieser Überlegungen war, dass die oben genannten Staaten vor dem Krieg zwischen 50 bis 70 Prozent ihres Außenhandels miteinander abgewickelt hatten.[41]

Der Marshall-Plan berücksichtigte aber auch weitergehende amerikanische Interessen, wie das folgende Zitat belegt:[42] "The Marshall-Plan rested squarely on an American conviction that European economic recovery was essential to the long-term interests of the United States."[43] So hatte der Marshall-Plan folgende Ziele:

1. Den ökonomischen Neuaufbau der europäischen Wirtschaft,
2. die politische Integration Europas zu forcieren,
3. eine Waffe gegen den internationalen Kommunismus im Rahmen der Containment-Politik zu besitzen,
4. humanitäre Hilfe für Europa zu gewähren,
5. die US-Wirtschaft durch Exporte zu fördern.[44]

Thomas A. Bailey fasste die Aussagen über den Marshall-Plan und dessen wirtschaftliche Wirkung folgendermaßen zusammen:

> The Marshall Plan, so-called, has often been hailed as the greatest act of statesmanship in the nation's history. What I observed in Europe abundantly confirmed the need for America's helping hand. Marshall's original suggestion at Harvard in June 1947 was the major defensive response to what appeared in Washington to be Soviet aggression in the early stages of the Cold War.[45]

---

38 Elvert, Die europäische Integration, S. 43.

39 Henry Steele Commager, Documents of American History Volume II, New York 1949 (5. Auflage), S. 532 f.

40 Ludolf Herbst (Hrsg.), Vom Marshallplan zur EWG, die Eingliederung der Bundesrepublik Deutschland in die westliche Welt, München 1990, S. XI.

41 Ebd.

42 Hogan, The Marshall Plan, America, Britain, and the Reconstruction of Western Europe 1947–1952, S. 28.

43 Zit. nach Hogan, Ebd., S. 26.

44 Milward, The Reconstruction of Western Europe, 1945–1951, S. 56 ff.

45 Bailey, The Marshall Plan Summer, S. VIII.

Trotz dieser positiven Einstellung gab es keine klar umrissenen Richtlinien nach Bekanntgabe der Unterstützungsleistung. Dokumentiert wird dies in einem vertraulichen Memorandum des US-State Department acht Wochen nach Marshalls Rede in Harvard: "The Marshall Plan has been compared to a flying saucer – nobody knows what it looks like, how big it is, in what direction it is moving, or whether it really exists."[46]

Die Überlegung war, dass es durch die Erhöhung des Lebensstandards in Europa zu einer ökonomischen und später zu einer politischen Stabilisierung kommen sollte. Das heißt, Europa oder zumindest Westeuropa würde, so die Zielsetzung des Marshall-Plans, fester Bestandteil der freien Welt und so Partner der USA werden. Grundsätzlich war seitens der USA keine Abhängigkeit Europas geplant, sondern ein stabiles und allein lebensfähiges Europa.[47] Um den Wiederaufbau Europas voranzutreiben, verfügten die USA jedoch nicht über ein konkretes detailliertes Programm. Dieses hatte die positive Folge, dass die europäischen Staaten für die Gestaltung und die Umsetzung des Programms mitverantwortlich waren.[48] Langfristig war eine lebensfähige europäische Wirtschaft das Ziel. Dabei sollte den Staaten Hilfe zur Selbsthilfe gegeben werden, entweder mit zinsgünstigen Krediten oder aber in Form von Zuschüssen.[49]

2.   Die Europäischen Reaktionen

a)   Die ersten europäischen Reaktionen

Auf die Rede Marshalls gab es in Europa verschiedene Reaktionen, die kurz skizziert werden sollen.

Die Reaktionen der französischen und britischen Regierungen waren trotz der fehlenden Definition, wie die Hilfe auszusehen hatte, positiv. Delegationen beider Länder kamen am 17. Juni 1947 in Paris zu bilateralen Gesprächen zusammen.[50]

Die von den USA in Aussicht gestellte Unterstützung wurde von Ernest Bevin positiv bewertet, da sie eine stärkere Bindung der USA an Europa und Großbritannien forcierte.[51]

---

46   Ebd., S. 10.

47   Milward, The Reconstruction of Western Europe 1945–1951, S. 56 ff.

48   Klaus Schwabe, Der Marshall-Plan und Europa, in: Poidevin, Origins of the European Integration 1948–1950, S. 47–69, S. 53 f.

49   Derek Aldcroft, The European Economy 1914–1970, London 1978, S. 144 und Charles S. Maier, The Factory as Society. Ideologies of Industrial Mangement in the Twentieth Century, in: Roger J. Bullen/Hartmut Pogge von Strandmann und Antony B. Polonsky (Hrsg.), Ideas into Politics, Aspects of European History 1880–1950, London 1984, S. 147–163, S. 156 f.

50   Thorsten V. Kalijarvi, Introduction and Chronology of the Marshall Plan from June 5 to November 5, 1946, erstellt am 6.11.1947, S. 8. https://www.marshallfoundation.org/library/wp-content/uploads/sites/16/2014/05/Chronology_of_the_Marshall_Plan_June_5_1947_to_November_5_1947-1.pdf. Abgerufen am 12.6.2019.

51   Klaus Dieter Henke, Westeuropa bis zu den Römischen Verträgen. Wiederaufbau und Integration: Großbritannien, in: Benz/Graml, Das Zwanzigste Jahrhundert II – Europa nach dem Zweiten Weltkrieg, S. 82–107, S. 92 f.

Deshalb versuchte der britische Außenminister, sein Land, mit US-amerikanischer Hilfe als Partner der großen Mächte zu positionieren.[52] Der Marshall-Plan versprach Großbritannien eine zentrale Rolle in der Organisation, gleichzeitig versuchte die britische Regierung, die Einigungsideen der USA hinsichtlich Europa zu begrenzen und intergouvernementale Strukturen aufzubauen.[53] Auch die französische Strategie, die eigene Position wieder zu stärken, war vergleichbar mit der britischen. Anders als Großbritannien war Frankreich hinsichtlich eines europäischen Einigungsprozesses offener.[54] Ernst Bevin und George Bidault trafen am 18. Juni 1947 den amerikanischen Botschafter Jefferson Caffrey in Paris und besprachen mit ihm die Einladung zu gemeinsamen trilateralen Gesprächen zwischen Frankreich, Großbritannien und der Sowjetunion.[55] Caffrey informierte Marshall über die Gespräche, in denen Bevin und Bidault die Hoffnung äußerten, dass die Sowjetunion sich einer Kooperation verweigern würde ("refuse to cooperate").[56] Weder Großbritannien noch Frankreich hatten an einer Teilnahme der UdSSR Interesse. Das Ziel beider Länder war, den Prozess mit einem maximal fünf Länder umfassenden "executive committee" und weiteren "sub-committees" zu starten, wobei beide Länder in dem "executive" Ausschuss vertreten sein sollten. Dabei wollten sie die Steuerung behalten.[57] Am 19. Juni 1947 wurden die Gespräche beendet und eine Einladung zu gemeinsamen Gesprächen zwischen Bidault, Bevin und Molotow ausgesprochen.[58]

Andere Länder wie Italien und Belgien standen einer erweiterten Kooperation offener gegenüber.[59] Paul-Henri Spaak als belgischer Außenminister versicherte „dem amerikanischen Botschafter in Brüssel seine Übereinstimmung mit Marshalls Vorschlag".[60] Die belgische Regierung versuchte auf der anderen Seite, den französischen Einfluss nicht zu groß werden zu lassen.[61] Beispielhaft sei hier die engere wirtschaftliche Zusammenarbeit angeführt, die Belgien zusammen mit Luxemburg und den Niederlanden entwickeln wollte.[62]

Die Reaktionen Irlands und Österreichs werden in Kapitel V detailliert analysiert.

Da die von Marshall avisierten Unterstützungsleistungen formal zunächst allen Ländern angeboten wurden, wurde die Sowjetunion zu der Pariser Konferenz am 27. Juni 1947 eingeladen.[63] Das Ziel war es, ein gemeinsames Programm in Zusammenarbeit mit den Vereinten Nationen zu erarbeiten.[64] Marshall verzichtete in seiner Rede auf anti-sowjetische Rhetorik und richtete sein Angebot auch an mittel- und osteuropäische Staaten und

---

52   Whelan, Ireland and the Marshall-Plan 1947–1957, S. 52.
53   Elvert, Die europäische Integration, S. 44.
54   Ebd.
55   Steil, The Marshall Plan, S. 118.
56   Ebd., S. 118.
57   Whelan, Ireland and the Marshall-Plan, S. 55.
58   Kalijarvi, Introduction and Chronology of the Marshall Plan from June 5 to November 5, 1946, erstellt am 6.11.1947, S. 8.
59   Whelan, Ireland and the Marshall-Plan 1947–1957, S. 55 f.
60   Hardach, Der Marshallplan, S. 50.
61   Whelan, Ireland and the Marshall-Plan, S. 55 f.
62   *The Times* vom 19.6.1947.
63   Whelan, Ireland and the Marshall-Plan, S. 54 f.
64   Kapitel IV.1.

theoretisch auch an die Sowjetunion.[65] Die UdSSR musste dadurch eine „klare Aussage treffen", wie die Zusammenarbeit mit dem Westen zu gestalten wäre und hätte dabei ihre volkswirtschaftlichen Daten offenlegen müssen.[66] Die sowjetische Reaktion war ablehnend, da man eine Zunahme des „westlich-kapitalistischen" Einflusses befürchtete.[67] Nicht alle mittel- und osteuropäischen Staaten hatten diese negative Haltung.[68] Trotz der sowjetischen Skepsis nahm die Sowjetunion am 23. Juni 1947 die Einladung zu gemeinsamen Gesprächen an, und Wjatscheslaw Molotow äußerte sich Jahre später: "At first I agreed to participate."[69]

b)   Die Pariser Konferenz und ihre Folgen für Europa

Obwohl die Programmidee am westlichen Europa orientiert war, nahm die UdSSR die Einladung zum Vorbereitungstreffen an. Das Treffen begann am 27. Juni 1947 und dauerte bis zum 2. Juli 1947 in Paris. An diesem Treffen nahmen außer dem sowjetischen Außenminister Wjatscheslaw Molotow noch der französische Außenminister Bidault und sein britischer Kollege Bevin teil.[70] Verschiedene Geheimdienstberichte, die den Kreml erreichten, bestätigten den Verdacht der sowjetischen Regierung, dass "the goal of the Marshall Plan was to ensure American economic domination of Europe".[71] Diese Information erhielt Josef Stalin am 29. Juni 1947 und informierte am 30. Juni 1947 die sowjetische Delegation in Paris.[72] "I changed my mind", sagte Molotow später, nachdem ihm klar wurde, dass sowohl Frankreich als auch Großbritannien sich an einem US-amerikanischen Programm beteiligen wollten.[73]

Der sowjetische Außenminister Molotow und seine Delegation reisten ab, da der Marshall-Plan nach ihrer Meinung ein Angriff auf die wirtschaftliche Unabhängigkeit Europas war.[74] Ungeachtet dessen entschieden Frankreich und Großbritannien am 3. Juli

---

65 Loth, Europa nach 1945, Die Formation der Blöcke, in: Benz/Graml (Hrsg.) Europa nach dem Zweiten Weltkrieg, S. 23–57, S. 40. Vgl. hierzu auch Elvert, Die europäische Integration, S. 43.

66 Elvert, Die europäische Integration, S. 43.

67 Gasteyger, Europa zwischen Spaltung und Einigung, S. 55.

68 Elvert, Die europäische Integration, S. 43. *The Times* beschreibt beispielsweise ein „semi-offizielles" polnisches Statement wie folgt: "In a semi-official statement today the Government's attitude was declared to be that any plan decided on should be prepared by the countries seeking aid themselves, and that on no account should it contain any political pressure of any kind. Poland, it was pointed out, needed help and considered that the plan should take into consideration..." *The Times* vom 21.6.1947.

69 "The governments in Warsaw and Prague each responded to Molotov's cable with enthusiasm, beyond what was required or prudent." Steil, The Marshall Plan, S. 119 und Kalijarvi, Introduction and Chronology of the Marshall Plan from June 5 to November 5, 1946, erstellt am 6.11.1947, S. 9.

70 Daniel, Dollardiplomatie in Europa, S. 48 f.

71 Steil, The Marshall Plan, S. 127.

72 Ebd., S. 127 f.

73 Ebd., S. 130 f.

74 Daniel, Dollardiplomatie in Europa, S. 48 f.

1947, dass sie die anderen europäischen Staaten zu einer Planungskonferenz nach Paris einladen wollten.[75]

Molotow verwies in seinen Schlussworten zur Pariser Konferenz am 2. Juli 1947 darauf, dass er die Vorschläge der französischen und britischen Regierung, ein Wirtschaftsprogramm für ganz Europa zu entwickeln, sorgfältig geprüft habe. Er kritisierte, dass obwohl „bis jetzt noch kein eigenes nationales Wirtschaftsprogramm" vorhanden sei, das Ziel der US-amerikanischen Wirtschaftshilfe eine Organisation sei,[76] „welche über den europäischen Ländern steht, sich in die inneren Angelegenheiten dieser Länder einmischt und sogar Anweisungen für die Entwicklung der Schlüsselindustrien in diesen Ländern festlegt".[77] Da aus Sicht Molotows „Großbritannien und Frankreich zusammen mit den ihnen eng verbundenen Ländern Anspruch auf beherrschende Positionen in dieser Organisation" über den sogenannten „Lenkungsausschuss für Europa" haben sollten, begriff die UdSSR dies als Eingriff in die Souveränität der Länder.[78]

Konkret formuliert Molotow:

Wozu kann das führen? Heute kann ein Druck auf Polen ausgeübt werden, mehr Kohlen zu produzieren, und sei es auf Kosten anderer polnischer Industrien, die eingeschränkt werden würden, weil irgendwelche europäischen Länder hieran interessiert sind. Morgen werden sie sagen, die Tschechoslowakei solle aufgefordert werden, ihre landwirtschaftliche Produktion zu erhöhen und ihren Maschinenbau einzuschränken, um Maschinen von anderen europäischen Ländern zu erhalten, welche ihre Waren zu möglichst hohen Preisen zu verkaufen wünschen oder wie die Zeitungen kürzlich schrieben, Norwegen wird gezwungen werden, seine Stahlindustrie nicht weiterzuentwickeln, da dies ausländischen Stahlverbänden besser passen würde, und so weiter. Was wird von der wirtschaftlichen Unabhängigkeit und Souveränität solcher europäischen Länder übrigbleiben? Wie können unter solchen Umständen die kleinen Länder und die schwächeren Staaten ihre nationale Wirtschaft und die Unabhängigkeit ihres Staates sichern? Die Sowjetunion kann selbstverständlich diesen Weg nicht einschlagen.[79]

Die ablehnende Haltung der Sowjetunion war eindeutig, gleichzeitig warnte Molotow vor der Spaltung Europas.[80]

Er befürchtete, dass sich Großbritannien, Frankreich und eine Gruppe von Ländern, die ihnen folgen, von den anderen europäischen Staaten isolieren, Europa in zwei Staatengruppen aufteilen und dadurch neue Schwierigkeiten in den Beziehungen unter ihnen verursachen würden. In diesem Fall würden die amerikanischen Kredite nicht dem Ziel des wirtschaftlichen Wiederaufbaus Europas dienen. Vielmehr würden die die Vorherrschaft anstrebenden Mächte einige europäische Länder gegeneinander ausspielen.[81]

---

75   Spaak, Memoiren eines Europäers, S. 256 und Pogue, George C. Marshall and the Marshall Plan S. 46–70, S. 57, in: Maier (Ed.)/Bischof, The Marshall Plan and Germany.

76   Wjatscheslaw Molotows Schlussworte auf der Pariser Konferenz über europäische Wirtschaftsplanung vom 2.7.1947, in: Gasteyger, Europa zwischen Spaltung und Einigung, S. 64 ff.

77   Ebd.

78   Ebd.

79   Ebd., S. 65.

80   Elvert, Die europäische Integration, S. 43.

Zudem hatte die Sowjetunion die Sorge, dass die Dynamik der amerikanischen Strategie auf das eigene Sicherheitsgebiet in Osteuropa „überzugreifen drohe".[82] Die Absage führte dazu, dass die weitere Entwicklung ohne die UdSSR und die mittel- und osteuropäischen Staaten stattfand, obwohl bei diesen Staaten durchaus Interesse bestand. Konkret wurde der Tschechoslowakei und Polen verboten, an den Vorbereitungen und später an der Gründung der OEEC mitzuwirken.[83] Für Bevin war die Verantwortung für das Scheitern an der Teilnahme der Konferenz eindeutig: "I am glad that the cards have been laid on the table and the responsibility will be laid at Moscow's door."[84]

Die vorzeitige Abreise der sowjetischen Delegation von der Pariser Konferenz dokumentiert die Entfremdung, die sich zwischen den USA und der UdSSR in verschiedenen Bereichen entwickelt hatte.[85] „Bevin und Bidault waren über Molotows Abreise sichtlich erleichtert."[86] Die Absage sorgte für „Klarheit": "This really is the birth of the Western bloc."[87] Die Anzeichen für einen Kalten Krieg verdichteten sich damit.

Trotz der Abreise der sowjetischen Delegation wies Josef Stalin noch am 5. Juli 1947 seine Botschafter in Osteuropa an, die Satellitenregierungen zu beauftragen, Delegierte zur Pariser Konferenz zu entsenden, um schon zwei Tage später den Auftrag zu widerrufen.[88] Diese Absage der Sowjetunion hatte auch deshalb weitreichende Folgen, da sie mit einer Absage an einen gesamteuropäischen Wiederaufbau verbunden war.[89] "If one wants to set a firm birthdate for the Cold War, therefore, a strong case can be made for July 7, 1947 – the day that Molotov ordered further cables to be dispatched to the satellites, rescinding his previous day's instructions for them to send delegations to Paris."[90] Statt eines gesamteuropäischen Projektes war der Weg bereitet für eine westeuropäische Integration auf verschiedenen Ebenen und für vertiefende organisatorische Verbindungen.[91]

---

81   Gasteyger, Europa zwischen Spaltung und Einigkeit, S. 65 f. und Kalijarvi, Introduction and Chronology of the Marshall Plan from June 5 to November 5, 1946, erstellt am 6.11.1947, S. 12.

82   Loth, Formation der Blöcke, in: Benz/Graml (Hrsg.), Das Zwanzigste Jahrhundert II, Europa nach dem Zweiten Weltkrieg, S. 23–57, S. 41.

83   Elvert, Die europäische Integration, S. 43 und Kalijarvi, Introduction and Chronology of the Marshall Plan from June 5 to November 5, 1946, erstellt am 6.11.1947, S. 13 f.

84   Ernest Bevin zu Jefferson Caffrey, dem französischen Botschafter in Frankreich. Whelan, Ireland and the Marshall-Plan, S, 60.

85   Laut Manfred Knapp war die Frage „nach der Abreise Molotows von der Pariser Dreierkonferenz (27. Juni–2. Juli 1947) nicht besonders interessant ist: Es liegt nämlich auf der Hand, daß der Marshall-Plan ab 1947 mit jedem weiteren Tag seiner Anwendung zu einem Instrument des Kalten Krieges und zu einem zentralen Streitobjekt in den Ost-West- Auseinandersetzungen, insbesondere in den amerikanisch-sowjetischen Beziehungen, geworden ist." Manfred Knapp, Das Deutschlandproblem und die Ursprünge des Europäischen Wiederaufbauprogramms. Eine Auseinandersetzung mit John Gimbels Marshall-Plan Thesen, in: Hans-Jürgen Schröder, Marshallplan und westdeutscher Wiederaufstieg, Stuttgart 1990, S. 22–32, S. 27 f.

86   Loth, Die Teilung der Welt, Die Geschichte des Kalten Krieges 1941–1955, S. 182.

87   Ernst Bevin flüsterte dies seinem Privatsekretär Bob Dixon zu. Steil, The Marshall Plan, S. 131.

88   Bischof/Petschar, Der Marshall-Plan, S. 67.

89   Gasteyger, Europa zwischen Spaltung und Einigkeit, S. 55. Vgl. hierzu auch: Elvert, Die europäische Integration, S. 44.

90   Steil, The Marshall Plan, S. 135 f.

91   Gasteyger, Europa zwischen Spaltung und Einigkeit, S. 55.

Für das in der vorliegenden Arbeit untersuchte Land Österreich war diese Entwicklung elementar entscheidend. Wie Irland rückte Österreich damit an die Peripherie Westeuropas, obwohl das Land in der Mitte des Kontinents liegt.

3. Gründungs- und Konsolidierungsphase der Organisation für Europäische und Wirtschaftliche Zusammenarbeit OEEC

Direkt im Anschluss an die Abreise der Vertreter der UdSSR wurde, wie berichtet, von Großbritannien und Frankreich zu einer Gründungskonferenz in Paris eingeladen, die vom 12. Juli bis 16. Juli 1947 stattfinden sollte.[92] Wie von Marshall gewünscht, übernahmen die Europäer damit die Initiative, der die Mehrzahl der europäischen Nationen folgte.[93]

Damit begann nur knapp einen Monat nach der Rede Marshalls in Harvard die erste offizielle Konferenz in Paris.[94] In dieser Konferenz schlossen sich 16 Staaten zu einer Planungsorganisation zusammen.[95] Es wurde eine intergouvernementale Organisation gebildet, die „unter der Leitung eines in unregelmäßigen Abständen tagenden Rates der Außen- und Wirtschaftsminister stand"; dabei galt grundsätzlich das Prinzip der Einstimmigkeit.[96]

Als Folge der Gründungsversammlung wurde am 12. Juli 1947 das "Committee of European Economic Cooperation" gebildet.[97] Das "Committee" sollte einen vierjährigen Wiederaufbauplan für Europa erarbeiten und verabschieden. Dies gelang den Delegierten in weniger als zehn Wochen bis zum 22. September 1947.[98]

Der Bericht (Volume I) des Committee of European Economic Co-operation (CEEC) war fertiggestellt und berechnete einen Bedarf von 22,44 Milliarden US-Dollar innerhalb von vier Jahren, der mit 3,11 Milliarden US-Dollar von der Weltbank, mit 15,81 Milliarden US-Dollar von den USA und 5,97 Milliarden US-Dollar vom restlichen amerikanischen Kontinent finanziert werden sollte.[99]

---

92 Grosser, The Western Alliance, S. 65.

93 Commager, Documents of American History Volume II, S. 532 f und Kalijarvi, Introduction and Chronology of the Marshall Plan from June 5 to November 5, 1946, erstellt am 6.11.1947, S. 13 f.

94 Herbst, Option für den Westen, S. 41.

95 Die Teilnehmerländer waren Belgien, Dänemark, Griechenland, Irland, Island, Italien, Luxemburg, Niederlande, Norwegen, Österreich, Portugal, Schweden, Schweiz und Türkei. Lipgens, Die Anfänge der europäischen Einigungspolitik 1945–1950, S. 510 und Steil, The Marshall Plan, S. 147.

96 „Dieser Einstimmigkeitsvorbehalt wurde dadurch gelockert, dass sich eine Regierung der Stimme enthalten konnte, ohne damit die Entscheidungen der anderen zu blockieren, freilich auch ohne sich selbst an diese zu binden." Elvert, Die europäische Integration, S. 44.

97 Schmitt, The Path to the European Union, S. 22 und Kalijarvi, Introduction and Chronology of the Marshall Plan from June 5 to November 5, 1946, erstellt am 6.11.1947, S. 2.

98 Wilfried Loth, Der Weg nach Europa, S. 63 und Kalijarvi, Introduction and Chronology of the Marshall Plan from June 5 to November 5, 1946, erstellt am 6.11.1947, S. 26 f.

Die OEEC zu einer stärkeren und eigenständigeren Organisation aufzubauen, scheiterte am Einspruch Großbritanniens.[100] Der Widerstand, die OEEC zu einer supranationalen Organisation weiterzuentwickeln, blieb auch bei einem erneuten Versuch des US-Amerikaners Averell Harriman im Herbst 1948 bestehen.[101] Auch die weitergehenden Versuche Claytons, eine europäische Zollunion als wesentliches Element einer "democratic federation" zu entwickeln, scheiterten im August 1947 noch an unterschiedlichen Interessenlagen; die Forderungen der USA blieben aber bestehen.[102]

Am 16. April 1948 unterschrieben die teilnehmenden Staaten die "Convention for European Economic Cooperation". Die Ziele waren stabile Währungen, ein maximaler Austausch von Gütern und eine freie Handelszone in dem zu organisierenden Gebiet. Die europäischen Länder sollten gemeinsam Programme erarbeiten, um die Produktionsleistung zu steigern, finanzielle Stabilität zu fördern und die Kooperation unter den Ländern voranzutreiben. Kurzfristiges Ziel war es vor allem, die Dollarlücke auszugleichen.[103] Mit dieser Unterzeichnung war die Organisation für europäische wirtschaftliche Zusammenarbeit (OEEC) formal geboren.[104] Die OEEC war damit die erste westeuropäische Institution.[105] Sie wurde das offizielle europäische Partnerorgan der US-amerikanischen ECA.[106] Das Gebiet der OEEC (inklusive der Westzonen Deutschlands und Spanien, die später beitraten) umfasste circa 40 Prozent des geographischen Europas und betraf eine Bevölkerung von 318 Millionen Menschen.[107]

Um Finanzmittel aus dem Marshall-Plan zu erhalten, mussten nationale Programme zum Wiederaufbau bis zum 16. Juli 1948 vorbereitet werden. Eine supranationale Kommission sollte prüfen, ob das jeweilige nationale Programm in das Gesamtkonzept des Wiederaufbaus passte.[108] Im November 1947 erhielt der Marshall-Plan durch die US-Verwaltung den Namen "European Recovery Program" (ERP).[109] Die OEEC verband gemeinsame Anfragen sämtlicher europäischer Staaten an die amerikanische Partner-

---

99 Kalijarvi, Introduction and Chronology of the Marshall Plan from June 5 to November 5, 1946, erstellt am 6.11.1947, S. 5 und 26.

100 Hardach, Der Marshall-Plan, S. 100.

101 Ebd., S. 103 ff.

102 Steil, The Marshall Plan, S. 158 f.

103 Daniel, Dollardiplomatie in Europa, S. 56 f.

104 http://www.oecd.org/general/organisationforeuropeaneconomicco-operation.htm. Abgerufen am 12.6.2019 und: Gehler, Europa: Ideen - Institutionen - Vereinigung - Zusammenhalt, S. 211 f.

105 Gehler, From Saint-Germain to Lisbon, S. 151.

106 Die Economic Cooperation Administration (ECA) wurde als amerikanische Partnerorganisation der OEEC gegründet. Sie hatte ein Vetorecht und eine abschließende Kontrolle über die geplanten Programme. Loth, Der Weg nach Europa, S. 67. „Technisch gesehen war die ECA/Washington die ‚Finanzierungsstelle‘, die jeweils für eine bestimmte Periode die Dollarmittel für den Wiederaufbau der Teilnehmerländer festlegte und auch zur Verfügung stellte Ebenso war die Freigabe der ‚Counterpartfunds (Gegenwertmittel)‘ von der ECA/Washington als letzter Instanz abhängig." Mähr, Von der UNRRA zum Marshallplan, S. 374.

107 Inklusive der deutschen Gebiete. Wartmann, Wege und Institutionen zur Integration Europas 1945–1961, S. 16.

108 Mayne, The Recovery of Europe, S. 118 f.

109 "Marshall, who refused to use the Term ‚Marshall Plan‘." (Zit. nach Steil) stellte die Notwendigkeit eines Programmes für Europa im US-Kongress vor. Steil, The Marshall Plan, S. 211 ff.

organisation ECA. Die von den USA freigegebenen Finanzmittel wurden direkt an die teilnehmenden Staaten weitergeleitet, um die nationalen Programme zu unterstützen.[110] „Es galt, die Vorstellungen der amerikanischen Regierung über den wirtschaftlichen Wiederaufbau in Europa mit denen der beteiligten europäischen Staaten in Übereinstimmung zu bringen und umzusetzen."[111]

Organisationsstruktur der OEEC und des ERP

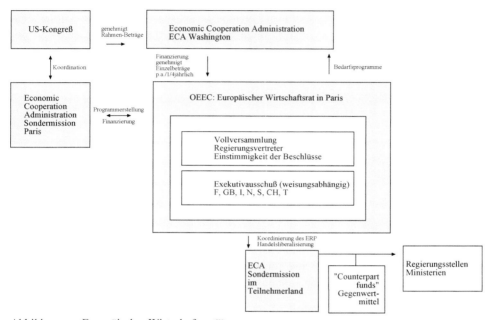

Abbildung 2 – Europäischer Wirtschaftsrat[112]

Im Rückblick äußerte sich der Leiter der ECA Hoffman[113] am 31. Oktober 1949 zu den Aufgaben der OEEC und bestätigte damit die Gründungsideen:

1. Koordination der Haushalts- und Geldpolitik,
2. Angleichung und Abstimmung der Wechselkurse,
3. Ausgleich der Handels- und Zahlungsbilanzen,
4. Versicherung gegen restriktive Handelspolitik der Mitgliedsstaaten.[114]

---

110 Schmitt, The Path to the European Union, S. 24.
111 Elvert, Die europäische Integration, S. 44.
112 Gehler, Vom Marshall-Plan bis zur EU, S. 33.
113 Paul G. Hofmann galt nach Paul-Henri Spaak als Verfechter der Einheit Europas. Spaak, Memoiren eines Europäers, S. 257 f.
114 Schmitt, The Path to the European Union, S. 57.

Die teilnehmenden Staaten der Pariser Konferenz forderten anfänglich von den USA 29,2 Milliarden US-Dollar. Die USA wiesen die Zahlen als völlig unrealistisch zurück. Die korrigierte, reduzierte Forderung der Europäer belief sich für einen Zeitraum von vier Jahren auf 19,31 Milliarden US-Dollar. Datiert war diese Anforderung auf den 22. September 1947 (First Report).[115] Die USA akzeptierten letztlich für das eine Wirtschaftsjahr 1948/1949 insgesamt einen Betrag von 4,875 Milliarden US-Dollar.[116] Um das gesamte Programm durchzusetzen, forderte Präsident Harry S. Truman vom amerikanischen Kongress Mitte Dezember 1947 17 Milliarden US-Dollar für die vierjährige Laufzeit der Marshall-Plan-Hilfe.[117] Der Koreakrieg reduzierte die Summe dann auf ca. 13 Milliarden US-Dollar.[118] Insgesamt erhielt Europa über den gesamten Zeitraum der Hilfe dann Zuschüsse und Kredite innerhalb des ERP im Wert von 13,211 Milliarden US-Dollar, davon:

- Großbritannien: 3,175 Milliarden
- Frankreich: 2,706 Milliarden
- Italien: 1,474 Milliarden
- Deutschland: 1,389 Milliarden
- Irland: 0,146 Milliarden
- Österreich: 0,676 Milliarden.[119]

Schon im ersten Jahr der Hilfeleistungen begann die Wirtschaft in Europa sich zu stabilisieren und der Erfolg sichtbar zu werden. So urteilte Hoffman am 15. August 1949, dass es Fortschritte beim Wiederaufbau Europas gab.[120]

Deutlich wird dies auch in veränderten Daten der Strukturhilfe. Waren im ersten Jahr des European Recovery Programme noch 50 Prozent der Hilfe Lebensmittelimporte, so reduzierte sich diese Zahl im Jahr 1951 auf 25 Prozent. In den ganzen vier Jahren wurden fast zwei Drittel der Hilfe für Lebensmittel, Futter, Dünger, Rohstoffe und Halbfertigprodukte ausgegeben, 16 Prozent für Benzin, 17 Prozent für Maschinen und Autos. Zwei Drittel sämtlicher Importe kamen aus den USA. Ein Sechstel des Geldes wurde dazu genutzt, den innereuropäischen Handel zu fördern. Zwischen 1947 und 1950 verdoppelte sich so der innereuropäische Handel.[121] 1949 erreichte Europa die Produktionszahlen von 1938, obwohl Griechenland und Deutschland stark abfielen.[122]

Von 1947 (120 Milliarden US-Dollar) bis 1951 (159 Milliarden US-Dollar) stieg das Bruttosozialprodukt sämtlicher OEEC-Länder um 32,5 Prozent. Die Produktionszahlen

---

115 Loth, Der Weg nach Europa, S. 62 f.
116 Spaak, Memoiren eines Europäers, S. 259. Vgl. hierzu auch: Walter Wehe (Hrsg. Auswärtiges Amt), Das Werden Europas, Zeittafel der europäischen Einigungsbestrebungen 1946–1955, Frankfurt a. M. 1955, S. 25.
117 Pollard, Economic Security and the Origins of the Cold War, S. 149.
118 Bischof/Petschar, Der Marshall-Plan, S. 102.
119 Steil, The Marshall Plan, S. 450.
120 Walter Wehe (Hrsg. Auswärtiges Amt), Das Werden Europas, Zeittafel der europäischen Einigungsbestrebungen 1946–1955, Frankfurt a. M. 1955, S. 40.
121 Mayne, The Recovery of Europe, S. 117.
122 Schmitt, The Path to the European Union, S. 24.

in der Industrie waren um 35 Prozent (OEEC-Ziel 30 Prozent) und die gesamte landwirtschaftliche Produktion war um 11 Prozent (OEEC-Ziel 15 Prozent) höher als 1938.[123]

Das zweite Ziel, die Liberalisierung des Handels, wurde am 2. November 1949 festgeschrieben, als sich die Mitgliedsländer der OEEC verpflichteten, bis zum 15. Dezember 1949 50 Prozent der gesamten privaten Importe von Restriktionen, wie z. B. Zöllen, zu befreien. Fast alle Staaten konnten dies einhalten. Am 18. August 1950 wurde ein "Code of Liberalization" für noch größere Handelsfreiheiten beschlossen. Bis Ende des Jahres erreichten sie, mit Ausnahme zweier Staaten, eine weitere Reduktion der Handelsbarrieren um 50 Prozent.[124]

Diese Zielvorgaben wurden nicht nur erfüllt, sondern übertroffen: "Response and execution showed that they meant what they put their hand to."[125]

Der Marshall-Plan hat die Liberalisierung des Handels in Europa gefördert und damit das wirtschaftliche Wachstum erheblich unterstützt.[126] Dabei hing der Erfolg des Marshall-Plans nicht von der Summe der gezahlten Gelder ab. „Die Summe war viel zu gering, als dass man allein damit den anschließenden Aufschwung erklären könnte."[127] Viel wichtiger war, dass mit dem Marshall-Plan „der richtige ordnungspolitische Rahmen für die soziale Marktwirtschaft gesetzt wurde".[128] Für die USA selbst war das Marshallprogramm auch ein Subventionsprogramm, um der eigenen, schwächelnden Wirtschaft zu helfen.[129]

Um die Zahlungsströme innerhalb der Mitgliedsländer der OEEC regeln zu können, wurde am 11. Januar 1950 der Plan zur Realisierung einer entsprechenden Planungsstelle gebilligt[130]. Am 1. Juli 1950 wurde dann die European Payment Union (EPU) gegründet. Gleichzeitig sollte diese Institution alle Handelsdiskriminierungen einzelner oder mehrerer Länder bekämpfen. Die EPU sollte zur Regelungsstelle der 16 Staaten werden, ohne dass die OEEC Kontrolle über die Organisation hatte. Zuerst wurden die Handelsbilanzen der einzelnen Staaten konsolidiert. Das Defizit bzw. das Plus der einzelnen Länder wurde addiert oder subtrahiert und eine Gesamtbilanz aller Staaten erstellt. Gab es einen Überschuss, war die EPU Schuldner, wenn nicht, Gläubiger jedes einzelnen Staates.[131] Die Forschung bewertet die Ergebnisse der Marshallhilfe unterschiedlich:

Benn Steil betrachtete die wirtschaftlichen Erfolge differenziert positiv: "By any reasonable standard, such a recovery did occur. Between 1947 and mid-1952, when Marshall aid officially ended, industrial output increased by 60 percent."[132] Und weiter: "There were wide variations – growth ranged from 24 percent in Sweden to 241 percent in West Germany – but gains were generally significant and widespread."[133]

---

123 Pollard, Economic Security and the Origins of the Cold War, S. 165.

124 Mayne, The Recovery of Europe, S. 119.

125 Schmitt, The Path to the European Union, S. 24.

126 Der Wirtschaftshistoriker Jörg Baten wird zitiert durch Viktoria Untereiner, Geld für den besiegten Feind, *Die Welt* vom 14.4.2018.

127 Ebd.

128 Ebd.

129 FRUS, Office of the Historians, 1947, The British Commonwealth; Europe, Volume III, Memorandum by the Under Secretary of State for Economic Affairs (Clayton) vom 27.5.1947.

130 Wehe, Das Werden Europas, S. 50.

131 Loth, Der Weg nach Europa, S. 87.

132 Steil, The Marshall Plan, S. 341.

Er fasste dies folgendermaßen zusammen:

Broadly, the evidence supports the argument that Marshall aid did stimulate investment, and that such investment boosted growth. But given that the aid amounted to only 2,6 percent of recipient output, on average, increased investment would only account for about half a percentage point of growth. Such growth is not insignificant, but hardly enough to justify the Plan's legendary status.[134]

Steils Ergebnis fällt positiv kritisch aus:[135]

The Marshall Plan and the NATO are therefore best understood as two parts of a wider European security policy, which was itself embedded in an emerging Grand Strategy of Soviet containment. But on this level, as a component of a broader strategy, the Marshall Plan did indeed work. (...) In the wake of the devastation of WWII, the Marshall Plan and NATO provided western Europe with such security and kept it firmly on the democratic, capitalist path.[136]

Gasteyger sah die Erfolge vor allem im wirtschaftlichen und nicht im politischen Bereich:

Das wirtschaftlich geglückte Wagnis der Marshallplanhilfe ergab in politischer Hinsicht die enttäuschende Bilanz, daß die europäischen Staaten weit davon entfernt waren, auf Teile ihrer sorgsam gehüteten Souveränität zu verzichten. Souveränität zugunsten einer höheren Einheit zu verzichten.[137]

Anders gewichtet Elvert die Ergebnisse:

Die Forschung sieht heute die Wirkung des Marshall-Plans mehr auf der politischen und weniger auf der ökonomischen Ebene. Zwar flossen zwischen 1948 und 1952 insgesamt 13,4 Milliarden US-Dollar nach Europa, doch hat die materielle Hilfe nur in Einzelfällen, so in Frankreich und Österreich, höhere Investitionen in den Wiederaufbau ermöglicht.[138]

Die wirtschaftliche Not sei beim Einsetzen der Hilfe Ende 1948/49 schon „mit eigenen Mitteln überwunden worden".[139] Laut Gerd Hardach wirkte der Marshall-Plan eher mit einer „längeren, zeitlichen Verzögerung" und förderte „die Expansion der westeuropäischen Wirtschaft in den fünfziger Jahren...".[140]

---

133 Ebd.
134 Ebd., S. 344.
135 Ebd., S. 349 ff.
136 Ebd.
137 Gasteyger, Europa zwischen Spaltung und Einigung, S. 55 f.
138 Elvert, Die europäische Integration, S. 45.
139 Ebd.
140 Hardach, Der Marshall-Plan, S. 14.

3. Gründungs- und Konsolidierungsphase der Organisation

Die Veränderungen von Strukturen sind Teil der wirtschaftlichen Entwicklung Europas mit Auswirkungen bis heute. Den Nutzen eines Binnenmarktes, der nicht zuletzt durch die Marshallhilfe mit gefördert wurde, zeigt eine aktuelle Bertelsmann Studie auf.[141] Faktisch gingen wichtige Institutionen aus der OEEC hervor:

1. Die Gründung der Europäischen Zahlungsunion (EZU) 1950.
2. Die Europäische Kernenergie-Agentur, die am 20. Dezember 1957 gegründet wurde.
3. Die Europäische Konferenz der Verkehrsminister (CEMT), gegründet im Jahr 1952.
4. Die Europäische Produktivitätszentrale (EPZ), die 1953 mit Unterstützung der USA gegründet wurde, um effektive Maßnahmen zur Produktionssteigerung zu fördern.[142]

Diese weiteren Organisationen zeigen, dass die wirtschaftlichen Integrationsversuche den politischen vorausgingen. Die Organisation for European Economic Cooperation wurde 1948 gegründet, um den Aufbau Europas zu koordinieren. Von 1948 bis 1951 war der Vorläufer der Organisation for Economic Cooperation and Development (OECD) hauptsächlich für die Distribution der US-Gelder zuständig, um in der zweiten Phase von 1952 bis 1956 den Abbau der Handelshemmnisse voranzutreiben.[143] Aus der OEEC wurde mit Gründungsurkunde vom 14. Dezember 1960 die Organization for Economic Cooperation and Development (OECD).[144] Die OEEC war ein Resultat des Ost-West-Konfliktes. Dabei forcierten die erfolglose Moskauer Außenministerkonferenz und die Weigerung der mittel- und osteuropäischen Staaten, an dem Marshall-Plan teilzunehmen, die westliche Zusammenarbeit.[145] „Die Zeit ist nun reif für die Konsolidierung Westeuropas", so Ernest Bevin am 22. Januar 1948, nachdem auch die Londoner Außenministerkonferenz geschei-

---

141 „Die Einkommensgewinne kommen – vereinfacht erklärt – vor allem durch geringere Handelskosten und die damit verbundene positive Wirkung auf Produktivität und Preise zustande. Der Handel mit Waren und Dienstleistungen hat sich durch den Binnenmarkt aufgrund des Wegfalls von Zöllen und anderer sogenannter nichttarifärer Handelshemmnisse erhöht. Dies wiederum sorgt zum einen für mehr Wettbewerb um die besten Produkte und die niedrigsten Preise; zum anderen erleichtert der Binnenmarkt Investitionen von Unternehmen innerhalb Europas, sodass Dynamik und Innovationskraft zugenommen haben. Die stärkeren Handelsverflechtungen durch den Binnenmarkt führen letztlich dazu, dass volkswirtschaftliche Ressourcen (Arbeit und Kapital) von den weniger produktiven zu den produktivsten Firmen verschoben werden und die gesamtwirtschaftliche Produktivität stärker wachsen kann – da Löhne und Produktivität gemeinhin Hand in Hand gehen, können dadurch die Einkommen im Durchschnitt steigen." Dominic Ponattu/Giordano Mion, Ökonomische Effekte des EU-Binnenmarktes in Europas Ländern und Regionen – Zusammenfassung der Studie, Bertelsmann Stiftung, Gütersloh Mai 2019, S. 4.
142 Es wurden später noch weitere Organisationen gegründet, für Post und Fernmeldewesen, Raumforschung, und Luftfahrt. Gasteyger, Europa zwischen Spaltung und Einigung, S. 56.
143 Miriam Hederman, The Road to Europe, Dublin 1983, S. 26.
144 Grosser, The Western Alliance, S. 102.
145 Gasteyger, Europa zwischen Spaltung und Einigung, S. 56.

tert war. „Wir stehen in Osteuropa vor dem fait accompli – wir denken nun Westeuropa als Einheit."[146]

Hier wird deutlich, dass der Fokus nicht nur auf der wirtschaftlichen Integration Europas lag, sondern auch auf der politischen und militärischen. Entscheidend für die weitere Analyse der vorliegenden Thematik bleibt jedoch der wirtschaftliche und politische Aspekt des Marshall-Plans. Unabhängig davon, ob der Marshall-Plan in der Forschung als wirtschaftlicher Erfolg eingeschätzt wird – ein Misserfolg war er in keinem Fall. 13,2 Milliarden US-Dollar waren ein erheblicher Wert, vergleichbar mit 137,886 Milliarden US-Dollar des Jahres 2019 und setzten einen erheblichen Impuls.[147]

Die USA investierten in das Marshallprogramm circa 1,1 Prozent ihrer damaligen Wirtschaftsleistung, bezogen auf den Zeitraum von 2012–2016 ergäbe sich hochgerechnet eine Summe von 800 Milliarden US-Dollar, ein deutlich höherer Wert.[148] Gleichzeitig gelang es der USA und dem Westen, wie es Kennan forderte, aus der Defensive in die Offensive zu kommen und eine positive Entwicklung voranzutreiben.

Aus diesem Blickwinkel war die OEEC ein beachtlicher wirtschaftlicher und politischer Erfolg, ob kurz- oder erst mittelfristig. Durch den Abbau von Handelsschranken und Abstimmung der einzelstaatlichen Maßnahmen schaffte es die OEEC, die wirtschaftliche Gesundung weiterzuentwickeln. Die Europäische Zahlungsunion, in der zahlreiche innereuropäische Schulden buchmäßig ausgeglichen wurden, schränkte die teilnehmenden Staaten der OEEC in der Jagd nach knappen US-Dollars und Goldvorräten ein. Durch Gesprächskreise förderte sie den direkten Meinungsaustausch in den Mitgliedsländern auch politisch. Die OEEC hatte vor allem Erfolg bei kurzfristigen Problemen und entwickelte sich zu einer Konferenz souveräner Staaten. Sie wurde aber keine Wirtschaftsregierung, wie die USA sie anstrebten. Obwohl die OEEC-Länder ein Vetorecht bei Entscheidungen besaßen, stoppte dieses die OEEC nicht in ihrem Arbeitsrahmen, weil alle Staaten aktiv handeln mussten, um ihr eigenes Land in der Entwicklung voranzutreiben.[149] So sah es auch Spaak, nach dessen Meinung das Angebot zur Hilfestellung der Amerikaner die Europäer dazu zwang, in ihrem eigenen Kontinent enger zusammenzuarbeiten.[150] Vor allem die Ereignisse des Jahres 1948 mit der kommunistischen Machtübernahme in der Tschechoslowakei und der Berliner Blockade verschärften die weltpolitische Situation und führten dazu, dass alle westeuropäischen Mächte einer stärkeren Kooperation zustimmten.[151]

---

146 Ebd., S. 57.
147 https://www.dollartimes.com/inflation/inflation.php?amount=100&year=1950. Ausgangsbasis waren 13,2 Milliarden US-Dollar mit einem mittleren Wert des Jahres 1950. Abgerufen am 5.5.2019.
148 Steil, The Marshall Plan, S. 342.
149 Mayne, Einheit Europas, München 1963, erweiterte und ergänzte Ausgabe, S. 67 ff.
150 Spaak, Memoiren eines Europäers, S. 256.
151 Ebd. Vgl. hierzu auch: Gasteyger, Europa zwischen Spaltung und Einigung, S. 95.

4. Integrationstheoretische Aspekte im Rückblick

a) Bedeutung von Theorien für die Studie

Karl Popper sieht in Theorien das Ziel, die „Maschen des Netzes immer enger zu machen".[152] Sie ermöglichen auch im Kontext historischer Prozesse eine zusätzliche Erklärungsebene. Schon Hans Morgenthau wies mit seiner Theorie des Realismus darauf hin, dass Aktionen von Staaten auf menschliche Handlungen zurückgehen.[153] Doch erst im Laufe der Zeit rückten Akteure in den Fokus verschiedener politischer Theorieschulen.[154] Sie erweiterten die Erklärungsansätze um die Dimension sozialer Werte und Normen. Dabei wurde das Konzept des *homo sociologicus* dem nutzenmaximierenden *homo oeconomicus* gegenübergestellt.[155] Der Soziologe Ralf Dahrendorf sah darin auch für Historiker eine zusätzliche Perspektive: „Das Problem des Historikers ist kein Problem der wissenschaftlichen Erkenntnis. Es beruht vielmehr auf der Tatsache, daß dort, wo Wissenschaft vom Menschen handelt, ihr Anliegen und das der Praxis so nahe aneinanderrücken, daß die logische Trennung der beiden für die Praxis ohne Bedeutung bleibt."[156] In diesem Zusammenhang sind auch die Kurzbiographien der außerhalb ihrer Länder größtenteils unbekannten Akteure der irischen und österreichischen Politik zu sehen (Kapitel VIII).

Da neben der Geschichtswissenschaft auch politologische Theorien im Rahmen der Integrationsforschung eine wichtige Rolle spielen, erfolgt nun noch ein interdisziplinärer Abriss von Theorien, die Einfluss auf die ersten europäischen Einigungsschritte hatten.

In den 1940er Jahren überlagerten sich verschiedene Theorien, die tiefere Bedeutung für die europäische Integration hatten: Föderalismus mit einer Prägung durch Alexander Hamilton, Richard Coudenhove-Kalergi und Alberto Spinelli; dazu David Mitranys Funktionalismus und der Realismus Morgenthaus, der "founding father" der Internationalen Beziehungen, dessen Ansatz selbst nicht als Integrationstheorie gilt.[157] Antje Wiener

---

152 Karl Popper, Logik der Forschung, Tübingen 2005 (11. Auflage), S. 36.

153 Alexander Siedschlag, Neorealismus; Neoliberalismus und postinternationale Politik, Beispiel internationale Sicherheit – Theoretische Bestandsaufnahme und Evaluation, Opladen 1997, S. 49.

154 Thomas Risse, Social Constructivism and European Integration, S. 144–160, in: Antje Wiener/ Thomas Diez, European Integration, Oxford/New York 2009 (2. Auflage).

155 Thomas Risse, Konstruktivismus, Rationalismus und Theorien Internationaler Beziehungen – warum empirisch nichts so heiß gegessen wird, wie es theoretisch gekocht wurde, S. 3 f. Beitrag für Gunther Hellmann, Klaus Dieter Wolf und Michael Zürn (Hrsg.), Forschungsstand und Perspektiven der Internationalen Beziehungen, 10.2.2003. https://docplayer.org/20944898-10-02-03-von-thomas-risse.html. Abgerufen am 28.3.2021.

156 Ralf Dahrendorf, Homo Sociologicus. Ein Versuch zur Geschichte, Bedeutung und Kritik der Kategorie der sozialen Rolle, S. 95.

157 Ireneusz Pawel Karolewski, Die künftige Gestalt Europas: Funktionalismus oder Föderalismus? Am Beispiel der Osterweiterung der Europäischen Union, in: Region-Nation-Europa (Heinz Kleger Hrsg.), Band 1, Münster/Hamburg/London 2000 (Dissertation), S. 56. „If our discipline (of international relations) has any founding father, it is (Hans) Morgenthau", so Kenneth W. Thompson und W. David Clinton im Vorwort/Preface, in: Morgenthau, Politics Among Nations, S. xvii.

nennt diese Phase des frühen Föderalismus und Funktionalismus die Periode der Proto-Integrationstheorien und unterteilt die weitere Entwicklung in drei Phasen, beginnend mit dem Vertrag von Rom: Die erklärerische (ab den 1960er Jahren), die analytische (seit den 1980er Jahren) und schließlich die konstruktivistische (ab den 1990er Jahren).[158] Auf die wichtige, wachsende Bedeutung von sozialen Gruppen und Akteuren bei Entscheidungs-findungen kann und soll in dieser Studie nicht eingegangen werden, da die relevanten Theorieschulen den Untersuchungszeitraum deutlich überschreiten.[159]

b)   Integration: Begriffsdefinition und Entwicklung

Zum Grundverständnis soll zunächst der Integrationsbegriff geklärt werden. Nach Ludolf Herbst stellt sich die theoretische Auseinandersetzung insgesamt „als eine durchaus am historischen Prozeß orientierte Analyse dar, die allerdings vorwiegend aus der Feder von Ökonomen, Politikwissenschaftlern und Soziologen stammt", deren Vertreter stärker „gene-ralisierend und vergleichend verfahren als Historiker dies in der Regel tun".[160]

Bis zur Rede Hoffmans 1949 war der Begriff kein Bestandteil des politischen Dis-kurses. Für Ökonomen hingegen, wie der seit 1941 in den USA lebende Schwede Folke Hilgerdt, war die positive Wirkung integrativer Prozesse eindeutig. Beim 55. Treffen der American Economic Association vom 29. bis 31. Dezember 1942 veranschaulichte er die Vorteile des internationalen Güter- und Warenverkehrs. Er analysierte die Situation, die durch den Abbau des Handels- und Finanzsystems zur Krise in den 1930er Jahren ge-führt hatte. Sein Plädoyer: "The international integration we have in mind will have to be achieved by co-ordination of national economic policies, particularly in the field of foreign trade."[161] Für Herbst trug Hilgerdt wesentlich dazu bei, dass die Sichtweise in die US-amerikanische Exekutive gelangte.[162] So forderten drei junge Wirtschaftsexperten im

---

158 Diez/Wiener, European Integration Theory, S. 6 ff.

159 Hans Jürgen Bieling, Intergouvernementalismus, S. 77–98, S. 77. und Jochen Steinhilber, Li-beraler Intergouvernementalismus, S. 141–163, in: Hans Jürgen Bieling/Marika Lerch, Theorien der europäischen Integration, Wiesbaden 2012 (3. Auflage), Ernst B. Haas, The Uniting of Eu-rope, Political, Social and Economic Forces 1950–1957, Notre Dame 2004 (3. Auflage), S. xvii, Risse, Social Constructivism and European Integration, S. 144–160, in: Wiener/Diez, European Integration, Risse, Konstruktivismus, Rationalismus und Theorien Internationaler Beziehun-gen, S. 1–23, Wiener/Diez, European Integration, Weidenfeld, Die Europäische Union.

160 Herbst, Die zeitgenössische Integrationstheorie und die Anfänge der europäischen Einigung 1947–1950, S. 161–205, S. 161.

161 Programm und Rednerliste. Preliminary program of the Fifty-fifth annual meeting of the American Economic Association Source: The American Economic Review, Vol. 32, No. 4 (Dec., 1942), pp. 953–965 Published by: American Economic Association Stable URL: https://www.jstor.org/stable/1816802. Accessed: 3.6.2020 18:57 UTC., abgerufen durch Chris Fleis-her, 18:57 UTC. Und: Folke Hilgerdt, The Case for Multilateral Trade, A World System of Mul-tilateral Trade, S. 393–407, Zitat, S. 407. in: The American Economic Review, Vol. 33, No. 1, Part 2. Supplement, Papers and Proceedings of the Fifty-fifth Annual Meeting of the American Economic Association (Mar. 1943) pp. 393–407, https://www.jstor.org/stable/1819026. Abge-rufen durch Chris Fleisher am 3.6.2020, 18:59 UTC.

162 „Man mußte sich ‚nur' an den Verhältnissen des 19. Jahrhunderts orientieren, die bestehenden

State Departement Anfang Mai 1947 in einem Bericht an George F. Kennan, Director of the Policy Planning Staff, ein starkes, wirtschaftlich integriertes Europa.[163] Doch bevor der Begriff Teil der europäischen Einigungsidee wurde, lag der Fokus der US-amerikanischen Außen- und Sicherheitspolitik auf Verhinderung einer wirtschaftlichen Desintegration in Europa.[164] Kennan, Clayton und Marshall blieben im Mai und Juni 1947 bei dieser Formulierung, und so wurde auch am 5. Juni des Jahres in Harvard noch von der Vermeidung einer "economic, social and political deterioration" gesprochen.[165] So begann die Transformation von der Desintegration zu einem integrativen Gedanken.[166]

Die Rede Hoffmans, in der er zwei Jahre später die Sorge äußerte, dass eine neue Zahlungskrise die Erfolge des Marshall-Plans beeinträchtigen könnte, ist vor diesem Hintergrund einzuordnen.[167] Bischof/Petschar interpretieren die Grundsatzrede im Rahmen der OEEC am 31. Oktober 1949 als Plädoyer zur Bildung eines europäischen Binnenmarktes und einer damit verbundenen besseren Wettbewerbsfähigkeit.[168] Der Begriff der Integration wurde dabei von Hoffman 16-mal verwendet.[169] Seine Formulierung von der wirtschaftlichen Integration entwickelte sich „zum Schlagwort der europäischen Politik" und wurde Teil des öffentlichen Diskurses; sein Vortrag gilt als „zweite Marshallplan-Rede".[170] Dem Ökonomen Fritz Machlup zufolge wurde der Integrationsbegriff in

---

Handels- und Zahlungsschranken abbauen, den Multilateralismus und die Goldwährung wiederherstellen." Herbst, Die zeitgenössische Integrationstheorie und die Anfänge der europäischen Einigung 1947–1950, S. 170 f.

163   Fritz Machlup, A History of Thought on Economic Integration, Basingstoke/London 1977, S. 10. Hierzu auch: Herbst, Die zeitgenössische Integrationstheorie und die Anfänge der europäischen Einigung 1947–1950, S. 172 f.

164   Ebd.

165   https://www.marshallfoundation.org/library/documents/text-marshallsharvard-speech-department-states-press-release/. Abgerufen am 28.2.2019, https://history.state.gov/historical documents/frus1947v03/d135 und https://history.state.gov/historicaldocuments/frus1947v03/d136. Abgerufen am 10.6.2020.

166   Für Herbst wurde mit der Marshallrede der „historische Prozeß in Gang gesetzt, in dem sich der moderne Integrationsbegriff herauskristallisierte". Herbst, Die zeitgenössische Integrationstheorie und die Anfänge der europäischen Einigung 1947–1950, S. 173.

167   „Die Verhältnisse hätten sich durch die Rezession in den USA und die politische Stagnation der OEEC erheblich verändert." Hardach, Der Marshall-Plan, S. 165 f.

168   Bischof/Petschar, Der Marshall-Plan, S. 156.

169   Eigene Zählung, Caption: On 31 October 1949, at the 75th meeting of the Council of the Organisation for European Economic Cooperation (OEEC), Paul Hoffman, US Administrator of the Economic Cooperation Administration (ECA), the body responsible for distributing the funds granted under the Marshall Plan, calls on the countries of Western Europe to work towards greater union and to integrate their economies within a large single European market. Source: Statement by the E. C. A. Administrator at the 75th Council meeting Paris, 31st October, 1949 C (49)176 Or. Engl. Paris: Organisation for European Economic Cooperation, 31.10.1949. Copyright: (c) Organisation européenne de coopération économique URL: http://www.cvce.eu/obj/statement_by_paul_hoffman_at_the_75th_oeec_council_meeting_31_october_1949-en840d9b55-4d17-4c33-8b09-7ea547b85b40.html. Publication date: 20/12/2013. Abgerufen am 4.6.2020.

170   Herbst, Die zeitgenössische Integrationstheorie und die Anfänge der europäischen Einigung 1947–1950, S. 174 und 188 f. Sie wurde auch als „reformulation of Marshall's Harvard speech" bezeichnet. Hierzu: Gehler, From Saint-Germain to Lisbon, S. 192.

politischen Dokumenten der OEEC am 15. November 1949 erstmals genutzt.[171] Während der Politikwissenschaftler Miroslav N. Jovanovic darauf hinweist,[172] dass es keine allgemeine Theorie der internationalen wirtschaftlichen Integration gibt, unternimmt sein Kollege Werner Weidenfeld einen Definitionsversuch: „Integration ist die friedliche und freiwillige Annäherung bzw. Zusammenführung von Gesellschaften, Staaten und Volkswirtschaften über bislang bestehende Grenzen hinweg."[173]

Ernst B. Haas verweist auf die politische Dimension des Integrationsbegriffes. Für ihn zeichnet sich Integration dadurch aus, dass politische Akteure überzeugt werden, Souveränitätsrechte in ausgewählten Politikbereichen auf eine andere Institution zu übertragen.[174] Obwohl europäische Politiker anfänglich noch auf die US-amerikanische Herkunft verwiesen, etablierte sich der Begriff mit dem Schuman-Plan 1950 in Westeuropa und bildete eine Grundlage für viele verschiedene neue Integrationstheorien.[175]

Insgesamt waren der europäische Wiederaufbau und insbesondere die OEEC eng mit dem Begriff Integration verbunden. Ziel war es nicht nur, Desintegration zu stoppen, sondern Integrationsdynamik zu initiieren. Aus einer globalen, liberalen Begriffsidee wurde ein regionales, auf Westeuropa und anfänglich auf den Marshall-Plan bezogenes Konzept, einschließlich der OEEC als Institution. Mit dem Schuman-Plan wurde der Integrationsbegriff ehrgeiziger gefasst, er forderte den Aufbau supranationaler Strukturen.[176] Der Terminus verdrängte allmählich den des Föderalismus und nahm „dessen institutionellen Bedeutungsaspekt an, der seinen umgangssprachlichen Bedeutungskern heute ausmacht".[177]

c)   Der Einfluss des Realismus auf die europäische Integration

Für den Politologen Alexander Siedschlag führte der Zweite Weltkrieg zum „Bankrott des politischen Idealismus und historischen Optimismus vor der Geschichte der 1930er Jahre".[178] Vor diesem Hintergrund gewann die realistische Sichtweise an Bedeutung. Als Grundlage für den klassischen Realismus diente das von dem deutsch-amerikanischen Politikwissenschaftler Hans Joachim Morgenthau 1946 veröffentlichte Buch "Politics Among Nations", in dessen Zentrum der Machtbegriff steht.[179] Für den Politikwissen-

---

171 Fifth Report to Congress zum Thema einer skandinavischen Zollunion. Hierzu: Machlup, A History of Thought on Economic Integration, S. 12.

172 Miroslav N. Jovanovic, International Economic Integration, Limits and Prospects, London/ New York 1998 (2. Auflage), S. xvi.

173 Für Weidenfeld ist die Definition differenziert zu betrachten: „Im wissenschaftlichen und politischen Diskurs über die Europäische Integration wird der Begriff uneindeutig und unterschiedlich verwendet", so Weidenfeld, Die Europäische Union, S. 14.

174 Haas, The Uniting of Europe, S. 16.

175 Herbst, Die zeitgenössische Integrationstheorie und die Anfänge der europäischen Einigung 1947–1950, S. 161 f. und S. 174.

176 Ebd., S. 174 f.

177 Ebd., S. 172.

178 Siedschlag, Neorealismus; Neoliberalismus und postinternationale Politik, S. 44. Hierzu auch: Diez/Wiener, European Integration Theory, S. 8.

179 "A political policy seeks either to keep power, to increase power, or to demonstrate power."

schaftler Volker Rittberger tritt in dieser Theorie der Staat als Akteur in der internationalen Politik auf.[180] Ireneusz Pawel Karolewski, ebenfalls Politikwissenschaftler, betont den konfrontativen Aspekt der Theorie.[181] Obwohl der Realismus keine Integrationstheorie sei, könne er einen „gesunden" Einfluss auf die Internationalen Beziehungen haben, da Nationalstaaten „das Tempo der europäischen Integration bestimmen".[182]

Grundsätzlich sah Morgenthau die Rolle von internationalen Organisationen kritisch, da diese oft machtlos in der Durchsetzung ihrer Interessen seien.[183] Doch das Hegemonieprinzip ermöglicht aus seiner Sicht eine multilaterale Entwicklung und die Bildung von internationalen Organisationen. Für Rittberger gelingen allerdings Kooperationen im realistischen Ansatz nur, wenn ein Hegemon bereit ist, „relative Gewinne anderer Staaten zu tolerieren, um selbst absolute Gewinne erzielen zu können".[184] Wesentlich für einen multilateralen Ansatz ist für den Politikwissenschaftler John Gerard Ruggies eine hohe Glaubwürdigkeit, insbesondere wenn ein Hegemon weiterhin auch bilaterale Vereinbarungen schließt.[185] "If that is so, then it was the fact of an *American* hegenomy that was decisive after World War II, not merely American *hegenomy*."[186] Dieser Rahmen lag auch der Gründungsphase der OEEC zugrunde; die US-amerikanische Politik zum Ende des Zweiten Weltkrieges wurde von dieser Denkrichtung beeinflusst. Statt sich wieder in die Festung Amerika zurückzuziehen, wollte Präsident Franklin D. Roosevelt mittels eines internationalen Engagements den Frieden gewinnen.[187]

Für Kennan bot dabei eine multipolare Struktur die Möglichkeit, die Besonderheiten der amerikanischen Demokratie mit einer eigenen Realpolitik zu verbinden.[188] Mit der Verkündung der Truman-Doktrin am 12. März 1947 griffen die USA stärker in das europäische Geschehen ein.[189] Für Henry A. Kissinger, einen Vertreter der Morgenthauschen Theorien,[190] verdeutlicht die Rede die Neuausrichtung: "The Truman Doctrine marked a

Morgenthau, Politics Among Nations, S. 50.

180　Volker Rittberger/Bernhard Zangl/Andreas Kruck, Internationale Organisationen, Wiesbaden 2013 (4., überarbeitete Auflage), S. 28.

181　Karolewski, Die künftige Gestalt Europas: Funktionalismus oder Föderalismus? S. 56.

182　Ebd., S. 59.

183　Morgenthau, Politics among Nations, S. 285 f.

184　Rittberger, Internationale Organisationen, S. 29 f.

185　John Gerard Ruggie. The Anatomy of an Institution, S. 3–47, S. 31, in: Ruggie (Ed.), Multilateralism Matters, The Theory and Praxis of an Institutional Form, New York/Oxford 1993.

186　Ebd. Für Mearsheimer folgte die Vorgehensweise der realistischen Denkschule, die USA profitierte strategisch als „superpower", da sie keine militärische Angst vor den anderen Partnern innerhalb der OEEC hatte. Hierzu auch: John J. Mearsheimer, The False Promise of International Institutions, S. 569–585, S. 577, in: Morgenthau, Politics among Nations.

187　Ruggie, Multilateralism: The Anatomy of an Institution, S. 3–47, S. 26. Hierzu auch: Rittberger, Internationale Organisationen, S. 31.

188　"After all, a ‚realist' power calculation (and Kennan certainly saw himself as paramount realist) led inexorably to the conclusion that only the United States was in a position to balance Soviet power and that the states of West Europe could at best play a supporting role." Steve Weber, Shaping the Postwar Power, S. 233–292, S. 240 f. in: Ruggie, Multilateralism Matters.

189　Ebd., S. 242.

190　Henry A. Kissinger, Diplomacy, New York/London/Toronto/Sydney/Tokyo/Singapore 1994, S. 452 f. Zu Kissinger vgl. auch: Siedschlag, Neorealismus; Neoliberalismus und postinter-

watershed because, once America had thrown down the moral gauntlet, the kind of *Realpolitik* Stalin understood best would be forever at an end, and bargaining over reciprocal concessions would be out of the question."[191] In der Retroperspektive ordnete Kissinger die durch die Gründungsväter der atlantischen Verbindung Harry S. Truman, Dean G. Acheson, George C. Marshall und Dwight D. Eisenhower forcierte US-amerikanische Entwicklung ein. Er konstatiert, dass ihnen die Bedeutung einer Allianz bewusst war. Eine reine Machtpolitik werde nur in einer, auf ähnlichen moralischen Werten und gemeinsamen Traditionen basierenden Allianz verhindert.[192]

Die Bildung der OEEC verdeutlicht, wie ein ausgeprägter Realismus des US-amerikanischen Hegemons die westeuropäische Integrationsdynamik initiiert und nach ihrer Vorgabe entwickelt hat, es galt das Prinzip "...the United States must run the show."[193] Im Rahmen ihrer multilateralen und transatlantischen Nachkriegsagenda erreichten die USA mit der Gründung internationaler Organisationen die Einbindung Westeuropas, so Ruggie.[194] Der Multilateralismus à la USA diente für ihn als Gründungsfundament der Nachkriegsordnung.[195] Kissinger sah dabei im Marshall-Plan die Grundlage für die wirtschaftliche Stabilisierung: "The Marshall Plan was designed to get Europe on its feet economically. The North Atlantic Treaty Organization (NATO) was to look after its security."[196]

Die Bedeutung dieses multilateralen Ansatzes und seines wirtschaftlichen Impulses wird dabei in der Forschung als substanziell eingeordnet.[197] Anstatt nur bilateral zu agieren, wurde am Aufbau eines neuen, von den Europäern zu entwickelnden Rahmens gearbeitet, den die USA förderten.[198]

d)   Föderalismus, Funktionalismus, Intergouvernementalismus und die Debatte über die ersten Schritte der europäischen Integration

Doch nicht nur der Realismus hatte großen Einfluss, sondern auch die Debatte über die ersten Schritte der westeuropäischen Integration. Der Föderalismus, der innerhalb der institutionalistischen Theorieschule als die älteste Richtung gilt, und der von Mitrany entwickelte Funktionalismus waren für diesen Diskurs entscheidend.[199] Ziel der Föderalisten

---

nationale Politik, S. 125.

191   Kissinger, Diplomacy, S. 452 f.

192   Ebd., S. 819.

193   "The United States must take world leadership and quickly, to avert world disaster" and that when it came to Western Europe's future, "the United States must run this show," so Clayton. in: Weber, Shaping the Balance of Power, S. 243.

194   Ruggie, Multilateralism: The Anatomy of an Institution, S. 28.

195   Ebd., S. 25.

196   Kissinger, Diplomacy, S. 456. Hierzu auch: Siedschlag, Neorealismus; Neoliberalismus und postinternationale Politik, S. 45.

197   William B. Clayton, Assistant Secretary of State for Economic Affairs meinte: "Nations which act as enemies in the market-place cannot long be friends at the council table." Ruggie, Multilateralism: The Anatomy of an Institution, S. 25 f.

198   Ebd.

war es, Souveränitätsrechte einer bundesstaatlichen Ordnung zu übertragen.[199] An den USA orientiert und unter dem Einfluss von Spinellis Manifest von Venetone entwickelten sie den Ansatz eines europäischen Bundesstaates.[201] Mit Hilfe einer Verfassung, so die föderalistische These, sollten „die Macht- und Souveränitätsansprüche der Nationalstaaten dauerhaft" überwunden werden.[202] Für Föderalisten beginnen Schritte zur Integration erst nach dem Verfassungsakt, ein Prozess, den Anita Prettenthaler-Ziegerhofer als *"function follows form"* bezeichnet.[203]

Noch im Dezember 1946 trafen sich die Union Européenne des Fédéralistes (UEF), die als dritte Kraft ein sozialdemokratisch ausgerichtetes Europa anstrebten.[204] Für den Politikwissenschaftler Frank Schimmelfennig waren dabei gerade die antifaschistische und antikommunistische Ausrichtung und die liberale Programmatik eine der Grundlagen der europäischen Einigungsideen.[205] Mit der Idee eines dynamischen Föderalismus, den die UEF 1947 in Montreux entwickelte, sollte sukzessive eine europäische Verfassung entstehen.[206]

Der föderalistische Ansatz mit seiner Top-Down-Struktur wurde von David Mitrany kritisiert und durch eine funktionalistische Theorie herausgefordert.[207] Mit seinem kooperativen Modell "form follows function" zählt der Funktionalismus ebenfalls zu den klassischen Integrationstheorien.[208] Als Gegenspieler zum Top-Down-Modell nutzt der Funktionalismus damit eine Bottom-Up-Variante.[209] Mitranys – "A Working Peace System" – gilt hierfür als Grundlage und lässt sich auch als Antwort auf das von Wolf D. Gruner als „Kampfschrift" bezeichnete Paneuropa-Buch Coudenhove-Kalergis lesen.[210]

---

199 Rittberger, Internationale Organisationen, S. 32 f.

200 Herbst, Die zeitgenössische Integrationstheorie und die Anfänge der europäischen Einigung 1947–1950, S. 171.

201 Ebd., S. 197 und Andreas Grimmel/Cord Jakobeit, Politische Theorien der Europäischen Integration, Wiesbaden 2009, S. 19.

202 Anita Prettenthaler-Ziegerhofer, Europäische Integrationsrechtsgeschichte, Innsbruck u. a. 2012 (3., aktualisierte und ergänzte Auflage), S. 52 f. Für Spinelli hatte der Nationalstaat aufgrund der Erfahrungen aus zwei Weltkriegen versagt. Er entwickelte einen „radikal-demokratischen Ansatz, wie er ihn selbst nannte," um „eine einmalige, umfassende und endgültige Lösung für die Probleme Europas" zu finden. Grimmel/Jakobeit, Politische Theorien der Europäischen Integration, S. 22.

203 Prettenthaler-Ziegerhofer, Europäische Integrationsrechtsgeschichte, S. 53.

204 Wilfried Loth, Europas Einigung, Eine unvollendete Geschichte, Frankfurt a. M./New York 2014, S. 14.

205 Frank Schimmelfennig, The EU, NATO and the Integration of Europe, Rules and Rhetoric, Cambridge 2003, S. 266.

206 Herbst, Die zeitgenössische Integrationstheorie und die Anfänge der europäischen Einigung 1947–1950, S. 198.

207 "We must take the federalists on their own ground, which claims that to create something good and lasting we must unite not the chief political units but the several political societies – the peoples – themselves", in: Mitrany, A Working Peace System, S. 43.

208 Katja Gehrt, Die Sicherheitspolitik der ASEAN, Grenzen-Probleme-Perspektiven, (Eberhard Sandschneider Hrsg.), Wiesbaden 2000, S. 7 und 11.

209 Morgenthau, Politics Among Nations, S. 533.

210 Gruner, Völkerbund, Europäische Föderation oder internationales Schiedsgericht? Die Diskussion über neue Formen der europäischen und internationalen Beziehungen im 19. und frühen

Für Mitrany waren föderalistische Strukturen starr und unflexibel.[211] Integration und der Verzicht auf Souveränität sollten stattdessen durch Übertragung von Aufgaben erreicht werden.[212] Rittberger charakterisiert den Aufbau von internationalen Organisationen als „Zweckverbände", die Herausforderungen bewältigen sollen, ohne eine Föderation zu bilden.[213] Der Funktionalismus setzt nach dieser Lesart auf eine organische Entwicklung der Integration.[214] Weidenfeld betont: „Integration ist im Funktionalismus ein Prozess, der die Entpolitisierung bzw. Entspannung von Konflikten und Lösung von transnationalen Problemstrukturen durch die kontinuierliche, elitengetragene Ausweitung der technischen Kooperation auf nicht kontroversen Gebieten erreicht."[215]

Wie der Föderalismus betrachtet der Intergouvernementalismus Integration als einen Top-Down-Prozess.[216] Für seine Vertreter bestimmen die Nationalstaaten und deren Regierungen die Integrationsdynamik.[217] Die Bildung von supranationalen Behörden sei das Ergebnis eines Handelns souveräner Staaten, so Wiener.[218] Dieser Ansatz erklärt auch die Anfangsphase der OEEC. Als Vertragspartner der multilateralen Organisation agierten Regierungen intergouvernemental.

Doch nicht nur europäische Föderalisten strebten eine stärkere Integration an, auch die US-Amerikaner wünschten die OEEC als Ausgangspunkt für ein einiges Europa. Sie sollte politische Zuständigkeiten erhalten:[219] „Hoffman, Harriman, der irische Außenminister MacBride, einige andere und ich wollten, daß die Organisation eine bedeutendere Rolle spielen sollte", so Spaak.[220] Ein Gedanke, der sich wegen der Widerstände Großbritanniens, das einen funktionalistischen Ansatz vertrat, nicht umsetzen ließ.[221] Nachdem sich weder im Europarat eine föderalistische Idee durchsetzen noch in der OEEC 1949/50

---

20. Jahrhundert, S. 173–224, S. 215, in: Wolf D. Gruner, Deutschland mitten in Europa. Hierzu auch: Gehrt, Die Sicherheitspolitik der ASEAN, S. 11. Vgl. hierzu auch: Richard Codenhove-Kalergi, Kampf um Europa, III. Band, Wien/Lepizig 1928.

211 Grimmel/Jakobeit, Politische Theorien der Europäischen Integration, S. 52.
212 Mitrany, A Working Peace System, S. 31.
213 Rittberger, Internationale Organisationen, S. 33.
214 Mitrany, A Working Peace System, S. 83 f.
215 Weidenfeld, Die Europäische Union, S. 20.
216 Karolewski, Die künftige Gestalt Europas: Funktionalismus oder Föderalismus? S. 64.
217 Weidenfeld, Die Europäische Union, S. 21. Für den Politikwissenschaftler Biegel ist Stanley Hoffmanns These bahnbrechend: „Die Grundaussage lautete dabei, dass die Nationalstaaten nach wie vor die zentralen Basiseinheiten der europäischen Integration darstellen und die Gemeinschaftspolitik vor allem durch die nationalen Regierungen bestimmt wird." Bieling, Intergouvernementalismus, S. 77–98, S. 77. Vgl hierzu auch: Stanley Hoffmann – Die staatszentrierte Perspektive, in: Grimmel/Jakobeit (Hrsg.), Politische Theorien der Europäischen Integration, S. 137–140.
218 Diez/Wiener, European Integration Theory, S. 9.
219 Spaak, Memoiren eines Europäers, S. 261.
220 Ebd., S. 259.
221 Spaak sollte laut seiner Aussage die OEEC auf Wunsch der Amerikaner leiten. Es wurden Anfang 1949 drei Berichte erstellt, von denen der von Spaak und MacBride entwickelte mehr Kompetenzen an die OEEC geben wollte, während der von den Briten verfasste dies nicht wollte. Laut Spaak einigte man sich auf kleine Kompromisse. Ebd., S. 259 ff. Ihm zufolge vertrat Großbritannien eine „funktionelle Methode". Ebd., S. 277.

weiterentwickeln konnte, ging Schuman das Thema anders an – trotz des Widerstandes der Briten, die keine supranationale Behörde wollten und somit außen vor blieben.[222]

Die Rede Hoffmans am 31. Oktober 1949 bildete einen Wendepunkt in der Politik der europäischen Integration. Eine wichtige Rolle spielte dabei die Gesprächs- und Verhandlungsebene der OEEC-Konferenz am 31. Oktober 1949. So dokumentiert Schumans Hinweis auf einen neuen Plan gegenüber dem erstmals teilnehmenden deutschen Delegationsleiter Franz Blücher (FDP) die Bedeutung dieser Kommunikationsmöglichkeit.[223] Schumans Plan, der am 9. Mai 1950 vorgestellt wurde, sah vor, die Integration nur in einem Sektor durchzuführen und basierte auf den Ideen Jean Monnets und dem Ansatz der European Coal and Steel Community (ECSC).[224] Die Verträge zur Bildung einer supranationalen Behörde wurden am 18. April 1951 unterschrieben und am 23. Juli 1952 in Kraft gesetzt.[225] Wiener identifiziert diesen Prozess, der spätestens mit der Unterzeichnung der Römischen Verträge vollendet wurde, als den Beginn neuer theoretischer Modelle, die über die Erklärungsansätze der Protointegrationtheorien hinausgingen.[226]

e) Fazit

Zusammenfassend lässt sich konstatieren, dass die Grundsätze des Realismus in der Gründungsphase der OEEC überwogen. Nicht ganz so eindeutig lassen sich die klassischen Integrationstheorien Föderalismus und Funktionalismus zuordnen: Föderalistische Gedanken sind in der Frühphase der OEEC nicht zu ermitteln, der US-amerikanische Wunsch, eine Wirtschaftsregierung zu entwickeln, scheiterte am Widerstand der Europäer. Funktionalistische Ideen dagegen sind in der Bildung aufgabenbezogener Institutionen sichtbar, die jedoch nur begrenzt agieren und – wie das Beispiel der OEEC mit dem Einstimmigkeitsprinzip zeigt – keine institutionelle Führung erreichen konnten.

Der Weg von den Anfängen der europäischen Integration durch die OEEC und den Europarat als intergouvernementale Organisationen zu einer supranationalen Institution der EGKS, mit ihrem Exekutivorgan, lässt sich auch als Paradigmenwechsel beschreiben. Mit der Rede Hoffmans im ersten Drittel des Marshall-Plans hielt der Begriff der Integration Einzug in den politischen Diskurs. Es zeigt sich, dass der europäische Integrationsbegriff und die OEEC eng miteinander verbunden sind.

---

222 Ebd., S. 277–280.

223 Herbst, Die zeitgenössische Integrationstheorie und die Anfänge der europäischen Einigung 1947–1950, S. 191.

224 Damit wurde "the realisation of the first concrete foundation of European Federation" ermöglicht. Gehler, From Saint-Germain to Lisbon, S. 154 f.

225 Werner Weidenfeld/Wolfgang Wessels (Hrsg.), Europa von A bis Z, Taschenbuch der europäischen Integration, Baden-Baden 2014 (13. Auflage), S. 15.

226 Diez/Wiener, European Integration Theory, S. 6 ff.

5.   Multilateralismus statt Bilateralismus – ein neues Denken in Europa

Der bilaterale Handel war innerhalb Europas durch das mangelnde Vertrauen und die „Dollarlücke" stark in Misskredit geraten. Die Nachkriegssituation hatte den Regierungen verdeutlicht, dass ein Staat allein und isoliert die Wirtschaftsprobleme nicht lösen konnte.

Treffend formulierte Marshall die Bedingung der Unterstützung der USA:

> It would be neither fitting nor efficacious for this Government to undertake to draw up unilaterally a program designed to place Europe on its feet economically. This is the business of the Europeans. The initiative, I think must come from Europe. The role of this country should consist of friendly aid in drafting of a European Program and of later support of such a program so far as it may be practical for us to do so.[227]

Die alte wirtschaftliche Arbeitsweise der bilateralen Wirtschaftsbeziehungen war in der dramatischen Situation, in der sich Europa befand, nicht mehr möglich. Es brauchte einen neuen Ansatz, um den Handel zwischen mehreren Ländern zu initiieren. Der Multilateralismus bot neue Möglichkeiten, die John Gerard Ruggie wie folgt definiert: "... multilarism is an institutional form that coordinates relations among three or more states on the basis of generalized principles of conduct: that is, principles which specify appropriate conduct for a class of actions, without regard to the particularistic interests of the parties or the strategic exigencies that may exist in any specific occurrence."[228]

Doch nicht nur der multilaterale Ansatz, auch die Erfahrungen der früheren Hilfsprogramme der USA flossen in die Überlegungen des Marshall-Plans mit ein. Durch Marshalls Rede vom 5. Juni 1947 wurde ein sehr wichtiger Impuls gesetzt. Die europäischen Staaten mussten gemeinsam einen Gesamtplan und einen solchen für jedes Land entwickeln, um Fördergelder der USA zu erhalten. Dieses Vorgehen änderte die Arbeitsweise signifikant. Anstatt in bilateralen Vereinbarungen die Interessen von zwei Vertragspartnern zu optimieren, wurden Vereinbarungen auf Regierungsebene multinational getroffen. Daraus entwickelten sich konkrete wirtschaftliche Ergebnisse. Die Arbeitsgruppen, die während der Entstehungsphase der OEEC gebildet wurden, waren ein Beispiel für diese multinationale Zusammenarbeit.[229] Dort wurde der Rahmen für die Gesamtplanung definiert, der die Basis für die jeweiligen Länder bildete. Die Einzelinteressen standen bei den Regierungen im Vordergrund. Die Regierungen waren aber aufgefordert, zusammenzuarbeiten und die Interessen der beteiligten Regierungen, wenn auch unverbindlich, zu berücksichtigen.[230] Multinationale Verträge schlossen weitere bilaterale Vereinbarungen

---

227 Kapitel IV.1 dieser Arbeit.

228 Ruggie, Multilateralism: The Anatomy of an Institution, S. 3–47, S. 11.

229 Food and Agriculture, Fuel and Power, Iron and Steel, Transport. Proposed organization und Schreiben des britischen Botschafters an die irische Regierung, vom 4.7.1947, S 14106 A (NAIRL, S. files).

230 Mähr, Von der UNRRA zum Marshallplan, S. 388.

nicht aus, sondern entwickelten eine neue zusätzliche Ebene. Dabei waren sie auch eine Basis für intensivere Gespräche über die Handelsliberalisierung und Zollfragen.

Um diese Vorgehensweise der Staaten nicht nur zu paraphieren, sondern auch zu kontrollieren, hatte die ECA-Organisation aufgrund der bilateralen Verträge der USA mit den jeweiligen Staaten das Recht, auf die Einhaltung zu achten.[231] Gleichzeitig wurde die gesamte wirtschaftliche Entwicklung des jeweiligen Landes „unter die Lupe" genommen.[232] Diese Maßnahme spiegelt sehr gut die US-amerikanische Vorgehensweise des Förderns und Forderns wider, die die Zusammenarbeit der Europäer zur Grundbedingung machte. Im Verhältnis zur ECA war die OEEC auch durch das Einstimmigkeitsprinzip laut Mähr „ein recht schwaches Gegenstück". Die Folge aus seiner Sicht war, „daß die ECA einen weit größeren Einfluss auf das europäische Programm hatte als die Europäer selbst".[233] Die ECA war homogener organisiert und auch nur einem Land verantwortlich.[234] Konkret arbeiteten die Regierungen in Europa zusammen, um ein gemeinsames, im Konsens erarbeitetes Programm mit den USA abzustimmen – den organisatorischen Rahmen dazu bildete die OEEC.[235] Eine Organisation war aus Sicht Jean Monnets notwendig, um die von Menschen entwickelten Fortschritte aufrechtzuerhalten: „Nothing is possible without men: nothing is lasting without institutions."[236] Die Vorgehensweise stand im Gegensatz zum sowjetischen Bilateralismus, der in einer Vielzahl von Verträgen zwischen der UdSSR und den jeweiligen Volksdemokratien bestand. Die Verträge über „Freundschaft, Zusammenarbeit und gegenseitigen Beistand" wurden mit den Ostblockländern abgeschlossen.[237]

Insgesamt bildete die von den USA definierte Vorgabe, einen europäischen Wiederaufbauplan gemeinsam zu entwickeln, intern in Westeuropa zu diskutieren und mit den USA zu besprechen und abzustimmen, die Grundlage des neuen Denkens, multinational statt bilateral. Damit lässt sich festhalten, dass ein aus der wirtschaftlichen Not entstandener Impuls eine der Grundvoraussetzungen für den weiteren europäischen Einigungsprozess war. Die wirtschaftlichen Probleme Europas und der europäische Prozess der Integration im Rahmen des Marshall-Plans waren auch die Basis für den Weg Irlands und Österreichs in den Marshall-Plan. Dieser gesamteuropäische Rahmen spielt bei der Betrachtung Irlands und Österreichs eine entscheidende Rolle, wie in den vorangegangenen Kapiteln herausgearbeitet wurde. Ihre unterschiedliche Art und Weise dieses Weges zum Marshall-Plan und die Betrachtung ihrer Lage an der Peripherie Westeuropas werden in den Kapiteln V und VI untersucht.

---

231 Ebd., S. 377.

232 Ebd.

233 Ebd., S. 388.

234 Ebd., S. 389.

235 Wilfried Loth sah die Integrationsbemühungen der OEEC kritisch. „Erst recht kamen Integrationsbemühungen innerhalb der OEEC kaum voran, es dauerte allein bis September 1950, bis auch nur eine „Europäische Zahlungsunion" der Teilnahmeländer zustande kam." Loth, Die Teilung der Welt 1941–1955, S. 207 ff.

236 Grosser, The Western Alliance, S. 102.

237 Gasteyger, Europa zwischen Spaltung und Einigung, S. 45. Vgl. hierzu auch: Die Auflistung der zweiseitigen Verträge, Ebd., S. 52.

V. Irland und Österreich: Der Marshall-Plan –
Wege aus der Peripherie

1. Irland und der Marshall-Plan

a) Über Großbritannien zum Marshall-Plan:
Die Fianna Fail-Regierung[1] 1947/1948

Das Kabinett de Valeras regierte seit 1932 und war somit eine der am längsten amtierenden Regierungen in demokratischen Ländern überhaupt. So erwartete auch das Ausland nicht, dass es trotz der zahlreichen Probleme in Irland zu einem Regierungswechsel
kommen würde.[2]

Die irische Regierung war sich bewusst, dass die außenpolitische Isolation dem Land
große Probleme bereitete. Da sie die Neutralität aber auch nach Beendigung des Krieges fortsetzen wollte, musste sie die – angesichts der sich anbahnenden Blockbildung in
Europa und in der Welt – zunehmende Isolation akzeptieren.[3] Dies führte zu kontroversen
Diskussionen innerhalb Irlands, vor allem über die Teilnahme an dem für Irland so drin-
genden European Recovery Programme. Insgesamt konnte sich Irland trotz Neutralität
nicht länger der Welt verschließen oder, wie es Thomas J. Barrington formulierte, es
musste sich zumindest in der Wirtschaftspolitik der Welt öffnen:

> The growth in the size and scale of modern business, and in the number of multinational com-
> panies, together with the speed and ease of modern communication and transport systems,
> have meant that even a small offshore island like Ireland cannot remain immune to what is
> going on in the rest of the world.[4]

Die Konsequenz war, dass die irischen Diplomaten nach dem Krieg direkt mit internationalen Körperschaften Kontakt aufnahmen. Dies war unumgänglich, da internationale Organisationen durch ihre Entscheidungen Einfluss, auch auf die Innen- und Wirtschaftspolitik der jeweiligen Mitgliedsländer, nahmen. Folglich musste sich die Richtung der irischen
Politik ändern und die außenpolitische Präsenz verstärkt werden. Resultierend daraus wurden neue Repräsentationen in den Ländern bzw. bei den Institutionen aufgebaut.[5] Das galt
auch für die OEEC. So führte die Arbeit der OEEC dazu, dass die Isolation der irischen
Außenpolitik durch direkte Kommunikation mit den Partnerländern durchbrochen wurde.[6]

---

1   Die Fianna Fail (Soldaten des Schicksals) ist eine konservative Partei und wurde am 16.5.1926
    gegründet. Der anglo-irische Vertrag wurde von der Partei abgelehnt.
2   The European Recovery Programme, S 14106B (NAIRL, S. files).
3   Patrick Comerford zitiert hier Ronan Fanning, der die Neutralität als irisches Eigeninteresse
    beschrieb. Comerford, Do you want to die for NATO? S. 50.
4   Barrington, The Irish Administrative System, S. 66.
5   Ebd.

Als erstes Anzeichen einer möglichen Unterstützung der USA wertete die irische Regierung die Rede Marshalls am 5. Juni 1947.[7] In einer der ersten Reaktionen beurteilte das irische Außenministerium die Signale positiv. Das Department of External Affairs[8] ging hierbei davon aus, dass diese Unterstützungsleistungen nicht nur wirtschaftlich begründet, sondern auch politisch motiviert waren. Daraus folgerte das irische Außenministerium, dass diejenigen Länder, die den USA kritisch gegenüberstanden, nicht mit einer Hilfe rechnen konnten. Besondere Unterstützung erwartete das Außenministerium jedoch für die Länder, deren Positionen als unabhängige Staaten besonders gefährdet waren, wie zum Beispiel die Türkei oder Griechenland.[9]

Zielsetzung der USA war es für das irische Außenministerium, Europa wieder auf eine eigene wirtschaftliche Basis zu stellen.[10] Das Außenministerium interpretierte die angebotene Hilfe der USA dahingehend, dass die Gesamthilfe für einen Zeitraum von drei bis vier Jahren und mit einem Betrag von ungefähr fünf bis sechs Milliarden US-Dollar (1,2 bis 1,25 Milliarden Pfund) p. a. gelten sollte. Als Grund für die beabsichtigte Hilfeleistung der USA benannte das irische Außenministerium die ernsthaften wirtschaftlichen Probleme Europas: "Very serious dislocation of the entire fabric of European economy and inability of European countries to pay for their needs."[11]

Obwohl Irland keine physischen Kriegsschäden vorweisen konnte und auch nicht zu den Alliierten im Zweiten Weltkrieg gehörte, sollte Irland genauso am Programm teilhaben wie die Alliierten.[12]

Zur Meinungsbildung der irischen Regierung gehörte es, die Äußerungen der anderen europäischen Staaten in Bezug auf die Rede Marshalls zu analysieren. Die Reaktionen der britischen und der französischen Regierungen waren, wie in Kapitel IV.2.a) beschrieben, positiv.[13] Die kleineren Staaten wie Belgien, Niederlande und Luxemburg hatten ihrerseits, wie schon berichtet, einen Konsultationskreis gebildet, der diese drei Staaten zum Ende des Jahres 1947 in eine gemeinsame Zollunion führen sollte.[14] Das irische Außenministerium glaubte, wie in der ersten Reaktion vom 7. Juni 1947 beschrieben, nicht nur an eine rein wirtschaftliche Hilfe, sondern auch an eine konkrete politische Zielsetzung des

---

6   Patrick Keatinge, The Formulation of Irish Foreign Policy, Dublin 1973, S. 31.

7   Fanning, The Irish Department of Finance, S. 410 f.

8   Irisches Außenministerium.

9   Department of External Affairs, Memorandum vom 7.6.1947, S 14106A (NAIRL, S. files).

10 "...place Europe on her feet economically and prevent economic, social, and political deterioration of a very grave character." The Marshall Plan, Department of External Affairs vom 1.7.1947, S 14106D (NAIRL, S. files).

11 Ebd.

12 Akenson, The United States and Ireland, S. 107.

13 Kapitel IV.2.a). Vgl. hierzu auch eine Anmerkung aus den Akten des irischen Außenministeriums, "The British Government have warmly welcomed the proposals which Mr. Bevin described in the House of Commons on the 19th June as" – "a great opportunity for Europe" and "a chance which the British Government will not miss". The Marshall Plan, Department of External Affairs vom 1.7.1947, S 14106D (NAIRL, S. files).

14 The Marshall Plan, The Department of External Affairs vom 1.7.1947, S 14106D (NAIRL, S. files).

geplanten Programms. Dieser Eindruck wurde in der späteren Zusammenfassung durch das Außenministerium vom 1. Juli 1947 noch verstärkt. Trotz einer anfänglich positiven Reaktion einiger osteuropäischer Staaten, wurde nicht an deren Teilnahme geglaubt, wie folgender Hinweis verdeutlicht:

> It is, indeed, difficult to see how the U.S.A. would give large scale assistance to eastern European countries under Governments like that in Hungary which has recently been very forcefully criticised by President Truman and other official spokesman.[15]

Das Außenministerium erwartete weiterhin, dass eine Einladung der britischen Regierung zu einer Konferenz im Juli folgen würde. Auf dieser Konferenz sollte eine neue Stuktur, das European Economic Committee, aufgebaut werden.[16] Ziel sollte es sein, ein gemeinsames Programm zum Wiederaufbau Europas zu erarbeiten und dieses zu koordinieren. Gleichzeitig glaubte das Außenministerium laut eines Memorandums daran, dass der Marshall-Plan Europa langfristig, zumindest zu einer Zollunion, zusammenführen werde. Beispiele waren die Idee Winston Churchills mit seiner Forderung nach den United States of Europe und die konkret durchgeführte Zollunion in den Benelux-Ländern.[17]

Das Department of Finance[18] teilte die positive Einschätzung einer Beteiligung an dem Marshall-Plan nicht. Das Ministerium stand einer Idee des ERP sehr kritisch gegenüber und begleitete die Folgediskussion über die OEEC skeptisch.[19] Dass diese Position in der Regierung und bei Eamon de Valera nicht durchdrang, könnte auf die positive Reaktion des britischen Außenministers Ernest Bevin auf den US-Vorschlag zurückzuführen sein, der den Marshall-Plan am 19. Juni 1947 im Unterhaus als große Möglichkeit für Europa bezeichnete, an der Großbritannien partizipieren wolle.

Im Auftrag der britischen und französischen Regierung wurde von dem Botschafter Großbritanniens, Normal E. Archar, am 4. Juli 1947 dem Taoiseach die erwartete Einladung zur Teilnahme an der ersten Planungskonferenz in Paris am 12. Juli 1947 zugestellt.[20] Gleichzeitig wurde auch eine Organisationsform für das Arbeitsprogramm vorgeschlagen:

> Four sub-committees would be set up to assist the work of the Committee of Co-operation in regard to the following subjects:
> 1. "Food and Agriculture
> 2. Fuel and Power
> 3. Iron and Steel
> 4. Transport."[21]

---

15   Ebd.
16   "It is being suggested, however, that a special adhoc body (called the European Economic Committee) may be set up." The Marshall Plan vom 1.7.1947, S 14106D (NAIRL, S. files).
17   Ebd.
18   Das irische Finanzministerium.
19   Fanning, The Irish Department of Finance, S. 411.
20   United Kingdom Represenrive to Eire vom 4.7.1947, S 14106A (NAIRL, S. files).
21   Ebd.

In die Arbeitsgruppen wurde auch Frederick H. Boland[22] gewählt. Diese Komitees sollten aus den Staaten herausgebildet werden, die an der Planungskonferenz am 12. Juli 1947 beteiligt waren. Die Arbeit der Unterkomitees sollte am 15. Juli 1947 beginnen, und sie sollten ein Programm erarbeiten, das dann bis spätestens September als Gesamtkonzept der Regierung der USA präsentiert werden sollte.[23] Der irische Regierungschef ließ sofort eine Zusammenfassung der Einladung im Kabinett verteilen.[24] Die irische Regierung akzeptierte die Einladung noch am selben Tag.[25] Der Freistaat Irland war somit an der Organisationsphase der ersten europäischen Nachkriegsinstitution von Beginn an beteiligt.[26] Als Leiter der Delegation wurde der Tenaiste[27] und Minister des Department for Industry and Commerce[28], Sean Lemass, bestimmt. Begleitet wurde er von Boland und dem Minister of Agriculture, P. J. Smith.[29] Die schnelle Reaktion des Kabinetts auf die Einladung zur Teilnahme an der Konferenz wurde in der Presse positiv gewertet, weil damit einerseits die Stellung Irlands als gleichwertiger Staat dokumentiert wurde und andererseits, weil der Wiederaufbau Europas eine Chance bekam.[30] Gleichzeitig bot sich Irland die Möglichkeit, aktiv am politischen Geschehen Europas beteiligt zu werden oder wie es die *Irish Times* formulierte:

> The Government has done well to respond so quickly to Anglo-French invitation to participate in the coming talks in Paris. It is meet and proper that this country, so long sundered by war from the rest of Europe, should receive, and should accept, every opportunity to play its part in the concert of nations.[31]

Für den Leiter der Delegation, Lemass, war das wichtigste Ziel, so der *Irish Independent*, die Beschaffungsprobleme in der Kohle- und Getreideversorgung Irlands zu beseitigen und diese Themen auf der Konferenz anzusprechen.[32] Ansonsten war die Einstellung der irischen Delegation zur Eröffnungskonferenz eher zurückhaltend: "wait, see and be ready."[33]

Andererseits kritisierte der *Sunday Independent* gleich nach Beginn der Konferenz die zu sehr auf rein wirtschaftliche Fragen ausgerichtete Haltung der irischen Regierung und verwies auf die enormen Veränderungen, die dieses Programm sowohl wirtschaftlich als auch politisch bedeutete.[34]

---

22 Kapitel VIII.1.a).
23 *Irish Times* vom 14.7.1947.
24 Proposed Organisation Department of the Taoiseach vom 4.7.1947, S 14106A (NAIRL, S. files).
25 Cabinet Minutes vom 4.7.1947, S 14106A (NAIRL, S. files).
26 *Irish Times* vom 4.7.1947.
27 Stellvertretender Regierungschef in Irland.
28 Irisches Wirtschaftsministerium.
29 Cabinet Minutes vom 4.7.1947, S 14106A (NAIRL, S. files).
30 *Sunday Independent* vom 6.7.1947 und *Irish Times* vom 7.7.1947.
31 *Irish Times* vom 7.7.1947.
32 *Irish Independent* vom 10.7.1947.
33 Die irische Delegation verhielt sich somit ähnlich wie der britische Außenminister, der sich wie folgt äußerte, "I have nothing to say. Silence is golden." *Irish Press* vom 12.7.1947.
34 "To judge by Mr. Lemass's statements in Paris, it looks as if our Government is acting on the Marshall Plan will be of a strictly economic character. This is almost a dangerously simple view of the task facing the nations who have accepted the British and French invitation and are

Die Koordinierungsaufgabe für die Konferenz erhielt Boland, der auch für die Entwicklung der irischen Strategie zuständig war. Nach Ansicht Keoghs dokumentierte die Entscheidung, die OEEC-Planungskonferenz in Paris dem Department of External Affairs und nicht dem Department of Finance zuzuordnen, die Bedeutung, welche Boland und das Department of External Affairs für Eamon de Valera hatten.[35] Auch die weitergehenden Verhandlungen in Paris wurden durch das Außenministerium betreut, und das Department of Finance war dem Marshall-Plan weiterhin kritisch gegenüber eingestellt: "we cannot expect any measure of salvation from the so-called Marshall Plan."[36] Demgegenüber wurde vom Leiter der Delegation, Lemass, die Wichtigkeit dieses Treffens herausgehoben. Er hatte die Hoffnung, dass mit Hilfe des Marshall-Plans Wohlstand und Sicherheit nach Europa zurückkehren werden.[37]

Die Konferenz begann am 12. Juli 1947 in Paris. Bei der Unterzeichnung des ersten Reports im September 1947 beteiligte sich später auch de Valera.[38] Als Folge der Diskussionen in der Regierung waren Lemass Aussagen auf der Eröffnungskonferenz am 14. Juli 1947 äußerst positiv, da er die Wiederherstellung der europäischen Wirtschaft als wichtig für die Weltwirtschaft ansah. Er äußerte auch die Hoffnung, dass die zu gründende internationale Organisation positive Resultate erzielen könne.[39] Außerdem hob er dabei die Bedeutung der Konferenz für ein kleines Land wie Irland hervor. Dass der Einfluss Irlands durch seine geringe Größe und seine großen Nachbarn begrenzt sei, war für Lemass selbstverständlich. Weiterhin befand sich für ihn Irland durch die Teilung in einer besonderen Situation, die bei der Konferenz zu berücksichtigen sei.[40]

Im Laufe der Vorbereitungen zur Unterzeichnung des ersten Reports der europäischen Staaten kam es zu erheblichen Diskussionen unter den Partnerstaaten, wie weit die Integration gehen und welche Aufgaben die zu gründende Organisation mit übernehmen sollte. Beispiel hierfür ist die Kontroverse über eine regelmäßige Einrichtung einer Arbeitsgruppe zur Regulierung von Zöllen in Europa, die vor allem von den skandinavischen Ländern kritisch bis ablehnend beurteilt wurde. Dennoch kam es zur Gründung der European Study Group on Customs, auch wenn dies nur zur Beruhigung der amerikanischen Öffentlichkeit geschah, die eine stärkere europäische Integrationspolitik begrüßte:

---

now meeting in Paris." und "Whatever form the decisions of the Conference may take, we can be sure that they will have political as well as economic repercussions." *Sunday Independent* vom 13.7.1947.

35   "It was External Affairs and not Finance which took the lead in the preliminary discussions on Marshall Aid. Boland not his counterpart in Finance, represented Ireland in Paris. Documentation came through External Affairs and was distributed to the relevant departments." Keogh, Ireland & Europe 1919–1948, S. 209 f.

36   Fanning, The Irish Department of Finance, S. 411.

37   Keogh, Ireland & Europe 1919–1948, S. 209 f.

38   Fanning, The Irish Department of Finance, S. 411.

39   Sean Lemass hob auch die Vorteile internationaler Kontakte hervor: "The history of efforts towards international cooperation is, in the main, a story of blighted hopes. The suggestion made by Mr. Secretary of State Marshall does however, offer us the prospect of success in our work, which entitles us to begin it with optimism." *Irish Press* vom 14.7.1947.

40   Ebd.

The Constitution of this European Study Group on Customs Union is best regarded as a ges-
ture-a gesture to American public opinion, on the one hand, which is, apparently heavily sold
on the idea that the Customs Union is the ideal solution for European economic difficulties,
and a gesture, on the other hand, to the solidarity-an earnest of the willingness of European
countries to work together towards the solution of the present economic problems.[41]

Auch die irische Regierung stand einer Beteiligung an der Arbeitsgruppe zur Erlangung
einer Zollunion skeptisch gegenüber. Frederick H. Boland entschied sich dennoch für die
Unterzeichnung des ersten Reports, da auch die absolute Mehrzahl der Mitgliedsländer
einer Beteiligung positiv gegenüberstand. Gleichzeitig wurde er als Vertreter Irlands zeitweise Vorsitzender dieses Ausschusses.[42] Im Rahmen der später vereinbarten Handelsliberalisierung wurden 75 Prozent der Importsteuern bei den OEEC-Teilnahmestaaten
reduziert, so auch in Irland bis 1952.[43] In einem Telefonat berichtete Boland, dass alle
beteiligten Staaten bereit wären, den gemeinsamen Report zu unterschreiben.[44]

In der Konferenz zur Unterzeichnung des ERP-Reports Mitte September 1947 in Paris hob Eamon de Valera die Wichtigkeit des Treffens hervor und stärkte somit auch die
Position von Boland, insbesondere in der internen Diskussion.[45] Auf dem Treffen wurde
der Wunsch der Europäer nach einer Unterstützungsleistung im Wert von 29 Milliarden
US-Dollar geäußert. Für die US-Amerikaner war dies zu viel, so dass die europäischen
Staaten die benötigte US-Hilfe auf 22 Milliarden US-Dollar quantifizierten.[46] Davon sollten weitere 3 Milliarden über langfristige Kredite der Weltbank finanziert werden.[47] Es
war aber der irischen Regierung klar, dass nun alles von den USA aus gesteuert wurde.[48]

Gleichzeitig wurde mit der Ausarbeitung eines konkreten Umsetzungsprogrammes begonnen. Für diese Tätigkeit wurde von irischer Seite ein zentrales Komitee mit ständi-
gem Arbeitssitz in Paris eingerichtet, das die Koordinierung zwischen der Regierung in
Dublin und den Ausschüssen in Paris übernahm. Dieses Komitee erarbeitete Berichte, die
den Bedarf aus den zu bildenden Fonds beschrieben und leitete sie den relevanten Dienst-
stellen zu. Der Verantwortliche dieses Komitees war wiederum Boland, der als Leiter des
Inter-Departmental Committees[49] auch die Interessen des Department of External Affairs

---

41   Brief von Frederick H. Boland, Assistant Secretary Department of External Affairs an die Re-
     gierung, Paris vom 8.9.1947, S 14106 Annex 3 (NAIRL, S. files).
42   Ebd.
43   O'Driscoll, Ireland, West Germany and the New Europe, S. 76 f.
44   Document about telephone conference Mr. Boland, Midnight 11.9.1947, S 14106A Annex 3
     (NAIRL, S. files).
45   Keogh, Ireland & Europe 1919–1948, S. 208 ff.
46   Akenson, The United States and Ireland, S. 107 f.
47   Loth, Der Weg nach Europa, S. 62.
48   "The ultimate results of the conference will depend on the action taken by the United States on
     the report." Antwort des Taoisaech auf die Frage eines Abgeordneten, über die Ergebnisse der
     September-Konferenz. Dail Eireann Parliamentary Debates – Official Report Volume 108 –,
     Comprising period from 8. Oktober 1947–20. November 1947, Dublin 1947, S. 1–3.
49   Aufgabe eines irischen Inter-Departmental Committee war es, bei einem Projekt, das meh-
     rere Ministerien betraf, durch direkte Kommunikation der entsprechenden Fachressorts eine
     Aufgabe schneller und besser lösen zu können. Die Schwierigkeit eines Inter-Departmental

mit vertrat.[50] Im Rahmen des ERP sollte das Inter-Departmental Committee die verlangten Planungen für laufende Verhandlungen vorbereiten und die verschiedenen Komitees der OEEC im Interesse Irlands konsultieren.[51] Daher war es die erste Zielsetzung des Inter-Departmental Committee, ein Programm zur Vorlage bei der Pariser Konferenz der OEEC zu erarbeiten, um so berechtigt zu werden, Marshall-Plan-Hilfe zu erhalten.

Die personelle Basis dieses Komitees sollte aus den Ministerien Finance, Industry and Commerce, Agriculture und External Affairs stammen.[52] Boland riet dazu, sich auf die Möglichkeiten, die der Marshall-Plan für Irland gab, vorzubereiten und das zu erarbeitende Programm so gut wie möglich zu nutzen. Am 19. Januar 1948 trat das Inter-Departmental-Committee zum ersten Mal zusammen. Aufgelöst werden sollte das Inter-Departmental-Committee erst, wenn der Marshall-Plan beendet sein würde.[53] Boland wies in diesem Zusammenhang darauf hin, dass die amerikanische Hilfe auf der Basis eines von der irischen Regierung erarbeiteten Programms vom Kongress in den USA genehmigt werden musste. Wichtig war es außerdem, dass es zu keinen Differenzen mit Großbritannien im Rahmen der amerikanischen Hilfe kommen durfte, da die starken Abhängigkeiten, wie in Punkt III beschrieben, bestanden.[54]

Hauptaufgabe der irischen Regierung war es, den erforderlichen Dollarbedarf zu decken und der irischen Wirtschaft die Möglichkeit zu geben, ihre Dollardevisen über den Sterling-Pool abzufordern. Daher war es eindeutig, dass es zwischen der britischen und irischen Regierung zu gemeinsamen Gesprächen kommen musste, nicht nur um die Dollarfrage zu besprechen, sondern auch, um alle anderen bilateralen Handelsfragen zwischen Großbritannien und Irland zu diskutieren.[55]

Der entscheidende Punkt für Irland war hierbei, wie beschrieben, dass das Pfund Sterling wieder konvertierbar werden sollte. Dies hätte bedeutet, dass Irland durch die hohen eigenen Pfund-Ersparnisse genügend Kapital zur Verfügung gehabt hätte, um alle notwendigen Produkte einführen zu können, die für einen Wirtschaftsaufschwung benötigt wurden.[56] Um die wirtschaftlichen Fragen und das ERP mit Großbritannien, dem wichtigsten Handelspartner Irlands, zu besprechen, signalisierte die irische Regierung daher ihren Gesprächswunsch.[57] Darauf reagierte die britische Regierung mit einer Einladung zu gemeinsamen Beratungen.[58] Verantwortlich für die Gesprächsvorbereitung war hierbei

---

Systems war die Frage, ob die Vertreter der einzelnen Ministerien zielgerichtet einer Aufgabenstellung zuarbeiteten oder in negativer Tendenz lediglich die Interessen der einzelnen Ministerien vertraten. James O'Donnell, How Ireland is governed, Dublin 1965, S. 42.

50 Barrington, The Irish Administrive System, S. 112.

51 Summary of Submission to the Government concerning Inter-Departmental and Staff Organisation required for the Administration for the European Recovery Programme, 28.4.1948, S 14299 (NAIRL, S. files).

52 Note of Conference vom 25.11.1947, P 130 (NAIRL, P. files).

53 Fanning, The Irish Department of Finance, S. 411 f.

54 Note of Conference vom 25.11.1948, P 130 (NAIRL, P. files).

55 History of the London Talks, vom 12.11.1947, P 130 (NAIRL, P. files) und Discussions with EIRE Ministers vom 4.11.1947, P 130 (NAIRL, P. files).

56 Fanning, The Irish Department of Finance, S. 413.

57 Aide-Memoire vom 4.9.1947, P 130 (NAIRL, P. files).

58 Einladung von Attlee vom 17.9.1947 für den 19.9.1947, unterschrieben vom britischen Bot-

das Finanzministerium.[59] Mit dieser Entscheidung wurde die Verantwortung in die Hände des Ministeriums gelegt, das sich vor allem in Handels- und Finanzfragen an Großbritannien orientieren wollte. So wies Whitaker als Vertreter des Finanzministeriums bei internen irischen Beratungen auf die besondere Situation Irlands hin und deutete an, dass mit Kontinentaleuropa nur über Großbritannien gearbeitet werden sollte. Die Gespräche fanden am 19. September 1947 statt.[60]

In der Diskussion auf höchster britisch-irischer Regierungsebene wurden weitere Gespräche vereinbart, um so eng wie möglich zwischen Großbritannien und Irland zu kooperieren. Während dieser Gespräche forderte Eamon de Valera die britische Regierung auf, durch Lieferungen von Kohle, Dünger etc. es der irischen Wirtschaft zu ermöglichen, die Einkäufe in den USA einzuschränken, um so den Bedarf nach US-Dollar zu reduzieren. Da die irische Industrie laut Sean Lemass noch nicht voll entwickelt war, benötigte sie viele Produkte aus Großbritannien.[61] Die irische Regierung wies bei den Gesprächen mit der britischen Regierung darauf hin, dass die Einschnitte in der Verfügbarkeit von US-Dollar Probleme in der Beschäftigungslage bereiten könnten. Dennoch verlangten britische Regierungsstellen von den Iren, den Dollarbedarf auf ein Minimum abzusenken.[62] Die britischen Regierungsstellen forderten die irische Regierung zusätzlich auf, Mitglied des International Monetary Fund[63] und der International Bank for Reconstruction and Development[64] zu werden, um über diesen Weg den irischen Bedarf an US-Dollar sicherzustellen, bzw. weniger oder keine Gelder mehr aus dem Sterling-Pool abzufordern.[65] Die Gespräche mit der britischen Regierung wurden in weiteren Treffen fortgesetzt und führten zu einem Ministertreffen am 3. November 1947.[66]

---

schafter in Irland, P 130 (NAIRL, P. files).

59 Letter from Frederick H. Boland to the Foreign Secretary vom 4.9.1947, P 130 (NAIRL, P. files).

60 Fanning, The Irish Department of Finance, S. 410 f.

61 Top Secret, Discussion with Eire Ministers, Minutes of a Meeting held in No. 10 Downing Street, 19.9.1947, P 130 (NAIRL, P. files).

62 Fanning, The Irish Department of Finance, S. 400.

63 International Monetary Fund: "The IMF was conceived in July 1944, when representatives of 45 countries meeting in the town of Bretton Woods, New Hampshire, in the northeastern United States, agreed on a framework for international economic cooperation, to be established after the Second World War. They believed that such a framework was necessary to avoid a repetition of the disastrous economic policies that had contributed the Great Depression. The IMF came into formal existence in December 1945, when its first member countries signed its Articles of Agreement. It began operations on March 1, 1947. Later that year France became the first country to borrow from the IMF." www.imf.org/external/about/histcoop.html. Abgerufen am 12.4.2018.

64 Die Weltbank wurde wie der Internationale Währungsfonds 1944 auf der Konferenz gegründet. https://www.bmz.de/de/ministerium/wege/multilaterale_ez/akteure/Weltbank/index.html. Abgerufen am 18.5.2020. Die International Bank for Reconstruction and Development ist Teil der Weltbank. www.worldbank.org/en/about. Abgerufen am 12. April 2018. "Originally, its loans helped rebuild countries devastated by World War II. In time the focus shifted from reconstruction to development, ..." https://www.worldbank.org/en/about/history. Abgerufen am 12.4.2018.

65 Brief an J. Williams Deputy Secretary, Department of Industry and Commerce vom 9.12.1947, P 130 (NAIRL, P. files).

66 History of London Talks vom 12.11.1947, P 130 (NAIRL, P. files).

I. Irland und der Marshall-Plan

Aus dem Treffen resultierend wurde ein gemeinsamer Arbeitskreis gebildet. Dieser gemeinsame Arbeitskreis sollte sich einmal im Quartal treffen, um eine stärkere Absprache zwischen Irland und Großbritannien zu erreichen, ohne jedoch die direkten Kontakte der Ministerien untereinander zu behindern. Von irischer Seite sollten am Arbeitskreis die gleichen Ministerien teilnehmen, die auch später im Inter-Departmental Committee des Marshall-Plans beteiligt waren, das heißt, die Ministerien Industry and Commerce, Finance, Agriculture und External Affairs.[67] Zusätzlich einigten sich beide Regierungen darauf, den US-Dollarbedarf Irlands vom 1. Oktober 1947 bis zum 30. Juni 1948 auf maximal 14 Millionen Pfund Sterling einzuschränken, die in US-Dollar getauscht werden konnten. Der Betrag sollte noch gesenkt werden, wenn Irland aus Australien Getreide erhalten könnte und so weniger aus den USA importieren müsste. Die irische Regierung bezifferte den US-Dollarbedarf, der aus dem Sterling-Pool gezogen werden sollte, für diesen Zeitraum auf 12 Millionen Pfund Sterling, falls aus Australien Getreide im Wert von 2 Millionen kommen würde.[68] Die irische Regierung verpflichtete sich zusätzlich gegenüber Großbritannien, eine Mitgliedschaft im International Monetary Fund[69] und International Bank for Reconstruction and Development grundsätzlich zu prüfen.[70]

Da alle Partner im Sterling-Pool ähnliche Einschränkungen wie Irland akzeptieren mussten, kam es zur Sterling Area Conference, die vom 19. September bis 6. Oktober 1947 in London stattfand. Bei den Gesprächen der Mitglieder des Sterling-Pools Großbritannien, Indien, Pakistan, Australien, Irland etc., die am 19. September 1947 begannen, wurden weitere Gespräche und Handelsabstimmungen zwischen den Mitgliedsländern vereinbart.[71] Die irische Regierung wies in einem Telegramm nach Washington darauf hin, das zentrale Bankensystem, das jahrelang gut funktioniert hatte, beizubehalten.[72]

Bevor der Marshall-Plan aktiv wirken konnte, war die gemeinsame Arbeitsgruppe der irischen Ministerien eine wichtige Institution. Sie sollte eine direkte Verbindung zu den britischen Behörden schaffen, um Reibungsverluste auch in Fragen der Beteiligung an dem Marshall-Plan und auch des Bezugs von US-Dollar über den Sterling-Pool auszugleichen.

Wie stark die Schnittstellen zwischen der britischen und irischen Regierung und auch der Koordinierung von US-Hilfe und Sterling-Pool waren, wird deutlich bei der Diskussion innerhalb des Inter-Departmental Committee. Dort eröffnete ein Vertreter des Finanzministeriums am 2. Februar 1948 die Diskussion mit der Frage, ob die US-Dollarzuweisungen über den Sterling-Pool, d. h. über London fließen sollten:

---

67 Note of Conference vom 25.11.1947, P 130 (NAIRL, P. files).

68 Top Secret, Foreign Exchange Requirements, Department of Finance, 18.9.1947, P 130 (NAIRL, P. files).

69 Nachdem der Internationale Währungsfonds (IWF) vor Beginn den Marshall-Plan die europäischen Staaten massiv unterstützt hatte, sorgte er, nach dem Einsetzen des Marshall-Plans, nur noch in unvorhersehbaren Fällen für eine Hilfestellung finanzieller Art. Richard N. Gardner, Sterling-Dollar Diplomacy in Current Perspective, The Origins and the Prospects of Our International Economic Order, New York 1980 (new, expanded edition with revised introduction), S. 303.

70 Maurice Moynihan vom Department of Finance und Con Cremin vom Department of External Affairs, 7.11.1947, P 130 (NAIRL, P. files).

71 *Irish Press* vom 7.10.1947.

72 Draft Telegram to Washington vom 6.10.1947, P 130 (NAIRL, P. files).

1. whether we should not offer payment in Irish currency for any US aid received and
2. whether we would not be better advised to seek to have our dollar requirements supplied, as hitherto, from the sterling area pool, US aid to Britain being arranged in such a way as to make this possible.[73]

Gleichzeitig befürchtete das Finanzministerium, dass das ERP zu unangemessenen Krediten führen und die irisch-britischen Beziehungen beeinträchtigen könnte. Weiterhin stellten Vertreter des Finanzministeriums fest, dass Irland im Gegensatz zu anderen Staaten der OEEC grundsätzlich keine Probleme in der Leistungsbilanz hatte:

Ireland, unlike the majority of the OEEC countries, may be said to have no overall balance of payments problem. It was true that last year we had an overall deficit on current account of some (Pound) 20 million and that the consequential draw on our external assets is of serious domestic import in so far as it represents expenditure of capital assets on consumer goods. We were, however, in a position to pay for our huge import surplus and, ignoring for the moment the question whether it would be desireable to do so, we would continue to be able to import at this or on an even higher level if our sterling earnings, present and past, were convertible into dollars and other curriencies. If the situation which existed (...) when current sterling was freely convertible we would have no interests in US aid. Even now, if US aid to Britain were arranged in such a way that the sterling area pool would be in a position to meet, as hitherto, our reasonable foreign exchange requirements, we would consider it altogether unjustifiable to look for a single cent of grant-in-aid from the US or any other country. In these circumstances, it was necessary to inquire whether there was not some arrangement by which we could avoid the indignity of accepting US-aid.

Die Aufgabenstruktur zur Steuerung des Marshall-Plans wurde vom Department of Finance misstrauisch betrachtet, da besonders bei finanziellen Zuwendungen die Kompetenz des Departments of Finance betroffen war. Da andererseits die wirtschaftlichen Bindungen zu Großbritannien sehr eng waren, vertrat das Finanzministerium die Ansicht, dass man sich verstärkt um den von Großbritannien gesteuerten Sterling-Pool kümmern müsste. Dass die finanzielle Unterstützung der USA via London schließlich Irland erreichen sollte, war hierbei nur ein Vorschlag des Department of Finance.

Diesem Einschnitt in die Souveränität des jungen Staates Irland stemmte sich jedoch u. a. Boland erfolgreich entgegen.[74] Für de Valera war trotz dieser Anfangsversuche eines gemeinsamen europäischen Wiederaufbaus die europäische Einheit noch sehr weit entfernt und der Kontakt zu Großbritannien für Irland eindeutig wichtiger. Dennoch gelangte Irland, durch die Beteiligung an der OEEC, in eine neue internationale Organisation. Dies war umso wichtiger, da eine UNO-Mitgliedschaft weiterhin nicht erreicht wurde. Im Bereich der wirtschaftlichen Kooperation gab es damit internationale Kontakte, und Irland wurde in die westeuropäische Politik eingebunden.[75]

---

73   Fanning, The Irish Department of Finance, S. 412.
74   Ebd., S. 412 f.
75   Bernadette Whelan, Europe-Aspects Irish Foreign Policy, Cork 1984, S. 94 f.

Innenpolitisch erwartete de Valera, dass er auch nach den Wahlen am 10. Februar 1948 mit seiner Partei die Regierung bilden könnte.[76] Dies sollte ermöglicht werden durch eine Koalition mit der Labour-Party[77] und mit Unterstützung einiger unabhängiger Kandidaten. De Valera glaubte nicht an die Bildung einer Koalition über alle anderen Parteien und alle ideologischen Grenzen hinweg.[78] Doch genau in diesem Punkt täuschte er sich, und es wurde eine Regierung ohne die Fianna Fail gebildet, indem die Parteien versuchten, die ideologischen Unterschiede zu überwinden, um so eine gemeinsame Regierung zu stellen. Mitglieder dieser Koalition waren die Fine Gael[79], Clann na Talmhan[80], Clann na Poblachta[81] und zwei rivalisierende Flügel der Labour-Party.[82]

Mit der Abwahl der Fianna Fail-Regierung im Februar 1948 musste auch der Taoiseach Eamon de Valera, der gleichzeitig Außenminister war, abtreten. Neuer Taoiseach wurde John A. Costello, neuer Außenminister Sean MacBride.[83] Mit der Abwahl der Regierung de Valeras endete eine wichtige außenpolitische Phase Irlands, die die irische Politik 16 Jahre bestimmt hatte.[84]

b) Die Inter-Party-Regierung und deren Auswirkungen auf die Politik des Marshall-Plans

Dass es zur ersten Inter-Party-Regierung kam, hatte seine Ursache im Bestreben der verschiedenen Parteien, die Fianna Fail und de Valera nicht mehr an der Regierung beteiligen zu wollen. Dies wird dadurch deutlich, dass es im Vergleich zu 1932 kaum Unterschiede bezüglich der Mehrheitsverhältnisse in der Dail Eireann gab, in der de Valeras Fianna Fail in der Lage gewesen war, mit der Labour Party eine Minderheitsregierung zu bilden. Auf eine ähnliche Entwicklung hoffte Eamon de Valera auch 1948.[85] Die Entscheidung,

---

76   Detlef Murphy, Die Entwicklung der politischen Parteien in Irland, Nationalismus, Katholizismus und agrarischer Konservatismus als Determinanten der irischen Politik von 1823–1977, Opladen 1982, S. 349.

77   Die irische Labour-Party wurde 1912 gegründet. https://www.labour.ie/party/. Abgerufen am 29.1.2019.

78   Lee, Ireland 1912–1985, S. 299.

79   Familie der Iren. Die Fine Gael ist eine konservative Volkspartei, die am 3.9.1939 gegründet wurde und den anglo-irischen Vertrag unterstützt.

80   Die Partei Clann na Talmhan, Familie des Landes, wurde 1938/1939 gegründet und wollte vor allem die kleineren bäuerlichen Betriebe im Westen Irlands vertreten. Lee, Ireland 1912–1985, S. 239.

81   Die Partei Clann na Poblachta, Kinder der Republik, wurde von Sean MacBride (siehe auch Kapitel VIII.1.a) 4 im April 1946 gegründet und verlangte Sozialreformen und die Vereinigung Irlands. Murphy, Die Entwicklung der politischen Parteien in Irland, S. 339 ff. oder Anthony J. Jordan, Sean MacBride, Dublin 1993, S. 86.

82   "This was one of the most ideologically divided governments in the history of the state, united only by the unanimous wish to see Eamon de Valera and his party on the opposition benches and the desire to hold on to power for as long as possible." Keogh, Twentieth-Century Ireland, S. 185.

83   Lee, Ireland 1912–1985, S. 299.

84   Sharp, Irish Foreign Policy and the European Community, S. 5.

85   Lee, Ireland 1912–1985, S. 299.

die Fianna Fail von der Regierung fernzuhalten, führte letztlich dazu, dass eine zerbrechliche Regierung gebildet wurde, wobei der Taoiseach Costello von der Fine Geal[86] und der Außenminister MacBride von der Clann na Poblachta gestellt wurde.[87] Der Wunsch, die Fianna Fail und de Valera abzulösen, war „ihr einziger gemeinsamer Nenner" und überbrückte die sehr unterschiedlichen Parteiprogramme.[88]

Nach der Übernahme der Regierungsgewalt durch die erste Inter-Party-Regierung kam es schnell zu Neuorientierungen in der Außenpolitik. Grund hierfür war vor allem die republikanische Philosophie der Clann na Poblachta. Sie äußerte sich beispielsweise in der Forderung nach einer Trennung der Verbindung des irischen Pfundes vom britischen Pfund Sterling, um auch so unabhängiger von der britischen Wirtschaft zu werden. Auch der amerikanische Botschafter erwartete bei einer Beteiligung der Clann na Poblachta eine verstärkte Tendenz, sich von der britischen Wirtschaft zu lösen.[89]

MacBride reorganisierte in der Folge das Außenministerium und baute es auch personell aus. Gleichzeitig dokumentierte die Zeit ab 1948 einen Wechsel in der Beziehung zwischen Irland und Großbritannien.[90] Zusätzlich war die neue Regierung bestrebt, die internationale Anerkennung des Landes voranzubringen.[91] So war es erklärlich, dass diese Politik Schwerpunkt der Inter-Party-Regierung wurde.[92]

In diesem Kontext sind auch die weiteren Schritte, wie der Austritt aus dem British Commonwealth mit der Erklärung der Republik Irland (The Republic of Ireland Act) 1948 und der Nicht-Beitritt zur NATO zu sehen.[93] Den Austritt aus dem British Commonwealth konnten viele Iren nachvollziehen, denn grundsätzlich war die Mitgliedschaft nicht freiwillig zustande gekommen, und ein Verlassen der britischen Organisation war lange ein Ziel der irischen Außenpolitik gewesen.[94] Der Republic of Ireland Act wurde allgemein auch als Formalisierung eines Status Quo gesehen, der schon länger als eine Dekade existierte.[95] Die Erklärung der Republik Irland fand am 7. September 1948 in einer Pressekonferenz in Ottawa statt. Irland verließ durch diese Entscheidung eine Organisation, die politische und internationale Kontakte bedeutete.

---

86   Auch das für ERP-Punkte wichtige Finanzministerium wurde von einem Vertreter der Fine Gael übernommen. Murphy, Die Entwicklung der politischen Parteien in Irland, S. 350.

87   Keogh, Twentieth-Century Ireland S. 185 f. und Erklärung von John A. Costello über die Zusammenarbeit mehrerer Parteien. Vgl. hierzu: Basil Chubb, A Source Book of Irish Government, Dublin 1964, S. 112 f.

88   Laut Jürgen Elvert waren die Differenzen in den Parteiprogrammen dermaßen groß, „als daß eine auch nur mittelmäßig funktionierende homogene Regierungspolitik realisierbar gewesen wäre". Elvert, Geschichte Irlands, S. 443 f.

89   Ian McCabe, A Diplomatic History of Ireland, 1948–49, The Republic, The Commonwealth and Nato, Dublin 1991, S. 24.

90   Keatinge, The Formulation of Irish Foreign Policy, S. 80 f.

91   Sharp, Irish Foreign Policy and the European Community, S. 8 f.

92   Detlef Murphy, Die Entwicklung der politischen Parteien, S. 351 f.

93   Chubb, A Source Book of Irish Government, S. 27 f.

94   Akenson, The United States and Ireland, S. 249.

95   Patrick Keatinge, Unequal sovereigns: the diplomatic dimension of Anglo-Irish Relations, in: P. J. Drudy (Hrsg.), Ireland and Britain since 1922, Cambridge u. a. 1986, S. 139–160, S. 148.

Dies führte zu einer fortschreitenden politischen Isolierung Irlands, da es außer der beginnenden OEEC-Organisation keine weiteren internationalen Gremien gab, in denen die Iren Mitglied waren. Trotz des Austritts aus dem British Commonwealth wurden die wirtschaftlichen Beziehungen zu den wichtigsten Mitgliedsländern wie Australien, Neuseeland und natürlich Großbritannien aufrechterhalten.[96] So hatte die Erklärung der Republic of Ireland keine direkten negativen wirtschaftlichen Folgen.[97]

Politisch bedeutete dies, dass die irische Regierung die diplomatischen Möglichkeiten des British Commonwealth, wie das Nutzen von Botschaften, nicht mehr in Anspruch nehmen konnte und neue diplomatische Bereiche aufgebaut werden mussten.[98] Andererseits entstand durch diese Handlung theoretisch eine gleiche Verhandlungsbasis zwischen zwei gleichberechtigten Staaten. Dies hatte zur Folge, dass die letzte politische Bindung an Nordirland verloren ging.[99]

Der Austritt dokumentierte die Einstellung des neuen Taoiseach. Laut Dermot Keogh sah er Irland als Brücke zwischen Alter und Neuer Welt und wies in diesem Zusammenhang Irland eine nicht unwichtige Rolle in der Weltpolitik zu.[100] Vermutlich hoffte Costello, dass er durch 16 Millionen Iren in der Welt, davon 13 Millionen in den USA, indirekt Einfluss auf die Weltpolitik fremder Staaten würde ausüben können.[101] Insgesamt wurde die außenpolitische Situation Irlands durch den Austritt aus dem British Commonwealth und die Verkündung der Republik allerdings noch weiter erschwert, da Irland seine außenpolitische Isolierung noch verstärkte.[102]

Der Nicht-Beitritt zur NATO war von irischer Seite gewünschte Neutralitätspolitik. Dennoch gab sich das Außenministerium in einem internen Papier keinen Illusionen hin und verwies darauf, dass im Falle eines Krieges die britischen Stützpunkte zu gefährdet seien und es für die NATO keine andere Möglichkeit gäbe, als im akuten Kriegsfall Irland als Logistikbasis zu nutzen.[103] Diese Meinung vertrat auch die irische Presse, da die irischen Basen von zu großer strategischer Bedeutung für das Bündnis waren. Für Irland kam eine Beteiligung an der NATO nicht in Betracht, solange die Teilung des Landes weiterbestand.[104] Das State Department bezeichnete unter anderem Irland, wie andere Länder auch, als "stepping stone countries", die bei einem sowjetischen Angriff für die Verteidigung West-Europas wichtig waren.[105] Die britische Regierung ihrerseits

---

96   Maurice Moynihan, Currency and Central Banking in Ireland 1922–1960, Dublin 1975, S. 348.

97   Lee, Ireland 1912–1985, S. 300.

98   Keatinge, The Formulation of Irish Foreign Policy, S. 81.

99   Patrick Keatinge, A Place among the Nations, Dublin 1978, S. 113.

100 Keogh, Ireland & Europe 1919–1989, S. 215.

101 Mario von Baretta, Der Fischer Weltalmanach 1994, Frankfurt 1993, S. 449.

102 Brunt, The Republic of Ireland, S. 3.

103 Diese Meinung wird noch dadurch gefestigt, dass die britische Marine irische Häfen in der Vergangenheit immer als Basis genutzt hatte. Vgl. hierzu, Secret, The North Atlantic Pact and Ireland. Die Quelle ist ohne Datum, lässt sich aber datieren direkt nach dem ersten Treffen der NATO vom 17.9.1949, P 89 (NAIRL, P. files).

104 *Irish Independent* vom 14.12.1948.

105 Steil, The Marshall Plan, S. 318.

konnte und wollte die Teilung nicht aufheben, da sie den Unionisten in Nordirland durch die aktive Kriegsteilnahme verpflichtet war.[106] Irland lehnte daher eine Beteiligung an der NATO ab.[107] Es schloss sich damit dem "security equivalent" der OEEC, der NATO, nicht an.[108] Den Grund hierfür spiegelt ein Aide-Memoire vom 8. Februar 1949 wider, das eine ähnliche Argumentation wie die irische Presse nutzte:

> In the matter of military measures, however, Ireland is faced with grave difficulties, from the strategic and political points of view, by reason of the fact that six of her north-eastern counties are occupied by British forces against the will of the overwhelming majority of the Irish people.[109]

MacBride sah in diesem Zusammenhang die Teilung als nordatlantisches und nicht nur als irisches Problem an:

> Partition is not merely an Irish problem. It is a North Atlantic problem. As the last war showed, Ireland is a vital link in the chain of North Atlantic defence. Partition weakens the chain at the most vital points.[110]

MacBride wies noch einmal darauf hin, dass nach der Vereinigung sämtlicher irischer Counties Irland sich der NATO anschließen würde.[111] MacBride versuchte laut Noel Browne[112] persönlich alles, um Irland in die NATO zu bringen.[113] Ziel MacBrides war es, die irische Teilung zu beenden. Sollten die USA dieses Ziel unterstützen, würde er eine Mitgliedschaft in der NATO befürworten. Dieser Ansatz schlug fehl.[114] Aber nicht nur die Regierung war der Meinung, dass eine Beteiligung nur bei einer Vereinigung Irlands stattfinden konnte, sondern auch der ehemalige Regierungschef Eamon de Valera.[115] Da bis heute eine Wiedervereinigung nicht zustande gekommen ist, blieb Irland nur, seine Sympathie gegenüber der NATO auszudrücken.[116]

Dennoch erwarteten die USA grundsätzlich von der irischen Regierung eine Teilnahme an den gemeinsamen Verteidigungsbemühungen Westeuropas, insbesondere, da sich Irland auch an der wirtschaftlichen Integration beteiligte.[117] Dass die USA eine Verbindung

---

106 Keatinge, Diplomacy and Bipolares System, S. 148.

107 *Irish Independent* vom 2.2.1949.

108 O'Driscoll, Ireland, West Germany and the New Europe 1949–1973, S. 2.

109 Aide-Memoire, Top Secret vom 8.2.1949 und Cabinet Minutes, gleiches Datum, item 2, S 14291 A1 (NAIRL, S. files).

110 *Irish Independent* vom 14.2.1949 und Interview Sean MacBride mit United Press vom 12.2.1949, S 14291A1 (NAIRL, S. files).

111 *Irish Press* vom 23.4.1949.

112 Das Clann na Poblachta-Mitglied war in der ersten Inter-Party-Regierung Gesundheitsminister.

113 Noel Browne, Against the Tide, Dublin 1987 (8. Auflage), S. 135.

114 O'Driscoll, Ireland, West Germany and the New Europe, S. 27 und S. 49.

115 *Irish Times* vom 22.3.1949.

116 *Irish Independent* vom 13.4.1949.

117 Commissioner for Ireland to the Secretary, Department of External Affairs, Ottawa 15. April 1948, S 14291A1 (NAIRL, S. files), *Sunday Times* vom 28.11.1948, *Irish Press* vom 30.11.1948.

zwischen ERP und NATO herstellten, wurde vorher schon in der klaren Aufforderung an Irland deutlich, sich dem Atlantikpakt anzuschließen. Für Dean Acheson, als Secretary of State, hatten sowohl die NATO als auch des ERP die Aufgabe, den Status der Unsicherheit in Europa zu verdrängen.[118]

Die Neutralität entwickelte sich zum Dogma innerhalb der Regierung, so dass auch ein bilaterales Verteidigungsbündnis zwischen den USA und Irland abgelehnt wurde.[119] Diese selbstgewollte Isolation Irlands, die während der Organisationsphase der OEEC stattfand, führte zu ungewöhnlichen Diskussionsansätzen. So schlug Spanien als ein anderes isoliertes Land vor, eine League of Neutral Nations zu gründen. Dies mit der Zielsetzung:

1. Full and loyal support of the Holy See in all circumstances.
2. An agreed policy of neutrality and the issue of a joint public statement thereon.
3. Mutual assistance in the event (a) of war (b) of all four countries remaining neutral.[120]

Dieser Zusammenschluss sollte vor der kommunistischen Gefahr schützen, so der spanische Director of the Foreign Political Section of the Foreign Office. Der spanische Vorschlag bezieht sich hierbei auf eine ähnliche Idee aus dem Jahre 1943. Außer Spanien und Portugal sollten sich auch Argentinien und Irland anschließen. Diese Idee wurde von der irischen Regierung jedoch abgelehnt.[121]

Weitere entscheidende außenpolitische Beschlüsse waren die Teilnahme am Europarat, die MacBride enthusiastisch vertrat.[122] Die irische Regierung nutzte in diesem neuen europäischen Kreis die Möglichkeit, auf die Teilung des Landes aufmerksam zu machen.[123]

Trotz der engen Bindungen an Großbritannien entschied sich die neue britische Regierung gegen eine Fortsetzung des zwischen der britischen und der irischen Fianna Fail-Regierung vereinbarten gemeinsamen Arbeitskreises, der die den Marshall-Plan betreffenden Fragen koordinieren sollte.[124] Gleichzeitig war das Interesse der irischen Regierung gering, an einem gemeinsamen Arbeitskreis aller Länder des British Commonwealth teilzunehmen, um die die ERP betreffenden Fragen zu besprechen.[125] Letztlich beteiligte sich Irland nur noch bis zum Austritt aus dem British Commonwealth weiter an solchen Diskussionen.[126]

---

118 *Irish Independent* vom 10.3.1949.
119 Ronan Fanning, Irish Neutrality, in: Neutrals in Europe: Ireland, The Swedish Institute of International Affairs, Stockholm 1991, S. 15.
120 Legation of Ireland, Madrid 8.4.1948, Secret, S 14291 (NAIRL, S. files).
121 Ebd.
122 Keatinge, The Formulation of Irish Foreign Policy, S. 80 f.
123 Sharp, Irish Foreign Policy and the European Community, S. 8.
124 Fanning, The Irish Department of Finance, S. 409.
125 Summary of Submission to the Government concerning Inter-Departmental Committee and Staff organisation required for the Administration for the European Recovery Programme, 28.4.1948, S 14299.
126 Da Irland 1949 aus dem British Commonwealth austrat und keine weiteren Unterlagen sowohl im Nationalarchiv als auch in der Sekundärliteratur zu finden waren, ist davon auszugehen, dass es nicht zu einem Treffen kam.

Die Verantwortung für die Koordination der OEEC-Verhandlungen blieb beim Department of External Affairs und somit bei MacBride, der als Leiter der Delegation im März 1948 für das European Recovery Programme benannt wurde. Wie auch Costello sah Mac-Bride für Irland die Möglichkeit, über die große Anzahl im Ausland lebender Iren z. B. in den OEEC-Verhandlungen zwischen Alter und Neuer Welt vermittelnd tätig zu werden.[127]

Eine der ersten Amtshandlungen der neugewählten Regierung war es, eine Einladung zur nächsten Konferenz der OEEC am 15. März 1948 anzunehmen. Entsandt wurden der Minister for External Affairs MacBride und als sein Assistent der Secretary of the Department of External Affairs Boland.[128]

Noch vor der ersten Teilnahme an der Konferenz erwartete das Inter-Departmental Committee, das für den Marshall-Plan zuständig war, in seinem ersten Treffen unter der neuen Regierung am 23. Februar 1948, dass das Department of External Affairs Planungsdaten für den Marshall-Plan zu erstellen hatte.[129] Zur weiteren Vorbereitung diente der neuen Regierung eine Zusammenfassung der Pariser OEEC-Konferenz, die in der Regierung zirkulierte. Dieser Bericht stellte der Regierung noch einmal die prekäre Ausgangssituation vor, die in Europa insgesamt herrschte, und er beschrieb die Hauptdirektiven, nach denen das European Recovery Programme bis Ende 1951 gesteuert werden sollte. Der Bericht definiert die Zielsetzung wie folgt:

1. Starke Produktionsanstrengungen in den beteiligten Staaten,
2. Aufbau einer finanziellen Stabilität,
3. maximale Kooperation der beteiligten Länder,
4. Problemlösung des Handelsbilanzdefizits der beteiligten Länder mit dem amerikanischen Kontinent.[130]

Diese Punkte sollten die Prämissen sein, nach denen sich der Wiederaufbau vollziehen sollte. Um der Regierung die Wichtigkeit der finanziellen Unterstützung zu verdeutlichen, wurde der geschätzte gesamteuropäische Dollarbedarf aufgezeigt, der sich nach den ersten Vorschlägen von den geplanten 29 Milliarden US-Dollar auf 22 Milliarden US-Dollar absenkte. Die USA reduzierten den gewünschten Betrag von circa 22 Milliarden US-Dollar durch die Maßnahme, die Güter, die nicht dem Kohlebergbau oder der Landwirtschaft dienten, durch Kredite finanzieren zu lassen, so dass der benötigte Finanzbedarf gesenkt werden konnte. Er betrug dann nur noch circa 19 Milliarden US-Dollar.[131] Er wich damit um 3 Milliarden US-Dollar von der Forderung des ersten Reports der sechzehn teilnehmenden Staaten vom 22. September 1947 mit 22 US-Milliarden US-Dollar ab.[132] Weiterhin deutete der in der Regierung verteilte Bericht auf die

---

127 Keogh, Ireland & Europe 1919–1989, S. 217.
128 Cabinet Minutes, item 1, 2.3.1948, S 14106B (NAIRL, S. files).
129 Fanning, The Irish Department of Finance, S. 414.
130 Department of External Affairs, Paris Economy Report, Official Summary, vom Außenministerium an die Ministerien verteilt am 3.3.1948, S 14106B (NAIRL, S. files).
131 Ebd.
132 Grosser, The Western Alliance, S. 65.

Grundproblematik hin, die sich aus der Zusammenarbeit und der Aufgabenstellung der OEEC ergab:

> The problem which the Committee of Cooperation has been working to solve in Paris is the aftermath of the war. The committee now submits its proposal for necessary restorative action on the European side by production stabilization and cooperation between the participating countries, as well as by measures to stimulate the free flow of goods and services. These proposals are reinforced by the definite and specific undertakings by each of the countries concerned. But these undertakings can be successfully carried out only with the assurance of a continued flow of goods from the American continent; if that flow should cease the result would be calamitous. Europe's dollar resources are running low. One country after another has already been forced by lack of dollars to cut down vital imports of food and raw materials from the American continent. If nothing is done a catastrophe will develop as stocks become exhausted. If too little is done, and if it is done too late, it will be impossible to provide the momentum to get the programme under way.[133]

Deutlich wird die Abhängigkeit Irlands zu den USA beim Vergleich der prognostizierten Import- und Exportzahlen mit 278,8 zu 20,5 Millionen US-Dollar. Die herausragende Stellung der USA für den gesamten Prozess wurde noch weiter hervorgehoben:

> In the last analysis the external means of recovery can in largest measure come only from the United States, which has by its assistance in the last two years already rescued Europe from collapse and chaos.[134]

Auch der abgewählte de Valera unterstützte die irische Politik zur Erlangung der Marshall-Plan-Hilfe. Dies tat er bei seinem Besuch als Oppositionsführer in den Vereinigten Staaten, wo er die Bedeutung des Marshall-Plans für Irland aufzeigte. Weiterhin wies er darauf hin, dass er eine weitere Kooperation in Westeuropa für gut halten würde.[135] Dass dieser Besuch auch in den USA bemerkt wurde, belegen die Paraden, die zu Ehren von de Valera abgehalten wurden und die Unterredungen, die er mit Marshall und Harry Trumans führte.[136]

Das Finanzministerium leistete auch unter der neuen Regierung Widerstand gegen das Procedere und die Verantwortung des Außenministeriums zur Steuerung des Marshall-Plans. So versuchte es in einem anderen Inter-Departmental Committee, das sich nicht mit dem ERP beschäftigte, den Dollarfluss zu steuern. Ein Vorschlag des Finanzministeriums war es, dass das Inter-Departmental Committee die US-Dollarausgaben kontrollie-

---

133 Der Bericht prognostizierte außerdem die Entwicklung der irischen Zahlungsbilanz vom 1.4.1948–30.6.1952. Mit den USA entstand ein Defizit von 128,1 Millionen US-Dollar, mit der Westlichen Hemisphäre 361,8 Millionen und mit anderen Nicht-Mitgliedstaaten der OEEC 161,9 Millionen US-Dollar. Department of External Affairs, Paris Economic Report, Official Summary, vom Außenministerium verteilt am 3.3.1948, S 14106B (NAIRL, S. files).

134 Ebd.

135 Eamon de Valera sagte hierzu, "We are a part of Europe in a sense." *New York Times* vom 11.3.1948 und P 141 (NAIRL, P. files).

136 *New York Times* vom 10.3.1948 und P 141 (NAIRL, P. files).

ren sollte. Falls keine Einigung innerhalb des Komitees stattfände, sollte ein Unterkomitee der Regierung als Schlichtungs- und Entscheidungsstelle fungieren.

Dieses Memorandum war datiert auf den März 1948 und zeigt, dass die Konflikte zwischen dem Finanz- und Außenministerium trotz der neuen Regierung weiterbestanden und dass das Finanzministerium versuchte, Einfluss in diesem wirtschaftlichen Bereich zurückzugewinnen. Das Außenministerium seinerseits versuchte die Verantwortung in der Regierung für das ERP zu erhalten. Denn Boland und somit das Department of External Affairs kontrollierten weiterhin alle Informationen in Bezug auf den Marshall-Plan. Zumindest im Finanzbereich verlangte das Finanzministerium Einfluss, Informationen und Mitsprache hinsichtlich des Programms.[137] Ähnlich negativ stand das Finanzministerium der Idee einer langfristigen staatlichen Planung gegenüber, zumal auch diese über das Außenministerium international gesteuert werden sollte.[138]

Nachdem am 2. April 1948 die ECA-Verträge zur Unterstützung Europas im amerikanischen Kongress genehmigt wurden, konnte ein US-Büro gegründet werden, als dessen Leiter Paul G. Hoffman dann in der Lage war, Verträge auch mit den europäischen Staaten zu schließen.[139]

Die Widerstände des Department of Finance konnten die Ereignisse im ERP-Prozess nicht mehr verzögern, und so kam es zur Unterzeichnung der OEEC-Vereinbarung am 16. April 1948 in Paris.[140]

MacBride wurde Vize-Präsident der OEEC und hatte so außer der Funktion des irischen Außenministers auch eine Koordinierungsfunktion für die 16 Mitgliedsländer der OEEC und der amerikanischen ECA inne.[141] Um die die ERP betreffenden Fragen konzentriert und wirkungsvoll für Irland bearbeiten zu können, wurde vom Außenministerium die Frage des personellen Bedarfs des Inter-Departmental Committee zusammengefasst:

> The question of staff organisation in connection with the European Recovery Programme has now become very urgent. Any inefficiency, delay or lack of attention in dealing with ERP may have very serious results on our national economy.[142]

Der Grund für den personellen Bedarf war die starke Bindung von eigenen Diplomaten bei den OEEC-Verhandlungen in Paris und den wichtigen Entscheidungsstätten Washington und London, wie auch der durch den Austritt aus dem British Commonwealth bedingte Aufbau von Botschaften. In ERP betreffenden Fragen wies das Außenministerium darauf hin, dass auch andere Ministerien wie Finance, Industry and Commerce und Agriculture mehr oder weniger stark in die Problematik eingebunden waren. Hierbei sollte die Koordination in sämtlichen Bereichen dieser Frage vom Außenministerium geleistet werden. Hierfür sollte innerhalb des Außenministeriums eine eigene Sektion gebildet werden.

---

137 Fanning, The Irish Department of Finance, S. 410 ff.
138 Ebd., S. 406.
139 Grosser, The Western Alliance, S. 70 f.
140 Fanning, The Irish Department of Finance, S. 414.
141 Ebd., S. 434.
142 Submission to the Government concerning Inter Departmental and Staff organisation required for the European Recovery Programme, 28.4.1948, S 14299 (NAIRL, S. files).

Das Kabinett sollte mit einem weiteren Sub-Committee des Kabinetts alle das ERP betreffenden Fragen behandeln. Das Finanzministerium erhielt nach diesem Vorschlag die Verantwortung über die relevanten Geldmittel. Des Weiteren sollten bestimmte Verhandlungsbereiche mit den USA, wie z.B. einige Schifffahrt- und Finanzfragen auf das Inter-Departmental Committee übertragen werden. Die Beschaffung statistischer Daten war ebenso geplant wie die direkte Entsendung einzelner Mitarbeiter in die wichtigen Verhandlungsorte Paris und Washington.[143]

Aufgrund der Diskussion wurde innerhalb des Department for External Affairs eine spezielle Sektion gebildet, die sich ausschließlich mit dem ERP beschäftigen sollte. Diese Sektion sollte, wie vorgeschlagen, direkt an ein Unterkomitee der Regierung berichten, in dem außer dem Taoiseach die Minister für Finanzen, Landwirtschaft und Äußeres teilnehmen sollten und weitere Minister, soweit es ihren Arbeitsbereich betraf.[144]

In einem Schreiben vom 14. Mai 1948 verwies der Außenminister auf die Entscheidung des Kabinetts, dass das bestehende Inter-Departmental Committee mit Vertretern aus den Ministerien Finance, Industry and Commerce, External Affairs and Agriculture mit der Arbeit fortfahre:

> That the existing Inter-Departmental Committee, comprising representatives of the Departments of External Affairs, Finance, Agriculture, should continue to correlate the work of these Departments in connexion with the European Recovery Programme and to exercise general supervision over the carrying out of the duties which fall on these Departments in giving effect to our participation in the Programme.[145]

Die Kabinettssitzung unterstützte damit den Antrag des Außenministeriums. Weiterhin sollte dem Außenministerium die Aufarbeitung z.B. von Daten und der Kontakt zu den anderen Ministerien zugeordnet werden. Die personelle Ausstattung musste mit dem Department of Finance abgestimmt werden. Des Weiteren sollte der Minister for External Affairs in direkten Kontakt mit den anderen Ministerien Finance, Agriculture, Industry and Commerce treten.[146]

Nachdem im April 1948 der Marshall-Plan im Kongress akzeptiert worden war, folgte schnell eine Entscheidung für eine erste Hilfeleistung über 5 Milliarden US-Dollar. Als Zentralen des ERP wurden Washington für die ECA und Paris für die OEEC festgelegt.[147]

Der neuen irischen Regierung wurde durch Informationen des Außenministeriums bewusst, dass der Marshall-Plan grundsätzlich an Bedingungen geknüpft war und die

---

143 Ebd.

144 Draft Minute of Government Decision in Relation to Memorandum submitted by the Minister for External Affairs on ERP Inter-Departmental and Staff organization, unterzeichnet von Sean MacBride am 4.5.1948, S 14299 (NAIRL, S. files).

145 Cabinet Minutes vom 7.5.1948, European Recovery Programme, Procedure governing Ireland's participation, item 3, ausgehändigt an die Ministerien am 14.5.1948, S 14299 (NAIRL, S. files).

146 Ebd.

147 Akenson, The United States and Ireland, S. 108.

erreichten Mittel nicht wahllos ausgegeben werden konnten.[148] So äußerte sich MacBride auf eine Frage eines Abgeordneten zum Marshall-Plan in der Dail Eireann:

> Each participating country will prepare, from time to time, a programme covering its production, imports and exports as well as its requirements from the Western Hemisphere, and, on the basis of these national programmes, the Organization which has been set up will recommend a general programme to the United States Administrator as the basis for his allocations of aid under the Economic Cooperation Act.[149]

Dass diese Einstellung richtig war, zeigt die Haltung der USA zu diesem Thema, die, bevor sie ihre Gelder der OEEC überließen, überprüfen wollten, wohin diese Unterstützung fließen sollte.[150] Die Amerikaner befürchteten, dass innerhalb des Sterling-Pools bestimmte Dollarzuwendungen aus dem ERP-Bereich missbraucht würden.[151] Deshalb musste ein Programm entwickelt werden, das die OEEC von dem irischen Programm überzeugte, das mit der ECA nochmals überprüft wurde.[152]

Dies bedurfte einer klaren Planung, was aber laut Whitaker, als Vertreter des Finanzministeriums, nicht gewährleistet war. So äußerte er sich kritisch über die Vorbereitungen zum Marshall-Plan und sagte:

> No one who took part in preparing the Recovery Programme (and that includes myself) ever looked on it as a development programme, but rather as an exercise that had to be undertaken to persuade the Americans to give us Marshall Aid.[153]

Für Whitaker waren die Kontakte zu Großbritannien von entscheidender Bedeutung, so dass besondere Informationen über die Beziehung zwischen der britischen und der amerikanischen Regierung für die weitere irische Planung relevant waren: "...and it is very desirable that we should know what the British are doing and what the terms of their bilateral arrangement with the USA are likely to be."[154]

Die Differenz zwischen dem Außen- und Finanzministerium wird dadurch klar. Während das Außenministerium die Bindungen zur OEEC kontrollieren und die Hilfe direkt abstimmen wollte, verlangte das Finanzministerium, vermutlich aufgrund der starken wirtschaftlichen Bindungen, eine permanente Konsultation mit den britischen Regierungsstellen und zusätzlich die Abwicklung des Marshall-Plans über das britische Schatzamt. Nach Abschluss der Verhandlungen zur Gründung der OEEC wurde die neue Inter-Party-Regierung schnell aufgefordert, den Vertrag der insgesamt 16 teilnehmenden Staaten zu unterschreiben.[155] Das allein reichte nicht aus, um die Berechtigung für den

---

148 Fanning, The Irish Department of Finance, S. 406.

149 Antwort von Sean MacBride an James Larkin 4.5.1948, S 14106B (NAIRL, S. files).

150 *The Statist* vom 8.5.1948.

151 Fanning, The Irish Department of Finance, S. 416.

152 Ebd., S. 434.

153 Ebd., S. 406.

154 Ebd.

155 Issue of Full Power to the Irish signatory to the agreement for an Organization for European

Marshall-Plan zu erhalten. Denn es musste noch zusätzlich ein bilateraler Vertrag zwischen den USA und Irland geschlossen werden.[156]

Damit waren sämtliche Grundlagen geschaffen, um Irland an dem Marshall-Plan zu beteiligen.

c) Die wirtschaftspolitischen Aufgaben innerhalb des ERP

Irland war grundsätzlich Selbstversorger im Lebensmittelbereich. Außer Tee, Gewürzen, Zucker und einem kleinen Anteil von Getreide musste nichts importiert werden. Im Rahmen der generellen Zielsetzung, einen Wiederaufbau der europäischen Wirtschaft zu erreichen, war Irland gefordert. Jedes Land erarbeitete grundsätzliche Ziele, um den Wiederaufbau zu unterstützen. Die Aufgabe Irlands sollte es sein, die landwirtschaftliche Produktion zu stärken und dies mit der OEEC zu koordinieren. So sollte in den Teilnahmestaaten der OEEC die landwirtschaftliche Produktion so schnell wie möglich den Vorkriegsstand erreichen. Die OEEC nutzte den Zeitraum 1934 bis 1938 als Basis, um die nach dem Krieg in Europa stark gefallenen Produktionskennziffern der Landwirtschaft zu dokumentieren. Nachdem beispielsweise 1946/47 die Getreide- nur 70 Prozent und die Fleischerzeugung nur 66 Prozent des Vorkriegsstandes betrugen, wurden die Sollzahlen des ERP in Westeuropa für den Zeitraum 1951–1952 festgelegt:[157]

Tabelle 5 – Produktkennziffern[158]

Produkte	Index
Schweine	85
Fleisch	85
Milch	92
Eier	90

Index 100 = Zeitraum 1934 bis 1938

Das Gleiche galt für die Energieproduktion, von der die USA erwarteten, dass sie in allen OEEC-Ländern das Jahr 1938 übersteigen sollte.

Economic Co-Operation, Paris 21.4.1948, S 14106B (NAIRL, S. files).

156 Fanning, The Irish Department of Finance, S. 414 f.

157 Lipgens, Die Anfänge der europäischen Einigungspolitik 1945-1950, S. 7.

158 The European Recovery Programme, Department of External Affairs, General Considerations on Ireland's position in relating to the European Recovery Programme, unterschrieben von Sean MacBride am 3.6.1948, S 14106B (NAIRL, S. files).

Tabelle 6 – Energieproduktion[159]

Jahr	
1948	+47%
1949	+62%
1950	+77%
1951	+93%

Aus dieser Zielsetzung leitete sich ein entsprechender Rahmen ab, an dem sich die irische Regierung orientieren sollte. Viel wichtiger als die Steigerung der Energieproduktion war für Irland die Entwicklung der Landwirtschaft. Dies wird bei der Betrachtung der landwirtschaftlichen Exporte klar, die zwischen 1948 bis 1949 circa 80 Prozent der gesamten irischen Exporte abdeckten. Hierbei handelte es sich hauptsächlich um tierische Produkte. Welche Anstrengung es für Irland bedeutete, die Rahmendaten einzuhalten, zeigt der Vergleich der Daten des Jahres 1947 mit denen der Vorkriegszeit. Sämtliche Produktionszahlen waren seit 1938 gefallen, bei Rindern um 50 Prozent, Geflügel um 33 Prozent, Weizen um 37 Prozent, Hafer um 19 Prozent, Gerste um 35 Prozent, Steckrüben um 15 Prozent, Futterrüben um 19 Prozent und Kartoffeln um 10 Prozent.[160] Bei der Betrachtung dieser Produktionszahlen wird die Dimension der wirtschaftlichen Misere deutlich. Andererseits glaubte das Außenministerium trotz dieser Zahlen an die Möglichkeit, die Produktion in den Bereichen Schweinefleisch, Eier und Geflügel schnell wieder steigern zu können. Im Bereich der Rinderzucht und der Molkereiprodukte wurde ein Produktionsanstieg als besonders langwierig eingeschätzt.

Die Abhängigkeit der irischen Wirtschaft von der Landwirtschaft bedeutete, dass Irlands Wiederaufbau nur durch eine verstärkte Produktion von Nahrungsmitteln erreicht werden konnte. Zusätzlich verdeutlichte die starke Abhängigkeit Irlands von Großbritannien, dass auch weiterhin die meisten irischen Exporte nach Großbritannien verkauft werden würden. Um eine Erhöhung der Produktion in der Landwirtschaft durchzuführen, war es notwendig, sowohl Maschinen, Dünger und Tierfutter als auch Kraftstoffe für die Transportmittel etc. zu importieren, die vor dem Krieg größtenteils von der britischen Wirtschaft geliefert worden waren. Eine Erholung der Landwirtschaft konnte daher nur gelingen, wenn Irland diese dringend notwendigen Güter erhielt. Das Programm sah für die Produktion im landwirtschaftlichen Bereich Steigerungen vor.

Die Schweineproduktion sollte von 1949 40.000 Tonnen auf 1950/51 100.000 Tonnen und ein Jahr später auf 150.000 Tonnen angehoben werden. Bei Geflügel war beispielsweise eine Erhöhung von 17 Millionen 1949 auf 25 Millionen 1950/51 und 30 Millionen Tonnen 1951/52 vorgesehen. Die Planung sah außerdem vor, die landwirtschaftlichen Produkte vornehmlich in andere OEEC-Teilnehmerstaaten zu verkaufen.[161]

---

159 Development of natural Resources, Suggested Investment Programme for Local Currency Fund vom 9.5.1948, S 14106B (NAIRL, S. files).

160 The European Recovery Programme, Department of External Affairs, General Considerations on Ireland's position in Relation to the European Recovery Programme, vom 3.6.1948, S 14106B (NAIRL, S. files).

161 Ebd.

Um sich ein Bild von der Anzahl der für die Landwirtschaft benötigten Maschinen zu machen, ist es hilfreich, den über die Kriegsjahre kumulierten Bedarf von Traktoren zu quantifizieren, der mit 2500 Stück angegeben und von denen keiner in Irland hergestellt wurde. Grundlage dieser Zahl war die Erfahrung aus den Vorkriegsjahren, in denen Irland im Durchschnitt circa 260 Stück pro Jahr importiert hatte. Der hohe Bedarf dokumentierte die katastrophale Ausstattung mit diesem für die Landwirtschaft notwendigen Ausrüstungsgegenstand, da die irische Wirtschaft während des Krieges keine Importe dieses Wirtschaftsgutes erhalten hatte. Insbesondere wegen der Bedeutung der Landwirtschaft für den Staat war die Tatsache dramatisch, dass die irischen Bauernhöfe die geringste Anzahl von Traktoren umgerechnet pro Morgen in der ganzen OEEC besaßen.

Wie schon vorher angeführt, war die Einfuhr von Dünger für eine schnelle Entwicklung der Landwirtschaft notwendig. Da die intensive und einseitige Nutzung im Krieg den Böden großen Schaden zugefügt hatte, war der Bedarf besonders hoch. Verglichen mit dem Zeitraum 1934–1938 sahen die prognostizierten Zahlen wie folgt aus:

Tabelle 7 – Düngemittelbedarf[162]

Typen	Durchschnittlicher Bedarf 1934 bis 1938	Geschätzter Bedarf 1948 bis 1949
Stickstoff	6,9	14,2
Pottasche	7,0	14,0
Phosphate	30,3	60,0

Alle Angaben in tausend Tonnen

Die industrielle Entwicklung sollte im Rahmen des Wiederaufbauprogramms der landwirtschaftlichen Entwicklung untergeordnet werden und der Landwirtschaft hauptsächlich zuarbeiten. Der wichtigste Bereich innerhalb der Industrie war der Energiesektor, der nicht nur für die Landwirtschaft und die Industrie von eminenter Bedeutung war, sondern auch für den Transportsektor. Entscheidend war jedoch, dass die Kohleimporte für die Jahre 1945 bis 1947 50 Prozent unter dem Stand von 1938 lagen. Bei den von der OEEC geplanten Zahlen gab es auch im Bereich der Kohle geringere Importraten im Vergleich zur Vorkriegszeit. So erhielt Irland noch 1949 nur 2 Millionen Tonnen Kohle statt 2,5 Millionen Tonnen 1938. Daher mussten weiterhin Kohle und andere Energieträger rationiert werden. Es war vorgesehen, dass zu Beginn des Programms größere Anteile von Kohle aus den USA importiert werden sollten, um im Laufe des Programms die Versorgung nach und nach wieder auf Großbritannien zu verlagern. Nach Beendigung des ERP 1952 sollte Großbritannien wieder die gesamte Kohle für Irland liefern.

Die gleichen Probleme gab es mit Kraftstoffen, die Irland vollständig importieren musste. Allerdings gab es Kraftstoffengpässe auf der ganzen Welt.[163]

Schwierigkeiten im Transportbereich resultierten nicht nur aus der problematischen Kraftstoffversorgung, sondern lagen im gleichen Maße in der geringen Anzahl gut funktionierender Transportmittel. Irland benötigte allein 3.000 Lkw jährlich, die komplett hät-

---

162 The European Recovery Programme, S 14106B (NAIRL, S. files).
163 Ebd.

ten eingeführt werden müssen. Aus den USA sollten 40 Prozent importiert werden, die allein circa 4,5 Millionen US-Dollar gekostet hätten.[164]

Für den gesamten Handelsbereich prognostizierte das Memorandum für Ex- und Importe starke Veränderungen, die sich schon direkt nach dem Krieg zeigten. So waren 1947 die Exporte kaum geringer als 1946. Es wurde angenommen, dass es während des Programms zu stetigen Wachstumszahlen im Exportbereich kommen würde.

Wie bei den Exporten beziehen sich die Importe indirekt oder direkt auf die Landwirtschaft und mussten mit dem Programm im Rahmen der OEEC betrachtet werden. Produkte wie Eisen und Stahl waren bei den Importen Irlands eine zu vernachlässigende Größe. Insgesamt wurde in der Expertise erwartet, dass sich Irland wirtschaftlich ohne radikale Kurswechsel und mit einer konservativen Fiskalpolitik moderat entwickeln würde. Durch die Abhängigkeit Irlands von Großbritannien hing der Aufschwung der Wirtschaft maßgeblich von der wirtschaftlichen Entwicklung im Vereinigten Königreich ab. Die Aufgabe Irlands innerhalb des ERP war es, für die anderen am Programm partizipierenden Länder Nahrungsmittel zu liefern. Hierbei war klar, dass es nicht quantitativ hohe Mengen, dafür aber qualitativ hochwertige, proteinhaltige Nahrung für Europa sein würde. Erwartet wurde von der irischen Vertretung ferner, dass die Exportzahlen von 1947 um circa 125 Millionen US-Dollar auf über 151 Millionen US-Dollar 1948 bis 1949 und auf 243 Millionen US-Dollar 1950 bis 1951 steigen würden. Von diesen Exporten sollten 97 Prozent in OEEC-Länder geliefert werden.[165] Damit wird verdeutlicht, dass nicht mehr nur Großbritannien als Handelspartner angesprochen werden sollte, sondern auch andere OEEC-Mitglieder.

Bei der Umsetzung des Programms brauchte Irland Hilfe, um das hohe Handelsbilanzdefizit auszugleichen. Würde dies nicht gelingen, müssten die Importe reduziert werden, was einen unmittelbaren Einfluss auf die Exporte haben würde, da die für den Export benötigten Gerätschaften nicht angeschafft werden könnten. Am wichtigsten war, den Anstieg der landwirtschaftlichen Produktion unter anderem durch modernere Maschinen, Dünger und bessere Transportmittel zu forcieren. Dieser Anstieg der landwirtschaftlichen Produktion sollte es ermöglichen, das Handelsbilanzdefizit auf lange Sicht zu schließen. Für die Exporte sollten Großbritannien und Kontinentaleuropa aufnahmefähig sein, da im Nahrungsmittelbereich Europa auf absehbare Zeit noch unter den Kriegsschäden würde leiden müssen.

Es war jedoch offensichtlich, dass Irland auch nach Abschluss des Programms die Handelsbilanz nicht ganz würde ausgleichen können. Das Defizit sollte jedoch nicht mehr als 60 Prozent des Defizits von 1948 bis 1949 betragen. Einen Ausgleich der Leistungsbilanz müsste Irland dann durch Nutzung seiner Sterling-Vermögen erreichen, nachdem die Konvertierbarkeit des Pfund Sterling wiederhergestellt worden war. Außerdem hätte es weiterer Maßnahmen wie Importreduktionen und eines weiteren Anstiegs der Exporte bedurft.[166]

---

164 Ebd.
165 Ebd.
166 Ebd.

2. Österreich und der Marshall-Plan

a) Über die Alliierten zum Marshall-Plan: Erste Maßnahmen nach der Verkündung der Rede George C. Marshalls

Die Rede Marshalls über den Wiederaufbau Europas wurde auch in Österreich aufmerksam verfolgt.[167] Dabei versuchte die Regierung zeitnah die Sichtweise der UdSSR zu eruieren. Aufgrund der besonderen Situation Österreichs war diese ausschlaggebend für die Entscheidung über eine Teilnahme des Landes. Am 24. Juni 1947 beauftragte Karl Gruber den österreichischen Gesandten in den USA, Ludwig Kleinwächter, weitere Informationen zu der Idee des Marshall-Plans und zur Sichtweise der Alliierten einzuholen. Dabei meldete Kleinwächter interessanterweise zurück, dass er die sowjetische Haltung nicht in Erfahrung bringen konnte.[168]

Doch die Beteiligung der UdSSR an der Vorbereitungskonferenz in Paris am 27. Juni 1947 und der Hinweis der Prawda, der rasche Wiederaufbau Europas sei positiv zu sehen, ließen Gruber reagieren.[169] Er beantragte beim Ministerrat der österreichischen Regierung, das große Interesse seines Landes an der Hilfe zu bekunden. Der Ministerrat beauftragte daraufhin die Gesandtschaften, den vier Besatzungsmächten dies mitzuteilen.[170] Hervorzuheben ist dabei zum einen der frühe Zeitpunkt des Antrags (vor Sitzungsbeginn), zum anderen die Zustimmung des kommunistischen Regierungsmitglieds Karl Altmann.

Bereits vier Tage später war die Lage jedoch eine andere. Wjatscheslaw Molotow verließ die Gespräche in Paris, eine Teilnahme der UdSSR war somit nicht mehr möglich.[171] Damit verschoben sich die Interessenlagen in Österreich. Die Regierung blieb dennoch bei dem eingeschlagenen Weg, obwohl dieser sicher schwieriger war, als es laut dem Historiker Florian Weiss von Gruber später dargestellt wurde.[172]

Die Entwicklung beschleunigte sich. Die österreichische Regierung erhielt eine Einladung zur Pariser Konferenz. Die französische Gesandtschaft übermittelte die Einladung an die österreichische Regierung, dabei wurde ihr auch die geplante Projektorganisation vorgestellt.[173] In dem gleichen Zusammenhang wurde auch von Großbritannien eine Ein-

---

167 Gehler, Vom Marshall-Plan bis zur EU, S. 29.

168 Weiss, Auf sanften Pfoten gehen, S. 24 f.

169 Die Prawda berichtete laut Florian Weiss bereits am 23.6.1947 über die positive Reaktion der Sowjetunion. Ebd., S. 24.

170 „Angesichts der Pariser Konstellation erscheint es kaum verwunderlich, daß das kommunistische Regierungsmitglied, Altmann, diesem Antrag zustimmte. Vier Tage später war jedoch die Hoffnung zerplatzt.". Ebd., S. 25.

171 Michael Gehler verweist darauf, dass das Konzept mit dem Datum 27.6.1947 genannt wird, der Ministerrat aber am 28.6.1947 im „Zirkulationsweg" den Antrag genehmigte. Gehler, Vom Marshall-Plan bis zur EU, S. 25.

172 Weiss, Auf sanften Pfoten gehen, S. 25.

173 wpol 136074 vom 9.7.1947 (Österreichisches Staatsarchiv/Archiv der Republik-ÖSTA/AdR-wpol in der Folge wpol. Die wpol Abt. 5 war von 1945–1959 verantwortlich für, „Politische Vorbereitung und Durchführung der Verhandlungen mit dem Ausland auf dem Gebiete der

ladung an den Außenminister (im Bundeskanzleramt) Gruber geschickt.[174] Die österreichische Regierung erhielt diese auf einem indirekten Weg. Dies lag vermutlich an der Tatsache, dass Österreich in Besatzungszonen aufgeteilt war und die formale Hoheit bei den Alliierten lag. Auch die Bestätigung der Teilnahme Österreichs durch die Alliierte Kommission in Wien legt diese Vermutung nahe.[175] Die Einladung wurde von Vertretern Großbritanniens nochmals bestätigt.[176] Als ein Land mit eigener Regierung, aber dennoch in Zonen aufgeteilt, war dieser Vorgang wichtig, um eine Teilnahme Österreichs an der Konferenz zu gewährleisten. Im Anschluss an die Einladung stellte die österreichische Regierung dem Alliierten Rat die Einladung vor.[177]

Gruber wandte sich gegen Zugeständnisse an die KPÖ, die eine stärkere Anbindung an den Osten suchte. Dabei verwies er auf die, wie Weiss formuliert, „Alternativlosigkeit" des US-amerikanischen Angebots. Dieses Bekenntnis kann als Reaktion auf den innenpolitischen Diskurs und gleichzeitig als Versuch, der Kritik aus dem kommunistischen Lager zu begegnen, gesehen werden.[178]

Bei dieser Haltung blieb Karl Gruber und lud am 7. Juli 1947 zu einer interministeriellen Sitzung ein. Dabei war er der einzige Minister. Die anderen Ministerien wurden nicht im Ministerrang vertreten. Sie entsandten Vertreter, wie auch Karl Altmann von der KPÖ.[179] Inwiefern eine kritische Diskussion im Rahmen des Treffens stattgefunden hat, ist nicht bekannt.

Gruber verweist dabei darauf, dass die Stimmung in Wien während der Viermächtekonferenz sehr positiv gewesen sei. Er wollte die Stimmung ausnutzen „um die Voraussetzung für den Beitritt Österreichs zu schaffen."[180]

> Wir legten deshalb dem Ministerrat eine weitgehende Ermächtigung vor, in aktive Unterhandlungen bezüglich unseres Beitritts zur Pariser Organisation einzutreten und diesen selbst zu vollziehen.[181]

Die Bundesregierung stimmte am 8. Juli 1947 einstimmig der Teilnahme an der Pariser Konferenz vom 12. Juli bis 22. September 1947 zu.[182] Der Beschluss musste einstimmig erfolgen, und noch war die KPÖ mit Karl Altmann in der Regierung vertreten und eine Einstimmigkeit nicht garantiert.[183] Gruber schildert wie folgt:

Wirtschafts-, Finanz- und Verkehrspolitik". Agstner/Enderle-Burcel/Follner, Österreichs Spitzendiplomaten zwischen Kaiser und Kreisky, S. 87.

174 wpol vom 4.7.1947 135464 UK political representative Vienna.
175 wpol 139983 vom 10.7.1947. Dort bestätigt der Armeegeneral Bethouart die Teilnahme Österreichs.
176 wpol 135826 vom 5., 7. und 10.7.1947.
177 wpol 136248 vom 12.7.1947.
178 Weiss, Auf sanften Pfoten gehen, S. 19 f.
179 Ebd., S. 26.
180 Gruber, Zwischen Befreiung und Freiheit, S. 176.
181 Ebd.
182 Karl Gruber Vortrag an den Ministerrat 8.7.1947. wpol 135548 vom 8.7.1947.
183 Mähr. Von der UNRRA zum Marshallplan, S. 244.

> Zu unserer Erleichterung schluckte der kommunistische Kollege den Antrag ohne weitere
> Debatte. Sollten wir annehmen, er habe unsere Anträge nicht gründlich gelesen? Das war
> kaum möglich, denn er pflegte einen ganzen Stab damit zu beschäftigen, jeden Antrag und
> jedes Gesetz, das in den Ministerrat kam, gründlich zu zerpflücken und seine Abänderungs-
> anträge zu stellen. Es war ihm wohl die Tragweite seiner Entscheidung kaum bewusst, auch
> hatte er noch keine Richtlinien von höherer Stelle erhalten. Auf Grund dieser Ermächtigung
> war eine nochmalige Befassung des Ministerrates mit der Frage des Beitritts Österreichs zum
> Marshall-Plan verfassungsrechtlich nicht erforderlich.[184]

Grubers Sichtweise kann insofern gefolgt werden, da die Zeitpunkte innerhalb des Ent-
scheidungsrahmens geschickt genutzt wurden. Die Abreise der sowjetischen Delegation
aus Paris änderte am eingeschlagenen Weg nichts. Wie beschrieben war die erste positive
Bereitschaft zur Teilnahme Basis des zweiten Beschlusses und legitimierte formal diesen
nach Einschätzung der österreichischen Regierung vorab.

Doch der politische Druck, nicht an der Pariser Gründungkonferenz zum Marshall-
Plan teilzunehmen, wuchs. Die Tschechoslowakei wurde beeinflusst, nicht mehr an der
Konferenz zu partizipieren. Das gleiche Ziel verfolgten die UdSSR und die kommunistische Partei in der Folge auch in Österreich.[185] Altmann war nun gefordert. Gruber beschreibt die Situation wie folgt:

> Unser Kommunistenführer forderte jetzt, Österreich dürfe keine Vertreter zur Gründungs-
> konferenz der OEEC nach Paris entsenden. Ich zog den Beschluß des Ministerrates aus der
> Hosentasche und machte darauf aufmerksam, daß die Sache abgeschlossen wäre.[186]

Weiss betont in diesem Zusammenhang, dass es erstaunlich sei, dass Altmann am Anfang
kein Veto einlegte, obwohl die Sowjetunion eine weitere Begleitung des Marshall-Plans
abgelehnt hatte.[187] Die Forschung interpretiert das Abstimmungsverhalten Karl Altmanns
als Zustimmung zur Teilnahme an der Konferenz, aber nicht als Zustimmung zum Programm.[188] Mit der Verabschiedung des für den Marshall-Plan notwendigen Währungs-
schutzgesetzes gab es einen Grund für den Rücktritt.[189] Die KPÖ schied mit Altmann
als Minister für Elektrifizierung und Energiewirtschaft am 19. November 1947 aus der
Regierung aus.[190] Die Regierung bestand damit aus der ÖVP und der SPÖ.[191]

Die Kritik aus der UdSSR wuchs. Die UdSSR, unter General Wladimir Kurassow, verurteilte die Unterstützungsleistungen der USA, die Österreich zu dem gegenwärtigen
Zeitpunkt (vor dem Marshall-Plan) erhielt. Das Augenmerk lag hierbei nicht auf der

---

184 Gruber, Zwischen Befreiung und Freiheit, S. 176.

185 Ebd., S. 176 f.

186 Ebd., S. 177.

187 Weiss, Auf sanften Pfoten gehen, S. 27.

188 Mähr, Von der UNRRA zum Marshallplan, S. 249.

189 Mueller, Die sowjetische Besatzung in Österreich und ihre politische Mission, S. 193.

190 Mähr, Von der UNRRA zum Marshallplan, S. 244.

191 Weiss, Auf sanften Pfoten gehen, S. 27.

Unterstützung an sich, sondern auf den damit von den USA verbundenen Kontrollbestimmungen.[192] General Wladimir Kurassow warnte in einer Protestnote die österreichische Regierung, dass mit Konsequenzen wegen einer Teilnahme zu rechnen sei.[193] In einer Antwort wies Bundeskanzler Leopold Figl den Vertreter der UdSSR auf eigene Unstimmigkeiten in der sowjetischen Politik hin. Die amerikanischen Regierungsvertreter reagierten positiv auf diese Antwort. Die Spannungen zwischen der Bundesregierung und der Sowjetunion waren laut Geoffrey Keyes damit auf ihrem Höhepunkt.[194] Den Amerikanern war sehr wohl bewusst, in welcher besonderen Situation sich Österreich befand. Eine Integration in einen militärischen Block war nicht möglich, so dass laut Wilfried Mähr das primäre Ziel die Einbeziehung in das politisch-wirtschaftliche System des Westens war.[195]

Das Scheitern der Moskauer Außenministerkonferenz im Frühjahr 1947 bildete dabei die Grundlage für die Teilnahme Österreichs am Marshall-Plan und sorgte für westliches Wohlwollen gegenüber den späteren Verhandlungen zum Staatsvertrag. Gesellschaftspolitische und ökonomische Bereiche konnten dabei abgedeckt werden, nicht jedoch politische oder militärische. „Die Partizipation ganz Österreichs am ERP war das Nahziel."[196] Diese Entwicklung ist insofern interessant, da die Sowjetunion anfänglich die Regierungsbildung in Österreich vorangetrieben hatte und die Westmächte durch diese schnelle Anerkennung der Regierung 1945 alarmiert gewesen waren.[197] Die Regierungsbildung fand, wie beschrieben, schon am 27. April 1945 unter Führung Karl Renners und unter Beteiligung der Parteien SPÖ, ÖVP und KPÖ statt.[198] Erst während des Wahlkampfs am 20. Oktober 1945 waren die Westmächte bereit, die provisorische Regierung anzuerkennen. Wichtig war hierbei die Dreimächtekonferenz, in der auf Reparationsleistungen Österreichs verzichtet werden sollte und die Regierung ihr Geltungsgebiet auf ganz Österreich ausdehnen sollte.[199] Vermutlich wirkte die unklare Position Österreichs und die schnelle Anerkennung durch die Sowjetunion nicht vertrauensbildend auf die West-

---

192   Ebd., S. 29.

193   Ebd.

194   "Tensions between Russians and Austrian Governments has been heightened as result of Russian protest over Austro-US relief agreement and Chancellor Figl's courageous and forthright reply. There is also feeling that Soviets may want to "punish" Austria for accepting the invitation to Paris and thus identifying itself with western bloc." FRUS, 1947, Germany and Austria, Volume II, Office of the Historians, The United States High Commissioner for Austria (Keyes) to the Joint Chiefs of Staff, Vienna 19. July 1947. https://history.state.gov/historicaldocuments/frus1947v02/d545. Abgerufen am 17.4.2018.

195   Mähr, Von der UNRRA zum Marshallplan, S. 242 f.

196   Michael Gehler verweist in diesem Zusammenhang darauf, dass Karl Gruber um die Schwierigkeiten wusste, amerikanische Wirtschaftshilfe und gleichzeitig einen Staatsvertrag zu erhalten. Nach Michael Gehler schloss Karl Gruber dies sogar aus. „Der wirtschaftliche Rekonstruktionsprozess hatte Vorrang und war Voraussetzung zur Erreichung des politischen Ziels der Souveränität." Gehler, Vom Marshall-Plan bis zur EU, S. 34.

197   Bischof, Die Planung und Politik der Alliierten, S. 115, in: Gehler/Rolf Steininger, Österreich im 20. Jahrhundert.

198   Vocelka, Geschichte Österreichs, S. 317.

199   Wagner, Geschichte Österreichs, S. 321.

mächte. Vor diesem Hintergrund ist es bemerkenswert, wie die weitere Teilnahme am ERP von den Westmächten forciert wurde.

Die zentrale Führung für das Programm bekam das österreichische Bundeskanzleramt.[200] Alois Vollgruber wurde als Verantwortlicher für die weitere Umsetzung benannt.[201] Dabei sollte die Delegation in Paris „auf sanften Pfoten gehen".[202]

Gruber wiederholte die Ausrichtung, „es (sei), schon mit Rücksicht auf die geographische Lage, die Aufgabe Österreichs, ausgleichend zwischen Ost und West zu wirken".[203] Trotz der steigenden Spannungen des Kalten Krieges versuchte die Wiener Regierung, die Interessen des eigenen Landes zwischen den Besatzungsmächten zu moderieren.[204] Damit war es Österreich möglich, als ganzes Land am Marshall-Plan zu partizipieren.[205] In diesem Zusammenhang stellte Gruber klar, dass die Beteiligung an dem "Fuel and Power" Komitee von besonderer Wichtigkeit sei, wie auch die eben genannte Führung des Programms durch das Bundeskanzleramt.[206]

Nachdem Georges Bidault die Pariser Konferenz eröffnet und den Ablauf dargestellt hatte, wurden Vertreter der beteiligten Staaten in Komitees gewählt.[207] Für Österreich wurde Vollgruber in das Arbeitskomitee (wie auch Boland aus Irland) entsandt.[208] Nicht vertreten war Österreich in dem Exekutivkomitee. Hier übernahm die Schweiz die Interessen Österreichs.[209] In diesem Vorgehen vermutet Weiss auch das „Kalkül" Österreichs, den Verdacht der politischen Blockbildung zu vermeiden.[210] Auf diese Weise wurde Österreich gehört und ein Informationsaustausch konnte stattfinden.

Für Österreich bedeutete diese Beteiligung die erste multinationale Konferenzteilnahme nach dem Krieg. Sie war deshalb für die Regierung von großer Bedeutung, die nichts dem Zufall überlassen wollte, wie die Vorgaben von Peter Krauland[211] zeigen: „Disziplin sei alles" (...) „wer Extratouren tanze, sei rücksichtslos abzuberufen."[212]

---

200 wpol 136796 vom 12.7.1947.

201 Karl Gruber an Henry B. Mack, Minister plenipotentiary. Political representative of the UK, and political adviser to the Commander of the British Forces in Austria, wpol 135826 vom 8.7.1947.

202 Weiss, Auf sanften Pfoten gehen, S. 32.

203 Amtsvermerk des BKA/AA über die interministerielle Koordinationssitzung am 12.7.1947 wpol 136796 und Weiss, Auf sanften Pfoten gehen, S. 32.

204 Gehler, From Saint-Germain to Lisbon, S. 174.

205 Ebd.

206 wpol 136258 vom 12.7.1947.

207 wpol 138001 vom 24.7.1947 inklusive einer Darstellung des Konferenzablaufes.

208 wpol 138155 Alois Vollgruber an BKA/AA vom 21.5.1947.

209 Nachdem die Organisationsstruktur verabschiedet war, versuchte Österreich im Rat und in Ausschüssen vertreten zu sein. Im ersten Exekutivkomitee war Österreich jedoch nicht vertreten. Karl Gruber gelang es, anlässlich der Unterzeichnung der OEEC-Vereinbarung die Schweiz dafür zu gewinnen, die österreichischen Interessen dort darzustellen. Einen Tag später erklärte sich die Schweiz auch bereit, österreichische Anregungen in das Exekutivkomitee einzubringen. Weiss, Auf sanften Pfoten gehen, S. 40.

210 Ebd., S. 33.

211 Minister des Bundesministeriums für Wirtschaftsplanung und Vermögenssicherung.

212 wpol 136796 vom 12.7.1947.

Am 12. Juli 1947 wurde das Committee of European Economic Cooperation durch die teilnehmenden 16 Staaten gebildet, um ein gemeinsames, auf vier Jahre befristetes Wiederaufbauprogramm zu starten.[213] Alois Vollgruber berichtete über die Weiterentwicklung der Konferenz dem BKA/AA. Hierbei betonte er, dass die Arbeit intensiviert werden müsse, um Gelder aus den USA zu erhalten. Ein umfassender Bericht würde folgen. Laut dem US-Amerikaner William Clayton müsse ein deutlicher Schritt Richtung wirtschaftlich europäischer Kooperation erfolgen. Präferenzzölle allein reichten nicht aus. Dabei stelle sich auch die Frage einer Zollunion.[214] Schon im August berichtete Vollgruber über das Ansinnen einer Zollunion, insbesondere über den Sachstand aus den Gesprächen mit anderen europäischen Ländern.[215] In die Gespräche waren sowohl der italienische Delegierte Campilli, der Schweizer Delegierte Bauer und der Ire Boland involviert.[216]

Die Diskussion über eine Zollunion wurde fortgesetzt. In der britischen Einladung (draft invitation to join customs union) wird Österreich als auffordendes Land gemeldet. Tatsächlich wird Österreich aufgefordert, den Prozess zu begleiten, wie Irland auch.[217] Die Österreicher unterstützten die Einsetzung einer "study group" formal.[218] Auch das ungelöste Thema der Zollunion mit Deutschland wurde angezeigt.[219] Hinsichtlich der Zoll-Arbeitsgruppen existiert auch ein Kommuniqué, in dem darauf hingewiesen wird, dass eine oder mehrere Zollgruppen entstehen könnten und daher eine "study group" gebildet werden sollte.[220] Die Arbeitsgruppenergebnisse wurden dann der Regierung in Wien vorgestellt.[221] Vollgruber verwies darauf, es sei zu erwarten, dass sich jedes Land kurzfristig erklären würde.[222] Aus seiner Sicht war es deshalb sinnvoll, an der "study group" teilzunehmen.[223] Im Rahmen einer Stellungnahme an Gruber nominierte Vollgruber einen Vertreter für die Studiengruppe.[224]

In einer Rundfunkansprache erläutert Gruber:

> Die Konferenz hat schließlich beschlossen, ein Studienkomitee für eine europäische Zollunion einzusetzen. Eine solche Zollunion ist naturgemäß nicht eine Sache, die von heute auf morgen errichtet werden kann. Sie wird sorgfältiger Vorstudien und umfangreicher Berechnungen bedürfen.[225]

---

213 Weiss, Auf sanften Pfoten gehen, S. 33. Die Beteiligung Österreichs fand auch statt durch die Beteiligung des österreichischen Delegierten Kurzel an dem Holzkomitee. Vgl. hierzu auch: wpol 139037 Alois Vollgruber an Karl Gruber vom 25.7.1947.
214 wpol 142858 Alois Vollgruber an BKA/AA vom 13.8.1947.
215 wpol 141709 vom 7.8.1947 Alois Vollgruber an Karl Gruber.
216 wpol 145073 vom 9.9.1947 an Karl Gruber. Bericht von einem Gespräch mit dem italienischen Delegierten Campilli. In diesem Gespräch entwickelten sich laut dem italienischen Delegierten Animositäten gegenüber der Schweiz, der es gut ginge.
217 wpol 145071 vom 8.9.1947.
218 wpol 145069 vom 8.9.1947 Alois Vollgruber an Karl Gruber.
219 Ebd.
220 wpol 144776 vom 2.9.1947.
221 wpol 144456 vom 2.9.1947 Alois Vollgruber an Karl Gruber.
222 wpol 144455 vom 2.9.1947 Alois Vollgruber an Karl Gruber.
223 wpol 143878 vom 4.9.1947 Amtsvermerk.
224 wpol 143670 vom 28.8.1947.
225 Gehler, Karl Gruber, Reden und Dokumente, S. 178.

2. Österreich und der Marshall-Plan

Die Reaktionen zeigen, dass die österreichische Regierung dem Verlangen der USA nach stärkerer Handelsliberalisierung vorsichtig und skeptisch gegenüberstand. So berichtet Gehler über eine mit Figl abgestimmte Stellungnahme, in der Gruber erläutert, dass „bindende Erklärungen über eine Zollunion" wegen der komplizierten Thematik, der politischen Dimension, aber auch wegen eines fehlenden Staatsvertrages nicht abgegeben werden können.[226] Formal begleitete Österreich durch die Teilnahme an den Zollarbeitsgruppen den gesamten ERP-Prozess, ohne das Thema Zölle eigenständig zu forcieren.

Nachdem anfänglich die UdSSR versucht hatte, die Teilnahme Österreichs an dem Marshall-Plan zu verhindern, lässt die Quellenlage nicht erkennen, dass die UdSSR später massiv Druck auf Österreich ausgeübt hat. Der Meinungsbildungsprozess innerhalb der österreichischen Regierung verlief den betrachteten Unterlagen zufolge normal. Als Beispiel dient das oben beschriebene Thema Zollunion.[227] Auch die Haltung Vollgrubers zum Thema Zollunion mit Deutschland bestätigt dies.[228] Dennoch behielt die Regierung die sowjetische Sichtweise im Blick.[229] „Zwischen österreichischer Integritäts-, Souveränitäts- und Integrationspolitik bestand nicht nur ein Zusammenhang, sondern auch ein wiederkehrendes Wechselspiel", so Gehler.[230]

Exemplarisch für dieses Wechselspiel seien hier die Instruktionen Grubers, sich nicht in den Vordergrund zu stellen und auf sanften Pfoten zu gehen, angeführt:

> Gesamtverhalten: Nicht sich in den Vordergrund stellen, degagiertes Hervortreten vermeiden, im allgemeinen mittlere Linie halten, in kritischen Situationen sich der Stimme enthalten. „Auf sanften Pfoten gehen", sich bewusst sein, daß das ganze ohnedies für uns mit großem Risiko verbunden ist, aber sich bietende Chance ergreifen (...) Bei Anträgen, die auf Eintritt bzw. Heranziehung der UdSSR gerichtet sind, möglichste Unterstützung gewähren, ebenso bei Anträgen, die auf Zusammenarbeit mit dem Osten gerichtet sind.[231]

Die Schwierigkeit Österreichs, sich auf der einen Seite aktiv zu beteiligen und andererseits eigene Grenzen zu ziehen, zeigt den Spannungsbogen, vor dem sich die österreichische Regierung sah. Innerhalb dieses Rahmens war Österreich sehr daran interessiert, die europäische Zusammenarbeit zu konkretisieren.[232] Die Teilnahme am Prozess zur Entwicklung eines europäischen Programms innerhalb des Marshall-Plans war für Ös-

---

226 Gehler, Vom Marshall-Plan bis zur EU, S. 26 f.

227 wpol 150525 vom 16.9.1947. Die österreichische Gesandtschaft aus der Schweiz an das BKA/AA zum Thema Zollunion. In der Kommunikation ist kein Druck der UdSSR erkennbar.

228 wpol 143668 vom 26.8.1947 Alois Vollgruber an BKA/AA.

229 Gehler, Vom Marshall-Plan bis zur EU, S. 39.

230 Ebd., S. 38.

231 Laut Michael Gehler erstmals herausgearbeitet von Florian Weiss in „Auf sanften Pfoten gehen", der aus dem Amtsvermerk der Besprechung von Karl Gruber und Alois Vollgruber am 8.7.1947 BKA/AA, Amerika, Zahl 108.194-pol/47 (GZL.107652pol/47) berichtet. Vgl. hierzu auch: Gehler, Vom Marshall-Plan bis zur EU, S. 38.

232 Es wird über eine Rede Leopold Figls beim dritten ordentlichen Parteitag der ÖVP am 2.3.1951 in Salzburg berichtet, in der die Vereinigten Staaten von Europa als Ziel definiert wurden. Es ist zwar zeitlich später, aber die ersten Erfolge des Marshall-Plans waren sichtbar und die Be-

terreich deshalb hilfreich. Als Grundlage des Marshall-Plans musste die österreichische Regierung ebenso wie die anderen Länder Zahlen für die Planung erstellen. Dies war vor dem Hintergrund der Sondersituation Österreichs, in vier Zonen aufgeteilt zu sein, eine besondere Herausforderung. Die Dokumente im Zusammenhang mit der OEEC zeigen, dass es der Regierung dennoch gelang, eine Wirtschaftsplanung für ganz Österreich zu erstellen. Bis zum 21. August 1947 wurden von österreichischer Seite mindestens 15 Memoranden und Fragebögen aus allen Ministerien bei der OEEC abgegeben.[233] Auch der Rückversand von sachlich geordneten 14 Mappen dokumentiert die Aufmerksamkeit, die der Marshall-Plan in der Regierung hatte.[234]

Dass sich so viele Ministerien in der Kürze der Zeit mit dem Marshall-Plan beschäftigten, zeigt auch, welchen Stellenwert das Programm hatte. Fast täglich oder sogar mehrmals täglich war der Marshall-Plan ein Thema. Bestätigt wird dies durch die Aussage des Bundesministeriums für Vermögenssicherung und Wirtschaftsplanung (BMfVuW), das auf „die besondere Bedeutung des Marshall-Planes für die österreichische Wirtschaft" hinwies und daher alle Unterlagen aus der Washingtoner Gesandtschaft direkt wünschte.[235] Die Delegierten der Konferenz sollten zudem, wie bereits dargestellt, Telegramme direkt an das BKA/AA richten.

Der intensive Schriftverkehr und die Diskussion über Unterschriften in einer feierlichen Zeremonie dokumentieren die Bedeutung des Themas.[236] Die bemerkenswerte „Gleichbehandlung" eines besetzten Landes wird auch durch den Umstand deutlich, dass Österreich an den Treffen zur Gestaltung des Marshall-Plans von Beginn an beteiligt war und wie andere beteiligte Länder explizit genannt wurde.[237] Auch Vollgruber erwähnt keine Benachteiligung. Dass der erste Report vom 21. September 1947 auch von Österreich gleichberechtigt unterschrieben wurde, kann als weiterer Beleg angesehen werden.[238]

Gruber betont in seinem außenpolitischen Bericht:

> Der Marshallplan hat für uns zunächst das reale Interesse, uns einen entsprechenden Anteil an der amerikanischerseits in Aussicht genommenen Hilfeleistung für eine Vierjahresperiode zu sichern. Die österreichischen Anträge beruhen auf einer Gesamtbilanz, die die stufenweise Steigerung auf einen normalen Kaloriensatz und den Ausbau der österreichischen Wirtschaftsquellen vorsieht.[239]

---

urteilung positiv. Dabei enthielt er sich „jeglicher aktiven Integrationspolitik aus politischen und militärischen Überlegungen". Ebd., S. 27.

233 wpol 142909 vom 21.8.1947 Gesandter Alois Vollgruber an das BKA/AA.

234 wpol 150767 Paris den 2.10.1947 der Gesandte an das BKA/AA.

235 wpol 159318 vom 19.11.1947.

236 wpol 146200 vom 18.9.1947.

237 wpol 142870 Gesandter Alois Vollgruber an das BKA/AA vom 20.8.1947 – Committee of European Economic Cooperation Grand Palais Paris am 13.8.1947. Die Besatzungsmächte werden in der Quelle nicht erwähnt.

238 Committee of European Economic Cooperation Volume 1 Paris vom 21.9.1947.

239 Weiss, Auf sanften Pfoten gehen, S. 34.

Für das Jahr 1948 errechnete Österreich einen Bedarf von 510 Millionen US-Dollar.[240] Insgesamt unterstützte die österreichische Regierung den Aufbau einer kontinuierlichen Organisation und die Bemühungen der britischen Regierung, diesen Prozess voranzutreiben.[241] Als Beispiel für die verstärkte internationale Einbindung Österreichs dient die Aussage von Mr. Myrdek von der ECA, alle Paris betreffenden Fragen direkt mit der ECA zu besprechen. Das betraf auch die Punkte, an denen Österreich nicht direkt beteiligt war.[242]

Die Pariser Gesandtschaft nahm unter anderem zu zwei Kennzahlen Stellung, die Österreich im Rahmen der Vorbereitung des Programms bereitstellen musste: Zur Gesamtimportaufstellung, die 1937 bei 6.170.801,3 US-Dollar lag zu 2.406.803,9 im Jahre 1946.[243] Die Summe war 1946 damit deutlich niedriger als im Vorkriegsjahr.

Dabei wies die österreichische Regierung ausdrücklich darauf hin, dass komplette Statistiken für 1946 nicht vorhanden waren, weil „während des ersten Halbjahres wegen der Zoneneinteilung kein einheitliches Wirtschaftsleben möglich" war und die Bundesländer zu „selbständigem Außenhandel" gezwungen waren.[244] In dem gleichen Zusammenhang wurde das Zahlungsbilanzdefizit für den Zeitraum 1948 bis 1951 hochgerechnet. Es ergab eine Summe von 1.758.907.000 US-Dollar. Diese Daten wurden vom Sektionschef Klos durch die Daten aus der Konferenz ermittelt und weitergeleitet.[245] Die Besprechungen der Zahlungsbilanzen fanden ohne Beteiligung der Österreicher statt.[246]

Dass die Summen in der Tendenz stimmig sind, zeigen die weiteren Quellen, in denen grundsätzlich der US-Dollarbedarf bestätigt wird. Das BKA/AA ermittelte das US-Dollar-Defizit Österreichs für den Zeitraum 1948 bis 1951:

> Das voraussichtliche österreichische Defizit in den Jahren 1948 bis 1951 beträgt 1.975.533.000 US-Dollar, das für diesen Zeitraum in Paris angemeldete europäische Gesamtdefizit beträgt 28 Milliarden US-Dollar. Es steht bereits fest, dass dieser Betrag eine erhebliche Kürzung erfahren wird, sodass auch mit einer entsprechenden Kürzung der österreichischen Bedarfsmeldung zu rechnen ist. Welcher Betrag letzten Endes für Österreich festgesetzt werden wird, lässt sich derzeit auch nicht annähernd schätzen[247]

---

240 Der Marshall-Plan vom Bundesministerium für Vermögenssicherung und Wirtschaftsplanung Zl. 164541 - 20/1947, Ausarbeitung vom 15.12.1947. Die ermittelte Zahl wurde mit dem Datum vom 18.9.1947 gekennzeichnet (Estimates of the Austrian Balance of Payments 1948/1951). Die Unterlage basiert vermutlich auf der Unterlage mit den gleichen Zahlen vom 18.9.1947 Zl. 45760 - 15/47. Florian Weiss zitiert Winfried Mähr, der von einer Summe von 660 Millionen US-Dollar ausgeht. Weiss, Auf sanften Pfoten gehen, S. 34.

241 wpol 159783 Aide Memoire Economic Commission for Europe and the Marshallplan vom 19.11.1947. Dies wurde dem britischen Handelsrat mitgeteilt als Sichtweise der österreichischen Regierung.

242 wpol 155520 Telegramm an alle Länder, die nicht an den Gesprächen teilgenommen haben, vom 31.10.1947.

243 wpol 144323 Nachtrag von Angaben für die Konferenz vom 4.9.1947.

244 wpol 144323 Telegramm an Gesandtschaft vom 6.9.1947.

245 wpol 144560 vom 4.9.1947.

246 wpol 143880... „nur im engsten Kreis". Telegramm Österreich Gesandtschaft vom 3.9.1947.

247 wpol 134983 (Zahl 152760) vom 12.10.1947 an die österreichische Gesandtschaft Washington von BKA/AA.

Im gleichen Zusammenhang stand auch eine zeitlich vorher datierte Quelle, bei der die gesamteuropäische Summe mit 28,2 Milliarden US-Dollar und einem Defizit von 5,8 Milliarden US-Dollar im Jahre 1951 ermittelt wurden. Ziel sollte es sein, 1951 ein Gleichgewicht zu erreichen, und daher war das Komitee bemüht, das Defizit zu reduzieren.[248] Die Versuche, den Sterling und andere Währungen wieder konvertierbar werden zu lassen, wurden auch in Österreich beobachtet.[249] Die Kontostände von Währungen wie zum Beispiel dem Pfund Sterling, dem Schweizer Franken etc. per 30. Juni 1947 wurden erhoben.[250]

Das österreichische Finanzministerium sah sich zunächst nicht in der Lage, den Anforderungen des Briten Oliver Franks zu entsprechen und die Zahlungsbilanz zu verbessern. Die Export- und Importdaten seien zu unsicher.[251] Auch die Washingtoner Gesandtschaft war anscheinend zu Beginn des Programms nicht wirklich darüber informiert worden, wie sie im Marshall-Plan-Prozess helfen könne. Ganz im Gegenteil, wie folgende Notizen zeigen. Diese Gesandtschaft sei „über unsere Mitarbeit am Marshall-Plan vollständig uninformiert", betonte Kleinwächter. „Dies wäre jedoch von Vorteil, da der ausgearbeitete Marshallplan aktuell mit den amerikanischen Zentralstellen besprochen werden sollte."[252]

Die Situation besserte sich sukzessive, wie Vollgruber nach einer Besprechung mit dem britischen Gesandten Franks im Bericht vom 23. September 1947 meldete.[253] Auch konkrete Nachfragen an das Verkehrsministerium zeigten, dass die Gesandtschaft informierter wirkte.[254]

Im Rahmen des zu entwickelnden Planes für den Zeitraum von 1948 bis 1951 ist bei allen Prozessbeteiligten das Interesse sichtbar, mit Hilfe detaillierter Daten fundierte Aussagen treffen zu können. Als ein Beispiel dafür dient die Forderung der USA, auf Anfragen konkretere Antworten zu erhalten, so berichtet es die österreichische Gesandtschaft.[255] In diesem Zusammenhang wies Kleinwächter aus Washington nochmal ausdrücklich auf die Einhaltung der Termine hin.[256] Alle beteiligten Länder waren angehalten, zu den Investments genauere Angaben abzugeben.[257] Damit war auch Österreich gezwungen, detail-

---

248 wpol 143714, Schreiben an den Bundesminister für Auswärtige Angelegenheiten Dr. Karl Gruber vom 28.8.1947. Dabei wurden Mengen ermittelt aber nicht die Preise dazu.

249 wpol 141979, Aussage des Präsidenten der Belgischen Nationalbank Maurice Frere vom 20.8.1947.

250 wpol 141350 vom 11.8.1947, Beantwortung des Schreibens von Dr. Kloss.

251 wpol 139585 vom 2.8.1947 Bundesminister für Finanzen, Dr. Zimmermann.

252 wpol 134983 (Zahl 152755) Ludwig Kleinwächter vom 10.10.1947. Ludwig Kleinwächter war zu diesem Zeitpunkt „ao. Gesandter und bev. Minister" in Washington D. C. Vgl. hierzu: Agstner/ Enderle-Burcel/Follner, Österreichs Spitzendiplomaten zwischen Kaiser und Kreisky, S. 275.

253 wpol 134983 (Zahl 152931) vom 10.10.1947.

254 wpol 134983 (Geschäftszahl 154365) Telegramm vom 23.10.1947. Ludwig Kleinwächter vom 10.10.1947. In der Folgediskussion wirkte die Gesandtschaft in Washington besser informiert. Beispielhaft ist eine Frage der Elektrizität. In einem Telegramm von Ludwig Kleinwächter werden explizit die westdeutschen Zonen von den US-Amerikanern abgefragt. wpol 154202 und 153263 Telegramm von Ludwig Kleinwächter.

255 wpol 153148 vom 14.10.1947.

256 wpol 153478 Telegramm vom 17.10.1947.

257 Telegramm von der österreichischen Gesandtschaft in Paris an den Generalsekretär. wpol 145163 vom 14.9.1947.

liertere Angaben zu den Ein- und Ausgaben zu machen, die Summen zu reduzieren und die Ausgaben im US-Dollarraum zu senken.[258] Aufgrund von österreichischen Angaben bewertete der OEEC-Energieausschuss Österreich als Exportland für Energie. Ebenfalls positiv beurteilt wurde der Transportbereich.[259]

Dass Österreich noch nicht Mitglied im Internationalen Währungsfond war, schien dabei aus Sicht der österreichischen Regierung lediglich eine Frage der Zeit zu sein. Die österreichische Regierung sah nach Quellenlage hier kein Abstimmungsthema mit den Zonenmächten. Ein Antrag auf Mitgliedschaft sei einfach noch nicht auf der Tagesordnung gewesen.[260]

Um die Planungssicherheit zu verbessern, stellte das Bundesministerium für Vermögensicherung und Wirtschaftsplanung den Antrag, eine interministerielle Planungskommission zu bilden. Die Aufgaben seien so vielfältig, dass „ein Ministerium allein dieser Aufgabe nicht gerecht werden kann...es bedarf hier unbedingt eines zusammenfassenden Organs, das auch mit Kraft bindender Beschlüsse ausgestattet ist".[261] Beteiligt sollten die wesentlichen Ministerien sein: Bundeskanzleramt AA und Österreichhilfe, Inneres, Soziales, Verwaltung, Finanzen, Land- und Forstwirtschaft, Handel und Wiederaufbau, Volksernährung, Verkehr, Energiewirtschaft und Elektrifizierung und Vermögenssicherung und Wirtschaftsplanung.[262] Der Ministerrat folgte am 21. Oktober 1947 dem Vorschlag zur Bildung einer interministeriellen Planungskommission.[263] Direkt nach dem Beschluss forderte der Bundesminister für Vermögenssicherung und Wirtschaftsplanung, Peter Krauland, die Planungen vorzubereiten und abzustimmen.[264] Daraufhin übermittelten verschiedene Ministerien ihre Anforderungen und erarbeiteten diese umfänglich.[265]

Im Rahmen eines Treffens am 4. November 1947 in Washington D.C. übergaben die Europäer ein ausgearbeitetes Programm. Die inhaltliche Vorbereitung hatten die verschiedenen Subkomitees geleistet.[266] Truman hatte sich im Vorfeld positiv zum Programm geäußert, aber darauf hingewiesen, dass die geforderten Summen zu diskutieren seien. Die

---

258 wpol 145704 vom 17.9.1947. BM für Handel und Wiederaufbau an das BKA/AA z. Hd. Minister Sommeragua.

259 wpol 144125 vom 4.9.1947. Telegramm von der österreichischen Gesandtschaft an den Generalsekretär.

260 wpol 144326 vom 9.9.1947 BKA/AA.

261 wpol 146286 vom 21.10.1947. Vortrag des Bundesministeriums für Vermögenssicherung und Wirtschaftsplanung vor dem Ministerrat. Betreffend, Einrichtung von Organisationen für zusammenfassende Planung und Lenkung der Wirtschaft.

262 Ebd.

263 wpol 155062 vom 28.10.1947. Bundesministerium Handel und Wiederaufbau und wpol 158115 Bundesministerium Energiewirtschaft und Elektrifizierung vom 28.10.1947.

264 wpol 134983/155431 vom 31.10.1947.

265 wpol 134983/156127 vom 31.10.1947 Bundesministerium für Land- und Forstwirtschaft und auch das Verkehrsministerium wpol 155175 vom 29.10.1947 und Bundesministerium für Energiewirtschaft und Elektrifizierung wpol 158115 vom 28.10.1947 und Bundesministerium für Handel und Wiederaufbau wpol 154399 vom 22.10.1947.

266 wpol 134983 (Zahl 156926) vom 4.11.1947 britische Gesandtschaft.

US-Amerikaner waren sich insbesondere über den Abstimmungsprozess im Kongress noch nicht klar.[267]

Nach diesem ersten Entwurf der Europäer erfolgte in Österreich innerhalb kurzer Zeit und unter Führung des Ministeriums zur Vermögenssicherung und Wirtschaftsplanung die Kommissionsbildung. Bereits am 16. Dezember 1947 lud das oben genannte Ministerium zur ersten Sitzung am 19. Dezember 1947 ein. Themen waren u. a. die

– Erarbeitung des „Kern- und Konstitutionsplanes" und unter TOP 2, die
– „Überarbeitung der Marshallplan-Kennzahlen".[268]

Die Gesandtschaft in Washington wurde im Anschluss darüber informiert, dass die Daten für den Marshall-Plan nochmal durchgearbeitet werden müssten. Es wurde ein Defizit von 2.094.928 US-Dollar ermittelt. Basis hierfür waren Importe im Wert von 3.119.116.000 US-Dollar und Einnahmen von 1.024.188.000 US-Dollar. Die Zahlungsbilanz hätte mit einem Defizit von 2.094.928.000 US-Dollar zu rechnen. Die Differenz von 2.094.928.000 US-Dollar sei gegenzufinanzieren. Die amerikanischen Stellen in Wien wurden „aufgrund von dringende(r)n Urgenzen" vorab informiert. Die amerikanische Gesandtschaft würde aber Informationen via Flugpost erhalten. Aber auch die ermittelten Werte seien noch nicht sicher, da noch Fragen hinsichtlich des Deutschen Eigentums bestünden, so Kleinwächter.[269]

Insgesamt waren die US-Vertreter mit der geringen Bereitschaft der Europäer zur Handelsliberalisierung nicht einverstanden. Sie forderten Kürzungen und Verbesserung im gemeinsamen Handelsaustausch.[270]

Im nächsten Schritt übermittelte die britische Regierung einen weiteren Bericht mit angepassten Zahlen.[271] Der Bericht umfasste ein gesamtes Defizit von 22,44 Milliarden US-Dollar im Zeitraum von 1948 bis 1951 gegenüber dem amerikanischen Kontinent.[272]

---

267 wpol 134983. Die britische Gesandtschaft in Wien vom 11.11.1947.
268 wpol 163723 vom 16.12.1947.
269 wpol 163722 vom 23./24.12.1947.
270 Mähr, Von der UNRRA zum Marshallplan, S. 145 ff.
271 wpol 162218 Schlussberichte der englischen Regierung an das BKA/AA vom 19.12.1947.
272 wpol 162218 vom 19.12.1947, BKA/AA. Der Bericht umfasst ein Defizit gegenüber dem amerikanischen Kontinent von 22,44 Millionen US-Dollar. Diesen Bericht unterschrieb Österreich gleichberechtigt. Committee of European Economic Cooperation Volume I General report, Paris 21.9.1947.

b) „Sonderfall Österreich" – Neutralisierung zur Einheitssicherung und Westbindung seit 1945

The first important quality for treaty[273] making was good reason, and a good judgement of historical facts. Both these had to brought to bear on the special situation of Austria, for we must realise that Austria was the victim of Germany; evidence at the Nuremberg trial had shown what lengthy planning was devoted to the Austrian invasion. Furthermore Austria was the first victim of Nazi aggression, and a fact which brought up the important time question.[274]

Diese Sichtweise Grubers, Österreich als "special situation" bzw. „Sonderfall" einzuordnen, war ein Teil der politischen und wirtschaftlichen Orientierungspunkte der österreichischen Politik. Weitere Fixpunkte waren die gesonderte Situation Österreichs als besetztes Land im wachsenden bipolaren Konflikt, aber schon mit einer eigenen Regierung vor Ende des Zweiten Weltkriegs. Mit der Besonderheit der Besatzungsregel (Vetoregelung) entwickelten sich Chancen und Risiken für die österreichische Regierung.

Um seine Einheit zu erhalten beziehungsweise zu entwickeln, versuchte Österreich als Ausgleich zwischen „Ost und West" zu wirken.[275] Bestätigt wird diese Einschätzung der österreichischen Position durch eine Aussage des Bundespräsidenten Renners in der „*Arbeiter-Zeitung*":

Die Sowjetunion will nicht, daß der westliche Block Österreich zum politischen und ökonomischen Sprungbrett kapitalistisch antikommunistischer Politik ausbaue – der sogenannte westliche Block will hingegen nicht, daß Österreich zum Stützpunkt kommunistischer, prorussischer Politik gemacht werde. Österreich will weder das eine noch das andere, es will eine politisch-wirtschaftliche Neutralität beiden Gruppen gegenüber aufrichten und behaupten.[276]

Der „Sonderfall Österreich" wird auch dadurch deutlich, dass die USA Österreich, trotz großer sowjetischer Besatzungszone, durch hohe Fördergelder bevorzugten. Für die USA war Österreich eine Grenzregion in Westeuropa. Für Gehler ist der „Sonderfall" als Selbstdarstellung kritisch zu hinterfragen. Sie war aber nicht „nur Inszenierung, sondern mit der Realität durchaus sehr im Einklang."[277] So sieht es auch Wolf D. Gruner, der „wegen der geostrategischen Lage am Schnittpunkt von Ost und West" Österreich in einer schwierigen Situation sah. Österreich hatte zwar eine eigene Regierung, jedoch anders als Finnland und Italien keinen Friedensvertrag erhalten. Österreich blieb unter alliierter

---

273 Gemeint ist die Austrian Treaty Conference. Gehler, Karl Gruber. Reden und Dokumente, S. 163.

274 Gehler, Karl Gruber. Reden und Dokumente, S. 163, hier Vortrag „Remarks on the Austrian Treaty" im Chatham House, Royal Institute of International Affairs am 21.2.1947.

275 Gehler, Vom Marshall-Plan bis zur EU, S. 23 ff.

276 Bundespräsident Karl Renner unter dem Pseudonym S.G. in der *Arbeiter-Zeitung* vom 18.5.1947. Vgl. hierzu: Mähr, Von der UNRRA zum Marshall-Plan, S. 252.

277 „Österreich war tatsächlich das einzige Land, welches von der UdSSR besetzt war und dennoch als Ganzes Marshall-Plan-Mittel erhielt". Die UdSSR beschwerte sich über Einmischung. Gehler, Vom Marshall-Plan bis zur EU, S. 32.

Kontrolle und „Teil der deutschen Frage".[278] Daher musste die Lösung mit der Sowjetunion zusammen erreicht und im Rahmen eines Staatsvertrages errungen werden.[279]

Abbildung 3 – Karte Alliierte Besatzungszonen[280]

Die Aufteilung in vier Besatzungszonen mit einer immer stärkeren Bi-Polarisierung der Weltpolitik und der gleichzeitigen Einheitserhaltung Österreichs waren, wie genannt, die Rahmenbedingungen der österreichischen Politik. So sah der US-General Keyes Österreich als "easternmost Central European bulwark".[281] In den gleichen Zusammenhang stellt Keyes auch folgende Aussage:

> In view of developments in Western Europe attendant upon the inauguration of the European Recovery Program, it is now, and will be in the future, Austria's sole hope of survival as an independent state that it be permitted to continue effective participation in the ERP. It is the hope and intention of the present Austrian government and of the vast majority of its people to implement participation in the ERP as sovereign state ... The present government is so strongly committed to the maintenance of territorial, political and economic integrity that any concessions to the Soviets along these lines would undoubtedly result in the fall of the government.[282]

---

278 Gruner/Woyke, Europa Lexikon, S. 177 f.
279 Ebd.
280 Wagner, Geschichte Österreichs, S. 319, aber auch Maximilian Dörrbecker (Chumwa), https://commons.wikimedia.org/wiki/File:Karte_Alliierte_Besatzungszonen_in_Österreich_von_1945_bis_1955.png, „Karte Alliierte Besatzungszonen in Österreich von 1945 bis 1955", https://creativecommons.org/licenses/by-sa/3.0/legalcode. Abgerufen am 21.1.2019 und 23.8.2021.
281 FRUS, 1947, Council of Foreign Ministers Germany and Austria, Volume II, Document 309, 11-147, Office of the Historians, Memorandum by the United States High Commissioner for Austria (Keyes) for the Secretary of State, Top secret, The Austrian Problem, undatiert. https://history.state.gov/historicaldocuments/frus1947v02/d309. Abgerufen am 23.4.2018.

2. Österreich und der Marshall-Plan

Die besondere Bedeutung der ERP-Hilfe wird auch von Eleanor L. Dulles herausge-hoben. Sie beschrieb als Finanzexpertin die dramatische ökonomische Situation Öster-reichs. Österreich sei weder in der Lage, allein die sowjetischen Reparationsforderungen zu erfüllen, noch in 4 bis 8 Jahren ein US-Dollarguthaben zu erreichen. Ohne die ERP-Finanzmittel von dargestellten 400 Millionen US-Dollar pro Jahr wäre Österreich nicht kreditwürdig.[283]

Die Sichtweise Keyes, die politische Randlage Österreichs und die nicht gelöste Staatsbildung erklären das Bestreben der österreichischen Regierung nach Einigkeit und Rücksichtnahme auf sowjetische Interessen. Damit konnte letztlich politische, nicht aber wirtschaftspolitische Neutralität erreicht werden. Zu Beginn der von der Sowjetunion geförderten Regierungsbildung 1945 hatten die USA noch Befürchtungen hinsichtlich der politischen Situation Österreichs.[284] Die Sorge der US-Amerikaner wich schließlich dem Wunsch nach einer wirtschaftlichen West-Integration. Die USA brachten Verständ-nis für den „Sonderfall" auf und begleiteten, wie beschrieben, Österreich auf dem Weg in den ERP.[285] Für Österreich war die wirtschaftliche Notwendigkeit, am Programm teil-zunehmen, elementar.

Die Koordinaten waren damit klar:

1. Politisch weder dem einen noch dem anderen Block anzugehören, aber wirt-schaftlich sich sehr wohl westlich zu integrieren,
2. einerseits die Einheit Österreichs zu erhalten bzw. zu erreichen, die nur mit sow-jetischer Unterstützung möglich war. Andererseits kulturell, wirtschaftlich, aber auch politisch dem Wertesystem des Westens zu folgen,
3. die ungeklärte Deutsche Frage und die des Deutschen Eigentums im Blick zu halten und gleichzeitig auch die zunehmende Einbindung in das wirtschaftliche Geflecht Westeuropas zu berücksichtigen.

Die österreichischen Politiker mussten unter diesen Prämissen ihre Politik gestalten. Der „Sonderfall" war eine Herausforderung und für Österreich politisches Neuland. „Auf sanften Pfoten gehen" war dabei, wie Weiss schrieb, grundlegend.[286] Dabei sollten länger-fristige Verpflichtungen vermieden werden, um auf mögliche Neuentwicklungen in der Erringung der Eigenstaatlichkeit reagieren zu können.[287] Die multinationale Konferenz des Marshall-Plans bot hier die Chancen für Österreich, um die Westbindung wirtschaft-lich zu halten, ohne das eigene Unabhängigkeitsstreben und die Einigkeit Österreichs zu gefährden. Die Beibehaltung der Allianzfreiheit war für Österreich existenziell.[288] Gehler

---

282 Ebd.

283 "It must be stated flatly therefore that from any normal economic point of view, Austria has absolutely no capacity to pay reparations, or ransom, or otherwise reimburse the Soviets for USAI firms." Mähr, Von der UNRRA zum Marshallplan, S. 56.

284 Bischof, Die Planung und Politik der Alliierten 1940–1954, S. 107–146, S. 115.

285 Mähr, Von der UNRRA zum Marshallplan, S. 252 ff.

286 Weiss, Auf sanften Pfoten gehen, S. 32.

287 Ebd.

288 Gehler, Vom Marshall-Plan bis zur EU, S. 26.

meint dazu: „Der Marshall-Plan sollte Österreich nicht unbedingt europäischer, aber vor allem unabhängiger machen."[289]

Dabei erwähnt er, dass Gruber bereits 1947 in einem Aktenvermerk auf die Risiken hinweist, die mit dem Bestreben „einer möglichen Westintegration" verbunden waren, „in das Marshall-Programm" und eine mögliche Westintegrationspolitik „voll einbezogen zu werden".[290] Gleichfalls arbeitet er heraus, dass Österreich einen Staatsvertrag wünsche, aber eben nicht „um jeden Preis".[291] So wurden zur Ausrichtung der österreichischen Regierung die Finanzmittel aus dem Marshall-Plan wichtiger „als ein forcierter Staatsvertragsabschluss, der dem Land auch erhebliche Lasten auferlegen würde."[292] Auch in der Einschätzung Eleanor L. Dulles waren die Determinanten der österreichischen Politik, eine wirtschaftliche Entwicklung mithilfe des Marshallprogramms zu erreichen, Basis zur Erlangung der vollen Souveränität und um mögliche Verpflichtungen zu erfüllen. Sie formulierte wie folgt: "Meanwhile the economic program (ERP) is more critical than the treaty."[293]

Die Beteiligung Österreichs an dem Marshall-Plan war einerseits eine existenzsichernde staatspolitische Notwendigkeit. Andererseits war sie ein innen- und außenpolitischer Drahtseilakt. Innenpolitisch, weil die KPÖ die „Marshallisierung", die „Versklavung des Landes" und den „Dollarimperialismus" kritisierte. Außenpolitisch, weil die Haltung der UdSSR nicht zu berechnen war, denn in den Ländern Polen und der CSSR hatte die UdSSR eine Beteiligung am Marshall-Plan verhindert.[294]

Österreich gelang es, im sich anbahnenden Kalten Krieg laut Gehler einen „Überbrückungs-Entspannungsversuch im Kleinen" zu bewirken und als „Sonderfall", Marshall-Plan-Hilfe für ein Staatsgebiet zu erhalten, auch wenn der östliche Landesteil sowjetisch besetzt war.[295] Insofern war Österreich wirklich, wie geschildert, ein „Sonderfall". Gehler zitiert dabei Günter Bischof, der von einem „Wagnis" spreche oder auch Jill Lewis, der das ERP-Projekt mit einem Seiltanz vergleiche.[296]

Die Unterstützung der Schweiz, Österreich im Exekutivausschuss politisch anfänglich mit zu vertreten, folgte dieser Philosophie.[297] Mit Italien wurde ein wichtiger Haupthandelspartner gewonnen. Diese Situation verbesserte sich weiter nach der Lösung der Südtirol-Frage. Dabei wurde zwar keine Anbindung Südtirols an Österreich erreicht, sehr wohl aber eine gewisse Unabhängigkeit dieser Region innerhalb Italiens.[298] Dies war eine gute Grundlage für eine Zusammenarbeit mit Italien. Bei dem Wunsch Italiens, beispiels-

---

289 Ebd.

290 Ebd., S. 26.

291 Ebd.

292 Ebd.

293 Mähr, Von der UNRRA zum Marshallplan, S. 257.

294 Nach Michael Gehler wurde die KPÖ im Herbst 1947 von Moskau „gleichgeschaltet". Gehler, Vom Marshall-Plan bis zur EU, S. 29.

295 Ebd. Es war für Österreich wichtig, dass die OEEC keine militärische Dimension erhielt und das Land wirtschaftlich als „special case" berücksichtigt wurde, in: Gehler, From Saint-Germain to Lisbon, S. 175 f.

296 Gehler, Vom Marshall-Plan bis zur EU, S. 29.

297 Weiss, Auf sanften Pfoten gehen, S. 40. Vgl. hierzu auch: Kapitel V.2.a).

298 Hier die Unterzeichnung des Gruber-De Gasperi-Abkommens in Paris am 5.9.1946, S. 146, und die Rede in der BBC am 6.9.1947. in: Gehler, Karl Gruber. Reden und Dokumente, S. 146 ff.

weise Wasserkraftanlagen im Alpenraum auszubauen, hielt es die österreichische Regierung jedoch für sinnvoll, zu warten, bis ein Staatsvertrag unterschrieben sei.[299] Durch die Kooperation mit der Schweiz und den Kompromiss in der Südtirol-Frage, waren die Voraussetzungen geschaffen, mit wichtigen Handelspartnern wirtschaftlich und politisch zusammenzuarbeiten. Dies war nicht nur für bilaterale Abkommen, sondern im Falle Österreichs noch in mindestens zwei weiteren Punkten wichtig:

1. Die Zusammenarbeit in dem OEEC-Prozess zwang alle Beteiligten dazu, sich kooperativ zu verhalten und gegenseitige Absprachen zu treffen. Dabei war es hilfreich, wenn die Nachbarstaaten Österreichs kooperativ miteinander agierten, wie dies die Quellen in der Zollfrage und auch hinsichtlich des OEEC-Exekutivkomitees zeigen.
2. Der „Sonderfall" Österreich bedurfte permanenter Unterstützung, insbesondere von Nachbarländern. Da Ungarn, die Tschechoslowakei und Jugoslawien durch den starken sowjetischen Einfluss ausfielen, Deutschland in Besatzungszonen aufgeteilt war und anders als Österreich von den Besatzungsmächten geführt wurde, blieben nur die Schweiz und Italien als wirklich befreundete Nachbarländer.

Die Schwierigkeit der Blockbildung auf der einen Seite und der Neutralitätspolitik auf der anderen Seite verschaffte Österreich aber auch Gestaltungsmöglichkeiten hinsichtlich der wirtschaftlichen Westintegration. Während in Wien die geplante Gründung der NATO mit großem Interesse verfolgt wurde, war eine Mitgliedschaft weder möglich noch gewollt. Solange aber die OEEC eigenständig agieren konnte, war es Gruber, der 1949 stellvertretende Ratsvorsitzende der OEEC war, möglich, die wirtschaftliche Westorientierung unbesorgt zu begleiten.[300]

Wie wichtig die Zusammenarbeit mit Nachbarstaaten für Österreich war, wird deutlich bei der Interessenvertretung bei der UNO. Der Gesandte Vollgruber meldete, dass der italienische Delegierte mit den Delegationen Irlands, der Schweiz, Österreichs und Portugals diskutierte „im Hinblick darauf, dass in den technischen Komitees viele Funktionen den UNO-Organisationen übertragen sind", gemeinsam zusammenzuarbeiten. Vollgruber wurde angewiesen, sich diesem italienischen Wunsch nach Zusammenarbeit anzuschließen.[301]

Die österreichische Politik wünschte dabei Rücksichtnahme auf die besondere politische Position. Dies fand sich auch in den Dokumenten im Rahmen des Marshall-Plans wieder. Am 16. April 1948 unterzeichnete Österreich trotz Kritik aus der Opposition und des „Sonderfalls" das OEEC-Abkommen in Paris. Dem folgte ein bilateraler Vertrag mit den USA. Auf dem Weg zum Staatsvertrag war Geduld gefragt. Die Einheit des Landes durfte auf keinen Fall durch eine Konfrontation mit der UdSSR gefährdet werden.[302] Österreich startete mit der Priorität; „integrity before integration".[303]

---

299 wpol 142883 im August, Anweisung von der Regierung an Alois Vollgruber.
300 Gehler, Vom Marshall-Plan bis zur EU, S. 34.
301 wpol 145538 Wien im September 1947.
302 Gehler, Vom Marshall-Plan bis zur EU, S. 29.
303 Der Wiener Historiker Thomas Angerer, in: Gehler, From Saint-Germain to Lisbon, S. 174.

c)   Österreichs wirtschaftspolitische Aufgaben innerhalb des ERP

In seiner generellen Ausrichtung war der Marshall-Plan in seinem ersten Teil (1948 bis 1950) mehr ein Fürsorge- und Notstandsprogramm. Erst später konnte Österreich die Handelsliberalisierung für einen ökonomischen Aufbau nutzen. Auch konnte Österreich der Europäischen Zahlungsunion beitreten und das multilaterale Finanz-Clearing für sich in Anspruch nehmen.[304]

Im Jahr 1953 lag die Handelsliberalisierung in Österreich bei 35 Prozent. Die OEEC forderte eine Erhöhung auf 75 Prozent, die ein Jahr später erreicht wurde und in der Folge sogar auf 90 Prozent wuchs.[305] Österreich besaß einen Sonderstatus gegenüber anderen Staaten, und dieser Sonderstatus verlangsamte die Handelsliberalisierung zu seinen eigenen Gunsten. Dies gelang auch bei den Zollfragen bis 1952/1953. Da Österreich im System der Europäischen Zahlungsunion Schuldner war, bedurfte es auch hier eines Ausgleichs, der von den USA übernommen wurde.[306]

Die österreichische Regierung versuchte die Wirtschaftskontakte im OEEC-Raum zu intensivieren. Letztlich sollte dies den Bedarf an US-Dollar senken und den innereuropäischen Handel stärken. Dazu diente auch der Aufbau des Zahlungsverkehrs. Ein Beispiel für die Intensivierung des innereuropäischen Handels war ein Holzkompensationsgeschäft mit Großbritannien[307] und auch eine Kooperation mit Italien.[308] Ähnliches wurde mit außereuropäischen Ländern wie Guatemala nicht vereinbart, um freie US-Dollarbeträge nicht zu gefährden.[309]

Auch erste direkte Gespräche zwischen kleineren Ländern gab es, wie das Beispiel zwischen Österreich und Irland zeigt, die zeitnah nach der OEEC-Vertragsunterzeichnung stattfanden. Es entwickelten sich Kontakte. Das Bundesministerium für Vermögenssicherung und Wirtschaftsplanung begrüßte die direkte Aufnahme von Gesprächen mit Irland. Österreich bot unter anderem Produkte wie Traktoren, Schrotmühlen, Kartoffelroder an.[310] Dabei sollte die Produktlisten in den Ministerien weitergeleitet werden.[311] Auch wenn der Warenverkehr vor dem Krieg zwischen beiden Ländern nicht bedeutend war, sollte die Chance durch eine „gewerbliche Reise" vorangetrieben werden.[312] Die Reise fand dann zwischen dem 22. und 28. Juni 1948 nach Irland statt, bei der mit diversen Regierungsstellen über mögliche Kooperationen und mögliche bilaterale Ansatzpunkte diskutiert wurde.[313] Es zeigt sich dadurch beispielhaft, wie sich die Beziehungen

---

304 Österreich wurde am 1.7.1953 Vollmitglied, nachdem es vorher assoziiert war. Österreich trat 1953 auch dem Abkommen General Agreement on Tariffs and Trade (GATT) bei. Probleme durch die UdSSR gab es nicht, da auch die CSSR Mitglied wurde. Gehler, Vom Marshall-Plan bis zur EU, S. 37.

305 Ebd., S. 38.

306 Gehler, Vom Marshall-Plan bis zur EU, S. 38.

307 wpol 149094 vom 18.5.1948.

308 wpol 134963 vom 29.1.1948.

309 wpol 163245 vom 26.6.1948. Bundeskammer der gewerblichen Wirtschaft.

310 wpol 169944 vom 8.6.1948. BM für Vermögenssicherung und Wirtschaftsplanung das BKA/AA.

311 wpol 169914 BM an das BKA/AA im August.

312 wpol 162532 vom 8.6.1948. Bundeskammer der gewerblichen Wirtschaft an BM Handel und Wiederaufbau.

zwischen den am Marshall-Plan beteiligten Ländern entwickelten.[314] So beschreibt die Bundeskammer der gewerblichen Wirtschaft Irland als interessantes Land, mit einer sehr regen Nachfrage nach Rohmaterialien und Fertigwaren. Österreichische Waren könnten laut dem irischen Department of External Affairs ohne Schwierigkeiten ausgeführt werden. Exemplarisch sollten dadurch in Dublin 2000 Holzhäuser gebaut werden.[315] Da die Dollarbeträge begrenzt waren, entwickelten sich wie beschrieben unter den beteiligten Ländern eine Vielzahl neuer Handelsbeziehungen.[316]

Im Ergebnis wurden die jeweiligen Aufgaben im Plan festgehalten. Österreich war (aus dem Marshall-Plan), wie andere Länder auch, verpflichtet zur:

- Steigerung der Produktion,
- Stabilisierung der Währung, hier im Rahmen des International Monetary Fund,
- wirtschaftlichen Zusammenarbeit im Sinne der Internationalen Handelsorganisation,
- Beseitigung von Hindernissen im freien Personenverkehr.[317]

„Es ist bemerkenswert, dass Gruber sehr früh die zukunftsweisende integrationspolitische Dimension des Europäischen Wiederaufbauprogramms in seiner langfristigen Auswirkung richtig einzuschätzen wusste."[318] Gehler zitiert dabei Gruber:

Der Marshall-Plan, in dem sich die großzügige Hilfsbereitschaft der amerikanischen Nation manifestiert, gibt uns ein wichtiges Element für die Planung unseres wirtschaftlichen Wiederaufstiegs. Darüber hinaus schafft er der europäischen Wirtschaftsgemeinschaft, die sich nunmehr stufenweise verwirklichen wird, bedeutende Möglichkeiten, wie die Entwicklung von Handel und Verkehr. Wenn einmal über weite Strecken hinweg ein Europa verwirklicht ist mit einer Währung, ohne Zollgrenzen und mit einer planvollen Zusammenfassung zu einer wirtschaftlichen Mitte, wird sich das Tor in eine neue fortschrittliche Zukunft für alle Europäer geöffnet haben.[319]

---

313 „Die Reise nach Irland war wertvoll im Hinblick auf den gegenseitigen Meinungsaustausch, die Klärung der Situation und ein intensives Vorwaertstreiben zu Entscheidungen, die in den nächsten Wochen zu erwarten sind." Dabei sei die Entwicklung von dem u. a. irisch-englischen Handelsabkommen abhängig aber auch vom Weltmarkt. wpol 140502 vom 7.7.1948, unterschrieben von Eibenschuetz. The Austrian Foreign Trade Office London.

314 wpol 185576 Nr. 27 Wien vom 4.10.1948, Bundeskammer der gewerblichen Wirtschaft – Auslandsbericht.

315 wpol 193036 Bundeskammer der gewerblichen Wirtschaft – Auslandsbericht Nr. 34 vom 9.11.1948.

316 wpol 158757 Brief an BKA/AA Gesandten in Norwegen von Ernst Strutz, Repräsentant des österreichischen Warenverkehrsbüros in Norwegen, Oslo den 30.10.1948.

317 wpol 134983 Zahl 158954 Wien vom 17.11.1947.

318 Gehler, Vom Marshall-Plan bis zur EU, S. 38.

319 Ebd., S. 38 f.

3. Gemeinsamkeiten und Unterschiede

Irland und Österreich waren an der Peripherie des westeuropäischen Wirtschaftraumes gelegene Staaten, die beide von größeren Ländern wirtschaftlich stark beeinflusst waren. Aus unterschiedlichen Gründen waren sie, wie in den Kapiteln vorher beschrieben, politisch neutral bzw. allianzfrei. Trotz der geographischen Entfernung und der sehr unterschiedlichen Geschichte beider Länder gibt es im Prozess der Beteiligung an dem Marshall-Plan Gemeinsamkeiten, aber auch Unterschiede, die in der Folge dargestellt werden sollen:

a) Gemeinsamkeiten

1 Außenpolitische Isolierung und Neutralität/Allianzfreiheit

Beide Länder waren außenpolitisch isoliert, Irland mehr oder weniger bewusst und gewollt, Österreich als Ergebnis der Nachkriegszeit. Sie waren politisch neutral bzw. allianzfrei.

Beide mussten sich außenpolitisch der Welt öffnen, Irland musste dies nach dem Republic of Ireland Act weiter intensivieren. Es war den Regierungen deutlich, dass der Kontakt zu internationalen Organisationen (im Fall der OEEC) wichtig war und Entscheidungen dort Einfluss auf das eigene Land hatten. Den Regierungen von Irland und Österreich war klar, dass die eigene Außenpolitik gestärkt werden müsste.

2 Beginn der Beteiligung an der OEEC – engagiert und defensiv

Der Prozess der Beteiligung an der OEEC wurde in beiden Ländern den Außenministerien zugeordnet. Sie bildeten unter deren Führung interdisziplinäre Arbeitsgruppen. Der Entwicklungsprozess der OEEC bot den Vertretern Irlands und Österreichs die Möglichkeit, eine direkte Kommunikation aufzubauen und damit Handlungsfelder zu eröffnen. Dabei entsandten sie hohe Vertreter der Regierungen zu den Verhandlungen und den Gründungsversammlungen. Experten wie Boland aus Irland und Vollgruber aus Österreich wurden in die Verhandlungen entsandt. Den Konferenzteilnehmern beider Länder wurde ein ähnliches Verhaltensmuster für die Gespräche mitgegeben: "Wait, see and be ready", "I have nothing to say" oder "Silence is golden" steht in starker Ähnlichkeit zur österreichischen Position, „auf sanften Pfoten zu gehen".

Die Teilnehmer aus beiden Regierungen arbeiteten aktiv in den Ausschüssen mit und sollten die jeweils geforderten Länderprogramme entwickeln.

3 Keine wirtschaftliche Souveränität

Die Wirtschaft beider Länder war nicht wirklich souverän. Irland war abhängig von Großbritannien und Österreich immer stärker von Westeuropa. Die Wirtschaftsleistung beider Länder war deutlich unter Vorkriegsniveau und der Handlungsdruck gerade bei den für die Energieproduktion und die Steigerung der Agrarproduktion wichtigen Rohstoffen Kohle und Dünger elementar. Zur Beschaffung dieser Wirtschaftsgüter benötigten beide Länder Devisen in US-Dollar. Diese waren einerseits nötig, um eine durch den ERP-Prozess gewollte Steigerung der Nahrungsmittelproduktion zu erreichen, andererseits auch zum generellen Überleben der Gesamtwirtschaften beider Länder.

4   Peripherie, Grenzgebiete und Sonderrollen

Beide Länder waren, wie schon beschrieben, an der Peripherie Westeuropas und damit „Grenzgebiete". Gleichzeitig waren sowohl Irland als auch Österreich politisch nicht geeint. Beide Länder hoben die jeweilige Sonderrolle hervor. Die Regierungen erhofften sich dadurch höhere US-Dollar-Unterstützungen, Irland aufgrund der vielen Iren in den USA, Österreich durch die geo-strategische Lage. Gleichzeitig erwarteten sie generell für „gefährdete Gebiete" höhere Zuwendungen.

5   Wirtschaftliche Integration ja – militärische Integration nein

Irland und Österreich erhofften sich eine wirtschaftliche Integration, aber keine militärische. Aus den Quellen geht hervor, dass beide Regierungen davon ausgingen, dass durch die USA die wirtschaftliche, aber eben auch die militärische Achse im Rahmen der Blockbildung vorangetrieben wurde. Durch die Neutralität bzw. Allianzfreiheit beider Länder war eine militärische Integration nicht möglich.[320] Die Politik blieb Dogma in den Regierungen. Eine wirtschaftliche Westorientierung war jedoch gewollt. Interessant hierbei ist, dass sowohl Irland als auch Österreich innerhalb des OEEC-Prozesses gleichbehandelt wurden.

Die Erwartung an den Wiederaufbau der europäischen Wirtschaft war bei beiden Regierungen hoch. In diesem Sinne betrieb die OEEC die wirtschaftliche Integration Westeuropas. Ein Ziel dabei: Den Export in die anderen OEEC-Länder zu steigern und damit auch den Dollarbedarf insgesamt zu senken. Eine Erwartungshaltung hinsichtlich einer europäischen Einigung war in den Quellen nicht erkennbar.

Skeptisch zustimmend wurde die Errichtung der European Study Group on Customs Union begleitet. Die USA forcierten die Entwicklung, eine Zollunion zu bilden. Es wurden später die Liberalisierung des Handels und auch das Clearing im System der Europäischen Zahlungsunion genutzt.

Es wird deutlich, dass die Gemeinsamkeiten zwischen beiden Ländern in deren Zielsetzungen, deren Wünschen, der Beteiligung am Marshall-Plan und den Sonderrollen vorhanden waren. Die Neutralität bzw. Allianzfreiheit und auch die geo-politische Lage waren hierbei sicherlich bestimmende Faktoren.

---

320 Die irische Regierung war sich bewusst, dass im Kriegsfall Irland integriert werden würde. (Kapitel V.1.b).

b) Unterschiede

1 Unterschiedliche Gründe für die Neutralität und Souveränität

Die österreichische Bevölkerung war nach dem „Anschluß" am Krieg beteiligt, anders als Irland. Die Allianzfreiheit war für die österreichische Regierung eine Überlebensfrage. Direkt nach dem Krieg wurde auf Veranlassung der UdSSR schnell eine Regierung gebildet, aber wirklich souverän war diese nicht.[321] Während Irland die politische Souveränität mit dem Republic of Ireland Act formal abschloss, war diese in Österreich ohne Staatsvertrag und die Teilung in die Besatzungszonen nur sehr eingeschränkt vorhanden. Für Österreich war es unmöglich, eine militärische Kooperation in Betracht zu ziehen. Die irische Regierung wollte wegen der bestehenden Teilung nicht darüber diskutieren.

2 Unterschiedliche Geschwindigkeit bei dem Wunsch zur Teilnahme am ERP

Die geo-politischen Lagen beider Länder waren unterschiedlich: Österreich lag an der Grenze des beginnenden Ost-West-Konfliktes, Irland an der Peripherie Westeuropas. Aber auch die wirtschaftlichen Ausgangspunkte waren sehr verschieden. Beispielhaft sei das starke finanzielle Interesse Irlands, den Sterling-Pool[322] zu nutzen, erwähnt. Dies führte zu unterschiedlichen Geschwindigkeiten, die Zusage an der Teilnahme am ERP-Prozess betreffend:

- Die österreichische Regierung wollte eine Beteiligung sofort. Schon am 24. Juni 1947, direkt nach der Rede Marshalls, erkundigte sich die österreichische Regierung bei den verantwortlichen Stellen in den USA. Nach Aussage des österreichischen Gesandten Kleinwächter war jedoch nichts über ein Programm bekannt. Hervorzuheben ist, dass die Regierung eine Beteiligung noch vor der offiziellen Einladung beschloss, als die KPÖ noch Teil der Regierung war. Letztere sah eine Teilnahme nach dem Rückzug der UdSSR am 2. Juli 1947 deutlich kritischer.
- Irlands Regierung beteiligte sich nach der offiziellen Einladung, versuchte aber weiterhin via Großbritannien und damit dem Sterling-Pool, die dringend benötigten US-Dollar zu erhalten. Die irische Regierung wollte vordringlich, dass das Pfund wieder konvertierbar werden sollte. Erkennbar wird dies auch an der Aufforderung Großbritanniens an die irische Regierung, Mitglied des Internationalen Währungsfonds zu werden. So blieb der Abstimmungsbedarf mit Großbritannien hoch. Österreichs Regierung empfand dagegen die Teilnahme am IWF als formalen, zeitlich abzustimmenden Fall.
  Innerhalb der österreichischen Regierung wurde eine Beteiligung an dem Marshall-Plan insgesamt als dringender und als Grundbedingung für den wirt-

---

321 Josef Stalin setzte sich früh für einen unabhängigen, österreichischen Staat ein. Vocelka, Geschichte Österreichs, S. 317 und Bischof, Die Planung und Politik der Alliierten, S. 107–146, S. 111.

322 Irland nutzte historisch den Sterling-Pool. Da das System aber nicht mehr funktionierte, konnte Irland die eigenen Guthaben nicht nutzen.

323 Gruner/Woyke, Europa-Lexikon, S. 178.

schaftlichen Erhalt des Landes bewertet. In Irland stand das Finanzministerium dem ERP-Programm zumindest anfänglich skeptisch gegenüber. Die restliche Regierung unterstützte den Prozess. Wäre das Pfund wieder konvertierbar in US-Dollar geworden, wäre eventuell eine Diskussion hinsichtlich einer Beteiligung am ERP kritischer verlaufen.

3 Restriktionen

Die österreichische Regierung musste anders als Irland immer auch die Interessen der UdSSR abwägen. Die Sowjetunion beteiligte sich zwar nicht an der OEEC, aber durch den Besatzungsstatus konnte die Regierung die Interessen der UdSSR nicht einfach negieren. Österreich beteiligte sich im Rahmen der Diskussion zur European Custom Union eher formell an der Diskussion. Irland, im Gegensatz dazu, hatte hier keinerlei Restriktionen, außer der schon mehrfach erwähnten, starken wirtschaftlichen Abhängigkeit von Großbritannien. Als Beispiel hierfür kann die unter der neuen irischen Regierung geführte Diskussion um die Loslösung des irischen vom britischen Pfund genannt werden und ist mit der Emanzipationsbewegung zur vollen politischen Souveränität zu erklären.

Die UdSSR sah die Teilnahme Österreichs am Marshall-Plan zwar kritisch, verhinderte diese aber letztlich nicht. Dennoch war der Einfluss der UdSSR auf die Regierung sehr groß, und im Zweifel enthielt sich Österreich der Stimme. Die westlichen Siegermächte sahen die österreichische Regierung anfänglich kritisch. Dies änderte sich erst mit dem Scheitern der Vier-Mächte-Außenministerkonferenz im Frühjahr 1947.

Groß war der Einfluss der UdSSR auf Irland nicht, aber er verhinderte dennoch die sofortige Aufnahme Irlands in die UNO. Auf den ERP-Prozess hatte dies keinerlei Auswirkungen.

4 Unterschiedliche wirtschaftliche Gründe an der Teilnahme

Da Irland generell kein Leistungsbilanzdefizit hatte, war der Wunsch verständlich, den Weg über den Sterling-Pool offenzuhalten. Die Versuche wurden jedoch nicht von den USA unterstützt. Irland war im Nahrungsmittelbereich grundsätzlich Vollversorger, insbesondere in der proteinhaltigen Agrarwirtschaft (genauer Viehwirtschaft). Österreichs Leistungsbilanz konnte dagegen generell ohne Unterstützung der USA nicht ausgeglichen werden. Österreichs Teilnahme am ERP-Prozess war damit unabdingbar im Verhältnis zur irischen Situation. Aus Sicht der OEEC sollte Österreich nicht nur im agrarwirtschaftlichen Bereich wachsen, sondern zusätzlich auch den Transport- und Energiebereich verstärken.

5 Exkurs: Differenzierte Betrachtung zur militärischen Integration

Sichtbar sind die Differenzen, wenn auch nur am Rande erwähnt, in der militärischen Achse zur NATO. Österreich konnte wegen der Besatzungszonen eine Diskussion nicht führen. Die neu gewählte irische Regierung versuchte das Thema der Teilung in einen größeren Kontext zu stellen. Sie sah Irland als Brücke zwischen Alter und Neuer Welt, wollte aber eine Beteiligung an der Nato nur im Falle einer Einbeziehung der ganzen Insel führen. Im Ergebnis beteiligten sich beide Länder nicht, aber aus ganz unterschiedlichen Gründen.

Die Berücksichtigung der sowjetischen Interessen war für die politische Haltung Österreichs elementar. Nur über diesen Weg glaubte die Regierung, die wirtschaftliche Einheit nicht zu gefährden und die politische Einheit zu erreichen. Diese Haltung war exemplarisch bei der Diskussion über Zölle erkennbar, bei der Michael Gehler darauf hinwies, dass hier die Interessen der UdSSR zu berücksichtigen seien. Österreichs Integrations- und Souveränitätsfragen waren aus seiner Sicht ein permanentes Wechselspiel. Das Land zog eigene Grenzlinien, beteiligte sich aber wirtschaftspolitisch an der Integration. Für die österreichische Regierung hatte Österreich eine Sonderrolle („Sonderfall") durch die „geo-strategische Lage am Schnittpunkt zwischen Ost und West".[323] Eine Beteiligung an einer militärischen Allianz hätte Österreich in zwei Teile geteilt, insofern wurde die Entwicklung der NATO mit Interesse verfolgt und, anders als zur OEEC, Distanz zu ihr gewahrt.[324] Gehler zitiert in diesem Zusammenhang Jill Lewis, der die Beteiligung am Marshall-Plan als einen Seiltanz bezeichnete. Für Gehler sollte der Marshall-Plan Österreich insgesamt unabhängiger werden lassen. Irland hatte in diesem Kontext keinerlei Einschränkungen und musste sich nur wirtschaftspolitisch abstimmen.

Die Unterschiede beider politisch neutralen/allianzfreien Länder waren offensichtlich. Österreich, mit nach dem Krieg eingeschränkter Souveränität, versuchte die Handlungsspielräume so weit wie möglich auszuschöpfen. Eingebunden, auch geographisch, mitten in dem sich verstärkenden Ost-West-Konflikt, musste Österreich unbedingt am Marshall-Plan teilnehmen, um die Westausrichtung seiner Wirtschaft, insbesondere nach Westeuropa, nicht zu gefährden und damit die wirtschaftliche Situation nicht weiter zu verschlimmern. Im Gegenteil, die wirtschaftliche Situation musste sich verbessern. Die österreichische Regierung hatte die Einheit der Nation im Rahmen der Besatzungszonen immer im Blick. Dabei war Österreich politisch stark isoliert, da die Erlangung der Eigenstaatlichkeit erst ab Ende April 1945 wieder begann.

Grundlage war aus österreichischer Sicht die politische Allianzfreiheit. Da eine wirtschaftliche Allianzfreiheit nicht beabsichtigt war, entstand für Österreich die Situation der politischen Allianzfreiheit versus der wirtschaftlichen Partizipation an der wirtschaftlichen Ausrichtung des Westens, unter besonderer Einbeziehung auch der sowjetischen Besatzungszone.

Formal galt Ähnliches auch für Irland: Politische Neutralität, aber wirtschaftliche Westausrichtung durch die extreme Abhängigkeit von Großbritannien. Diese Abhängigkeit wurde politisch formal getrennt durch den Republic of Ireland Act und dem damit verbundenen Austritt aus dem British Commonwealth. Irland isolierte sich damit stärker und befand sich auf einmal in einer ähnlichen außenpolitischen Situation wie Österreich – isoliert, neutral bzw. allianzfrei und nicht Mitglied der Vereinten Nationen.

Irland war im Zweiten Weltkrieg neutral, aber die wirtschaftliche Abhängigkeit war wie in Österreich deutlich. Da der Fokus sowohl politisch (trotz Republic of Ireland Act), aber

---

324 Gehler, From Saint-Germain to Lisbon, S. 182 f.

auch wirtschaftlich ausgerichtet war, nutzte Irland die OEEC zum Aufbau von internationalen Kontakten, auch mit Österreich.[325] Dies zeigt, dass die OEEC eine Plattform der Kommunikation war, die dem Aufbau international diente. Irland und Österreich nutzten aus diesem Grund gerade die ersten Schritte des Marshall-Plans. Dies war aus wirtschaftlicher Sicht sehr hilfreich und eröffnete beiden gleichzeitig den Aufbau politischer Interessen innerhalb der vorhandenen Neutralität. Aus westlicher Sicht befanden sich beide Länder dabei an der Peripherie Westeuropas.

Damit begründet sich, warum beide Länder auch schon am Anfang der Diskussion auf die Teilnahme angewiesen waren – sowohl politisch als auch wirtschaftlich.

---

325 Interessant war in diesem Zusammenhang eine gemeinsame Stellungnahme der neutralen/allianzfreien Länder (Irland, Österreich, Schweden und der Schweiz) im Schlussbericht hinsichtlich der Teilnahme der westdeutschen Besatzungszonen an dem Marshall-Plan. Diese wurde kritisch kommentiert. Weiss, Auf sanften Pfoten gehen, S. 35. Ein weiterer Hinweis bestätigt die These. Einem kritischen schweizerischen Kollegen teilte ein irischer Delegierter mit, dass sie auch nicht an einer amerikanischen Hilfe direkt interessiert seien, aber die Einrichtung eines Kontrollorgans aus Solidarität unterstützen würden. wpol 145881 von Alois Vollgruber an BKA/AA am 16.9.1947.

VI. Irlands und Österreichs Beteiligung in der frühen Umsetzungsphase des Marshall-Plans seit 1947

1. Irlands Rolle in der Frühphase des Marshall-Plans seit 1947

a) Kredit oder Zuschuss? Diskussion innerhalb der Regierung zu den finanziellen Rahmenbedingungen des Marshall-Plans

Nach dem Plan der OEEC sollte der Marshall-Plan bis 1952 dazu führen, das Pfund Sterling wieder konvertierbar werden zu lassen, also zu dem Zeitpunkt, als geplant war, die Unterstützungsleistungen der USA an Europa zu beenden. Da bei Beginn der Hilfe keine Devisen aus dem Sterling-Pool getauscht werden konnten, benötigte die Weltwirtschaft ein Ersatzsystem. Dieses sollte es den Ländern ermöglichen, Handel zu treiben, um damit ihre Wirtschaft wiederaufzubauen.[1] Die USA waren das einzige Land, aus dem US-Dollar stammen konnten.[2]

Um langfristig genügend US-Dollar zu erwirtschaften, musste die Ökonomie wiederaufgebaut werden. Dafür war es nötig, verstärkt zu exportieren. Die Stärkung der Wettbewerbsfähigkeit und die Wiedererlangung der Konvertierbarkeit des Pfund Sterlings hatten oberste Priorität, auch für die amerikanische Partnerorganisation der OEEC, der ECA.[3]

Bevor die aktive Unterstützung im Rahmen des ERP für Irland zustande kommen konnte, war ein bilateraler Vertrag Irlands mit den USA notwendig. Dabei forderten die amerikanischen Behörden, dass die irische Regierung den Vorschlag ohne große Änderung akzeptieren sollte, da es sich um einen uniformen Vertragsentwurf für alle am Programm partizipierenden Länder handelte.[4] Erst nach der Vertragsunterzeichnung würde Irland zum Bezug des Marshall-Plans berechtigt sein.

Nach Einschätzung des irischen Außenministeriums musste der Vertrag zwischen den USA und Irland bis zum 10. Juni 1948[5] unterschrieben werden, um der Dail Eireann noch genug Zeit zur Ratifizierung bis zum 3. Juli 1948 zu lassen. Da der Vertragsvorschlag der USA aber bis zum 8. Mai 1948 noch nicht eingetroffen war, war es nicht sicher, ob

---

1 *Irish Independent* vom 2.4.1949.
2 Fanning, The Irish Department of Finance, S. 417.
3 *Irish Independent* vom 12.8.1949.
4 "The United States authorities intend that the bilateral Agreements with the participating countries should, so far as possible, follow a uniform pattern, and we expect to receive an American draft of the Agreement on the 10.5.1948." Department of External Affairs, Immediate Problems in connection with the European Recovery Programme vom 8.5.1948, S 14106B (NAIRL, S. files).
5 Ein weiteres Memorandum wies auf den 10.6.1948 als letzten Termin zum Abschluss eines bilateralen Vertrags hin. Department of External Affairs, Secret and Urgent vom 9.5.1948, S 14106B (NAIRL, S. files).

gegebenenfalls mit einer Delegation in Washington D.C. über die Bedingungen des Vertragsentwurfs nachverhandelt werden musste.[6]

Um die Planungen zu erleichtern, versuchte die irische Regierung bei allen Vorbesprechungen die Frage zu klären, ob Irland einen Kredit oder einen Zuschuss erhalten würde.[7] Der irischen Botschaft wurde der Vertragsentwurf schließlich am 13. Mai 1948 übergeben. Der amerikanische Vertragsvorschlag sollte in Washington verhandelt und in Dublin unterzeichnet werden.[8] Für die irische Regierung war eine schnelle Einigung in der Vertragsfrage notwendig, um sowohl den Behörden als auch der Wirtschaft fundierte Daten zur Verfügung zu stellen und den irischen Importbedarf, der sich 1949 auf 130 Millionen US-Dollar einstellte, zu organisieren.[9]

MacBrides Hauptaufgabe war es, bei den Verhandlungen über die Vergabe von ERP-Mitteln möglichst hohe finanzielle Zuwendungen zu erreichen. Da die USA der finanzielle Fixpunkt in der Zeit waren, hielt die irische Regierung regelmäßige Kontakte zur irischen Botschaft in Washington und zu den Verhandlungsführern in Paris. Welche finanziellen Vorstellungen MacBride zum Umfang der Hilfe hatte, wird in einem Memorandum des Department of External Affairs deutlich, in dem er ca. 100 bis 150 Millionen Pfund in Form von US-Dollar als Hilfeleistung über vier Jahre erwartete. Zielsetzung war es, den größten Teil als Zuschuss zu erhalten.[10]

Da die USA bei der Vergabe des Marshall-Plans die entscheidende Instanz waren, war eine positive Stimmung wichtig. Die irische Regierung vermutete einen Vorteil für sich, denn in den USA lebte eine Vielzahl von irisch-stämmigen Amerikanern.[11] In den Verhandlungen mit den US-Amerikanern über die Vergabe des Marshall-Plans versuchte MacBride die Situation seines Landes darzustellen und die Gesprächspartner davon zu überzeugen, dass Irland nicht in der Lage sei, einen Kredit zurückzuzahlen.[12] Er glaubte an ein positives Resultat seiner optimistischen Einschätzung:

> Hereunder I give, therefore, the maximum aid which I expect will be made available to us, but I want to warn the members of the Government that this is a maximum which may not materialise.[13]

Er war der Meinung, dass eine Entscheidung über die Höhe der Unterstützungsleistung, ob sie als Zuschuss oder in Form eines Kredits genehmigt werden würde, noch nicht gefallen sei. Im gleichen Memorandum verlangte er von seinen Kabinettskollegen, dass bei Erhalt der US-Hilfe der Marshall-Plan effizient eingesetzt werden müsste:

---

6   Department of External Affairs, Immediate Problems in connection with the European Recovery Programme vom 8.5.1948, S 14106B (NAIRL, S. files).

7   Ebd.

8   Irish Legation in Washington D.C. Confidential Letter to the Department of External Affairs vom 13.5.1948, S 14106B (NAIRL, S. files).

9   Mitchell, The European Historical Statistics, S. 499.

10 Department of External Affairs, Secret and Urgent vom 9.5.1948, S 14106B (NAIRL, S. files).

11 Die meisten Kontakte fanden nicht auf diplomatischer Ebene statt, sondern auf der persönlichen, sozialen und finanziellen Ebene. Akenson, The United States and Ireland, S. IX.

12 Fanning, The Irish Department of Finance, S. 417.

13 Department of External Affairs, Secret and Urgent vom 9.5.1948, S 14106B (NAIRL, S. files).

... that our plans must be dynamic in their constructiveness and must aim at increasing production; that we must not merely avail of ERP aid to carry on as we are but that we must avail of it to rebuild our economic structure so as to render us independent of outside help, to increase production, to ensure full employment and to ensure prosperity.[14]

Obwohl der Betrag des Marshall-Plans noch nicht feststand, schlug MacBride vor, ca. 30 Millionen Pfund[15] im Jahr in das noch zu gestaltende Entwicklungsprogramm für die nächsten vier Jahre einzuplanen.[16] Das Finanzministerium kritisierte die Ideen sowohl des Departments of Agriculture als auch des Departments of External Affairs, die beide Planungen über die Finanzhilfe anstellten, obwohl noch nicht ein US-Dollar geflossen war.

Auch das Finanzministerium hatte Ideen zur Nutzung des Marshall-Plans. Es sollten die Verschuldung gesenkt und einige wenige Infrastrukturprobleme, wie z. B. bei der Energieversorgung, gelöst werden. Das Department of Finance stellte weiter fest, dass das ERP allein die Importrechnungen nicht begleichen könnte und versuchte, die finanziellen US-Dollaranforderungen über den Marshall-Plan gering zu halten.[17] Es ist anzunehmen, dass die Ideen des Finanzministeriums, die Hilfeleistung zur Senkung der Verschuldung zu nutzen, keinen Erfolg bei der OEEC gehabt hätten, da es das Ziel war, die Produktion zu erhöhen und nicht die Schulden eines Mitgliedslandes zu senken.

Die Einstellung des Finanzministeriums dokumentiert die kritische Haltung, die dem europäischen Wiederaufbauprogramm entgegengebracht wurde, da es die Bindung an Großbritannien nicht vernachlässigen wollte und befürchtete, dass unnötige Ausgaben die Inflation erhöhen würden.

Um die Differenzen in der Regierung so gering wie möglich zu halten und die ERP-Verhandlungen in Paris erfolgreich zu koordinieren, wurde das Department of External Affairs vom Department of the Taoiseach beauftragt, die Verbindung zwischen den anderen Ministerien wie des Departments of Finance, Industry and Commerce und Agriculture zu steuern und den Informationsfluss über das Inter-Departmental Committee zu optimieren.[18]

Am 14. Mai 1948 wurde von der irischen Botschaft in Washington D.C. die Nachricht übermittelt, dass Irland im ersten Quartal des Programms 10 Millionen US-Dollar bzw. 2,5 Millionen Pfund Sterling in Form eines Kredites erhalten sollte.[19]

Als Irland die Mitteilung erreichte, lediglich einen Kredit zu erhalten, war dies eine Überraschung für die irische Regierung, denn außer Island und Irland erhielt keines der anderen Länder ausschließlich Kredite.[20] Dies wurde mit Enttäuschung kommentiert, zumal Großbritannien 75 Prozent des Marshall-Plans als Zuschüsse erhalten hatte.[21] Als der Beschluss der Amerikaner bekanntgegeben wurde, äußerte sich MacBride gegenüber der

---

14 Ebd.
15 Zu berücksichtigen ist hier das Tauschverhältnis 1 Pfund = 4 Dollar. *Irish Times* vom 18.5.1948.
16 Department of External Affairs, Secret and Urgent vom 9.5.1948, S 14106B (NAIRL, S. files).
17 Fanning, The Irish Department of Finance, S. 416 ff.
18 Department of the Taoiseach vom 14.5.1948, S 14299 (NAIRL, S. files).
19 *Irish Independent* vom 15.5.1948.
20 *Irish Independent* vom 19.5.1948.

irischen Presse nochmals über die Schwierigkeiten, die sein Land mit der Zurückzahlung von Krediten hätte.[22]

Um die Entscheidung noch zu revidieren, wurde von der Regierung beschlossen, sofort eine Delegation in die USA zu schicken, die am 18. Mai 1948 Dublin verließ und von Mac-Bride unter Beteiligung des Finanzministers McElligot und von Boland geführt wurde.[23] MacBride stand bei seiner Aufgabe unter Druck, denn schon am 16. Februar 1948 äußerte das Schatzamt, dass Irland nicht in der Lage sein würde, einen Kredit zurückzuzahlen.[24]

b)　Sean MacBrides Gespräche in Washington D. C. im Mai 1948

Mit der klaren Zielsetzung, den Kredit innerhalb des ERP in einen Zuschuss umzuwandeln, reiste die irische Delegation am 18. Mai 1948 nach Washington D. C. Um dies zu erreichen, waren mehrtägige Gespräche mit den Entscheidungsträgern in der amerikanischen Hauptstadt vorgesehen.[25]

Gleich nach Ankunft in den USA nahm die Delegation Kontakt zum Außenminister Marshall auf.[26] Nachdem die Gesandtschaft nochmal erfuhr, dass im Gegensatz zu Großbritannien vermutlich nicht mit einem Zuschuss im ersten Quartal zu rechnen sei, verwies MacBride auf die durch diese Entscheidung steigende Gefahr, die Teilung Irlands wirtschaftlich zu vertiefen. Denn die Unterstützungsleistungen an Großbritannien würden auch den sechs Provinzen in Nordirland nützen. Indirekt wurde damit der US-Regierung unterstellt, die Teilung Irlands zugunsten Großbritanniens zu verstärken. Dies war laut den Vertretern der US-Regierung und der ECA jedoch nicht das Ziel, obwohl die irische Argumentation zumindest in den Grundaussagen nachvollziehbar war. Bolands und Mac-Brides Eindruck war, dass sich möglicherweise durch den Hinweis auf die Teilungsfrage der Druck des amerikanischen Außenministeriums auf die ECA in Bezug auf die Umwandlung des Kredits erhöhen würde.[27] MacBride erkannte, dass das State Department Einfluss auf die Entscheidung der ECA hatte, jedoch nicht allein die Entscheidungsgewalt besaß. In welcher Form die Hilfe aus dem Marshall-Plan floss, war abhängig von der Haltung der ECA, die im Rahmen des Besuchs noch intensiver angesprochen wurde.[28]

21　Großbritannien erhielt dagegen 75 Millionen US-Dollar als Zuschuss und 25 Millionen als Kredit. *Irish Independent* vom 15.5.1948.

22　Sean MacBride meinte zum *Irish Independent*: "I can conceive of no country in a worse situation from a repayment point of view than Ireland." *Irish Independent* vom 19.5.1948.

23　Fanning, The Irish Department of Finance, S. 419.

24　Treasury Chambers, R. W. B. Clake an Hogan (Department of Finance) vom 16.2.1948, S 14106C (NAIRL, S. files).

25　Department of External Affairs, Memorandum for the Government, Discussions in Washington regarding terms of ERP aid to Ireland Joint Report of Delegation to the USA 18. May–28. May 1948, Besprechung vom 18.5.1948, S 14106C (NAIRL, S. files).

26　Fanning, The Irish Department of Finance, S. 419.

27　Department of External Affairs, Memorandum for the Government, Discussions in Washington regarding terms of ERP aid to Ireland, Besprechung vom 20.5.1948, 8.6.1948, S 14106C (NAIRL, S. files).

28　Ebd.

Während dieser Termine in Washington D.C. kam es zu Treffen mit Vertretern der britischen Botschaft. Diese hatte aus London telegraphisch die Weisung erhalten, die irischen Delegierten zu unterstützen. In diesem Zusammenhang stellte die irische Delegation fest, dass innerhalb der britischen Regierung diskutiert wurde, auf die Zuweisung eines Kredites von 100 Millionen US-Dollar zu verzichten und nur die Zuschüsse im Wert von 300 Millionen US-Dollar zu nutzen. Diese Haltung verfestigte die Einstellung der Vertreter des Außenministeriums und beeinflusste, wie noch zu sehen sein wird, die Entscheidungsfindung.

Am 21. Mai 1948 wurde der irischen Delegation von Hoffman mitgeteilt, dass die Zuweisung eines Kredits im ersten Quartal nichts über die Form der Hilfeleistung der nächsten Quartale aussagen würde.[29] Weiterhin äußerten sich die Mitglieder der ECA dahingehend, dass der amerikanische Kongress nur dann bereit sein würde, Finanzmittel zur Verfügung zu stellen, wenn geeignete Projekte zur Gesundung der Wirtschaft vorgeschlagen würden.[30] Die USA gingen bei der Zuteilung der finanziellen Mittel davon aus, dass bei einem Investment in die wirtschaftliche Struktur eines Staates die Produktion steige. Daher sahen die Amerikaner kein Problem in der Vergabe eines Kredites, da bei dessen effizientem Einsatz die Rückzahlung gesichert wäre.[31] Falls es dennoch Probleme gäbe, würden, so die Mitglieder der ECA, andere Möglichkeiten aufgebaut werden, um die Rückzahlungsbedingungen anzupassen.

Einen Kredit grundsätzlich abzulehnen, befand Hoffman, werfe nicht das beste Licht auf die Glaubwürdigkeit der Investitionen und der einzelnen Länderprogramme.[32] Merkwürdig wäre es außerdem, wenn der Kredit nicht angenommen werden würde, zumal die Rückzahlungsbedingungen noch nicht einmal definiert worden waren.[33] Eine ähnliche Einstellung bei seinem Besuch in Washington D.C. vertrat auch Nitze[34] bei einem Treffen zwei Tage später.[35] Auch die Tageszeitung *Sceala Eireann* vermutete nach dem ersten Tag, dass die USA nicht bereit wären, die Kreditvergabe des ersten Quartals in einen Zuschuss umzuwandeln.[36]

Nach Vorschlag der US-Amerikaner sollte für bestimmte Problemfälle die Möglichkeit bestehen, aus dem Sterling-Pool US-Dollarbeträge einzutauschen. Dieser Weg war für Irland jedoch nicht möglich, weil eine Vereinbarung mit der britischen Regierung bestand, während des ERP die erforderlichen US-Dollarbeträge durch den Marshall-Plan

---

29   Fanning, The Irish Department of Finance, S. 419 f.

30   Department of External Affairs, Memorandum for the Government, Discussions in Washington regarding terms of ERP aid to Ireland, Besprechung vom 21.5.1948, unterzeichnet am 8.6.1948, S 14106C (NAIRL, S. files).

31   Lee, Ireland 1912–1985, S. 304.

32   Department of External Affairs, Discussions in Washington regarding terms of ERP aid to Ireland, Besprechung vom 21.5.1948, unterzeichnet am 8.6.1948, S 14106C (NAIRL, S. files).

33   Fanning, The Irish Department of Finance, S. 420.

34   Paul Nitze war zu diesem Zeitpunkt im "Department of State Deputy Director, Office of International Trade", Department of External Affairs, Memorandum for the Government, vom 8.6.1948, S 14106C.

35   Department of External Affairs, Memorandum for the Government, Besprechung vom 24.5.1948, unterzeichnet am 8.6.1948, S 14106C (NAIRL, S. files).

36   *Sceala Eireann* vom 21.5.1948.

und eigene US-Dollareinnahmen abzudecken. Darüber hinaus sollte der Sterling-Pool nur noch bis zum 30. Juni 1948 genutzt werden.[37]

Der irischen Delegation wurde mitgeteilt, dass ein wesentlicher Unterschied zu anderen Ländern in Europa darin bestand, dass man in den USA nicht von einer kommunistischen Gefahr für Irland ausging und deshalb das Geld nicht so massiv verteilen wollte.[38] Tatsächlich gab es in Irland zu keiner Zeit eine kommunistische Bewegung, so dass die Intention der US-Amerikaner eindeutig war, Irland nicht so stark im Rahmen des ERP zu unterstützen wie andere Länder.[39] Gleichzeitig hätte Irland stärker intervenieren müssen, als das Thema eines Kredites im Senatskomitee diskutiert wurde. Die irische Delegation hatte den Eindruck, dass Irland in den Augen des State Departments nicht von entscheidender Wichtigkeit sei.[40] Dennoch zeigte sich stellvertretend für das State Department John D. Hickerson daran interessiert, dass Irland am ERP teilnehmen sollte, indem er der irischen Delegation empfahl, den Kredit anzunehmen:

You ought to take a chance on the loan—we want you in.[41]

Ein weiterer Grund für die irischen Repräsentanten, einen Kredit abzulehnen, basierte auf der Vermutung, dass das US-Dollardefizit zu groß werden würde, da sogar Verbrauchsausgaben über zu erhaltende US-Dollar finanziert werden müssten. Für diese war aber keine Erwirtschaftung von US-Dollarexporten zu erwarten, da es sich nicht um Investitionen in Produktionsmittel handelte. Diese waren aber unverzichtbar, um die irische Wirtschaft zu entwickeln.[42]

Am letzten Tag, dem 25. Mai 1948, war es eindeutig, dass sich bei der Kreditvergabe für das erste Quartal nichts ändern würde. Für die weiteren Quartale war noch keine Entscheidung gefallen.[43] MacBride wies seine amerikanischen Gesprächspartner darauf hin, dass er nicht wisse, ob seine Kabinettskollegen einem Kredit zustimmen würden.[44]

Dennoch wurden von Vertretern des Finanzministeriums am Ende des Besuchs schon die technischen Fragen eines Kredits unter Vorbehalt diskutiert. Themen waren hier der Zins, die Rückzahlungstermine und der Rückzahlungsbeginn. Des Weiteren wurden die Rahmenbedingungen eines Kredits besprochen.[45] Hierbei erfuhr die Delegation, dass sich

---

37 Department of External Affairs, Memorandum for the Government, Besprechung vom 22.5.1948, unterzeichnet am 8.6.1948, S 14106C (NAIRL, S. files).

38 Ebd.

39 Laut Noel Browne äußerte sich Sean MacBride über die kommunistische Gefahr wie folgt: "Ireland is the most anti-communist country in the west. It is the only country in the west, in which it is not possible to form a Communist party." *Irish Independent* vom 7.6.1950.

40 Department of External Affairs, Memorandum for the Government, Besprechung vom 22.5.1948, 8.6.1948, S 14106C (NAIRL, S. files).

41 Department of External Affairs, Memorandum for the Government, Besprechung vom 24.5.1948, 8.6.1948, S 14106C (NAIRL, S. files).

42 Department of External Affairs, Memorandum for the Government, 25.5.1948, 8.6.1948, S 14106C (NAIRL, S. files).

43 Ebd.

44 Fanning, The Irish Department of Finance, S. 421.

45 Department of External Affairs, Memorandum for the Government, Besprechung vom

vermutlich ein Zins von 2,5 Prozent und eine Laufzeit von 30 Jahren ergeben würde.[46] Den genauen Ablauf der US-Hilfe beschrieb knapp ein Jahr später der amerikanische Botschafter einem irischen Auditorium im April 1949 im Publicity Club of Ireland:

> Through the program Ireland will receive over 200.000.000 US-Dollar in ECA loans. The Exchange Control Board will make these dollars available for payment to United States exporters in payment of those items deemed necessary here in Ireland. The local importer will pay the invoices in sterling through his bank. The banking system then repays the Irish Government, but in pounds. In this way the dollars borrowed initiate the flow of imports, and in the process are converted into sterling. At the end of this program this will amount to some pound 50.000.000.[47]

Mit dieser Erläuterung wurde dem irischen Publikum das System des Marshall-Plans verdeutlicht. Für die irische Delegation stellte sich beim Besuch in Washington noch die Frage, in welcher Währung ein Kredit zurückgezahlt werden müsste. Da für die USA zum Ende des Marshall-Plans ohnehin eine Konvertierbarkeit aller Währungen vorgesehen war, fand eine weitere Diskussion zu diesem Thema nicht statt. Nach Abschluss der Reise in die USA konnte festgestellt werden, dass die Delegation ihr Ziel, den Kredit des ersten Quartals in einen Zuschuss umzuwandeln, verfehlt hatte. Andererseits gab es für die kritische Haltung der USA durchaus Verständnis in der irischen Presse. Denn letztlich war es das Geld der USA. Nur die Verantwortlichen in den USA hatten, so der *Irish Independent*, das Recht, die Rahmenbedingungen zu fixieren, die für jedes am ERP teilnehmende Land zu gelten hatten.[48] Die Delegation kam am 28. Mai 1948 nach Irland zurück.

c)   Zahlungsmodalitäten und der Vertrag mit den USA über die Verwendung des Marshall-Plans

Nach der erfolglosen Reise der irischen Delegation in die USA stellte sich der Regierung die Frage, ob sie bereit wäre, den Kredit zu akzeptieren und so Partner des ERP zu werden oder ihn abzulehnen und möglicherweise außerhalb der Gemeinschaft zu stehen.

Dabei nahm die Diskussion zwischen den Ministerien eine überraschende Wendung, denn nun empfahl das irische Finanzministerium, den Kredit, wenn auch nur zum Teil, in Anspruch zu nehmen. Dieser Betrag konnte dann für die Rückzahlung des 8–10-Millionen-US-Dollarkredits genutzt werden, der aus dem Sterling-Pool abgefordert worden war und der am 30. Juni 1948 zurückgezahlt werden musste. Grund für den Sinneswandel war einerseits das Interesse, das das Finanzministerium an der Stabilität des Sterling-Pools hatte.[49] Andererseits war die Befürchtung vorhanden, dass die Ablehnung des Kredits für das erste Quartal negative Auswirkungen auf die weitere Arbeit mit den USA haben könnte.[50]

25.5.1948, 8.6.1948, S 14106B (NAIRL, S. files).

46   Ebd.

47   *Irish Times* vom 22.4.1949.

48   *Irish Independent* vom 4.6.1948.

49   Fanning, The Irish Department of Finance, S. 421.

Das Außenministerium blieb dagegen bei seiner Haltung, die es auch bei den Verhandlungen in den USA vertreten hatte. Nur ein Zuschuss sollte akzeptabel sein. Um dem Wunsch Nachdruck zu verleihen, wies das Außenministerium auf das Leistungsbilanzdefizit Irlands in Höhe von 90 Millionen US-Dollar für 1947 hin und dass das Land keine Chance einer Verbesserung dieser Position hätte: "In this set of circumstances, we see no way of earning additional dollars and, therefore, no way of being able to pay back or to service the proposed loan."[51]

Auch MacBride wollte Probleme mit den USA vermeiden. Er war der Meinung, dass Probleme aus der Tatsache entstehen könnten, dass der Kredit für das erste Quartal und mögliche weitere Kredite in den Folgequartalen eventuell nicht zurückgezahlt werden könnten:

> Least of all would we wish run even the risk of a possible misunderstanding with a nation such as the United States for whom we have such genuine admiration and with whom we have such bonds of affinity and close friendship. In other words, we would rather tighten our belts than run the risk of a misunderstanding with one of our best friends.[52]

Der Konflikt um die Teilnahme an dem Marshall-Plan bestand in der irischen Regierung mit umgekehrten Vorzeichen weiter. So war bei den grundsätzlichen Überlegungen zur Teilnahme am ERP das Finanzministerium negativ eingestellt und nutzte ähnliche Argumente, wie es das Außenministerium bei der Ablehnung des Kredits knapp ein Jahr später tat.[53]

Die unterschiedlichen Einstellungen des Department of Finance und des Department of External Affairs werden anhand zweier Memoranden deutlich. Während das Department of Finance einen Teil des Kredites beanspruchen und den Sterling-Pool nicht belasten wollte, um möglicherweise zukünftig ERP-Mittel als Zuschuss zu erhalten, wurde vom Department of External Affairs eine andere Strategie verfolgt.[54] Der Kredit sollte aus taktischen Gründen nicht akzeptiert werden, um nicht unglaubwürdig zu werden und nicht diejenigen zu entmutigen, die in den USA für bessere Konditionen für Irland kämpften.[55]

---

50   "...if we make no move towards accepting the loan in respect of the current quarter, it may be taken by the Americans as some sign of lack of cooperation in the work of ERP, thus reacting against our chances of more favourable treatment later on." Department of Finance, Memorandum for the Government, Participation of Ireland in the European Recovery Programme, Method of Financing vom 8.6.1948, S 14106C (NAIRL, S. files).

51   Department of External Affairs, General Considerations on Ireland's position in relating to the European Recovery Programme, unterschrieben von Sean MacBride am 3.6.1948, S 14106B (NAIRL, S. files).

52   Ebd.

53   Für Sean MacBride erfüllte das irische Finanzministerium nur die Wünsche des britischen Schatzamtes: "... the Treasury was the limit of their horizon." Fanning, The Irish Department of Finance, S. 422.

54   Department of Finance, Memorandum for the Government-Participation of Ireland in ERP-Method of Financing vom 8.6.1948, S 14106C und Department of External Affairs, Memorandum for the Government-Participation of Ireland in ERP-Method of Financing vom 8.6.1948, S 14106C (NAIRL, S. files).

55   "To accept the 100% loan allocation for the current quarter-in the absence of some definite

Als zusätzliches Argument vermutete MacBride weiter, dass die britische Regierung die Ablehnung des Kredits verstehen könne. Er vermutete außerdem, dass es vorteilhaft für den Sterling-Pool sei, verstärkt auf einen Zuschuss zu bestehen, weil durch die Rückzahlung des Kredits zu einem späteren Zeitpunkt der Sterling-Pool erheblich belastet werden würde. Möglicherweise basierte diese Einschätzung auf der Tatsache, dass die britische Botschaft in Washington D.C. die Vermutung äußerte, dass Großbritannien selbst nur Teile des angebotenen Kredits von 100 Millionen US-Dollar in Anspruch nehmen wolle.[56] Ein weiterer Punkt in der Argumentationslinie des Außenministeriums war die Tatsache, dass bei den irisch-britischen Regierungsgesprächen im November 1947 vereinbart worden war, dass bis Ende Juni 1948 US-Dollarbeträge aus dem Sterling-Pool abgerufen werden konnten.[57] Diese Denkweise MacBrides wurde schon auf dem Treffen des Inter-Departmental Committee am 1. Juni 1948 angedeutet und war danach in dem Memorandum von ihm artikuliert worden.[58]

Der Vorschlag des Außenministeriums setzte sich im Kabinett durch, und in der Kabinettssitzung vom 11. Juni 1948 wurde die Ablehnung des Kredits beschlossen. Gleichzeitig wurde der Außenminister damit beauftragt, für das nächste Vierteljahr die Angelegenheit neu zu besprechen und die nächste Vergabe vorzugsweise in Form eines Zuschusses zu nutzen.[59]

Zwischenzeitlich mussten aufgrund des irischen Kabinettsbeschlusses Gespräche in London geführt werden, um der britischen Regierung den Verzicht auf den Kredit mitzuteilen. Unterredungen zu diesem Zweck fanden unter anderem vom 17. bis 22. Juni 1948 statt.[60]

Den Argumenten der Kabinettsentscheidung schlossen sich die britischen Regierungsstellen nicht an und verweigerten generell die Nutzung von US-Dollarmitteln aus dem Sterling-Pool über den 30. Juni 1948 hinaus. Stattdessen sollte Irland seine benötigten US-Dollar-Devisen über eigene Einnahmen und mit Hilfe des ERP abdecken.[61] Diese Position untermauerte die britische Regierung mit dem Standpunkt, dass die irische Bevölkerung mittlerweile einen höheren Lebensstandard besitze als die britische.[62] Die irischen Verant-

---

indication of more favourable allocations in the future-would inevitably create doubts in the mind of the American officials with regard to the strength and sincerity of the attitude adopted by the delegation in the recent conversations." Department of External Affairs, Memorandum for the Government-Participation of Ireland in the ERP-Method of Financing vom 8.6.1948, S 14106C (NAIRL, S. files).

56 Department of External Affairs, Memorandum for the Government-Participation of Ireland in ERP-Method of Financing vom 8.6.1948, S 14106C (NAIRL, S. files).

57 Department of Finance, Memorandum for the Government-Participation of Ireland in ERP-Method of Financing vom 8.6.1948, S 14106C und Department of External Affairs, Memorandum for the Government-Participation of Ireland in ERP-Method of Financing vom 8.6.1948, S 14106C (NAIRL, S. files).

58 Fanning, The Irish Department of Finance, S. 422.

59 Cabinet minutes vom 11.6.1948 und Department of the Taoiseach 14.6.1948, S 14106C (NAIRL, S. files).

60 Fanning, The Irish Department of Finance, S. 423.

61 Note of Discussion at Treasury vom 19.6.1948, P 130 (NAIRL, P. files).

62 Note of Discussion at Treasury 21.6.1948 (morning), P 130 (NAIRL, P. files).

wortlichen wurden durch die Mitteilung, ab dem 30. Juni 1948 keine US-Dollar mehr aus dem Sterling-Pool zu erhalten, überrascht.[63] Das irische Finanzministerium stellte daraufhin fest, dass Irland die 12 bis 14 Millionen US-Dollar, wie im November vereinbart, nicht komplett ausgeschöpft hatte. Daraufhin stellte sich die Frage, ob die ausstehenden Beträge im nächsten Quartal, d. h. nach dem 30. Juni 1948, noch aus dem Sterling-Pool abgefordert werden konnten.[64] Die britischen Regierungsstellen begrüßten zwar die nicht komplette Ausschöpfung des Betrages, lehnten jedoch nachträgliche Ansprüche der Iren an den Sterling-Pool, unter Bezugnahme auf den Marshall-Plan, ab.[65] Erlaubt sein sollte der Zugang nur noch in außergewöhnlichen Situationen.[66] Auch die Hinweise der Iren, dass es sich um einen Regierungsbeschluss handelte, änderte nichts an der Situation. Die britischen Regierungsbehörden lehnten die Inanspruchnahme ab. Irland bekam nun erhebliche finanzielle Probleme, da das britische Schatzamt als alternative US-Dollarquelle ausfiel.[67]

Nach dieser Entscheidung musste die irische Regierung ihre Ablehnung des Marshall-Plan-Kredits überdenken. Am 20. Juni 1948 fand in der Suite des Taoiseach im Piccadilly Hotel in London aufgrund der neuen Situation ein entscheidender Stimmungswandel statt. Um der irischen Wirtschaft die existentiellen US-Dollarmittel sicherzustellen, entschied die Delegation, den von den USA angebotenen Kredit innerhalb des ERP, falls noch möglich, doch noch zu nutzen.[68]

Trotz der erfolglosen Gespräche in Großbritannien erhielten die irischen Behörden im Rahmen der Diskussionen mit britischen Regierungsstellen informell die ungefähren Rückzahlungs- und Zinsbedingungen für den relevanten Kredit im ersten Quartal. So sollte generell die Rückzahlung eines Kredits nicht vor 1956 beginnen und der Kredit zu 3 Prozent verzinst werden.[69] Damit wurden die Daten grundsätzlich bestätigt, die die irische Delegation bei ihrem Besuch in den USA erfragt hatte.

Beim Treffen des Inter-Departmental Committee am 22. Juni 1948 begann das Komitee den Text des bilateralen Vertrags zwischen den USA und Irland zu analysieren. So zielte Artikel 1.1. darauf ab, dass es von den USA keine weitere Unterstützungsleistung außer-

---

63 Fanning, The Irish Department of Finance, S. 424.

64 Die britischen Vertreter waren verwundert über die hohen Forderungen aus dem Sterling-Pool. Fanning, The Irish Department of Finance, S. 423 und Note of Discussion at Treasury vom 19.6.1948, P 130 (NAIRL, P. files).

65 Das britische Schatzamt beurteilte die irischen Wünsche: "Mr. Rowe-Dutton admitted that Ireland had done well in keeping her expenditure below the agreed figure but he did not think it fair to ask that he should get credit for the unspent balance." Note of Discussion at Treasury vom 19.6.1948, P 130 (NAIRL, P. files).

66 "He (Mr.Rowe-Dutton) went on to say that the Chancellor's assurance that Ireland should have continued access to the Pool in the event that her other resources, including ERP loans, did not cover her essential requirements, was given on the understanding that Ireland would take measures to reduce to the minimum her level of dollar expenditure." und "it was only if a gap had to be covered by the Pool that the question of our level of dollar expenditure would be a matter of concern to the Treasury." Note of Discussion vom 21.6.1948 (morning), P 130 (NAIRL, P. files).

67 Whelan, Europe-Aspects of Foreign Policy, S. 110.

68 Fanning, The Irish Department of Finance, S. 425 ff.

69 Note of Discussion at Treasury, 23.6.1948, P 130 (NAIRL, P. files).

halb der OEEC gäbe.[70] Im Vertrag zwischen der ECA und Irland wurden in der Präambel nochmal die Grundprinzipien des ERP genannt, nach denen sich jedes Land richten sollte. Die USA sagten dem irischen Staat Hilfestellung innerhalb des ERP zu.[71] Die als Zuschüsse geleisteten Zahlungen sollten weiterhin Eigentum der USA bleiben.[72]

Die irische Regierung musste für die eingehenden Zahlungen ein Konto in der Zentralbank eröffnen und die Fixierung der Dollarrate mit dem Internationalen Währungsfonds abgestimmt werden.[73] Irland verpflichtete sich, selbstständig, aber in Absprache mit anderen Staaten Europas[74], zur Gesundung der europäischen Wirtschaft beizutragen, die Arbeit der OEEC aktiv zu unterstützen und Fairness gegenüber anderen Staaten zu wahren.[75] Unter Artikel 2 wurden von der irischen Regierung folgende Punkte zugesagt:

1. Unterstützung der Mitgliedsländer.
2. Erreichen der definierten Produktionszahlen der OEEC und Berichterstattung[76] über die laufenden Projekte.
3. Stabilisierung der Währung und Ausgleich des Haushalts.
4. Steigerung des Warenaustausches mit anderen teilnehmenden Ländern und Reduzierung der Handelsbarrieren.[77]

Des Weiteren sollte eine vernünftige personelle Ausstattung der irischen Behörden und eine Verhinderung von Monopolen in der Wirtschaft gewährleistet werden.[78]

Die USA richteten vertragsgemäß eine spezielle Mission in Irland ein, die als Mitglied des diplomatischen Korps in Irland direkt Kontakt mit der irischen Regierung aufnehmen sollte.[79] In Streitfällen wurde vereinbart, dass der internationale Gerichtshof die Kompetenz erhielt, eine Entscheidung zu fällen.[80]

Als der amerikanische Kongress dem ERP zustimmte, war der Weg frei für die geplanten Programme in Europa und so auch für Irland.[81]

Am 25. Juni 1948 wurde dann von der irischen Regierung offiziell entschieden, den Kredit für das erste Quartal in voller Höhe in Anspruch zu nehmen, falls dieser von der

---

70 Inter-Departmental ERP Committee Meeting held in the Department of External Affairs on the 22.6.1948, S 15290 (NAIRL, S. files).
71 Economic Co-operation Agreement (ECA) between Ireland and the United States of America, Dublin 28.6.1948, Presented to the Daily Eireann by the Minister of External Affairs (P. No. 8942), Art. 1.1., S 14106C (NAIRL, S. files).
72 ECA-Agreement Art. 3.2. Art. 4.1. schränkt dies nur auf Zuschüsse ein.
73 Ebd., Art. 4.2.
74 Irland unterschrieb außerdem, sich regelmäßig auch mit anderen Mitgliedsländern zu treffen. ECA-Agreement Art. 3.1.
75 ECA-Agreement Art. 1.2. und 1.3.
76 Hierzu gehörte auch die Informationsbeschaffung. Die Berichterstattung an die USA und die Öffentlichkeit sollte jedes Quartal stattfinden. ECA-Agreement Art. 7.
77 Ebd., Art. 2.1.
78 Ebd., Art. 2.2. und 2.3.
79 Ebd., Art. 9.
80 Ebd., Art. 10.1.
81 *Irish Independent* vom 21.6.1948.

ECA noch zu erhalten wäre. Auch in den folgenden Quartalen war nun die Bereitschaft gegeben, einen Kredit zu nutzen, soweit die irische Wirtschaft diesen benötigte.[82] Der von den USA geforderte Vertrag[83] wurde am 28. Juni 1948 in Dublin unterzeichnet.[84] Dies berichtete das Inter-Departmental Committee bei seinem Treffen am 28. Juni 1948.[85]

Mit der Unterzeichnung war die zweite Grundlage und Bedingung zur Teilnahme an dem Marshall-Plan erfüllt. Dies ermöglichte es Irland, an dem ERP voll partizipieren zu können, nachdem es am 16. April 1948 die OEEC-Paris-Konvention unterzeichnet hatte.[86] Ratifiziert wurden beide Vereinbarungen in der Dail Eireann am 1. Juli 1948.[87] Nach Artikel 12.1. der Vereinbarung sollte der Vertrag nach der Ratifizierung in Kraft treten und bis zum 30. Juni 1953 mit einer sechsmonatigen Kündigungsfrist gültig bleiben.[88] Für den irischen Außenminister war der Vertrag, der zwischen den USA und Irland geschlossen wurde, der wichtigste in der Historie beider Länder.[89]

Mit dieser Vertragsunterzeichnung wurden mehrere Schwierigkeiten der irischen Regierung beseitigt, obwohl der Vertrag nichts über mögliche Zuschüsse oder Kredite der US-Hilfeleistung aussagte. Erstens wurde die wirtschaftliche Notlage durch die Unterstützung der USA und den Zufluss ausländischen Kapitals bekämpft, und zweitens gehörte Irland damit offiziell einer neuen internationalen Organisation an. Die irische Regierung durchbrach mit der Vertragsunterzeichnung die internationale Isolierung und schuf die Grundlagen, die die irische Wirtschaft benötigte, um auch in Ländern außerhalb Großbritanniens langfristig Exporterfolge zu erzielen. Politisch erhielt die irische Regierung den Freiraum, den formalen Schritt zur Ausrufung der Republik zu beschreiten und auf die internationalen Kontakte des British Commonwealth endgültig zu verzichten.

---

82 Cabinet minutes 25.6.1948 und Department of the Taoiseach vom 26.6.1948. Der Vertrag wurde laut Sean MacBride in Dublin unterzeichnet. Sean MacBride am 30.6.1948 an Sean Lemass in der Dail Eireann.

83 Im Rahmen der Vertragsunterzeichnung erhielt die irische Wirtschaft im Handel mit den USA die „Meistbegünstigungsklausel", die den Handel und vor allem den Export von irischen Produkten in die USA und in die besetzten Gebiete Deutschlands fördern sollte. Department of Taoiseach vom 26.6.1948, S 14106C (NAIRL, S. files).

84 *Irish Independent* vom 29.6.1948.

85 Inter-Departmental ERP-Meeting held in the Department of Industry and Commerce am 28.6.1948, S 15290 (NAIRL, S. files).

86 Sean MacBride kritisierte während der Ratifizierungsdebatte die Tatsache, dass sämtliche Währungsreserven in London lagerten: "It may have been unwise to put all our savings into one bank. It might have been better had we accumulated our savings elsewhere in the last ten or 15 years. It is no use crying after split milk, but that is the position. We put all our eggs in one basket." *Irish Independent* vom 29.6.1948.

87 *Irish Independent* vom 2.7.1948.

88 ECA-Agreement Art. 12.1.

89 *Irish Independent* vom 29.6.1948.

d) Die Verwendung der ERP-Mittel innerhalb des „Long Term Recovery Programme"

Nachdem Dublin die erste Rate für das erste Quartal erhalten hatte, war es klar, dass Irland von dem Marshall-Plan finanziell profitieren würde. Nun wurde die Nutzung der Gelder der entscheidende Faktor in den weitergehenden Planungen.[90] Voraussetzung für die weitere Vergabe von ERP-Mitteln war ein wirtschaftlicher Rahmen, das sogenannte Long Term Recovery Programme, das von der irischen Regierung bei der OEEC eingereicht werden musste. Dort wurden die Rahmendaten überprüft, inwieweit sie in die Gesamtplanungen der OEEC passten und ob die geplanten Investitionen gerechtfertigt waren. Die ECA verhandelte dann direkt mit der OEEC. Sean MacBride hatte als Außenminister die Aufgabe, die Planungen des Marshall-Plans zu steuern. Zusätzlich war er als Vize-Präsident der OEEC in der besonderen Situation, die Interessen der irischen Regierung und der anderen 16 Mitgliedsländer direkt bei den amerikanischen Institutionen zu vertreten. Hilfreich war hierbei auch das freundschaftliche Verhältnis, das MacBride mit Averell Harriman[91] und noch intensiver mit George Garrett[92] hatte. Diese Faktoren stärkten MacBrides Position in der Betreuung des Long Term Recovery Programme 1949 bis 1953.[93] MacBride erlangte so in einem Maße Einfluss auf die Wirtschaftspolitik, das unüblich für einen Außenminister war.[94]

Das gesamte Programm sollte am 9. Juli 1948 dem Kabinett oder dem Cabinet Economic Sub Committee vorgelegt werden, damit der letzte Zeitpunkt der Programmabgabe, der 15. Juli 1948 in Paris, eingehalten werden konnte.[95] Als Ergebnis des Treffens vom 28. Juni 1948 schätzte das Inter-Departmental Committee in den ersten Planungen am 2. Juli 1948, dass das Programm einen US-Dollarbedarf von circa 115 Millionen US-Dollar hatte. Dagegen stünden Einnahmen von circa 25 Millionen US-Dollar innerhalb eines Wirtschaftsjahres; d. h., dass ein Defizit von ca. 90 Millionen US-Dollar ausgeglichen werden musste.[96] Diese Vorschläge wurden noch überarbeitet und konkretisiert. Der benötigte US-Dollarbedarf sollte jetzt circa 111 Millionen US-Dollar betragen. Am 12. Juli 1948 kürzte die OEEC die von der irischen Regierung dann konkret geplanten Berechnungen von 111 Millionen US-Dollarausgaben auf 79 Millionen. Da Irland weitere 22,3 Millionen US-Dollar selbst erwirtschaftete, sank so der von den USA zu finanzierende Betrag erheblich.[97]

---

90   Fanning, The Irish Department of Finance, S. 434.
91   Spezieller ECA-Botschafter für Europa. Fanning, The Irish Department of Finance, S. 434.
92   Amerikanischer Botschafter in Irland. *Irish Independent* vom 29.6.1948.
93   Fanning, The Irish Department of Finance, S. 434 f.
94   Fanning, Independent Ireland, S. 170.
95   Inter-Departmental-ERP Committee Meeting held in the Department of External Affairs on the 25.6.1948, S 15290 (NAIRL, S. files).
96   Inter-Departmental ERP Committee Meeting, Minutes of meeting held in the Department of External Affairs, 2.7.1948, S 15290 (NAIRL, S. files).
97   Department of External Affairs, Memorandum for the Government, Revised ERP Dollar Import Programme for year ending, 30.6.1949, S 14106C (NAIRL, S. files) und *Irish Independent* 11.9.1949.

Zwischenzeitlich erkannte die irische Regierung, dass sie weitere Beträge, nach den 10 Millionen US-Dollar des ersten Quartals, aus dem Marshall-Plan als Kredit akzeptieren musste. Deutlich wurde dies in einem Telefongespräch mit dem ECA-Adminstrator Hoffman und dem irischen Botschafter in Washington D.C. Der Botschafter erfuhr dabei, dass auch für das nächste Quartal, Juli bis September, wieder ein Kredit in Höhe von 20 Millionen US-Dollar geplant war. Auf den wiederholten irischen Hinweis, dass Irland diesen Kredit wegen der Dollarknappheit nicht zurückzahlen könne, berichtete der irische Gesandte J.D. Brennan, dass Hoffman darauf erwidert habe, dass, wenn Irland keinen Kredit bedienen könne, es auch kein anderes Land der Welt könne.[98] Als Beispiel für eine Investition im Rahmen eines Kredits machte Hoffman die Bedingungen eines Darlehens und somit die grundsätzliche amerikanische Einstellung nochmals deutlich:

> Suppose you take a loan for a power plant; we will take title to the power plant, but it will be an empty title because the earnings of the plant will be enough for repayment of the loan therefore.[99]

Der Versuch der irischen Gesandtschaft, mit Hilfe des State Departments und John D. Hickerson[100] Einfluss auf die Entscheidung des National Advisory Board, die als US-amerikanische Organisation, die Entscheidungsgewalt über amerikanische Zuschüsse an europäische Länder im Rahmen des European Recovery Programme besaß, zu nehmen, schlug fehl, da am gleichen Tag Paul G. Hoffman und die ECA mit der konkreten Umsetzung betraut wurden.[101] Bei Beratungen der Regierung stellte sich heraus, dass der genannte Kreditbetrag von 20 Millionen US-Dollar noch nicht endgültig war und daher auch noch keine Maßnahmen hinsichtlich des Programms beschlossen werden konnten.[102] Eine Entscheidung wurde für den 27. Juli 1948 erwartet, so dass nach der Bestätigung der Kreditsumme am 28. Juli 1948 der Kreditrahmen zur Planung freigegeben werden konnte.[103] Die irische Regierung akzeptierte auch den zweiten Kredit und hatte für das Quartal 20 Millionen US-Dollar plus 5,5 Millionen selbst erwirtschafteter US-Dollarerträge zur Verfügung.[104] Wichtiger als die kurzfristigen Zuweisungen der einzelnen Quartale waren die Kürzungen im Long Term Recovery Programme. Als Resultat der Kürzungen von 111 Millionen US-Dollar auf 79 Millionen US-Dollar mussten die Planungen für das Long Term Recovery Programme angepasst, d.h. reduziert werden. Daher war eine der Hauptauf-

---

98   "If Ireland could not service a loan after recovery, then no other country could service one." Memorandum for the Government, Department of External Affairs 14.7.1948, Telefonat des irischen Gesandten J.D. Brennan vom 15.6.1948 mit Paul G. Hoffman, S 14106C (NAIRL, S. files).

99   Ebd.

100   Director of European Affairs, Division of State Department.

101   Memorandum for the Government, Department of External Affairs 14.7.1948, Telefonat des irischen Gesandten J.D. Brennan mit Paul G. Hoffman vom 15.6.1948, S 14106C (NAIRL, S. files).

102   Summary Record of Meeting of Inter-Departmental Committee, 15.7.1948, S 15290 (NAIRL, S. files).

103   Inter-Departmental Committee ERP, Minutes of the Meeting held on 24.7.1948 und vom 28.7.1948, S 15290 (NAIRL, S. files).

104   Summary of Memorandum for the Government ERP Dollar Import Programme for the Quarter Juli–September 1948, 30.7.1948, S 14106D (NAIRL, S. files).

gaben des Inter-Departmental Committee, die Kürzungen umzusetzen und Tendenzen für weitere Kürzungen in den europäischen und amerikanischen Entscheidungsgremien zu bekämpfen.[105]

Die Aufgabe des Finanzministeriums war es, die Kreditbedingungen zu konkretisieren. Des Weiteren wollte das Finanzministerium die Leistungsbilanz durch die Reduzierung von Importen verbessern. So verteilte das Ministerium am 21. Juli 1948 ein Memorandum, das den Bedarf an US-Dollar angab und den Import von sogenannten Luxusprodukten einzuschränken plante. Beispiel hierfür waren Autokäufe. Den Wünschen widersprach das Department of Industry and Commerce, das nach Ablauf des Marshall-Plans die Gefahr sah, dass der kumulierte Bedarf nach bestimmten Gütern dem Sterling-Pool Probleme bereiten könnte. Außerdem zweifelte das Ministerium grundsätzlich die Definition an, dass Autos in die Kategorie Luxusgüter gehören. Die Argumentation des Finanzministeriums setzte sich nicht durch. Bei einer solchen Handlungsweise befürchtete das Finanzministerium, dass die gesamten geplanten 79 Millionen US-Dollar ab dem 1. Juli 1948 bis 30. Juni 1949 voll ausgeschöpft werden müssten.[106]

Als Ergebnis der Diskussion betrug die vorläufige Kreditsumme 79 Millionen US-Dollar für ein Wirtschaftsjahr, die zu 2,5 Prozent verzinst wurde.[107] Beginn der Rückzahlung der ersten Teilsumme von 60 Millionen US-Dollar sollte der 30. März 1956 sein.[108]

Noch während die Daten für den Vertrag geklärt wurden, begannen unter dem Vorsitz von Boland die konkreten Vorbereitungen für das Long Term Recovery Programme. Für dieses Programm erwarteten die Amerikaner Zahlen für die Zukunft, unabhängig davon, wie hypothetisch diese sein würden.

Aufgrund personeller Überlastung beantragte Boland eine Aufstockung der Mitarbeiter in jedem Ministerium.[109] Am 7. Oktober 1948 wurden die grundsätzlichen Zahlen für das Long Term Recovery Programme erarbeitet.[110] Die langfristigen irischen Planungen wurden im Oktober fertiggestellt.[111] Am 2. November 1948 wurden die Unterlagen des Long Term Recovery Programme vom Kabinett an die OEEC weitergeleitet, um die Basis für eine weitere Zusammenarbeit mit dem European Recovery Programme zu legen.[112] Im Januar 1949 fand die offizielle Vorstellung des Long Term Recovery Programme von der irischen Regierung für die Öffentlichkeit statt.[113] Das Programm beinhaltete faktisch eine Aufzählung von Tatsachen, die die irische Gesellschaft betrafen, wie z. B. Daten zur Bevölkerungsstruktur oder Ausführungen über den hohen Anteil Großbritanniens am irischen

---

105 Inter-Departmental Committee E. R. P. Meetings vom 29.7., 7.8., 10.8., 13.8., 20.8., 24.8., 26.8. und 2.9.1948, S 15290 (NAIRL, S. files).

106 Fanning, The Irish Department of Finance, S. 428 ff.

107 *Irish Independent* vom 7.10.1948.

108 Loan Agreement between Government of Ireland and Export-Import Bank of Washington 28.10.1948, S 14106D (NAIRL, S. files).

109 Inter-Departmental ERP-Committee, Minutes of Meeting held at the Department of External Affairs, 16.9.1948, S 15290 (NAIRL, S. files).

110 Summary Record of Inter-Departmental ERP-Committee, Meeting held at Department of External Affairs, 7.10.1948, S 15290.

111 Lee, Ireland 1912–1985, S. 305.

112 Cabinet Minutes, 2.11.1948, S 14106D (NAIRL, S. files).

113 Lee, Ireland 1912–1985, S. 305.

Export. Daher ist es eher ein Statusbericht als ein konkretes Entwicklungsprogramm. Nur in Ansätzen werden konkrete Ziele genannt, wie z. B. in der Fleischproduktion.

Es wird dennoch erkennbar, dass sich der Schwerpunkt der Ausgaben und der Planungen auf die Landwirtschaft bezog. Es handelte sich aber auch dort größtenteils mehr um eine beschreibende Darstellung landwirtschaftlicher Kennziffern als um wirtschaftliche Rahmenbedingungen und fundierte Planungsdaten.[114]

Als klare Ziele erkennbar waren die langfristigen Investitionen, die in die Wiederaufforstung fließen sollten. Weiterhin sollte unter dem Long Term Recovery Programme das Land Rehabilitation Project gefördert werden, welches vor allem das Ziel hatte, ein Wachstum der landwirtschaftlichen Anbaufläche im armen Westen zu fördern. Dieser Programmpunkt war umstritten, da der Mitteleinsatz aufgrund der schlechten Bodenbedingungen kaum einen entsprechenden Investitionsrückfluss erwarten ließ. Das Finanzministerium widersprach den Planungen. Nur unter der Bedingung, dass Irland die Gelder als Zuschuss erhalten würde, könnte es zustimmen.[115]

Zum Thema der anhaltenden Diskussion über die Form der finanziellen Zuwendungen wies MacBride darauf hin, dass wahrscheinlich nur diejenigen Programme einen Zuschuss erhalten würden, bei denen die Verwendung der Mittel nachgewiesen werden könne. Im gleichen Memorandum deutete er auf eine Aussage von amerikanischen Regierungsverantwortlichen hin, dass Irland über den gesamten Zeitraum des Programms eventuell 400 Millionen US-Dollar erhalten könnte. Es wurde durch den amerikanischen Verantwortlichen erläutert, dass die investierten Mittel so eingesetzt werden müssten, dass diese auch zurückgezahlt werden könnten.[116] Diesen Hinweis bestätigte die irische Regierung am 18. Dezember 1948.[117] Damit war allen Beteiligten in der Regierung deutlich, dass die erarbeiteten Programme nur genehmigt werden würden, wenn sie für die OEEC und die ECA nachvollziehbar waren. War dies nicht der Fall, musste damit gerechnet werden, dass es zu weiteren Finanzkürzungen kommen konnte.

Das kritische Finanzministerium glaubte weder an die Inhalte des Programms noch an die Möglichkeit, mit diesem Programm den Kredit zurückzahlen zu können.[118] Nach seiner Auffassung würde keines von MacBrides Projekten einem Produktivitätstest standhalten, da die Investitionen nicht in der Lage wären, einen Ertrag zu erwirtschaften, der die Kredite bedienen könnte. Hierbei war die Angst vor Inflation das wichtigste Argument des Finanzministeriums.

Die Regierung folgte dennoch dem Vorschlag des Außenministeriums und autorisierte dieses, die anderen Ministerien bei der Verwendung der Mittel zu kontrollieren. Die Angst des Finanzministeriums verstärkte sich durch diese Aktivitäten weiter, da es einer-

---

114 Long Term Recovery Programme vom Department of the Taoiseach, 5.11.1948, S 14106D (NAIRL, S. files).

115 Lee, Ireland 1912–1985, S. 303 ff.

116 Memorandum for the Government, Department of External Affairs, 16.12.1948, S 14106D (NAIRL, S. files).

117 Use of ECA Funds, Loan and Grants 18.12.1948 und Cabinet Minutes vom 17.12.1948, S 14106D (NAIRL, S. files).

118 McElligot meinte hierzu: "I do not think the Government should be asked to commit itself at such short notice to this ambitious programme." Fanning, The Irish Department of Finance, S. 435.

seits Einfluss in finanziellen Punkten verlor, und andererseits befürchtete, dass die Verschuldung zunehmen könnte. Aus diesen Gründen war es nach dem Kabinettsbeschluss die Politik des Finanzministeriums, so wenig Kredit wie möglich aufzunehmen.[119] In die Auseinandersetzung zwischen dem Außen- und Finanzministerium schaltete sich das Landwirtschaftsministerium ein und kritisierte gegenüber dem Taoiseach die negativen Äußerungen des Finanzministeriums zu allen Programmfragen.[120]

So sorgte auch regierungsintern der Marshall-Plan des Long Term Recovery Programmes für Schwierigkeiten. Der Konflikt zwischen dem Außen- und dem Finanzministerium brachte aber kaum neue Argumente hervor, außer dass die Positionen jetzt wieder denen zu Beginn der Marshall-Plan glichen. Im Dezember 1948 kritisierte das Finanzministerium nochmals das Programm. Das Außenministerium vertrat dagegen weiter die Einstellung, dass die Gelder notwendig für die wirtschaftliche Entwicklung Irlands seien.[121] Dennoch versuchte auch MacBride die Regierung davon zu überzeugen, zumindest einen Teil der Gelder in neue Fabriken, d. h. in die industrielle Entwicklung zu investieren.[122] Dies gelang ihm zum Teil mit der Unterstützung des organisatorischen Aufbaus der 1949 gegründeten Industry Development Authority (IDA), die die Ansiedelung von Industrieunternehmen fördern sollte.[123]

Aus den Programmplanungen und den kritischen Anmerkungen wurde klar, dass es sich um ein politisches Programm handelte, das vor allem die Auswanderung aus den Gebieten im Westen Irlands stoppen sollte.[124]

Deutlich wird dies am Beispiel der Aussagen von Francis S. L. Lyons:

> Removing the rocks from Connemara may have been bad economics for Irish adherents of the Manchester school, but to many people emotionally involved in the west of Ireland it was the best news.[125]

Nachdem das Programm durch die Regierung entschieden war, musste noch die OEEC die Planungen akzeptieren. Doch auch die OEEC stand dem Long Term Recovery Programme kritisch gegenüber.

Dieser Argumentation schloss sich auch die Opposition an, die das Programm aufgrund angeblich falscher Zahlengrundlagen kritisierte.[126] Während der Programmprüfung

---

119 Ebd., S. 436 ff.

120 Der Landwirtschaftsminister James Dillon beschwerte sich über das Finanzministerium: "… into the intolerable octopus which it has now become." Fanning, Independent Ireland, S. 170.

121 Fanning, The Irish Department of Finance, S. 435 f.

122 Lee, Ireland 1912–1985, S. 305.

123 Die "IDA" wurde dem "Department for Industry and Commerce" zugeordnet. D. J. Hickey und J. E. Doherty, A Dictionary of Irish History since 1800, Dublin 1980, S. 236. Die IDA „beschränkte ihre Tätigkeit zunächst darauf, die eigene Existenz gegenüber heftiger Kritik aus anderen Ministerien und aus dem Parlament behaupten zu müssen". Erst später entwickelte sich „die IDA zu der eigentlich entscheidenden Schnitt-und Koordinationsstelle irischer Wirtschaftspolitik- und förderung". Elvert, Geschichte Irlands, S. 444 f.

124 Lee, Ireland 1912–1985, S. 303.

125 Francis S. L. Lyons Ireland since the Famine. London 1985 (9. Auflage), S. 571.

126 Sean Lemass nannte es in einer Diskussion "inaccurate, misleading, dishonest." *Irish Inde-*

durch die OEEC wurde weiter festgehalten, dass die irischen Investments eher vage seien. Die Franzosen hielten das geplante US-Dollardefizit für zu hoch und sahen damit eine Gefahr für den Sterling-Pool insgesamt. Am 24. November 1948 stellten die Prüfer des irischen Long Term Recovery Programme, nämlich Frankreich, Großbritannien und die Niederlande[127] fest, dass es Differenzen bei den irisch-britischen Daten bezüglich der Zahlungsbilanz gab. Diese sollten in bilateralen Gesprächen zwischen Großbritannien und Irland geklärt werden. Aus diesen Gründen war es nicht erstaunlich, dass die OEEC konkrete Zahlen, bzw. detaillierte Informationen verlangte.[128] Trotz dieser Kritik hatten die irischen Delegierten dennoch den Eindruck, dass das Programm insgesamt positiv beurteilt wurde: "The impression formed by Irish delegates was that our Programme as a whole was considered a rather good one."[129]

Zusätzlich wurde die irische Regierung in dieser OEEC-Sitzung auf einen neuen Spezialfonds der USA aufmerksam gemacht, der 6 Millionen US-Dollar für spezielle technische Unterstützung zur Verfügung stellte.[130] Die Frage einer irischen Beteiligung wurde durch J. E. Carrigan, Chief of the ECA Mission to Ireland, an die irische Regierung herangetragen. So heißt es in Paragraph III.a3 des U. S. Economic Cooperation:

> ...the Administrator for Economic Co-operation is authorised to procure and furnish to participating countries technical information and assistance and to use for the purpose funds appropriated by Congress for the European Recovery Programme. The expenditure involved is borne out of the allotment (whether on a grant, grant loan or grant basis) made to each country and is subject to the general conditions applicable to the use of such funds.[131]

Um eine Beteiligung von möglichst vielen Organisationen, Firmen etc. zu erreichen, unterstützte die irische Regierung die Teilnahme am Personenaustausch und ein technisches Hilfsprogramm. Bei dem Programm handelte es sich um Maßnahmen, die zusätzlich und ergänzend zum Marshall-Plan stattfanden. Über die Umsetzung musste, wie beim ERP, regelmäßig berichtet werden.

> Because of this, one of the conditions laid down by ECA is that each Party that goes to the USA must prepare on return a report giving full details of the information gained and the new techniques and methods learned.[132]

---

pendent vom 8.3.1949.
127   Beisitzer in der Kommission.
128   Department of External Affairs, Long-Term Programme, Examination by Executive Committee of OEEC-Summary, 23.11.1948, S 14106D (NAIRL, S. files).
129   Inter-Departmental ERP-Meeting, Summary Record of meeting held in Department of External Affairs, 24.11.1948, S 15290 (NAIRL, S. files).
130   Ebd.
131   Department of External Affairs, Memorandum for the Government, Provision of Technical Assistance by the Economic Cooperation Administration, 29.3.1949, S 14504A1 (NAIRL, S. files).

Um die britisch-irischen Differenzen in der Zahlungsbilanz auszuräumen, musste von irischer Seite eine Einigung erzielt werden. In Gesprächen mit britischen Offiziellen während eines der letzten Commonwealth-Treffen, an dem Irland teilnahm, wurden zwischen Irland und Großbritannien weitere Gespräche vereinbart, die die strittigen Punkte in der Berechnung der gegenseitigen Zahlungsflüsse klären sollten.[133] Die Differenzdiskussionen sollten im Rahmen der OEEC am 9. Mai und 10. Mai 1948 weitergeführt werden.[134] Eine Angleichung der Differenzen fand letztlich zu Lasten Irlands statt.

In einer Analyse über die abgeschlossenen Vereinbarungen und deren Ergebnisse für Irland äußerte der ECA-Chief-Administrator in Irland, J. E. Carrigan, gegenüber der Presse, dass Irland durch den Marshall-Plan 79 Millionen US-Dollar und durch eigene Touristeneinnahmen für das erste Jahr ungefähr 100 Millionen US-Dollar zur Verfügung habe. In Bezug auf die Rückzahlung des Kredits meinte er wie auch die irischen Politiker, dass der Kredit nur zurückgezahlt werden könne, wenn das Pfund Sterling wieder konvertierbar werden würde.[135]

Doch die Planungen für die ersten Unterstützungsleistungen im ersten Wirtschaftsjahr wurden durch verschiedene Kommissionen weiter gekürzt, wie es die Analyse des Außenministeriums vom 9. März 1949 zeigt:

1. Ireland applied for 111,0 Mio. US-Dollar
2. ECA illustrative allocation for 15 months ending 30. June 1948 89,0 Mio. US-Dollar
3. After all cuts by OEEC and ECA Ireland was allocated for the year June 1948–July 1949 79,4 Mio. US-Dollar
4. Procurement Authorisations were sought and obtained from ECA for a total of 66,9 Mio. US-Dollar
5. Sub-Authorisations issued to date for only 43,5 Mio. US-Dollar

Irland erhielt so weniger als 50 Prozent dessen, was es gefordert hatte, und nur 66 Prozent der Summe, die Irland einst angeboten worden war.[136]

Trotz der Entscheidung, den Marshall-Plan als Kredit zu akzeptieren, blieb die Nutzung des Marshall-Plans, die Irland ab 1948 erhielt, nicht nur regierungsintern umstritten. So beurteilte Joseph J. Lee das Programm negativ, weil es nicht langfristig angelegt war, sondern nur der opportunistischen Geldbeschaffung diente.[137] Kritisch betrachtet wurde das Programm auch weiterhin von der ECA, da das Long Term Recovery Programme einen zu starken Schwerpunkt auf die Landwirtschaft legte und die industrielle Entwicklung Ir-

---

132 Ebd.
133 Inter-Departmental ERP-Committee, Meeting held in the Department of External Affairs vom 11.12.1948, S 15290 (NAIRL, S. files).
134 Department of External Affairs, Memorandum of the Government 6.5.1949 und Cabinet minutes vom 7.5.1949, S 14106E (NAIRL, S. files).
135 *Irish Independent* vom 17.12.1948.
136 Department of External Affairs, Memorandum for the Government, 9.3.1949, S 14106E (NAIRL, S. files).
137 "To describe the contents as a programme would be a singularly elastic use of language." Lee, Ireland 1912–1985, S. 305.

lands vernachlässigte.[138] Um die eingesetzten Gelder besser zu kontrollieren, entsandte die ECA vertragsgemäß einen Vertreter, der direkt von Dublin aus die zugewiesenen Mittel und deren Verwendung beobachten sollte. Die *Irish Times* bezeichnete diese Person als "watchful eye".[139] Im Gegensatz zur kritischen Betrachtung in der ECA-Zentrale gratulierte die Vertretung der ECA-Botschaft in Dublin wegen der erreichten Fortschritte nach einem Jahr.[140] Das Lob bezog der Vertreter allerdings nur zum Teil auf den Marshall-Plan:

> I wish to make it clear that the progress herein reported is due only in part, perhaps, in small part, to the Marshall Aid Plan.[141]

Dieser Meinung schloss sich auch der Londoner Korrespondent der *New York Times* an. Er betonte auch, dass die größten Leistungen nicht durch das ERP erreicht worden seien, sondern durch die Menschen und die irische Regierung selbst.[142]

Dass sich die irische Regierung einer Kritik enthielt und die Nutzung positiv einschätzte, überrascht nicht.[143] Auch für den *Irish Independent* war die erste, fast einjährige Bilanz der OEEC bemerkenswert. Diese Haltung kam nicht nur daher, dass Irland seit Beginn des Plans erhebliche finanzielle Zuwendungen erhalten hatte, sondern auch, weil die Produktion wieder deutlich angestiegen war. So wuchs das Volumen der gesamten landwirtschaftlichen Produktion wieder auf 96 Prozent der Leistungen in den Vorkriegsjahren 1934 bis 1938 an.[144] Die Produktionskennziffern lagen in Europa direkt nach dem Krieg 1946/47 nur bei 70 Prozent.[145]

Damit waren landwirtschaftliche Produktionsziele, die für 1951/52 geplant waren, bereits 1949 erreicht.[146] Werden die Ergebnisse aber beispielsweise mit Ländern wie Großbritannien (122 Prozent), Frankreich (118 Prozent), Schweden (109 Prozent) oder der Schweiz (112 Prozent) verglichen, fällt auf, dass sowohl Kriegsteilnehmer als auch neutrale Staaten deutlich bessere Produktivitätssteigerungen aufwiesen als Irland. Im Vergleich mit anderen Staaten verschlechterte sich die Situation Irlands im Folgejahr trotz einer Steigerung auf 106 Prozent. Anders sah dies bei der Industrieproduktion aus, die bis 1949 bei einer geringen Industriebasis auf 151 Prozent stieg und damit nach Schweden über den höchsten Produktivitätsanstieg innerhalb der OEEC verfügte.[147]

---

138 *Irish Press* vom 9.12.1948.

139 *Irish Times* vom 21.12.1948.

140 "I congratulate the Government and the people of Ireland on the progress being made in stabilising the economy." *Irish Independent* vom 5.4.1949.

141 *Irish Independent* vom 5.4.1949.

142 *Irish Times* vom 27.6.1949.

143 "It was gratifying that we had passed the searching tests applied under the Marshall Aid and we are about to spend the money well." *Irish Independent* vom 22.4.1949.

144 Derek Aldcroft nennt für den Zeitraum 1948/49 eine Quote von 96 Prozent, die auf den Zahlen der Vereinten Nationen basiert. Aldcroft: War and Reconstruction, in: The European Economy, S. 150. Der *Irish Independent* vom 15.4.1949 nennt eine Zahl von 93,4 Prozent. Die Daten sind damit in der Aussage gleichlautend.

145 Lipgens, Die Anfänge der europäischen Einigungspolitik 1945–1950, S. 7.

146 Irlands Aufgaben im Wiederaufbauprogramm Kapitel V.1.c).

147 Aldcroft, The European Economy, S. 150.

Resultierend aus diesen vordergründig positiven Ergebnissen wurde die Entwicklung in der irischen Wirtschaft positiv beurteilt:

> The Marshall Plan has promoted the recovery of the country's major industry, agriculture, which suffered much from war-time shortages of fertilisers, feeds, machinery, and it helped also the Irish economy to advance in such fields as manufacturing and transportation, where procurement of dollar goods has been essential.[148]

Für den Bereich der Tierhaltung, einem der wichtigsten Wirtschaftssektoren der irischen Landwirtschaft, äußerte sich "*The Statist*" wie folgt:

> Although Irish cattle are mainly grass fed and do not depend directly on imported feed, ERP, has provided imported indirect assistance to the cattle industry. Industrial activity is now 40 per cent, higher than in 1938. ERP has made available dollars for replacing worn-out tools.[149]

Zusammenfassend kann festgestellt werden, dass Irland insgesamt 146,2 Millionen US-Dollar Unterstützungsleistungen im Rahmen einer Gesamthilfe von 13,908 Milliarden erhielt.[150] Davon wurden 18 Millionen US-Dollar als Zuschuss und 128,2 Millionen als Kredit vergeben. Irland bekam demnach 87,6 Prozent seiner Hilfe als Kredit. Damit war der Anteil höher als bei jedem anderen beteiligten Land.[151]

Die Abstimmungsschwierigkeiten zwischen dem „Außen-, Finanz- und Wirtschafts-ministerium" führten aus Sicht von Jürgen Elvert dazu, nicht „ein in sich geschlossenes und bündiges Aufbauprogramm vorzulegen".[152] Dennoch erreichte die Wirtschaftshilfe „50 Prozent sämtlicher staatlicher Investitionen zwischen 1948 und 1951" und hätte bei einer „vernünftigen Koordination der Wirtschaftspolitik des Kabinetts Costello" höher ausfallen können.[153]

Trotz der durchaus positiven Beurteilung insgesamt, nach nur einem bzw. zweijährigem Bestehen der amerikanischen Hilfeleistungen, wurden die finanziellen Erwartungen der irischen Regierung nur aus den eben geschilderten Gründen partiell erfüllt. Statt der erwar-teten 100–150 Millionen Pfund als Hilfeleistung in Form von US-Dollar erhielt das Land deutlich weniger. Auch das zweite Ziel, die US-Hilfe größtenteils auf der Basis von Zu-schüssen zu erhalten, wurde nicht erreicht. Die direkten Gespräche in den USA und die Tat-sache, dass Sean MacBride eine wichtige Position innerhalb der OEEC innehatte, nützten kaum etwas. Obwohl die außenpolitischen Ziele in wirtschaftlicher Hinsicht nicht erreicht wurden, ist es umso beeindruckender, dass es trotz der verfehlten Ziele und der sich stän-dig ändernden Rahmenbedingungen dem Außenministerium immer wieder gelang, seine Wünsche im Kabinett durchzusetzen. So gelang es dem Außenministerium, zum Zeitpunkt

---

148   Extrakt from *The Statist* 15.4.1950, Progress in Ireland, S 14474A.

149   Ebd.

150   Daniel, Dollardiplomatie in Europa, S. 59.

151   Grosser, The Western Alliance, S. 79.

152   Elvert, Geschichte Irlands, S. 444.

153   Ebd.

der Diskussionen um die Teilnahme an der Planungskonferenz im Juli 1947, die Hauptverantwortung für die Koordination des Marshall-Plans zu erhalten. Die Wachstumsraten der irischen Wirtschaft lagen im Schnitt der anderen Teilnehmerstaaten des Marshall-Plans.[154]

2.   Österreichs Beteiligung in der Frühphase des Marshall-Plans seit 1947

a)   Die Bedeutung der Beteiligung Österreichs in der frühen Phase des Marshall-Plans seit 1947

Österreichs und Irlands Teilnahme in der frühen Phase des European Recovery Programme ist, was die Regularien angeht, identisch. Beide haben, wie in Kapitel VI.1 beschrieben, die Vereinbarung in Paris zur Gründung der OEEC unterschrieben und sich damit dem dazugehörigen Procedere grundsätzlich verpflichtet. Dazu gehörten unter anderem auch die Unterzeichnung einer bilateralen Vereinbarung eines Teilnehmerlandes der OEEC, in diesen Fällen Irland und Österreich, mit der ECA. Wie schon beschrieben, vertrat diese US-amerikanische Organisation die Interessen der Regierung der USA gegenüber der OEEC insgesamt und bilateral gegenüber den jeweiligen Mitgliedsländern. Da dies in Kapitel VI.1 inhaltlich ausführlich dargestellt wurde, wird, um Doppelung zu vermeiden, im Folgenden auf eine nochmalige Darstellung verzichtet.

Für Österreich hatten der Marshall-Plan und die dazugehörigen Ziehungsrechte eine besondere Bedeutung. Deshalb wird in diesem Kapitel auf den Aspekt der Ziehungsrechte für Österreich besonders eingegangen. Die gleichen Regularien galten von der Systematik auch für Irland, wurden dort aber nicht intensiv bearbeitet. Außerdem wird im Rahmen der Handelsliberalisierung der Versuch einer bilateralen Vereinbarung zwischen Österreich und Irland näher betrachtet.

Der „Sonderfall" Österreich wurde in Kapitel V beschrieben, bedarf aber im Zusammenhang mit den wirtschaftlichen Folgen für das Land einer Vertiefung, um gerade die ökonomischen Ergebnisse besser verstehen zu können.

b)   Anerkennung der Sondersituation in der OEEC

Die Frage einer Sonderstellung beschäftigte die Regierungsmitglieder, insbesondere hinsichtlich einer gemeinsamen westeuropäischen Wirtschaftspolitik. Das wird in der Schilderung des Außenministers Gruber gegenüber Bundeskanzler Figl deutlich:

> Österreich befindet sich als Teilnehmer der Marshallgruppe (sic!) in einer **einzigartigen Situation (Herv. M.G.)**, dadurch, da es das einzige Land ist, daß von der russischen Besatzungsmacht besetzt ist, eine Lage, die dem Auswärtigen Dienst sehr viel Kopfzerbrechen verursacht

---

154 Steil, The Marshall Plan, S. 342 f.

hat und die auch heute noch für das Gesamtschicksal Österreichs von ausschlaggebender Bedeutung ist. Das allgemeine Interesse der Sowjetunion ist, den Marshall-Plan zu sabotieren, wodurch dauernd das Damoklesschwert der wirtschaftlichen Abtrennung der Ostzone über uns hängt, eine Wirkung, die zu vermeiden selbstverständlich zu den wichtigsten Aufgaben der Außenpolitik gehört.(...) Ein Maximum an Dollarhilfe zu erreichen ohne gleichzeitig die Zerreißung des österreichischen Staatsgebietes zu fördern, setzt ein hohes Maß an Kenntnis der internen Vorgänge und der möglichen Rückwirkungen bei den verschiedenen Regierungen und Besatzungsmächten voraus. Je mehr der Marshallplan wegen der russischen Opposition politische Bedeutung erlangt, was besonders bei Rüstungstendenzen im Westen zu erwarten ist, umso mehr werden diese Gesichtspunkte besonders zu beachten sein.[155]

Die stattfindende Blockbildung wird hier ersichtlich. Ergänzend zu den vorherigen Kapiteln sei hier auszugsweise der Bericht zur Vorlage an den Generalsekretär in Paris (inklusive Gesandtschaften) angeführt, der die Vorzugsbehandlung für Österreich herausstellt:

2. Noch auf eine beträchtliche Zeit hinaus wird die Vorzugsbehandlung Österreichs im Rahmen des Marshallplanes vor allem auf politische Erwägungen beruhen, die in zweckmäßiger Weise zur Geltung gebracht werden müssen.

3. Es wird voraussichtlich nicht möglich sein, die besonderen österreichischen Erfordernisse immer im Rahmen der Pariser Organisation durchzusetzen, es wird daher erforderlich sein, die notwendigen Korrekturen durch Vermittlung des State Departements Ambassardors Harriman durchzusetzen. Die ERP wird vorerst nicht die einzige Finanzierungsart bleiben, es wird daher spezielle ökonomische Fragen, insbesondere Kreditfragen geben, die nur in Washington D. C. gelöst werden können.[156]

Auch Michael Gehler bestätigt den „Sonderfall"[157] anhand folgender Punkte:

- Der bilaterale Vertrag zwischen den USA mit Österreich wurde über die normale Laufzeit des Marshall-Plans 1948 bis 1952 bis zum 30. Juni 1953 verlängert.[158]
- Die Bevorzugung Österreichs in wirtschaftlicher Sicht waren sehr hohe US-Fördergelder, dies trotz der Besatzungszonen.[159]

---

155 Der Außenminister Karl Gruber schilderte dem Bundeskanzler das Dilemma der österreichischen Marshall-Plan-Politik, in: Gehler, Vom Marshall-Plan bis zur EU, S. 31 f. Das ganze Zitat findet sich in: Gehler, Der EG-Beitrittsantrag, S. 515–595, S. 518 f.

156 wpol 155584 Stempel vom 20.5.1948. Gegenstand OEEC Erklärung Prof. Taucher zur Bitte um Vorlage beim Gen.sek. und Gesandtschaften in Paris.

157 Michael Gehler nimmt hier Bezug auf Manfried Rauchensteiner, der hinsichtlich des Kalten Krieges in Europa die Sonderrolle betrachtete, aber nicht in Hinsicht auf die europäische Integrationspolitik. Gehler, Vom Marshall-Plan bis zur EU, S. 31. Der Sonderstatus für Österreich blieb während der ganzen Laufzeit des ERP von 1948 bis 1953 bestehen, in: Gehler, From Saint-Germain to Lisbon, S. 174 f.

158 Michael Gehler verweist in diesem Zusammenhang auf die Vorgehensweise Karl Grubers innerhalb der Regierung, der die Verlängerung weder als „gesetzesändernd" noch „politisch" bezeichnete, um so den Alliierten Rat nicht einbeziehen zu müssen. Gehler, Vom Marshall-Plan bis zur EU, S. 31.

Österreich zu stützen war nach der kommunistischen Machtübernahme in der Tschechoslowakei klare Zielsetzung der USA. Diese wollten einen Staatsvertrag und den Abzug der Truppen nur unter bestimmten Bedingungen akzeptieren und ein "take over Austria after evacuation" verhindern.[160] Da zu dem damaligen Zeitpunkt der Abschluss eines Staatsvertrages für Österreich nicht absehbar war, „erhöhte sich die zwingende Notwendigkeit, Österreich durch die Teilnahme am ERP sicher in die westliche Hemisphäre zu bringen."[161] Im gleichen Zusammenhang zitiert Wilfried Mähr ein Memorandum, in dem der US-Amerikaner Lt. Col. Kretzmann die einzigartige Stellung Österreichs hervorhebt:

> Failure to take adequate account of these difficulties will vitiate the ultimate aim of the ERP in Austria by accentuating the tendency to split the country along the line of East-West occupation. For this reason it will be highly important that the ERP in Austria should be directed and administered with the utmost consideration for the political factors.[162]

Die westliche Orientierung Österreichs sollte durch die Teilnahme am ERP gesichert werden und zwar im Rahmen einer „politisch-wirtschaftlichen Integration".[163] Die „sogenannte Neutralitätspolitik"[164] musste deshalb nicht verändert werden.[165] Faktisch war Österreich das einzige Land, das von der UdSSR in Teilen besetzt war, aber insgesamt Marshallgelder erhielt. Österreich und die USA waren an diesem Sonderstatus interessiert.

Trotz erster Kürzungen innerhalb der Marshallgelder hob Gruber die „Vorzugsbehandlung Österreichs" hervor.[166] Unterstützt wurde diese Einschätzung von den US-Behörden in Wien. Österreich könne weder mit souveränen Staaten noch mit der Bizone oder der französischen Zone verglichen werden. Die Regierung Österreichs hatte nun die Sorge, dass eine Vorzugsbehandlung in einer multinationalen Organisation nicht mehr möglich wäre. Aber aus Paris wurde gemeldet, dass die außerordentliche Lage „anerkannt und be-

---

159 Ebd., S. 32.
160 "We believe that from a political point of view is still desirable but only if fulfillment of following conditions are guaranteed before evacuation of troops:
  (1) that western economic aid through ERP or otherwise is uninterrupted and is adequate to permit continued recovery
  (2) that Austria is brought into full participation with whatever measures of economic and political collaboration may emerge in Western Europe during next few months and
  (3) that Soviets by one means or another understand, from presence of our troops here that effort on their part or their satellites to take over Austria after evacuation would result immediate counteraction on part of western powers." FRUS, 1948, Germany and Austria, II, 3 - 1048 Telegram. The Minister in Austria (Ehrhardt) to the Secretary of State, Vienna 10.3.1948. Abgerufen am 12.4.2018. https://history.state.gov/historicaldocuments/frus1948v02/d822
161 Mähr, Von der UNRRA zum Marshallplan, S. 258.
162 Ebd., S. 259.
163 Mähr, Von der UNRRA zum Marshallplan, S. 261.
164 Gehler, Der EG-Beitrittsantrag, S. 515–595, S. 518.
165 Ebd.
166 Mähr, Von der UNRRA zum Marshallplan, S. 42.

tont" worden sei.[167] Die österreichische Regierung hatte mit der Anerkennung des „Sonderfalls" durch die USA ein wesentliches Ziel erreicht:

Die wirtschaftliche Westorientierung und damit die Voraussetzung dafür, eine hohe Marshall-Plan-Hilfe zu erhalten.[168] Gleichzeitig brachte sich Österreich selbst stark in die OEEC ein. So wurde Gruber wie MacBride Vizepräsident der OEEC.[169]

Hinsichtlich der geo-politischen Situation Österreichs war dies nicht nur ein Vorteil. Als Beispiel sei hier der Protest der UdSSR gegen die bilateralen Verträge mit den USA genannt. Die UdSSR sah in ihnen den Weg in die volle Abhängigkeit Österreichs von der USA. Österreich fürchtete hingegen die Teilung des Landes. Vorwände der UdSSR, diese Teilung voranzutreiben, gab es genug. Ziel der österreichischen Außenpolitik war es daher, teilweise politische Zusammenarbeit über die Möglichkeiten der OEEC zu gestalten, da über diesen Weg keinerlei Diskussionen über militärische Fragen entstehen würden.[170]

Die Zuwendungen, die Österreich im Rahmen des Marshall-Plans erhielt, waren sehr hoch. Mit 130 US-Dollar pro Kopf erhielt Österreich zusammen mit Norwegen die zweithöchste Summe.[171] Nur Island bekam mit 209 US-Dollar pro Kopf mehr.[172] Im Gegensatz dazu erhielten beispielsweise die westlichen Zonen Deutschlands nur 19 US-Dollar.[173] „Mit 14 Prozent des nationalen Einkommens" erhielt Österreich „den höchsten Anteil" des Marshall-Plans 1948/49.[174]

Abweichende Regelungen für Österreich gab es zusätzlich sowohl bei der Handelsliberalisierung als auch bei der Europäischen Zahlungsunion. Die USA unterstützten Österreich bei den Zahlungen in die Europäische Zahlungsunion durch sogenannte "initial positions" und "special ressources".[175] Dies war notwendig, da Österreich im Außenhandel in eine Schuldner-Position gegenüber den anderen Mitgliedsländern der OEEC geraten war.[176] Faktisch glichen die USA auch in der Zeit von 1950–1952 die Schulden Österreichs innerhalb der Europäischen Zahlungsunion aus.[177] Erst nachdem die Zahlungsbilanz ausgeglichen wurde, erhielt das assoziierte Mitgliedsland Österreich am 1. Juli 1953 die Vollmitgliedschaft.[178]

Das Land nutzte die Westbindung und beteiligte sich an weiteren Institutionen, die die wirtschaftliche Entwicklung fördern sollten. Sowohl beim Internationalen Währungsfond als auch bei der Internationalen Bank wurde Österreich Mitglied.[179]

---

167 Ebd., S. 43.
168 Weiss, Auf sanften Pfoten gehen, S. 55.
169 Gehler, Vom Marshall-Plan bis zur EU, S. 40.
170 Gehler, Der EG-Beitrittsantrag, S. 515–595, S. 516.
171 Gehler, Vom Marshall-Plan bis zur EU, S. 40.
172 Ebd.
173 Ebd.
174 Ebd.
175 Nach Michael Gehler „erfährt die These vom „Sonderfall" (Manfried Rauchensteiner) auch eine ökonomische, d. h. außenwirtschaftliche und integrationspolitische Bestätigung." Gehler, Der EG-Beitrittsantrag, S. 515–595, S. 519.
176 Gehler, Vom Marshall-Plan bis zur EU, S. 37.
177 Ebd., S. 38.
178 Ebd., S. 37.

Zusammenfassend lässt sich festhalten, dass Österreich den von Manfried Rauchensteiner geprägten „Sonderfall" beanspruchte und damit die Voraussetzung schuf, als "special case" besonders von dem Marshall-Plan zu profitieren.[180] Österreich erhielt als „Sonderfall" zusätzlich die Unterstützung, den einheimischen Markt anfänglich vor einer zu starken Handelsliberalisierung zu schützen und Sonderleistungen im OEEC- und EZU-Staatenverbund zu erhalten.[181]

c)   Westorientierung durch den Marshall-Plan

Die Situation in Österreich war Anfang 1948 weiterhin kritisch. Deutlich wird die Lage des Landes durch den Wunsch Österreichs, vor dem Start des Marshall-Programms insbesondere Kohle und Nahrungsmittel als Überbrückungshilfe von den USA zu erhalten.[182] Österreich wünschte Hilfe für „Ernährung, Kohle und anderen Notbedarf", bis der Marshall-Plan anlaufen sollte. In der Frühphase dienten daher auch die Zuwendungen aus dem Marshall-Plan nicht der wirtschaftlichen Entwicklung, sondern waren ein „Fürsorge- bzw. Notstandsprogramm".[183] Erst im weiteren Verlauf gab der Marshall-Plan laut Michael Gehler Österreich die Möglichkeit, die wirtschaftliche Entwicklung voranzutreiben.[184]

Der Marshall-Plan, mit dem Ansatz zu fordern und zu fördern, war verbunden mit der Handelsliberalisierung und dem Aufbau eines neuen Systems des Zahlungsausgleiches (European Payment's Union). Mit der Liberalisierung auf multinationaler Ebene erhöhte sich die Verbindlichkeit innerhalb der OEEC-Staatengemeinschaft. Prozesse und Beschlüsse konnten damit nachvollziehbar gestaltet werden. Zur Validierung und Sicherstellung der US-Gelder schlossen die USA, wie beschrieben, zusätzlich bilaterale Verträge mit den jeweiligen Partnern innerhalb der OEEC ab. Da die Idee einer Zollunion innerhalb der OEEC frühzeitig gescheitert war, forcierten die USA die Handelsliberalisierung, um den Warenaustausch zu steigern.[185] Davon profitierte Österreich, da es von Beginn an als Nettoschuldner auftrat.[186]

Österreich nutzte den „Sonderfall" nicht nur in Bezug auf den direkten Marshall-Plan, sondern auch für damit in Verbindung stehende Themen. Dazu zählt die Handelsliberalisierung, auf die hier näher eingegangen werden soll.

---

179 wpol 135295 vom 22.1.1948, Karl Gruber an Mission in Washington.

180 Gehler, Vom Marshall-Plan bis zur EU, S. 29 f., und gleichzeitig bestätigt sich laut Michael Gehler die von Manfried Rauchensteiner geprägte Formulierung des Sonderfalls. Gehler, Der EG-Beitrittsantrag, S. 515–595, S. 519.

181 Gehler, Modellfall für Deutschland?, S. 76.

182 wpol 138307 und 138308b vom 13.2.1948, Telegramme aus Washington.

183 Gehler, Vom Marshall-Plan bis zur EU, S. 37.

184 Ebd.

185 Weiss, Auf sanften Pfoten gehen, S. 48. Laut Michael Gehler gab es im Rahmen des ERP generell keine Verpflichtung zur Teilnahme an einer Zollunion, vgl. hierzu auch: Gehler, Vom Marshall-Plan bis zur EU, S. 39.

186 Gehler, Vom Marshall-Plan bis zur EU, S. 37.

Im Rahmen des OEEC sollten in bilateralen Abkommen unter den Mitgliedsländern eine Vielzahl von Handelsbeschränkungen aufgehoben werden. Die österreichische Regierung verhielt sich gerade „in der intensiven Zeit der Staatsvertragsverhandlungen (1947 bis 1949) abwartend".[187]

Dennoch verpflichtete sich die österreichische Regierung, an dem Ziel und der Umsetzung der Handelsliberalisierung mitzuarbeiten. Im ersten Schritt sollten dabei 50 Prozent der Importe liberalisiert werden.[188] Diesem Schritt folgte die österreichische Regierung, wollte aber zu diesem Zeitpunkt keine weitere Erhöhung der Quote.[189] Auch in diesem Fall hatte Österreich einen Sonderstatus und musste teilweise erst später bestimmte Maßnahmen umsetzen. Trotz seiner Schuldner-Position hatte das Land innerhalb der OEEC mit dem Abbau von mengenmäßigen Beschränkungen begonnen, nutzte aber gleichzeitig die o. g. Möglichkeit, sich als Mitgliedsland auf eine gewisse Zeit von der Liberalisierung zu entbinden.[190] Dementsprechend sollte Österreich sich an der ersten Zielvorgabe der OEEC, 50 Prozent der „quantitativen Handelsbeschränkungen bei privaten Importen", nicht orientieren, sondern an der eigenen Zahlungsbilanz.[191]

Auch der von der OEEC am 18. August 1950 verabschiedete Liberalisierungskodex, der einen Abbau von 75 Prozent der mengenmäßigen Beschränkungen in schnellen Schritten vorsah, wurde für Österreich ausgesetzt.[192] Österreich setzte damit wiederum seinen Sonderstatus durch. Das Prinzip, an der Handelsliberalisierung der anderen Staaten zu partizipieren und dabei eigene Begrenzungen beizubehalten, führte zu einem Vorteil für das Land.

Im Hinblick auf die Gründung der EPU war der Sonderstatus dagegen schwierig. In diesem Fall versuchte Österreich laut Florian Weiss, „die Sonderstellung nicht allzu kraß hervortreten zu lassen".[193] Der „Sonderfall" sollte eine Mitarbeit an der EPU[194] nicht verhindern.[195] Aufgrund seiner strukturellen Probleme als Schuldnerland wurde Österreich, trotz der Zusicherung, die Verpflichtungen zu erfüllen, eine Vollmitgliedschaft verwehrt.[196] Damit Österreich an dem Prinzip der besseren Zahlungsmöglichkeiten dennoch teilnehmen konnte, unterstützten, wie in Kapitel VI.2.a) erwähnt, die USA den Einstieg in das System.[197]

---

187 Ebd., S. 39.
188 wpol 178393 ohne erkennbares Datum, aber in Zusammenhang mit wpol 180752 vom 31.12.1948 und wpol 178 406 vom 12.12.1948 im Karton 154.
189 wpol 180752 vom 31.12.1949, Liberalisierung, Ergänzung des österreichischen Memorandums nach bilateralen Verhandlungen.
190 Auf den OEEC-Ratsbeschlüssen vom 4.7.1949 und 13.8.1949 wurde von Österreich die Begründung in Anspruch genommen, Österreich „bei finanziellen und ökonomischen Schwierigkeiten auf Zeit von der Liberalisierung zu entbinden". Weiss, Auf sanften Pfoten gehen, S. 49.
191 Ebd., S. 50.
192 Ebd.
193 Ebd., S. 51.
194 Die am 19. September 1950 errichtete multilaterale Europäische Zahlungsunion arbeitete nach folgendem Prinzip: Erwirtschaftete ein Land mit einem anderen Land Überschüsse, so konnten diese mit negativen Salden anderer verrechnet werden. Verblieb ein Aktiva oder Passiva, konnten diese mit Ziehungsrechten ausgeglichen werden. Weiss, Auf sanften Pfoten gehen, S. 51.
195 Ebd.
196 Ebd.
197 Laut Florian Weiss ermöglichte die USA als sogenannte „initial Position" in Höhe von 80 Mil-

Bei den Verhandlungen wurden konkrete Produkte benannt, wie Jute, Kalkstickstoff, Kalirohsalze, Nadeln für Strickmaschinen etc.[198] Es wurden Liberalisierungslisten erstellt, in denen der liberalisierte Handel pro Land und Wert aufgeführt wurde. Den deutlich größten Anteil im Wert hatten dabei Italien und Deutschland mit über 50 Prozent der Gesamtsumme. Während Irland mit 88 Prozent oder das deutsche Gebiet mit 81 Prozent ihren Handel stark liberalisierten, lag der Anteil in Italien nur bei 38 Prozent.[199]

Das österreichische Bundesministerium für Handel und Wiederaufbau sah in dieser Handelsliberalisierung/Zollpräferierung auch Gefahren. Es forderte zudem einen reibungslosen Ablauf innerhalb des Alliierten Rates.[200] Innerhalb der Regierung gab es aber weitere kritische Stimmen. So verwies das Bundesministerium für soziale Verwaltung darauf, dass in einigen speziellen Punkten wie bei Pharmaprodukten der Liberalisierung „auf keinen Fall" zugestimmt werden solle.[201] Insgesamt wurde für den Erfolg des European Recovery Programme der Abbau der Handelsschranken positiv gesehen und Österreich wollte generell die Verpflichtungen erfüllen. Aus US-amerikanischer Sicht wirkten die Handelserleichterungen auch positiv für die österreichische Wirtschaft.[202]

Im Ergebnis sollte es der österreichischen Wirtschaft leichter fallen, Güter in das europäische Ausland zu exportieren. Dafür sollten die Warenlisten bis zum 1. Oktober 1949 fertiggestellt werden. Mit dem Argument, dass „à la longue die Aktion für uns günstig sein" werde, wurde auch Zweifeln begegnet.[203] Die Quellen bestätigen, dass der österreichischen Regierung bewusst war, dass auch andere OEEC-Länder wie Belgien und Dänemark liberalisierte Warenlisten erstellten.[204]

Die Vielzahl von Verträgen und liberalisierten Warenlisten sowie die Saldierung der Warenwerte schufen die Voraussetzung dafür, den Handel innerhalb der OEEC erheblich zu verbessern. Damit konnte der Bedarf an US-Dollar und "drawing rights" stark reduziert werden. Österreich profitierte nicht nur durch die Handelsliberalisierung beim Verkauf in die anderen OEEC-Länder, sondern konnte die eigene Wirtschaft durch bestehende Restriktionen weiter schützen.[205]

---

lionen US-Dollar den Einstieg in das System und erhöhte dies nochmal um weitere 45 Millionen US-Dollar, um die österreichischen Ausfuhren nicht zu gefährden. Weiss, Auf sanften Pfoten gehen, S. 52.

198 wpol 178406 vom 12.12.1949 an verschiedene Ministerien BKA/AA.

199 wpol 72670, Wien, 21. November 1949. Prozentsätze und Werte der österreichischen Liberalisierungslisten A, B1, B2 gegenüber den einzelnen Teilnehmerstaaten. Die Gesamtsumme betrug 66,152 Millionen US-Dollar. Das deutsche Gebiet hatte in der Liste eine Summe von 18,7 Millionen US-Dollar, Italien von 11,104 Millionen und Irland von 0,015 Millionen.

200 wpol 144369 vom 28.6.1949. BM für Handel und Wiederaufbau an BKA/AA wegen der USA Special Mission to Austria zur Beseitigung von Handelsschranken.

201 wpol 147564 vom 23.6.1949. BM soziale Verwaltung an das BKA/AA. Dies betraf Pharma und Drogengüter und deren Preisstellung.

202 wpol 148994 BKA/AA Aktenvermerk vom 4.8.1949 und beiliegender Schriftverkehr.

203 wpol 158573 Aktenvermerk Wien vom 20.9.1949. Dieser Sichtweise folgte auch das Handelsministerium die wie auch die Arbeiterkammer Gefahren sahen.

204 wpol 176819 Bezugszahlen (Belgien) oder Bezugszahl 171840 vom 8.12.1949, oder bzgl. Dänemark wpol vom 17.12.1949 (Bezugszahl 171840, 170430 und 178393).

205 Gehler, Der EG-Beitrittsantrag, S. 515–595, S. 519.

Nicht nur diese direkt ökonomisch zählbaren Ergebnisse des Marshall-Plans förderten die Westbindung, sondern auch die Vielzahl der Konferenzen und Ausschusstätigkeiten. Dort wurde auf multilateraler Basis diskutiert, wie die wirtschaftliche Situation Europas verbessert werden könne. Gut dokumentiert sind die Gesprächskreise, beginnend mit den Treffen im Juli 1947.[206] Die Protokolle zeigen sowohl deren Regelmäßigkeit als auch die damit verbundenen Abstimmungsprozesse innerhalb der OEEC-Gruppe.[207]

Ein Beispiel für bilaterale Verträge innerhalb der OEEC, und besonders im Rahmen der Fragestellung der Gesamtarbeit interessant, ist die Anbahnung der Verbesserung der Handelsbeziehungen zwischen Österreich und Irland. Ungefähr ein Jahr vorher gab es schon einen Versuch, der in Kapitel V.2.c) beschrieben wurde. Die Anfragen wurden jetzt, mit dem laufenden ERP, konkreter, wie das folgende Beispiel zeigt. Die irische Regierung dachte darüber nach, in Österreich unter anderem Stickstoffdünger zu kaufen. Die österreichische Regierung ermittelte daraufhin, dass die Österreichische Stickstoffwerke AG über Handelskontakte nach London verfügte. Im Ergebnis stellte sich heraus, dass die Produkte aus Großbritannien weit unter Weltmarktpreis nach Irland verkauft wurden und Irland seinen Bedarf vollständig aus Großbritannien deckte. Dennoch bestand das Interesse, mit Irland wirtschaftliche Beziehungen auf- und auszubauen.[208] Auch andere Quellen bestätigen diese Bemühungen. So bot Irland Österreich den Verkauf von Kartoffeln an.[209] An diesem Geschäft war Österreich grundsätzlich interessiert und wollte 3000 bis 5000 Tonnen erwerben.[210] Als Kompensationsprodukte bot das Land Kupferoxychlorid oder Wasserstoffsuperoxid an.[211] Letztlich ging es Österreich jedoch nur um den Erwerb von Industriekartoffeln.[212] Vorlage eines möglichen irisch-österreichischen bilateralen Vertrages war ein irisch-schwedischer Handelsvertrag.[213]

Auch der irische Außenminister Sean MacBride erklärte, dass der Wunsch bestehe, einen direkten Warenverkehr zwischen Irland und Österreich aufzunehmen. Beide Länder vereinbarten, jeweilige Exportwaren aufzulisten und somit die Kontingente aufzugeben.[214] Da ein österreichisch-britisches Abkommen bestand, hatten die Iren auch kein Problem, den Zahlungsverkehr via Großbritannien abzuwickeln.[215] Die Frage der Wirtschaftsverhandlung mit Irland wurde am 10. Oktober 1949 interministeriell in Österreich

---

206 Guide du Comite de Cooperation Europeene Grand Palais Paris Juillet 1947.

207 wpol 134056 Paris vom 17.1.1948, Alois Vollgruber berichtet hier in einem Telegramm aus Paris, die Wiedereinberufung der Meetings, um Maßnahmen und Status abzustimmen.

208 wpol 160502 vom 28.9.1949. Bundesamt für Vermögenssicherung, Vorbereitung eines Handelsvertrages mit Irland.

209 wpol 171106 vom 5.11.1949. Dort bot der irische Delegierte Mr. Driscoll in Paris der österreichischen Delegation Kartoffeln an. Die Weiterleitung erfolgte am 10.11.1949 an das BKA/AA.

210 wpol 171839, Aktenvermerk BKA/AA vom 23.1.1949, Fernschreiben vom 15.11.1949.

211 Ebd.

212 wpol 171784 vom 11.11.1949.

213 wpol 150961, Paris den 1.8.1948, Vorbereitung Handelsverträge: „Der Herr Bundesminister wurde anlässlich des letzten Treffens von dem irischen Außenminister davon unterrichtet, dass seit einiger Zeit eine größere Zahl Waren österreichischer Herkunft zum Verkauf gelangt, die offenbar über Londoner Importeure nach Irland eingeführt werden."

214 wpol 150961, Vorbereitung Handelsvertrag mit Irland, Wien 19.8.1949.

215 wpol 158045, Irish delegation to the OEEC vom 22.8.1949 BKA/AA.

besprochen. Es sollte Irland über das ERP-Büro in Paris mitgeteilt werden, dass Österreich zu Verhandlungen bereit sei. Das schwedische Abkommen sei hilfreich, müsse aber konkretisiert werden. Die irische Gesandtschaft wurde nach Wien eingeladen.[216] Die Außenminister beider Länder vereinbarten, entsprechende Möglichkeiten durch die irischen Gesandten prüfen zu lassen.[217] Die österreichische Nationalbank hinterfragte die finanzielle Abwicklung und schlug den Weg über die Bank von England vor. Gegen diese Vorgehensweise hatte auch das Bundesministerium für Finanzen keine Einwände.[218] Die Ministerien zeigten an irischen Produkten Interesse. Das Bundesministerium für Volksernährung bekundete dabei den Wunsch nach Lebendvieh und Rindfleisch.[219] Das Bundesministerium für Wiederaufbau wiederum überprüfte in diesem Zusammenhang die Ausfuhrmöglichkeiten von Wirtschaftsgütern nach Irland.[220]

Die Gespräche sollten konkretisiert werden, und es wurden Einladungen nach Irland aber auch nach Österreich ausgesprochen. Beide Treffen fanden zu dem Zeitpunkt nicht statt. Einerseits empfanden es die Iren als "difficult to send a delegation to Vienna to discuss details", standen einer Vereinbarung aber positiv gegenüber, andererseits wurde Irland auch mitgeteilt, dass der Besuch „einer Handelsdelegation nach Irland nicht möglich sei".[221] Die Kommunikation mit der irischen Gesandtschaft sollte über das ERP-Büro erfolgen.[222] Da ein Handelsabkommen auf diplomatischem Weg zeitlich schwierig umzusetzen war, sollte ein Abschluss zu einem späteren Zeitpunkt erfolgen. Einzelne Geschäfte könnten bereits vor Abschluss eines Handelsvertrages über den österreichisch-englischen Zahlungsverkehr abgewickelt werden.[223] Unterschiedlich stark ausgeprägt waren bei den Annäherungsversuchen die jeweiligen Prioritäten. Während Österreich versuchte, wirtschaftliche Verträge abzuschließen, war Irland stärker politisch orientiert. Dazu gehörte auch der Wunsch Österreichs, konkretere Schritte einzuleiten, während Irland stärker daran interessiert war, grundsätzlich ein Abkommen abzuschließen. Schon zu diesem Zeitpunkt wäre ein Handelsvertrag, wie von der OEEC gewünscht, möglich gewesen, wenn beide Länder an einem Abschluss nachdrücklicher interessiert gewesen wären. Da MacBride als irischer Außenminister und der österreichische Außenminister Gruber auch Vize-Präsidenten der OEEC waren, ist es bemerkenswert, dass diese ihre Führungsrolle in diesem Punkt nicht wahrnahmen.

Als Grundlage eines verbesserten Warenaustausches diente der multilaterale Ansatz. Voraussetzung waren weiterhin bilaterale Verträge als Basis der Handelsliberalisierung. Dabei blieben die Schwierigkeiten des „klassischen" An- und Verkaufs von Waren mit einer

---

216 wpol 162320 vom 11.10.1949 BKA/AA.

217 wpol 163171 vom 12.10.1949 BKA/AA, wpol 166455 vom 19.10.1949 Schreiben der österreichischen Gesandtschaft an den irischen Gesandten Driscoll hinsichtlich der Kartoffeln.

218 wpol 154884, Wien vom 1.9.1949 an das BKA/AA, Vorbereitung Handelsvertrag Irland und wpol 155784 Bundesminister der Finanzen, Wien vom 3.9.1949.

219 wpol 161183, Wien vom 7.9.1949 Bundesministerium für Volksernährung an BKA/AA, Vorbereitung Handelsvertrag mit Irland.

220 wpol 161173, Wien vom 26.9.1949 Bundesministerium für Wiederaufbau an das BKA/AA.

221 wpol 166455 vom 29.10.1949 BKA/AA und wpol 171784 irischer Gesandter Driscoll an Praack, beide ERP-Büros Paris, BKA/AA vom 5.11.1949.

222 Ebd.

223 wpol 173310, BKA/AA an die französische und britische Gesandtschaft vom 30.11.1949.

möglichst ausgeglichen Handelsbilanz bestehen und konnten nur durch ein multilaterales Prinzip gelöst werden. Die Systematik der "drawing rights" durchbrach mit dem Ansatz des Multilateralismus das Prinzip Ware gegen Ware und baute damit Handelsbarrieren ab. Dass der österreichischen Regierung diese Mechanismen bewusst waren, bestätigt ein Vortrag von Gruber in New York:

> In the field of economics, as another most important component, the slow but persevering and important work of the O.E.E.C. will, certainly, bring about the liberalization of trade and the unification of currencies. But the truth remains that whatever has already been achieved, the larger part of the work for close European cooperation is still to be accomplished. For instance, neither the liberalization of trade nor of customs tariffs alone can nowadays guarantee the free flow of goods or free competition between individual industries of various countries.[224]

Gruber schlug hierbei vor, dass die Firmen in den Ländern, die oftmals unter staatlicher Regulierung standen oder ihnen sogar gehörten, vorangingen:

> I think therefore, that the first of all some national functions may have to be entrusted to international bodies even if these are constituted under the rule of a unanimous vote.[225]

Die Länder der OEEC sollten dabei ihre Handelsabkommen in Paris, dem Sitz der OEEC, verhandeln. Am beschriebenen Bespiel des Versuches eines österreichisch-irischen Handelsvertrages wird erkennbar, welche Herausforderungen gerade kleinere Länder bereits in der Anbahnung der bilateralen Gespräche hatten. Sie waren schon aus organisatorischen Gründen darauf angewiesen, das „Arbeitsvolumen" effektiv zu gestalten. Deswegen war Österreich auch ein Befürworter eines multilateralen Ansatzes und damit Förderer des Gesamtprozesses.

Es war der österreichische Ansatz, die Westorientierung wirtschaftlich voranzutreiben, ohne dabei die militärische Integration zu fördern.[226] Dies führte dazu, dass Österreich nicht Mitglied der NATO war und ist. Dem Europarat, dessen Satzung am 5. Mai 1949 von 10 westeuropäischen Staaten unterzeichnet wurde, war Österreich nicht beigetreten.[227] Österreich trat dem Europarat vorerst nicht bei, da dort eine verstärkte politische Zusammenarbeit erfolgen sollte. Im November 1951 wurde dennoch eine Beobachterdelegation nach Straßburg entsandt, die auch ein Rederecht auf der Vollversammlung erhielt.[228] Österreich versuchte dann jedoch beizutreten, erhielt aufgrund der Haltung der drei westlichen Siegermächte, die dies nicht vor dem Abschluss eines Staatsvertrages unterstützen wollten, lediglich, wie beschrieben, einen Beobachterstatus.[229] An der wirtschaftlich ausgerichteten GATT-Vereinbarung beteiligte sich Österreich dagegen.[230]

---

224 Gehler, Karl Gruber. Reden und Dokumente, S. 344 f. Vortrag "Austria between East and West" in der Foreign Policy Association in New York am 23.10.1950.
225 Ebd.
226 Gehler, Vom Marshall-Plan bis zur EU, S. 30 ff.
227 Weiss, Auf sanften Pfoten gehen, S. 60.
228 Gehler, Der EG-Beitrittsantrag, S. 515–595, S. 520.
229 Weiss, Auf sanften Pfoten gehen, S. 60 f.

Für Österreich war die Teilnahme an der OEEC nicht nur wirtschaftlich elementar, sondern auch politisch. Denn auf dieser Ebene der OEEC fanden wichtige Gesprächskreise statt. Zwar wurden vor allem wirtschaftliche Themen besprochen, allerdings waren diese so umfangreich, dass große Teile der österreichischen Regierung, wie zum Beispiel das Bundesministerium für Vermögenssicherung und Wirtschaftsplanung und das BKA/AA, damit befasst waren.

Die Treffen, auf denen miteinander kommuniziert wurde, ermöglichten den Austausch von Gedanken und trugen zur Verständigung auf europäischer Ebene bei. Österreich war kurz nach dem Krieg wirtschaftlich stark eingeschränkt und noch ohne Staatsvertrag. Die USA hatten durch die zusätzlichen bilateralen Verträge die Möglichkeit, in die nationale Wirtschaftsplanung einzugreifen, und ließen keinen Zweifel daran, Österreich nicht nur wirtschaftlich, sondern perspektivisch politisch einzubinden.[231]

Zusammenfassend lässt sich festhalten, dass Liberalisierung, Förderung und Zahlungsausgleich sich gegenseitig bedingten. Im Ergebnis zeigt sich, dass die wirtschaftliche Westorientierung erfolgreich war und die osteuropäische wirtschaftliche Bindung abnahm. Dennoch lag der Anteil aller Einfuhren aus den mittel-osteuropäischen Staaten im Jahre 1948 bei 26,2 Prozent, bei den Ausfuhren waren es noch 14,8 Prozent.[232] Damit war Österreich innerhalb der OEEC weiterhin das Land mit dem prozentual höchsten Anteil am Handel mit Osteuropa.[233] Deshalb traf das US-Handelsembargo, an dem sich die OEEC beteiligte, Österreich besonders.[234] Insgesamt steigerte sich der Handel mit den OEEC-Ländern weiter.[235] Langfristig bewirkte unter anderem die Teilnahme am Marshall-Plan eine Verringerung des Handels mit Osteuropa. Dabei reduzierte sich der Handel mit den sowjetischen Satellitenstaaten beträchtlich. Der Import sank 1937 von 32 Prozent auf 8 Prozent 1955 und der Export ging 1937 von 28 Prozent auf 8 Prozent zurück. Der Handel mit den OEEC-Ländern stieg in diesem Zeitraum an: Die Importe von 40 Prozent auf 75 Prozent und die Exporte von 53 Prozent auf 71 Prozent.[236] Diese Zahlen bestätigen die wirtschaftliche Westorientierung eindeutig.

Europäische und internationale Kontakte wurden über den OEEC-Prozess vorangetrieben. Zwischenmenschliche Kontakte trugen zudem langfristig zur politischen und wirtschaftlichen Integration bei.

---

230 Da dort auch die CSSR beteiligt war, gab es vermutlich keinen Grund für Österreich, daran nicht teilzunehmen. Gehler, Vom Marshall-Plan bis zur EU, S. 37.

231 Weiss, Auf sanften Pfoten gehen, S. 54.

232 Ebd., S. 128.

233 Ebd.

234 Der Anteil mit osteuropäischen Staaten betrug 1948 15 Prozent und sank weiter. Gehler, Vom Marshall-Plan bis zur EU, S. 40.

235 Die handelspolitische Westorientierung begann schon vorher, wurde aber durch den Marshallplan verstärkt. Gehler, Vom Marshall-Plan bis zur EU, S. 40 f.

236 Gehler, Der EG-Beitrittsantrag, S. 515–595, S. 521.

d)   Die Zahlungsmodalitäten der ERP-Hilfe und deren Verwendung

Wie für alle am ERP partizipierenden OEEC-Länder war ein bilaterales Abkommen mit den USA auch für Österreich Voraussetzung, um überhaupt ERP-Hilfe zu erhalten. Dies bildete die Basis für die US-amerikanischen ECA, Zuwendungen freizugeben.[237] Im Zeitraum von 1948 bis 1953 erhielt Österreich insgesamt einen Betrag von 676,7 Millionen US-Dollar an direkter Hilfe.[238] Mähr bezieht noch die indirekte Hilfe mit ein und errechnet 962 Millionen US-Dollar, das meiste davon als Zuschuss.[239] Dabei wurde die Hilfeleistung in Form der direkten US-Dollar-Unterstützung gegeben, aber auch in Form von "drawing rights" (Ziehungsrechte) gewährt.[240] Die "drawing rights" bestanden zwar, wie beschrieben, aus US-Dollar-Gegenwerten, wurden aber über das zentrale System der Verrechnung mit anderen Ländern in Form der Saldierung genutzt. Letztere Maßnahme, die US-Dollarbeträge via "drawing rights" zur Verfügung zu stellen, sollte den innereuropäischen Handel fördern. Österreich bot im Gegenzug anderen Ländern die gleiche Möglichkeit, innerhalb dieses Systems mit lokalen Währungen Güter zu erwerben.[241] Konkret bedeutete dies, dass z. B. Italien Güter direkt in Österreich einkaufen konnte, da auch Österreich „Ziehungsrechte" einräumen musste.[242]

Insgesamt war Österreich aber auch hier bevorzugt und erhielt im ersten ERP-Jahr 212,0 Millionen US-Dollar an direkter Hilfe und 66,0 Millionen US-Dollar an indirekter Hilfe.[243]

Die Ziehungsrechte wurden wie folgt verteilt: Österreich erhielt beispielsweise

- 4,5 Millionen US-Dollar für Belgien,
- 25,0 Millionen US-Dollar für Großbritannien,
- 32,0 Millionen US-Dollar für die Bizone.

Andererseits musste Österreich im ersten Jahr insgesamt 3,1 Millionen US-Dollar Ziehungsrechte einräumen, die sich z. B. wie folgt verteilten:

- 2,0 Millionen US-Dollar für Italien,
- 0,4 Millionen US-Dollar für Griechenland,
- 0,7 Millionen US-Dollar für Schweden.

Insgesamt erhielt Österreich deutlich mehr Ziehungsrechte, als das Land einräumen musste.[244] Diese wurden laut Mähr durch die USA als „bedingte Hilfe" gewährt.[245] Klar

---

237 wpol 158446, Telegramm nach Washington vom 8.6.1948 zum bilateralen Abkommen.
238 Steil, The Marshall Plan, S. 450.
239 Mähr, Von der UNRRA zum Marshallplan, S. 369.
240 Ebd.
241 Ebd., S. 368.
242 Ebd.
243 Mähr, Von der UNRRA zum Marshallplan, S. 369.
244 Die Ziehungsrechte wurden im ersten Jahr bilateral abgewickelt, im zweiten Jahr war dies multilateral möglich. Ebd., S. 368.

erkennbar ist auch hier die besondere Unterstützung, die Österreich erhielt. Österreich konnte mit diesem negativen Handelssaldo gut leben.[246]

Da das System der bilateralen Ziehungsrechte zu kompliziert war, sollte ab Mai 1949 eine Entbürokratisierung diskutiert werden.[247] Die österreichische Regierung stand einer Veränderung des bilateralen Verhältnisses zu einer Multilateralisierung der Verrechnungsmöglichkeiten reserviert gegenüber, forcierte im Juni 1948 aber den multilateralen Verrechnungsweg.[248] Im neu aufgebauten System sollten 25 Prozent der Ziehungsrechte über einen gemeinsamen Pool verteilt werden.[249]

Die Gesamtergebnisse der ERP-Hilfe für Österreich sahen wie folgt aus:

Tabelle 8 – ERP-Hilfe

	Direkt	Indirekt
II. Quartal 1948	0,0	0,0
1948/1949	212,0	66,6
1949/1950	166,0	93,3
1950/1951	100,0	90,0
1951/1952	85,0	35,0
Insgesamt	633,0	284,9

Angaben in Mio. US-Dollar

In der Zeitspanne von 1952/1953 erhielt Österreich darüber hinaus weitere 44,1 Millionen US-Dollar. Das bedeutete insgesamt einen Betrag von 962 Millionen US-Dollar.[250] Die sowjetische Zone erhielt von den Unterstützungsleistungen 18 Prozent und die amerikanische 23 Prozent.[251] Es wurde, wie auch in Irland, ein langfristiger Plan aufgestellt, mit Planwerten zur Entwicklung des Landes. Die wesentlichen Bereiche, in denen sich die österreichische Wirtschaft entwickeln sollte, waren die Energiegewinnung, Land- und Holzwirtschaft, aber auch die Produktion.

Nur am Rande sei hier erwähnt, dass die Unterstützungsleistungen, die Österreich erhielt, noch deutlich höher lagen. Mähr bezifferte die Zahlen, die Österreich bis zum Beginn des Marshall-Plans erhielt, auf 421,3 Millionen US-Dollar.[252] Somit ergaben

---

245 Ebd.
246 Weiss, Auf sanften Pfoten gehen, S. 47.
247 Ebd., S. 48.
248 Ebd. Florian Weiss verweist auf folgende Dokumente: OEEC Delegation an BKA/AA 1.6.1949 Zl. 106171; OEEC Delegation (Kloss) an BKA/AA vom 21.6.1948 Zahl 107635.
249 Weiss, Auf sanften Pfoten gehen, S. 48.
250 Mähr, Von der UNRRA zum Marshallplan, S. 369. Die direkten Mittel plus der weiteren 44,1 Millionen US-Dollar sind fast deckungsgleich mit der Summe von 676,7 Millionen US-Dollar, die Benn Steil darstellt. Benn Steil, The Marshall Plan, S. 450.
251 Gehler, Der EG-Beitrittsantrag, S. 521.
252 Die Programme waren laut Wilfried Mähr: Garioa 131 Millionen US-Dollar, UNRRA 135,5 Millionen US-Dollar, ERP 90 Millionen US-Dollar und Interimshilfe 64,8 Millionen US-Dollar. Mähr, Von der UNRRA zum Marshallplan, S. 365.

die 421,3 Millionen US-Dollar und die 962 Millionen US-Dollar eine Gesamtzahl von 1.383,3 Millionen US-Dollar.

Die starke Unterstützung für ein Land, das zu Teilen unter sowjetischer Besatzung stand, dokumentiert auch in Zahlen den „Sonderfall" Österreichs. Sehr deutlich wird dies durch Betrachtung der Gelder pro Kopf, die am zweithöchsten innerhalb der OEEC-Mitglieder waren.[253]

Die Folgen der Teilnahme Österreichs an dem European Recovery Programme waren sehr positiv. Der Sonderstatus Österreichs und die von der österreichischen Regierung entwickelte „Opferrolle"[254] zahlten sich damit tatsächlich für die Bevölkerung aus. Der Plan für die Umsetzung war das Long Term Recovery Programme. In dem auf November 1948 datierten Programm wurden klare Prioritäten gesetzt. Hauptaufgabe Österreichs sollte es sein, die Binnenwirtschaft wiederherzustellen.[255]

Gruber erläuterte die Aufgabe bei der Vereinigung Österreichischer Industrieller:

> Österreich erhält damit, wenn wir bedenken, dass seine Bevölkerung nur 3 Prozent der Gesamtbevölkerung aller am Marshallplan beteiligten Nationen beträgt, mit die höchste Kopfquote an Hilfe in Europa, und zwar nicht rückzahlbare Hilfe. Ihr Umfang ist bedingt durch die schwierige Lage, die der verflossene Krieg und die Fortdauer des Besatzungsregimes verursachen. Die Behauptung, daß sich an den Marshallplan politische Bedingungen knüpfen, die uns die Freizügigkeit in unserer Wirtschafts- und Handelspolitik nehmen, ist unrichtig. Ohne Dollars hätten wir die Kohleimporte aus Polen bisher gar nicht bezahlen können. Der Schillinggegenwert der Dollarhilfe steht ausschließlich für Zwecke des österreichischen Wiederaufbaues zur Verfügung. Man kann mit Genugtuung feststellen, daß bisher entsprechende Vereinbarungen immer auf Basis der österreichischen Regierungsvorschläge zustande gekommen sind.[256]

Bis 1954 wurden 10,5 Milliarden Schilling freigegeben, davon:

– 1,5 Milliarden Schilling für Bundesinvestitionen,
– 5,8 Milliarden Schilling für industrielle Investitionen (vor allem für die Elektrizitätsgesellschaft),
– 2,0 Milliarden Schilling für die Sonderprogramme Landwirtschaft, Forstwirtschaft, Fremdenverkehr, Arbeiterwohnungsbau, Wohnhaus-Wiederaufbau etc.[257]

Mit diesen Zuwendungen konnte Österreich sowohl die Produktion als auch den Lebensstandard im Vergleich zu den anderen ERP-Ländern stärker steigern.[258] Zusätzlich sicht-

---

253   Gehler, Vom Marshall-Plan bis zur EU, S. 40.
254   Ebd., S. 19 ff.
255   Weiss, Auf sanften Pfoten gehen, S. 59.
256   Vortrag: Innere Stärke – äußere Geltung, Rede bei der Vereinigung Österreichischer Industrieller am 30.6.1948. Gehler, Karl Gruber. Reden und Dokumente, S. 235 f. Gemeint sind hiermit die ersten Leistungen der Vereinigten Staaten von Amerika im zweiten Quartal 1948.
257   Mähr, Von der UNRRA zum Marshallplan, S. 369.
258   Gehler, Vom Marshall-Plan bis zur EU, S. 40.

bar wurden die Unterstützungen laut Gehler durch die Nutzung sogenannter "counterpart funds" (Gegenwertmittel)[259]. Da diese Gelder in Österreich blieben, standen erhebliche zusätzliche Investitionsmittel für die österreichische Wirtschaft zur Verfügung.

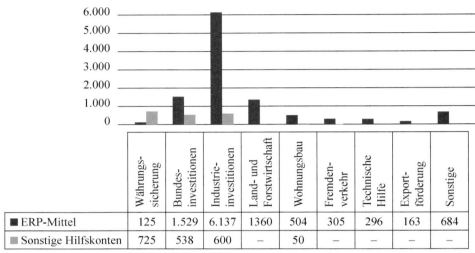

	Währungs-sicherung	Bundes-investitionen	Industrie-investitionen	Land- und Forstwirtschaft	Wohnungsbau	Fremden-verkehr	Technische Hilfe	Export-förderung	Sonstige
■ ERP-Mittel	125	1.529	6.137	1360	504	305	296	163	684
■ Sonstige Hilfskonten	725	538	600	–	50	–	–	–	–

Abbildung 4 – Verwendung Counterpart-Mittel[260]
in Millionen Schilling (Daten aus Franz Nemschak, Zehn Jahre österreichische Wirtschaft 1945–1955, Wien 1955)

Österreich profitierte hierdurch tatsächlich doppelt: Einerseits durch den Import von dringend benötigten Gütern, andererseits durch eine Art „Importsteuer", die wiederum von der einheimischen Wirtschaft produktiv eingesetzt werden konnte. "The work of O.E.E.C. in some fields has been highly successful," bilanziert am 23. Oktober 1950 Karl Gruber in New York.[261]

Im Zeitraum von 1948 bis 1949 wuchs die österreichische Wirtschaft sieben Prozent stärker, als es ohne Unterstützungsleistung möglich gewesen wäre.[262] Die Wachstumszahlen waren in den Jahren 1947 bis 1952 (1947 plus 10,3 Prozent, 1948 +26,7 Prozent, 1949 +19 Prozent, 1950 +12,4 Prozent, 1951 +6,8 Prozent und 1952 +0,0 Prozent) sehr hoch und deutlich über den Ergebnissen der anderen Ländern.[263]

---

259 Österreichische Importeure mussten von Gütern, die über das ERP bezogen wurden, einen Gegenwert in Schilling entrichten. Diese Gelder verblieben in Österreich, wurden aber durch die Economic Corporation Administration (ECA) in Wien und damit durch die USA freigegeben. Ebd.

260 Grafik. Ebd., S. 41.

261 Vortrag "Austria between East and West", in der Foreign Policy Association in New York am 23.10.1950. Gehler, Karl. Gruber Reden und Dokumente, S. 345.

262 Steil, The Marshall Plan, S. 343.

263 Ebd., S. 446.

3. Irland und Österreich im Vergleich – Gemeinsamkeiten und Unterschiede

Die Verhandlungen zum Marshall-Plan dokumentieren besonders in der Frühphase, mit welchen politischen und wirtschaftlichen Fragestellungen die beteiligten Länder beim Aufbau der OEEC konfrontiert wurden. Denn gerade zu Beginn wurden die Regeln und Formen, die die weitere Art und Weise der Zusammenarbeit im gesamten ERP-Prozess organisierten, festgelegt. Ob „Sonderfall" oder die geostrategische Lage, in der frühen Phase des Marshall-Plans wurden die spezifischen Bedingungen der Länder diskutiert und gegebenenfalls geregelt. Der weitere Integrationsprozess innerhalb Europas basierte auf diesen erarbeiteten Grundlagen der Frühphase.

Irland und Österreich hatten dabei wegen ihrer Neutralität und durch die Peripherielage in Westeuropa verschiedene Ausgangslagen, die in den vorherigen Kapiteln beschrieben wurden. In der Folge sollen die Gemeinsamkeiten und die Unterschiede beider neutralen Länder an der Peripherie Westeuropas in der Frühphase verglichen werden. Dabei werden die politischen Aspekte nur kurz genannt.

a) Gemeinsamkeiten

I Politische Gemeinsamkeiten

Irland und Österreich waren beide geteilte Länder: Irland in Nordirland und die Republik Irland und Österreich in die vier Besatzungszonen. Zwar hatten beide Länder eigene Regierungen, aber politisch souverän war nach dem Republic of Ireland Act nur die irische Regierung. Nachteilig wirkte sich für Irland die Verkündung der Republik aus, durch die die politischen und wirtschaftlichen Beziehungen zu Großbritannien und den anderen Commonwealth-Ländern auf dieser Ebene verloren gingen. Die wirtschaftlichen Kontakte blieben zwar erhalten, aber die Arbeitsebene des British Commonwealth fehlte. Insofern wurde die Grundlage für neue internationale Kontakte durch die Mitgliedschaft bei der OEEC und im Europarat geschaffen.[264]

Beide Länder waren nicht in der UNO, wenn auch aus unterschiedlichen Gründen. Der Beitritt Irlands wurde durch das Veto der Sowjetunion verhindert, Österreich dagegen war besetzt und durch einen noch nicht vorhandenen Staatsvertrag zurecht nicht souverän und damit noch nicht Mitglied in der UNO.

Der irischen Regierung war bewusst, dass im Falle einer militärischen Auseinandersetzung die Neutralität irrelevant für die NATO sein würde. Sean MacBride ließ erkennen, dass sich das Land bei einer Vereinigung Irlands auch an der NATO beteiligen könnte.[265] Allianzfrei war auch Österreich, das während der Besatzungszeit über keine Handlungsoptionen verfügte. Festhalten lässt sich, dass Irland und Österreich die politische

---

264 Elvert, Geschichte Irlands, S. 444 ff.
265 Zöllner, Irland und die Anfänge der europäischen Integration, S. 113–143, S. 129–130.

Neutralität und Allianzfreiheit im ERP-Prozess nicht geschadet hat, wie die Quellen und Sekundärliteratur belegen.

2   Wirtschaftliche Gemeinsamkeiten

Irland und Österreich mussten, wie alle anderen beteiligten Länder, bilaterale Verträge mit den USA unterschreiben und hatten intensive Abstimmungsgespräche mit den USA. Irland hatte zusätzlich noch die Interessen Großbritanniens zu berücksichtigen, da die wirtschaftliche Abhängigkeit von Großbritannien zu dominant war. Da es noch keine deutsche Regierung gab, mit der sich die österreichische hätte abstimmen können, entfiel dieser Punkt für das Land. Beide Länder unterstützten eindeutig den multilateralen Ansatz der OEEC. Österreich war als Staat im Zweiten Weltkrieg nicht existent und damit ohne eigene diplomatische Stimme.

Insofern ermöglichte der multilaterale Ansatz der OEEC die Kontaktaufnahme beider Staaten mit jeweils vielen anderen Ländern. Deutlich wird dies vor allem bei den Abschlüssen von bilateralen Handelsverträgen, die auf intergouvernementaler Ebene die Basis der multilateralen Handelsliberalisierung bildeten. Tatsächlich war die OEEC das erste wirkliche multilaterale Treffen, bei der die europäischen Regierungen in dieser Form handels- und wirtschaftspolitisch aufeinandertrafen.

Sowohl Irland als auch Österreich erhielten Gelder aus dem Marshall-Plan, und beide Länder waren von der Unterstützungsleistung der USA abhängig. Das Ziel der USA war es, die Ökonomien so zu entwickeln, dass auch die Konvertierbarkeit der Währungen bis 1952 wiederhergestellt werden sollte.

Dafür entwarfen einige OEEC-Länder ein „Long Term Recovery Programme", mit dem ein Entwicklungsplan erstellt wurde. Ähnlich war für Irland und Österreich die Entwicklung der Wirtschaftsbereiche, in denen eine Verbesserung erreicht werden sollte. Beide Länder sollten insbesondere die Landwirtschaft stärker entwickeln, Österreich zusätzlich Forstwirtschaft und Produktion. Die Ergebnisse waren konkret messbar. Schon 1949 erreichte Irland in der Landwirtschaft das Vorkriegsniveau, obwohl dies erst für 1951/52 geplant war.[266] Österreich benötigte für eine positive Entwicklung mehr Zeit.

Beide Länder benötigten dringend wirtschaftliche Zuwendungen, erhielten diese in unterschiedlicher Höhe und profitierten auch davon. Wie alle anderen Länder auch beteiligten sich Österreich und Irland am System des saldierten Zahlungsausgleiches. Zusammen mit den finanziellen Unterstützungsleistungen, der Logik der "drawing rights" und des "clearings" erleichterte das System die Zahlungen und holte Europa „aus der Sackgasse". Damit wurde das bestimmende System des Bilateralismus mit den meist schwerfälligen Kompensationsgeschäften durchbrochen und vereinfachte den multilateralen Warenaustausch.[267]

Die jeweiligen Außenministerien hatten bei den Verhandlungen die führende Rolle innerhalb ihrer Regierungen. Beide Außenminister wiederum wurden auch Vize-Präsidenten der OEEC, was für die Akzeptanz ihrer Tätigkeit innerhalb der OEEC sprach.

---

266 Kapitel VI.1.d).
267 Weiss, Auf sanften Pfoten gehen, S. 47 f.

3. Irland und Österreich im Vergleich – Gemeinsamkeiten und Unterschiede

Es lässt sich in der Frühphase festhalten, dass wirtschaftliche Entwicklungen auch politische förderten. So wird erklärbar, warum laut Michael Gehler Österreich auch politische Themen innerhalb der OEEC diskutieren wollte, da es als „natürliche Ergänzungen der wirtschaftlichen Zusammenarbeit" angesehen wurde.[268] Als „Elementarschule der europäischen Politik" stellte der spätere österreichische Bundeskanzler Bruno Kreisky die Arbeit in der OEEC dar.[269]

b)   Unterschiede

1   Politische Unterschiede

Irland hatte zwar eine eigenständige Regierung und volle politische Unabhängigkeit (Republic of Ireland Act), war aber handels- und wirtschaftspolitisch eingeschränkt. Österreich hatte eine eigene Regierung, war aber nicht souverän und lag an einer ideologischen Nahtstelle zwischen Ost und West. Irland dagegen lag an der westlichen Peripherie.

Im Europarat wurde Irland bereits 1949 Mitglied, während Österreich zu diesem frühen Zeitpunkt nicht beteiligt war. Erst später erhielt das Land einen Beobachterstatus und wurde in der Folge auch 1956 Mitglied.

2   Wirtschaftliche Unterschiede

Irland wollte zwar grundsätzlich am ERP-Prozess teilnehmen, versuchte die Gelder aber als Zuwendung und nicht als Kredit zu erhalten. Die Diskussion innerhalb der Regierung, insbesondere zwischen dem Finanzministerium und dem Außenministerium, war hier relevant. Dabei ist es interessant zu beobachten, wie sich die Sichtweise der Ministerien jeweils änderte. Gegenüber einer Kreditannahme war das Außenministerium anfangs positiv eingestellt. Es änderte dann die Haltung. In umgekehrter Reihenfolge verhielt sich das Finanzministerium. Ein weiterer beachtenswerter Punkt war der Versuch Sean Mac-Brides in Washington D.C., den angebotenen Kredit in einen Zuschuss zu verwandeln. Wie beschrieben, folgte dem fehlgeschlagenen Anliegen ein weiterer Versuch in London, Gelder aus dem Sterling-Pool zu erhalten. Auch dies misslang, und der Kredit musste in Anspruch genommen werden. Die Quellenlage ist eindeutig.[270] Anders als Österreich war Irland durch die Einbindung in den Sterling-Pool auch finanzpolitisch von Großbritannien abhängig. Da für den Aufbau Westeuropas aber US-Dollar benötigt wurden und der Sterling-Pool selbst keine US-Dollar zur Verfügung stellen wollte, musste der Weg über die USA genommen werden. So erfolglos die Reise Sean MacBrides in die USA war, so bemerkenswert waren die zwei Reisen Karl Grubers in die Vereinigten Staaten. Es gelang Gruber dabei, während der ersten Reise 1946 die besondere Rolle Österreichs als befreites

268 Michael Gehler berichtet über eine Lagebeurteilung des Außenministers „Zur Entwicklung der westlichen Union". Gehler, 17. Juli 1989, und ders., Der EG-Beitrittsantrag, S. 515–595, S. 518.
269 Gehler, Vom Marshall-Plan bis zur EU, S. 37.
270 Begrenzung Sterling-Pool vom 30.6.1948.

Land zu akzentuieren und diese nach einem Besuch bei Präsident Truman bestätigt zu wissen.[271] Hohe Aufmerksamkeit erhielt auch der zweite Besuch Grubers 1950, bei dem er sowohl Präsident Truman als auch Außenminister Marshall traf und für Österreich wichtige Punkte erörtern konnte.[272]

Eine Diskussion über die „Nichtannahme" von Marshall-Plan-Geldern gab es in Österreich, mit Ausnahme von der KPÖ, nicht, lediglich über die Handelsliberalisierung wurde in Ansätzen diskutiert. Ansonsten wurde in der Regierung die Gefahr einer zu starken politischen Integration gesehen, die die Einheit des Landes gefährdet hätte. Österreich hatte wirtschaftlich größere Schwierigkeiten und verfügte über keine alternativen Handlungsoptionen, dafür war die Not zu groß.

Fazit: In Irland war die Einstellung gegenüber des Marshall-Plans positiv, diskutiert wurde anfänglich über die Annahme eines Darlehens. In Österreich gab es aufgrund der wirtschaftlichen Lage keine andere Alternative, als am Marshall-Plan teilzunehmen.

Auch bei dem Long Term Recovery Programme gab es Kritik in Irland. Zu vage urteilte Irish Press, die ECA in Dublin hätte ein "watchful eye" auf das Programm. Die ECA-Repräsentanz in Dublin beurteilte das Programm wiederum positiv. In Österreich dagegen gab es keine wirkliche Kritik an dem Programm, außer durch die UdSSR und damit auch durch die KPÖ. Die UdSSR wollte den Marshall-Plan boykottieren, insbesondere im österreichischen Fall. Dies hätte aus Sicht der österreichischen Politik zur Abtrennung Ost-Österreichs auf die eine oder andere Weise führen können. „Auf einem Seil tanzen" nannte es Jill Lewis hinsichtlich der Herausforderung der österreichischen Politik.[273] Deswegen nutzte die österreichische Regierung, laut Gehler, den Marshall-Plan, um die Einheit Österreichs zu erhalten.[274]

Für Irland gab es eine ähnliche Gefahr aufgrund der geostrategischen Lage nicht. Der Versuch für Irland, eine Sonderrolle zu erhalten, um dadurch bessere Konditionen zu bekommen, scheiterte. Gänzlich anders war die Situation Österreichs. Der österreichischen Regierung gelang es eindeutig, einen Sonderstatus zu erhalten, sowohl im ERP-Prozess als auch bei anderen wirtschaftlichen Fragen, wie der Gründung der EPU. Die Gefahr der staatspolitischen Teilung Österreichs in ein West- und Ost-Österreich führte am Ende dazu, dass auch der sowjetisch besetzte Teil Österreichs Marshall-Plan-Hilfe erhielt.

Österreich bekam insgesamt pro Kopf nach Island die zweithöchste Unterstützung. Die USA nahmen deutlich Rücksicht auf die geostrategische Lage Österreichs, um das Land perspektivisch, zumindest wirtschaftlich, an den Westen zu binden. Im Ergebnis lässt sich festhalten: MacBride wies zwar auf die Gefahr einer stärkeren Teilung der Insel

---

271 „Austria was not only the first victim of Hitler, but she was also the first victim of the policy of appeasement." Rede in New York im Rahmen des Harald Tribune Forums Gruber am 30.10.1946, in: Gehler, Karl Gruber. Reden und Dokumente, S. 155f., und Gruber, Zwischen Befreiung und Freiheit, S. 103f.

272 Ebd., S. 355.

273 Gehler, Vom Marshall-Plan bis zur EU, S. 29.

274 „Der Marshall-Plan sollte Österreich nicht unbedingt europäischer, aber vor allem unabhängiger machen." Gehler, Vom Marshall-Plan bis zur EU, S. 26 und Kapitel V.

Irland hin, Österreich hatte diese aber konkret und bekam dies als „Sonderfall" auch anerkannt, nicht nur inhaltlich, sondern auch finanziell. Sonderregelungen wurden auch bei der Handelsliberalisierung erzielt. Österreich bekam mehr Zeit. Am Ende war Österreich das einzige Land innerhalb der OEEC, in dessen sowjetischer Einflusszone Marshall-Gelder flossen. Das ERP war für Österreich sehr positiv. Es beseitigte die schweren Versorgungsengpässe in der Ernährung und linderte soziale Probleme.

Die konkreten Zahlen der ERP-Leistungen beider Länder, wie eben beschrieben, sahen wie folgt aus: Aus einer Gesamtsumme von 13,211 Milliarden US-Dollar erhielt Irland 146,2 Millionen US-Dollar, davon lediglich 18 Millionen US-Dollar als Zuschuss und 128,2 Millionen US-Dollar als Kredit.[275]

Österreich dagegen erhielt 962 Millionen US-Dollar. 23 Prozent dieser Gesamtsumme gingen in den von der Sowjetunion besetzten Teil. Pro Kopf erhielt Österreich 190 US-Dollar, dies ist auch im Verhältnis zu deutschen Gebieten mit 19 US-Dollar pro Kopf ein signifikant hoher Wert. Irland dagegen erhielt ca. 48 Euro pro Kopf[276] und viel weniger Geld als gedacht und erhofft.

Insgesamt bildete die OEEC für beide Länder eine gute Basis, über wirtschaftliche Fragen auch weitere politische Fragen zu diskutieren, ohne in die Schwierigkeit zu geraten, militärische Themen zu besprechen und damit die Neutralität in Frage zu stellen. Die wesentlichen Bestandteile des Marshall-Plans – finanzielle Unterstützungsleistungen, Handelsliberalisierung und finanzielle Saldierungssystem über die EPU – waren multilaterale Ansätze auf intergouvernementaler Ebene. Die bilateralen Verträge waren die Ausgangsbasis, aber die gemeinsam erarbeiteten „Grundregeln" basierten auf einem multilateralen Ansatz.

Obwohl neutral, an der Peripherie Westeuropas liegend und in die gleichen OEEC-Prozesse eingebunden, führten die geopolitischen Rahmenbedingungen bei beiden Ländern zu sehr unterschiedlichen Ergebnissen.

Im Vergleich wird deutlich, dass der „Sonderfall" Österreichs anerkannt wurde, eine Sonderrolle Irlands nicht.

---

275 Steil, The Marshall Plan, S. 450.

276 Die Einwohnerzahl betrug 1946 2,96 Millionen Gerhard Berger, Nationalstaatsbildung, Industrialisierung und berufliche Zivilisierung in der Republik Irland, Europäische Hochschulschriften (Reihe XXII, Soziologie), Frankfurt a. M. 1987, S. 66. 146 Millionen US-Dollar Marshall-Plan-Hilfe geteilt durch 2,96 Millionen ergibt 48 US-Dollar pro Kopf, eigene Berechnung. Die 676,7 Millionen US-Dollar, die Österreich laut Benn Steil erhielt, müssen ergänzt werden durch die Zusatzleistungen, die Österreich erhalten hat. Vgl. hierzu: Mähr, Von der UNRRA zum Marshallplan, S. 369 und Steil, The Marshall Plan, S. 450.

VII. Zusammenfassung und Ausblick

1. Zusammenfassung

a) Multilateralismus – Grundlage eines Neuen Denkens in Europa

Die neue bipolare Weltordnung bildete auch für die an den Peripherien Westeuropas gelegenen „Neutralen" und „Allianzfreien" Irland und Österreich den Rahmen für den Prozess der wirtschaftlichen Integration. Aufgrund der unterschiedlichen politischen und wirtschaftlichen Schwierigkeiten nach dem Zweiten Weltkrieg weist der Weg beider Länder zum Marshall-Plan und in die Westorientierung sowohl Unterschiede als auch Gemeinsamkeiten auf.

Die Atlantikcharta, die Truman-Doktrin und die Rede Marshalls waren dabei die Basis für die weitere politische und wirtschaftliche Entwicklung. Als Antwort auf die großen Herausforderungen leiteten multilaterale Vereinbarungen ein neues Denken in Europa ein. Jean Monnet hob, hinsichtlich der europäischen Integration, generell die Bedeutung der menschlichen Kontakte hervor: « Nous ne coalisons pas des États, nous unissons les hommes. »[1] Die Arbeitsgruppen aus den beteiligten Ländern, die während der Gründungsphase der OEEC gebildet wurden, waren ein Beispiel für diese multinationale Zusammenarbeit. Deutlich formulierte George C. Marshall den multilateralen Gedanken:

> It would be neither fitting nor efficacious for this Government to undertake to draw up unilaterally a program designed to place Europe on its feet economically. This is the business of the Europeans.[2]

Die Tatsache, dass Irland und Österreich in die Arbeitsgruppen zur Entwicklung eines Gesamtplanes eingebunden waren, zeigt deutlich, wie der multilaterale Ansatz die Beziehungen auf internationaler Ebene veränderte – ein Anzeichen des neuen Denkens in Europa.

Wie die vorliegende Arbeit zeigen konnte, beteiligten sich Irland und Österreich an diesem Prozess und arbeiteten aktiv mit, obwohl die Ideengeber des Marshall-Plans kleine und mittlere Länder nicht im Fokus hatten. Dabei konnte herausgearbeitet werden, dass Irland und Österreich einbezogen waren, allerdings ohne große Einflussmöglichkeiten. Durch die strukturverändernden Prozesse wurden sie aber maßgeblich in ihrer wirtschaftlichen und politischen Entwicklung beeinflusst. Die finanzielle Unterstützung der USA war dabei eine wesentliche Voraussetzung. Im weiteren Verlauf der Integration

---

[1] Allocution de Monsieur Jean Monnet au National press Club, Washington, 30. April 1952 = Speech (on the ECSC and the Plevan Plan) by Mr. Jean Monnet at the National Press club, Washington DC, 30. April 1952. http://aei.pitt.edu/14364/ (University of Pittsburgh Archive of European Integration). Abgerufen am 13.5.2019.

[2] Kapitel IV.1.

wurden Strukturen geschaffen, wie später das Clearing der Europäischen Zahlungsunion und die Handelsliberalisierung, die die Staaten zur Veränderung trieben.[3] Bis Ende 1956 hoben die europäischen Staaten der OEEC 90 Prozent der Handelsbeschränkungen auf.

Durch den Einfluß auf die internationalen Handelsregelungen hatte der Marshall-Plan dies alles schon Anfang 1951 radikal verändert.[4]

Basierend auf der Morgenthauschen Theorie des Realismus legten die USA als Partner aber auch als Hegemon, den Grundstein für eine multilaterale Zusammenarbeit nach Claytons Devise "We must run the show". Dieser von Karolewski als gesunder Realismus bezeichnete Weg der USA förderte nicht nur multilaterales Handeln in Westeuropa, sondern auch die europäische Integrationsdynamik maßgeblich. Die in der Nachkriegszeit gebildeten intergouvernementalen Organisationen wie die OEEC, aber auch der Europarat, bildeten dabei den Auftakt dieser Entwicklung. Mit der Gründung der EKGS und der Führung durch die supranationale Hohe Behörde entwickelte sich, wie Herbst es formulierte, ein von funktionalistischen Ideen beeinflusster «fédéralisme à la carte».[5] Die Gemeinschaftsmethode nach Monnet verstärkte damit die Integrationsdynamik zusätzlich.[6]

Damit zeigt sich, dass das neue multilaterale Denken eine der wesentlichen Grundvoraussetzungen für den weiteren europäischen Einigungsprozess war. Dabei war den Beteiligten klar, dass die Gründung der OEEC Auswirkungen auf die politischen und wirtschaftlichen Verhältnisse in Europa haben würde.

„Das ist wirklich die Geburt des westlichen Blocks", soll Ernest Bevin nach der Abreise Molotows aus Paris am 2. Juli 1947 seinem Assistenten zugeflüstert haben.[7]

Der Formierung des westlichen Blocks durch die OEEC 1948 und die NATO 1949 folgte die Bildung des östlichen Blocks mit dem Council of Mutual Economic Cooperation (Co-

---

3   „Die USA benutzten die Dollars aus dem Marshall-Plan auch als Hebel, um die OEEC zu ersten Schritten der Liberalisierung des innereuropäischen Handels und hauptsächlich gegen den Widerstand Großbritanniens – zur Errichtung der Europäischen Zahlungsunion, EZU, als Unterorganisation zu bewegen. Die EZU ermöglichte ein multilaterales Clearing der Zahlungssalden der westeuropäischen Währungsgebiete untereinander und damit faktisch die Transferabilität der europäischen Währungen. Christoph Buchheim, Deutschland und der Marshall-Plan, in: 50 Jahre Marshall-Plan, Haus der Geschichte, Bonn Juni 1997, S. 38–45, S. 43.

4   Alan Milward, Die Auswirkungen des Marshall-Plans, in: 50 Jahre Marshall-Plan, S. 46–53, S. 52.

5   Herbst, Die zeitgenössische Integrationstheorie und die Anfänge der europäischen Einigung 1947–1950, S. 199.

6   Loth, Wilfried: Die Gemeinschaftsmethode Jean Monnets (Abstract des Referats auf der Fachtagung „Theologie und Vergangenheitsbewältigung III. Gemeinschaftskonzepte im 20. Jahrhundert zwischen Wissenschaft und Ideologie" vom 09. bis 11. Januar 2009) http://universaar. uni-saarland.de/journals/index.php/tg/article/viewArticle/258/280, abgerufen am 24.8.2020, und https://ec.europa.eu/commission/presscorner/detail/de/MEMO_02_102, abgerufen am 3.7.2020. Vgl. hierzu auch Haas, The Uniting Europe.

7   Bischof/Petschar, Der Marshall-Plan, S. 67.

8   Michael Gehler, Common and Different interests since World War II and after the End of cold war, in: Jan de Maeyer/Vincent Viaene (ed. by), World views and Worldly Wisdom. Religion,

mecon) und dem Warschauer Pakt 1955.[8] Im Gegensatz zum sowjetischen Bilateralismus, der in einer Vielzahl von Verträgen zwischen der UdSSR und den jeweiligen Volksdemo-kratien bestand, stand der multilaterale Ansatz der USA.[9] In dieser bipolaren Weltordnung konnten kleine und mittlere Staaten wie Irland und Österreich durch die von den USA de-finierten Vorgaben, einen Plan gemeinsam zu entwickeln, intern in Europa zu diskutieren und mit den USA abzustimmen, zu Akteuren im Prozess der wirtschaftlichen Integration werden. Sie wurden in Arbeitskreisen und multilateralen Vereinbarungen ein – wenn auch kleiner – Teil der Diskussion; eine Chance, die reine bilaterale Vereinbarungen nicht ge-boten hätten. Die begrenzten Handlungsmöglichkeiten auf bilateraler Ebene wurden Sean MacBride in Washington D.C. und der österreichischen Delegation auf der Moskauer Au-ßenministerkonferenz deutlich aufgezeigt. Damit lässt sich hinsichtlich der Frage nach den Auswirkungen des Marshall-Plans in der internationalen Zusammenarbeit der Länder fest-halten, dass der Multilateralismus die integrative Entwicklung in Europa und damit auch für Irland und Österreich förderte. Ein aus wirtschaftlichen Zwängen entstandener Impuls wur-de damit zu einer Grundvoraussetzung für den weiteren europäischen Einigungsprozess.

Für Irland und Österreich war die OEEC ein Ausgangspunkt für die wirtschaftliche und politische Integration in die westeuropäische Staatengemeinschaft. "The Marshall Plan was about to change everything."[10] Die OEEC bildete einen wesentlichen Mosaik-stein für Irland und Österreich auf dem Weg nach Europa.

b) Politische Westintegration – Ausgangspunkt für ein gemeinsames Handeln

Irland war seit seiner Neutralitätspolitik im Zweiten Weltkrieg, dem Kondolenzbesuch bei der Deutschen Botschaft 1945, dem durch die UdSSR verwehrten Eintritt in die UNO und dem Austritt aus dem British Commonwealth politisch isoliert. Es bestand dennoch eine Vielzahl von Kontakten nach Großbritannien und in die USA, die Beziehungen zwischen der UdSSR und Irland waren für beide Länder hingegen von keiner großen Relevanz. Nach der schwierigen Einigung im Anglo-Irischen Vertrag versuchten die irischen Regie-rungen sukzessive, die volle politische Souveränität zu erlangen. Der Republic of Ireland Act 1949 und der damit verbundene Austritt aus dem British Commonwealth machten Irland formal endgültig politisch souverän. Obwohl geographisch an der westlichen Peri-pherie Europas gelegen, betrachtete die irische Regierung unter dem damaligen Taoise-ach John Costello Irland als Brücke zwischen Alter und Neuer Welt.[11] "Geographically, we are at the periphery of Europe, but I don't see Ireland in that way", so der amtierende Toaiseach Leo Varadkar.[12] Politisch souverän, entschied sich Irland gegen eine Beteili-

---

    ideology and politics 1750–2000, Leuven 2016, S. 310–335, S. 313.

9   Gasteyger, Europa zwischen Spaltung und Einigung, S. 45. Vgl. hierzu auch: Die Auflistung der zweiseitigen Verträge, Ebd., S. 52.

10   Steil, The Marshall Plan, S. 115.

11   Keogh, Ireland and Europe 1919–1989, S. 215.

12   Leo Varadkar sagte weiter: "The way I see us is as an island at the center of the world", *Time* vom 24.7.2017.

gung an der NATO, solange Nordirland Teil Großbritanniens war. Die irische Neutralität war damit selbst gewählt und freiwillig.[13]

Für Österreich war die Allianzfreiheit überlebenswichtig zur Einheitserhaltung. Die Frage einer Beteiligung an der NATO stellte sich aufgrund der Besatzung daher nicht. Wie abhängig das Land von den Entscheidungen der Besatzungsmächte war, zeigte die Moskauer Außenministerkonferenz 1947. Souverän wurde Österreich formal erst durch den Staatsvertrag, der am 15. Mai 1955 unterschrieben wurde.

Während Irland am 5. Mai 1949 Gründungsmitglied im Europarat wurde, konnte Österreich, trotz des vorherigen Beobachterstatus, erst am 16. April 1956 die volle Mitgliedschaft erreichen.[14] Der Beitritt zur UNO im Jahr 1955 hatte unterschiedliche Gründe. Österreich konnte als unabhängiger Staat erst nach dem Staatsvertrag beitreten, Irland trat nach Ende des sowjetischen Vetos bei.[15] Beide Beitritte erfolgten im Dezember 1955.

Es konnte in der Arbeit herausgearbeitet werden, dass der Ost-West-Gegensatz, sicherlich auch durch das geschickte Agieren der österreichischen Regierung, kaum einen Einfluss auf die Teilnahme am Marshall-Plan gehabt hat. Die weitere politische Integration wurde zwar verzögert, aber nicht verhindert. Für Irland war der Ost-West-Gegensatz, sowohl hinsichtlich des Marshall-Plans als auch der Westorientierung allgemein, irrelevant.

Als politisch nicht geeinte Staaten an der Peripherie Westeuropas beanspruchten Irland und Österreich Sonderrollen und erhofften sich eine bevorzugte Behandlung durch die USA: Irland aufgrund der guten Kontakte zu den USA, Österreich durch die „geo-strategische Lage am Schnittpunkt zwischen Ost und West".[16] Mit der Gründung des Europarates und der OEEC ergaben sich für beide Regierungen Chancen, sich aus der internationalen Isolierung zu befreien. Die Länder entsandten Experten zu den OEEC-Konferenzen bzw. zu deren Arbeitsgruppen. Die jeweiligen Außenministerien führten die Verhandlungen und bildeten interdisziplinäre Arbeitsgruppen in ihren Ländern. Die Verhaltensmuster beider Regierungen waren in dem Prozess ähnlich: "Wait, see and be ready" oder "Silence is golden" ist inhaltlich ähnlich bzw. fast gleichlautend zur österreichischen Position „auf sanften Pfoten zu gehen".

Unter Beibehaltung der sich entwickelnden Souveränität und bestehenden Neutralität Irlands bzw. noch gegebenen Allianzfreiheit Österreichs war es beiden Ländern möglich, an intergouvernementalen Organisationen teilzunehmen und direkte Kontakte aufzubauen. Bruno Kreisky bezeichnete die Arbeit bei der OEEC für Österreich als „Elementarschule der europäischen Politik".[17] Noch deutlicher formulierte es Sean MacBride:

---

13   Zöllner, Irland und die Anfänge der europäischen Integration, in: Gehler/Steininger, Die Neutralen und die europäische Integration 1945–1955, S. 113–143, S. 129–130.

14   Council of Europe, Mitgliederliste: https://www.coe.int/de/web/portal/austria bzw. ireland. Abgerufen am 9.4.2018.

15   UNO, Member States https://www.unric.org/de/pressemitteilungen/4116-die-192-mitglied staaten-der-vereinten-nationen. Abgerufen am 9.4.2018.

16   Gruner/Woyke, Europa-Lexikon, S. 178.

17   Gehler, Vom Marshall-Plan bis zur EU, S. 37.

1. Zusammenfassung

> From the political point of view, E.R.P. is of great importance, as it is the first time that so many nations in Europe have banded themselves together for the purpose of complete economic co-operation; it is intended that the organization should continue after the four years of American Aid under the Marshall Plan. It is also the first time that Ireland has had an opportunity of co-operating in an international European organization in which members of the British Commonwealth of Nations were not also participating.[18]

Jahre später, als der Marshall-Plan ausgelaufen war, wurden die bereits geknüpften Kontakte für Irland hilfreich. Nachdem Irland Ende der 1940er Jahre die wirtschaftliche Dynamik auf dem europäischen Kontinent nicht umfänglich hatte nutzen können und Dermot Keogh von einer "lost decade" in den 1950er Jahren sprach,[19] änderten sich mit Sean Lemass, der 1958/59 Eamon de Valera ablöste, die Parameter.[20]

Die vorliegende Arbeit konnte zeigen, dass der Marshall-Plan den Westorientierungsprozess von Irland und Österreich eindeutig gefördert hat. Bezogen auf die in diesem Zusammenhang gestellte Frage nach der Rolle der Neutralität bzw. Allianzfreiheit lässt sich festhalten, dass diese keinen begrenzenden Einfluss auf die Westorientierung hatte.

Die Entwicklung ging weiter: Aus der Isolierung heraus wurden Irland und Österreich Teil einer integrationswilligeren europäischen Kooperationspolitik. Obwohl der am 31. Juli 1961 gestellte erste irische Beitrittsversuch zur Europäischen Wirtschaftsgemeinschaft zusammen mit dem britischen am 28. Januar 1963 noch abgelehnt worden war, gelang der Beitritt zur EG schließlich 1973.[21] Österreich rückte am 22. Juli 1972 durch Unterzeichnung der bilateralen Freihandelsabkommen näher an die EGKS und EWG heran. Der EG-Beitrittsantrag mit strikter Neutralität wurde am 17. Juli 1989 eingereicht; am 1. Januar 1995 wurde Österreich Mitglied der Europäischen Union.[22] Die OEEC ermöglichte es sowohl Irland als auch Österreich, politische Kontakte in Europa und seinem westlichen Staatenbund aufzubauen.

---

18 Summary of Submission to the Government concerning Inter-Departmental and Staff organisation required for the Administration for the European Recovery Programme, 28.4.1948, S 14299.

19 Dermot Keogh/Finbarr O'Shea und Carmel Quinlain (Hrsg.), The Lost Decade, Douglasville 2004.

20 "The remarkable growth in Western Europe, and particulary Germany, during the 1950s contrasted starkly with the dismal Irish performance. Ireland's economy was hitched to the lethargic British one (relative to Western Europe) and heavily reliant on live cattle export." O'Driscoll, Ireland, West Germany and the New Europe, S. 97.

21 Keogh, Ireland & Europe, S. 232 f. Siehe auch: Europäische Zeittafel: http://www.eu-info.de/europa/zeittafel/. Abgerufen am 20.6.2019.

22 Gehler, Vom Marshall-Plan bis zur EU, S. 488 ff.

c)   Wirtschaftliche Integrationsprozesse –
Basis für die weitere Entwicklung

Nach der Rede Marshalls am 5. Juni 1947 wollten beide Regierungen sofort an einem möglichen Programm teilnehmen. Wien gelang es, die Zeit zu nutzen und eine Beteiligung auch formal zu beschließen – Eine Entscheidung, die nach der Abreise Molotows aus Paris am 2. Juli 1947 schwieriger geworden wäre. Mit den Regeln des 2. Kontrollabkommens war trotz kommunistischer Kritik eine Beteiligung Österreichs möglich. Wie in der Arbeit herausgearbeitet werden konnte, war Österreich auf eine wirtschaftliche Unterstützung angewiesen, die wirtschaftlichen Folgen des Krieges und die europäische Wirtschaftskrise machten sie existentiell und alternativlos. Hinsichtlich einer Teilnahme am Programm gab es innerhalb der österreichischen Regierung keine ablehnend-kritische Diskussion (außer bei der KPÖ); die Interessen der UdSSR mussten jedoch vom Ballhausplatz immer im Blick behalten werden.

Irland dagegen hatte generell kein Leistungsbilanzdefizit. Da der Sterling-Pool jedoch nicht mehr funktionsfähig war, fühlte sich Irland dennoch wirtschaftlich gezwungen, am Programm teilzunehmen.[23] Hätte Irland über den Sterling-Pool US-Dollar erhalten, stellt sich nach der vorliegenden Quellen- und Forschungslage die Frage, in welcher Form Irland am Marshall-Plan wirtschaftlich teilgenommen hätte.

Irland und Österreich waren ähnlich von den wirtschaftlichen Kriegsfolgen betroffen: Arbeitslosigkeit, Inflation und Devisenmangel. Verbunden mit den Kriegsschäden, der Demontage in der sowjetischen Zone, der Problematik des Deutschen Eigentums, der Übernahme der Besatzungskosten, der Trennung in Besatzungszonen, der sowjetischen Steuerung der USIA-Betriebe und der Gefahr der Teilung des Landes, war im Vergleich zu Irland nicht nur die Not in Österreich größer, auch die wirtschaftlichen und politischen Bedingungen waren erschwert und komplexer. Nachvollziehbar ist daher die geringere US-amerikanische Unterstützung Irlands.

Trotz der schwierigen Lage gab es in beiden Ländern wirtschaftlichen Fortschritt, so dass sich der Handel entwickelte. Aufgrund der schlechten Versorgungslage und des damit verbundenen Dollarbedarfs verschlechterten sich jedoch die Handelsbilanzen weiter, und das US-Dollarproblem verschärfte sich. Weder Österreich noch Irland waren wirtschaftlich souverän, eine Beteiligung am ERP war für beide Länder daher elementar.[24]

Im Rahmen des Marshall-Plans zahlten die USA 13,2 Milliarden US-Dollar.[25] Inflationsangepasst würde die Summe heute 137.886 Milliarden US-Dollar betragen.[26]

---

23   Kapitel III.2.

24   Irland war von Großbritannien und den USA wirtschaftlich abhängig, Österreich hingegen von den USA.

25   Steil, The Marshallplan, S. 342.

26   www.dollartimes.com/inflation. Ausgangsbasis waren 13,2 Milliarden US-Dollar mit einem mittleren Wert des Programms 1950. Abgerufen am 5.5.2019. Ähnliche Zahlen ermittelt auch

Der US-Diplomat George F. Kennan sah auch die psychologischen Effekte, die sich aus der finanziellen Unterstützung ergaben.[27] Im Jahr 1948 stieg die Industrieproduktion in den Ländern des Marshall-Plans um 20 Prozent.[28] Im Schnitt lagen die Werte 2,6 Prozent über den Werten der Länder ohne Beteiligung am Marshall-Plan. Irlands Entwicklung entsprach dem Durchschnitt, Österreich lag mit mehr als 5 Prozent deutlich darüber.[29]

Mit 676 Millionen US-Dollar, die Österreich in direkter Form als Marshall-Plan-Hilfe erhielt, war die Unterstützung signifikant. Sie lag über dem Schnitt und deutlich höher als die Irlands. Pro Kopf erhielt Österreich 130 US-Dollar.[30] Mit Norwegen und Island war dies der höchste Pro-Kopf-Wert insgesamt.[31] Zusätzliche Gelder aus dem Counterpart-Programm und weitere Zuwendungen erhöhten die Summen auf 962 Millionen US-Dollar. Weitere Gelder aus dem GARIOA-Programm ließen die Summe auf 1.383,3 Millionen US-Dollar anwachsen.[32] Die höheren Summen dienten dabei auch der Kompensation der Demontage durch die UdSSR. Irland dagegen erhielt 146,2 Millionen US-Dollar, davon lediglich 18 Millionen US-Dollar als Zuschuss und 128,2 Millionen US-Dollar als Kredit.[33]

Die USA nahmen Rücksicht auf die geostrategische Lage Österreichs an der Ost-West-Nahtstelle und bevorzugten es. Anders in Irland: mit 48 US-Dollar pro Kopf lag die Summe unter den irischen Erwartungen und deutlich unter denen Österreichs.[34] Obwohl die Zuwendungen stark voneinander abwichen, konnte in der vorliegenden Arbeit gezeigt werden, dass die OEEC für beide Länder eine wesentliche Basis war: Auf intergouvernementaler Ebene wurde es möglich, multilateral zusammenzuarbeiten, Außenhandel zu fördern, die Wirtschaft zu stabilisieren und politische Kontakte aufzubauen.

Des Weiteren wurde herausgearbeitet, welchen strukturverändernden Einfluss der Marshall-Plan auf beide Länder hatte. So schloss beispielsweise Irland während der Laufzeit des Marshall-Plans, mehr wirtschaftliche Vereinbarungen mit anderen Staaten ab als in den ersten 20 Jahren seiner Unabhängigkeit.[35] Ein Ergebnis: Die Abhängigkeit der iri-

---

Benn Steil (130 Milliarden US-Dollar), geht in einem Ansatz noch weiter und nimmt als Basis den durchschnittlichen Wert des Bruttosozialproduktes (1,1 Prozent des BSP von 1948–1952) und rechnet dies auf den aktuellen Zeitraum (2012–2016) hoch: Das Ergebnis wäre eine Summe von mehr als 800 Milliarden US-Dollar, in: Steil, The Marshall Plan, S. 342.

27 Laut Paul G. Hofmann "the single greatest tool we have for recovery". Steil, The Marshall Plan, S. 347.

28 Berry Eichengreen: Der Marshall-Plan heute, in: 50 Jahre Marshall-Plan, S. 54–64, S. 57.

29 Steil, The Marshall Plan, S. 343. Ohne die Marshall-Plan-Hilfe wäre das Bruttosozialprodukt in Österreich „wohl mehrere Jahre lang viel niedriger gewesen, als sie tatsächlich waren", vgl. hierzu auch: Milward, Die Auswirkungen des Marshallplans, S. 49 f., in: 50 Jahre Marshall-Plan, S. 46–53, S. 50.

30 Gehler, Vom Marshall-Plan bis zur EU, S. 40 und Steil, The Marshall Plan, S. 342.

31 Gehler, Vom Marshall-Plan bis zur EU, S. 40.

32 Mähr, Von der UNRRA zum Marshallplan, S. 369.

33 Whelan, Ireland and the Marshall-Plan, S. 226.

34 Berger, Nationalstaatsbildung, Industrialisierung und berufliche Zivilisierung in der Republik Irland, Europäische Hochschulschriften, S. 66. 146 Millionen US-Dollar Marshall-Plan-Hilfe geteilt durch 2,96 Millionen gleich 48 US-Dollar pro Kopf, eigene Berechnung.

schen Wirtschaft gegenüber Großbritannien sank deutlich. Ein Ziel, das die irische Politik in den ersten Jahrzehnten der irischen Unabhängigkeit noch verfehlte – Abhängigkeiten bestimmten die irische Wirtschaft, sie war ein ökonomischer Satellit Großbritanniens.

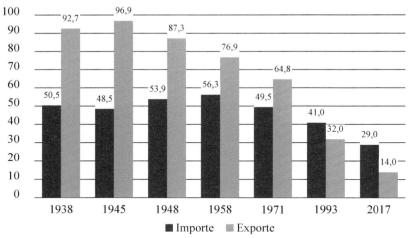

Abbildung 5 – Irische Handelsdaten mit Großbritannien[36]
(Werte in Prozent pro Jahr)

Wie stark sich die Handelsdaten über einen längeren Zeitraum verändert haben, zeigt ein Blick auf die obige Grafik und auf die aktuellen Zahlen. Im Jahre 2017 war der größte Exportpartner Irlands die USA mit 27 Prozent, Großbritannien lag nun bei 14 Prozent, die EU insgesamt war stärkster Exportpartner.[37] Die Bindung an die westeuropäische Wirtschaft und die USA hatte zugenommen, die zur britischen sehr stark abgenommen. Dagegen befand sich der österreichische Außenhandel schon nach dem Ersten Weltkrieg im Wandel und orientierte sich stärker an Westeuropa. Nach dem Zweiten Weltkrieg wuchsen die Verbindungen zur westeuropäischen Wirtschaft weiter. Heute ist Österreich, auch durch die EU-Osterweiterung, in die Wirtschaftsbeziehungen Gesamteuropas eingebunden, wobei der Handel mit der deutschen Wirtschaft dominiert. 2016 gingen 31 Prozent der Exporte nach Deutschland – Österreich importierte 37 Prozent aus Deutschland.[38]

Im Vergleich beider Länder lässt sich daher ein diametraler Unterschied hinsichtlich der Entwicklung der wirtschaftlichen Abhängigkeiten festhalten.

Auch die Unterstützungsleistungen müssen für Irland und Österreich differenziert betrachtet werden. Österreich konnte sich durch die erheblichen ERP-Finanzmittel wirt-

35 Akenson, The United States and Ireland, S. 109 f.
36 Kapitel II.1, Mario von Barretta, Fischer Weltalmanach, S. 452, Mitchell, European Historical Statistics, S. 495 und Murphy, Die Entwicklung der politischen Parteien, S. 82.
37 Belgien lag bei 11, Deutschland bei 8, die Schweiz und die Niederlande und Frankreich bei ca. je 5 Prozent des Exportes (plus weiterer EU-Staaten). Christin Löchel (verantwortlich), Fischer Weltalmanach 2019, Frankfurt a. M. 2018, S. 225.
38 Ebd.

schaftlich stark entwickeln. Sie stabilisierten nicht nur die Einheit des Landes, sondern kompensierten die Demontagen durch die Sowjetunion. Die geostrategische Lage und die Sonderrolle Österreichs zahlten sich finanziell aus. Zusätzlich bildeten der Ordnungsrahmen der OEEC, die EZU, die Saldierung der Währungen und die Handelsliberalisierung weitere Grundlagen für die positive ökonomische Entwicklung innerhalb Europas. Diesen Ordnungsrahmen gab es zwar auch für die irische Wirtschaft, richtig nutzen konnte Irland diesen aber erst ab Ende der 1950er Jahre und erreichte dann eine nie gekannte wirtschaftliche Unabhängigkeit von Großbritannien. Die direkte finanzielle Unterstützung im Rahmen des Marshall-Plans war für Irland wichtig, stand aber in keinem Verhältnis zu den sehr positiven Effekten für Österreich. Sein kurzfristiger finanzieller Nutzen war deutlich höher als der Irlands. Ohne den Marshall-Plan und die folgende Entwicklung wäre eine Teilnahme am gemeinsamen Markt der Westeuropäer deutlich schwieriger geworden. Für beide Länder waren die wirtschaftlichen Aspekte entscheidend für die versuchte Teilhabe am europäischen Integrationsprozess.

d) Fazit

Im Prozess der wirtschaftlichen Integration war der Übergang vom Bilateralismus zum Multilateralismus für alle beteiligten Staaten die Grundlage für die weitere Entwicklung. Die bereitgestellten Finanzmittel des Marshall-Plans gaben dabei entscheidende Impulse. So wie der Europarat die politische und die NATO die militärische Grundlage bildeten, so war der Marshall-Plan die wirtschaftliche Achse des neuen Europas. Im Rahmen des neuen Denkens unterstützten sowohl Irland als auch Österreich indirekt die wirtschaftliche Westintegration und damit den multilateralen Ansatz der OEEC, der die Kontaktaufnahme der Staaten untereinander erleichterte, so auch zwischen Irland und Österreich. Beide Länder erhofften sich diese wirtschaftliche Unterstützung. Dagegen war durch die Neutralität bzw. Allianzfreiheit beider Länder eine militärische Integration nicht möglich und auch nicht gewollt.[39] Innerhalb dieser Neutralität und der Allianzfreiheit gelang es dabei beiden Ländern, politische und wirtschaftliche Strukturen aufzubauen. Auch der einsetzende Kooperationsprozess in der OEEC hat die noch unterentwickelte Souveränität von Irland und Österreich nicht reduziert – sondern tendenziell eher gestärkt. Die OEEC stellte dabei eine entscheidende Weiche für die Integration in die westeuropäische und US-amerikanische Wirtschaft.

Die Arbeit konnte verdeutlichen, dass die Teilnahme am ERP-Prozess sowohl für Irland als auch für Österreich politisch und wirtschaftlich zwingend erforderlich war. Die frühe Bereitschaft beider Länder, sich aktiv zu beteiligen, zeigt die Einsicht beider Regierungen in diese Notwendigkeit. Die Wahl beider Außenminister zu Vize-Präsidenten der OEEC zeigte die Akzeptanz beider Staaten innerhalb der Organisation. Die politische Neutralität und Allianzfreiheit hat dabei Irland und Österreich nicht geschadet, weil die OEEC strikt intergouvernemental war und auch blieb.

---

39 Die irische Regierung war sich bewusst, dass Irland im Kriegsfall integriert werden würde. Kapitel V.1.b).

Auf die geostrategische Lage Österreichs nahmen die USA Rücksicht, um das Land perspektivisch wirtschaftlich an den Westen zu binden. Anders als Österreich wurde Irland eine solche Sonderrolle nicht zuerkannt, obwohl MacBride auf die Gefahr einer Vertiefung der Teilung Irlands hinwies. Wie alle anderen Länder beteiligten sich Österreich und Irland am System des saldierten Zahlungsausgleiches. Die schwerfälligen Abläufe bei Kompensationsgeschäften wurden durchbrochen und der multilaterale Warenaustausch vereinfacht.[40] Kurzfristig hatte der OEEC-Prozess für Österreich, aufgrund der geostrategischen Lage und der Sonderrolle, eine messbar stärkere Wirkung, wie die Arbeit ermitteln konnte. Irland konnte erst mittel- und langfristig, durch die Öffnung der Wirtschaftspolitik Ende der 1950er Jahre, von den aufgebauten Strukturen profitieren. Politisch wurde Irland aus der Isolierung geholt. „Der Marshall-Plan war also nicht nur der Funke, der im kriegszerstörten Europa ‚Hoffnung brachte, wo keine mehr war', so der damalige englische Außenminister Bevin, sondern Grundlage für mehr als ein Vierteljahrhundert beispiellosen Aufschwungs und Prosperität der westlichen Industrienationen.“[41]

Das Westeuropa der Peripherien veränderte sich mit dem Umbruch in Mittel- und Osteuropa signifikant. Österreich rückte nach 1989/90 von der Peripherie politisch und wirtschaftlich in das Zentrum. Irland gelang es, durch die Weiterentwicklung der Wirtschaftskontakte zu den USA, die Peripherie wirtschaftlich zu verlassen. Im Ergebnis profitieren Irland und Österreich heute überdurchschnittlich vom EU-Binnenmarkt.[42] Den größten Nutzen vom EU-Binnenmarkt haben kleine exportorientierte Länder, wie eine Bertelsmann-Studie jüngst feststellte.[43] Zwar befindet sich Irland geographisch nach wie vor an der Peripherie, hat die Chancen der wirtschaftlichen Integration Europas jedoch genutzt und mit seiner Ausrichtung auf US-amerikanische und europäische Märkte diese Randposition praktisch wirtschaftlich verlassen. Irland und Österreich zählen damit eindeutig zu den Gewinnern des europäischen Integrationsprozesses.

Als kleinere und mittlere Staaten wurde es ihnen ermöglicht, sich an diesem Prozess zu beteiligen.

Die Chancen einer multilateralen Zusammenarbeit konnten am Beispiel des Marshall-Plans eindeutig herausgearbeitet werden. Die Perspektiven, die sich daraus ergaben und auch bis zur EU führten, brachten Europa nicht nur Frieden, sondern auch Wohlstand und Freiheit.

---

40   Weiss, Auf sanften Pfoten gehen, S. 47 f.

41   Sigrid Skarpelis-Sperk, Lehren für die Zukunft, in: 50 Jahre Marshall-Plan, S. 15–22, S. 16.

42   "In terms of the interpretation of such patters we find that, for example, welfare changes are stronger for regions closer to the center of Europe (higher market access effect), regions that are small and/or belong to a small country (for smaller regions and/or countries trade in the SM (gemeint ist Single Market, U. Z.) area is more important quantitatively) and regions with better technology (more productive and innovative regions gain more from trade)." Giordano Mion/Dominic Ponattu: Estimating economic benefits of the Single Market for European countries and regions – Policy Paper, Bertelsmann Stiftung, Gütersloh Mai 2019, S. 6.

43   Ebd.

2.   Ausblick

Der Fokus der Arbeit lag auf der wirtschaftlichen Westorientierung von Irland und Österreich. Um diese Ergebnisse zu vertiefen, sollten die politischen und militärischen Aspekte beider Staaten Gegenstand weiterer Forschungen sein, wie auch eine zeitlich weitergehende Untersuchung der wirtschaftlichen Integration. Auch die Frage, welche Rolle die Neutralität bzw. Allianzfreiheit in diesem Zusammenhang gespielt hat, sollte im Vergleich intensiver untersucht werden. Zusätzlich erscheint es sinnvoll, politische und wirtschaftliche Entwicklungen im 21. Jahrhundert vor dem Hintergrund historischer Forschungsergebnisse zu betrachten und daraus neue Fragestellungen zu entwickeln. Im Folgenden werden vier mögliche Ansätze kurz skizziert:

a)   Vertiefung und Erweiterung: Weitere Integrationsprozesse Irlands und Österreichs und Betrachtung zusätzlicher Staaten

Ein Vergleich der wirtschaftlichen Integrationsbemühungen Irlands und Österreichs ab den 1950er Jahren könnte das Verständnis für den Weg beider Staaten nach Europa verbessern. Das Gleiche gilt für die politische Diskussion um die grundsätzliche Teilnahme am Europarat sowie die militärischen Überlegungen in Bezug auf eine NATO-Beteiligung beider neutralen Länder. Auch eine Analyse weiterer, kleinerer und/oder mittlerer Staaten auf dem Weg in den Marshall-Plan und den europäischen Integrationsprozess erscheint sinnvoll. Zu überprüfen wäre, ob diese Ergebnisse mit den in der Arbeit ermittelten Gemeinsamkeiten und Unterschieden übereinstimmen.

Ein umfassender westeuropäischer Vergleich für die Jahre 1945–48 würde klären, ob es sich bei Irland und Österreich um Einzelfälle handelt, oder ob sie sich in ein Gesamtbild des europäischen Integrationsprozesses einfügen.

b)   Atlantikcharta, Marshall-Plan, Multilateralismus

„Bedenken wir nur, wenn es möglich wäre, ohne Visa, Zollkontrolle, und ohne Geldwechsel von Schottland bis Athen zu reisen oder von Lissabon bis Stockholm, so ist klar, daß ein solches Ziel, so utopisch es heute noch klingen mag, die Anstrengungen aller wert ist. Gewiß augenblicklich scheint die Aussicht gering, daß sich auch die osteuropäischen Staaten an einer solchen Zollunion beteiligen. Aber in den Monaten und Jahren, die bis zu ihrer Verwirklichung vergehen werden, können viele politische Veränderungen eintreten. Die rauhen Stürme der ideologischen Kämpfe können eines Tages wieder dem freundlichen Klima der Verständigung Platz machen."[44] Die Vision Grubers vom 24. September 1947 ist, über achtzig Jahre später, nahezu erreicht und teilweise deutlich übertroffen. Historisch betrachtet war die multilaterale Zusammenarbeit ein Erfolg.

---

44   Rundfunkansprache Karl Grubers am 24. September 1947, in: Gehler, Karl Gruber. Reden und Dokumente, S. 177 f.

Vor allem Großbritannien und die USA haben mit der Atlantikcharta die multilaterale Idee entscheidend gefördert. Vor diesem Hintergrund stellt sich die Frage, warum mit der Wahl Donald Trumps zum Präsidenten der USA und dem Brexit-Referendum bilaterale Beziehungen bevorzugt werden. Insofern ist die Entwicklung, gerade durch die Entscheidung Großbritanniens, die EU zu verlassen, bemerkenswert. Aber schon Spaak warnte 1941 vor einer ähnlichen Gefahr: „Wenn England sich seiner Pflicht gegenüber Europa nicht klar bewußt ist, wenn es keine Kontinentalpolitik verfolgt, die es wirklich zur Führungsmacht werden läßt, muß es darauf gefaßt sein, der Früchte seiner jetzigen Anstrengungen rasch verlustig zu gehen. Europa wird sich ohne England und wie ich vorherzusagen wage, gegen England organisieren und die Führungsmacht wird, trotz der Niederlage, Deutschland sein."[45]

Wie Großbritannien sich mit dem Brexit-Votum von einer multilateralen Zusammenarbeit entfernt, so bevorzugt auch die US-amerikanische Politik Trumps bilaterale Vereinbarungen. „Trump bricht mit der amerikanischen Außenpolitik, wie sie seit rund 80 Jahren besteht," konstatiert der Journalist Jacques Schuster in der Tageszeitung *Die Welt*. „Roosevelts Politik hatte die Vereinigten Staaten zur Supermacht werden lassen; bis heute garantiert sie die eigene Stärke" (...). „In konzentrischen Kreisen schuf Washington ein militärisch-politisches Bündnissystem."[46] Der ehemalige deutsche Außenminister kann die neue Handlungsweise nicht nachvollziehen: „Wir wurden durch den Transatlantikkreis gegründet", so Joschka Fischer.[47]

Im Ergebnis entfernen sich beide Unterzeichnerstaaten der Atlantikcharta von dem von ihnen selbst eingeleiteten Multilateralismus. Diplomatisch wies Queen Elizabeth II. dabei auf die Gefahren hin, gewachsene Strukturen zu zerstören:

> As we face the new challenges of the Twenty First Century, the anniversary of D-Day reminds us of all that our countries have achieved together. After the shared sacrifices of the Second World War, Britain and the United States worked with other allies to build an assembly of international institutions, to ensure that the horrors of conflict would never be repeated. While the world has changed, we are forever mindful of the original purpose of these structures: nations working together to safeguard a hard won peace.[48]

Zu prüfen wäre, welche Faktoren diese Entwicklung beeinflusst haben. Verändert sie weitere Integrationsprozesse oder läutet sie sogar ihr Ende ein?

---

45 Paul-Henri Spaak in einem Schreiben im Jahr 1941 an die konservative Abgeordnete Irene Ward. Spaak ging davon aus, dass dieses zum Foreign Office gelangen würde, in: Spaak, Memoiren eines Europäers, S. 111 f.

46 Jacques Schuster, Mit Trump endet die Pax Americana, *Die Welt* vom 19.1.2019.

47 Joschka Fischer wies in seiner Rede auf den positiven, multilateralen Ansatz der Atlantikcharta hin und welchen positiven Einfluss dies auf die Entwicklung Europas hatte. Joschka Fischer, Zürich, 16.5.2018, im Hotel Baur au Lac.

48 Rede Elisabeth II. am 3.6.2019, Staatsempfang, Buckingham Palace. https://www.whitehouse.gov/briefings-statements/remarks-president-trump-majesty-queen-elizabeth-ii-state-banquet-london-united-kingdom/ und https://www.royal.uk/queens-speech-us-state-banquet. Abgerufen am 9.6.2019.

c)   Irlands europäische Integration und der Brexit

> Irland war letztendlich Großbritanniens längste und negativste Kolonialerfahrung. Keiner
> kann die Gier, Arroganz und oft offene Brutalität bei der Durchsetzung englischer und schot-
> tischer Interessen in Irland in den 400 Jahren bis zum Ersten Weltkrieg betrachten, ohne
> Scham und Trauer zu empfinden.[49]

Erst die westeuropäische Integration ließ Irland wirtschaftlich und damit politisch souveräner und unabhängiger vom Vereinigten Königreich werden. Die vorliegende Arbeit konnte
unter anderem ermitteln, dass auch der Marshall-Plan und die wirtschaftliche Integration die
Abhängigkeiten von Großbritannien reduziert haben. Die Brexit-Entscheidung verdeutlicht
den veränderten und verbesserten Handlungsrahmen Irlands. Bis in die 1970er Jahre hinein
hätte die irische Regierung keine Wahl gehabt und Großbritannien bei einer Entscheidung,
die EU zu verlassen, folgen müssen. Die Parameter haben sich jedoch geändert: "Member-
ship in the E. U. has been central to the country's growth from one of the Continent's pro-
vincial backwaters to a major cultural and economic force."[50] Die wirtschaftlichen Daten
verdeutlichen diesen Wandel: Das Bruttoinlandsprodukt (BSP) in Irland (61.311 Euro pro
Einwohner) liegt heute deutlich höher als das Großbritanniens (35.106 Euro pro Einwohner)
und auch höher als das Nordirlands (31.312 pro Einwohner).[51] Irland befindet sich „erstmals
in der Geschichte in einer überlegenen Position gegenüber London".[52] Eine Diskussion
über einen Austritt aus der EU steht damit nicht auf der Tagesordnung: "It is something we
are not even considering, and something we can absolutely rule out."[53]

Dass Irland heute Entscheidungen unabhängiger von britischen Einflussmöglichkeiten
treffen kann und gegenüber Großbritannien souveräner denn je ist, ist ein Ergebnis der
wirtschaftlichen Integration in Europa. Die durch den Brexit auf 1246 Seiten entstandene
Vereinbarung zwischen der EU und Großbritannien hat aber nicht nur für die Republik
Irland Konsequenzen, sondern für die ganze irische Insel.[54] Denn zur Vermeidung einer
Zoll- und Warengrenze zwischen Nordirland und der Republik akzeptierte London das
Nordirlandprotokoll. Es gelten faktisch EU-Regeln und nicht britische im Warenverkehr.
Eine neue Grenze in der irischen See ist das Ergebnis, Ausgangspunkt für einen nordiri-
schen Konflikt, mit einem offenen Ende.[55]

Für die irische Wirtschaft wird der Brexit, so die Vermutung, in einigen Bereichen vorteilhaft sein, wie z. B. in der Dienstleistungsbranche, und in einigen Bereichen, wie z. B.

---

49   Lord Stephen K. Green: Baron Green of Hurstpierpoint (britischer Handelsminister unter James
     Cameron von 2011–2013): Keine Alternative für Deutschland, in *FAZ* vom 27.3.2017. Siehe auch:
     „Kaum ein Land dieser Erde musste länger unter seinen Besatzern leiden als die Iren unter ihren
     englischen Nachbarn." Markus Feldenkirchen, Irisches Leid, *Der Spiegel* Nr. 5/2019.
50   Leo Varadkar, Taioseach der irischen Republik, in: *Time* vom 24.7.2017.
51   *Time* vom 24.7.2017.
52   Jochen Buchensteiner, Wo der Brexit an eine Grenze stößt, in: *FAZ* vom 2.12.2017.
53   Leo Varadkar, in: *Time* vom 24.7.2017.
54   Hendrik Kafsack, 1246 Seiten zu Weihnachten, in: *FAZ* vom 28.12.2020.
55   Julia Smirnova, Nordirland nach dem Brexit, „Wir sind Bürger zweiter Klasse", Deutschland-
     funk kultur vom 21.4.2021. Abgerufen am 19.6.2021.

im landwirtschaftlichen Sektor, negative Auswirkungen haben.[56] Eine weitere stärkere wirtschaftliche Verbindung mit den EU-Partnern und eine weitere wirtschaftliche Trennung von Großbritannien ist zu erwarten. Ein Prozess, der mit der stärkeren Verbindung zu Europa einsetzte, wie diese Studie deutlich herausgearbeitet hat.

Diese Entwicklung, deren Anfänge in der Arbeit untersucht wurden, detailliert bis zur Brexit-Entscheidung und darüber hinaus aufzuarbeiten und zu vertiefen, erscheint sinnvoll.

d) Die Covid-19-Pandemie als neue Herausforderung für Europa

Ein „Gesicht Europas ist die Krise", so Werner Weidenfeld 2017.[57] Doch trotz Erfahrungen aus Euro- und auch Flüchtlingskrise war die Covid-19-Pandemie eine neue Herausforderung, auf die Europa nicht vorbereitet war.[58] Angst vor der Virusverbreitung und nicht vorhandene Schutzausrüstungen führten zu spontanen Grenzschliessungen innerhalb des europäischen Kontinents.[59] Der Rückfall in nationalstaatliches Handeln zeigte dabei die Abhängigkeit der europäischen Staaten von einem gemeinsamen Personen- und Warenaustausch: Im ersten Lockdown brachen Verbindungen und Lieferketten zusammen.[60] Die durch Covid 19 verursachte Krise führte im Jahr 2020 zu einem wirtschaftlichen Einbruch im Euroraum von 6,8 Prozent.[61] Im Februar 2021, ein Jahr nach Beginn der Krise, ordneten europäische Spitzenpolitiker und der Staatschef Senegals die Situation wie folgt ein: „Die Pandemie hat zur schwersten Wirtschaftskrise seit dem Zweiten Weltkrieg geführt. Die Erholung hin zu einer starken und stabilen Weltwirtschaft zählt zu den wichtigsten Prioritäten."[62]

Zur frühzeitigen Stabilisierung der Wirtschaft signalisierte die EZB schon im März 2020 die Bereitschaft, 750 Milliarden Euro zur Verfügung zu stellen. Es entstand eine Diskussion über gemeinschaftliche EU-Corona-Bonds, die am 26. März 2020 von einigen EU-Regierungschefs konkret gefordert wurden.[63] Am 6. April forderte Kommissionspräsidentin von der Leyen: „Wir brauchen einen Marshall-Plan für Europa."[64] In diesem

---

56 Felix Bernhard, Irland – Profiteur einer neuen Zeit?, vom 5.4.2021, https://amp.zdf.de/nachrichten/wirtschaft/brexit-irland-steuern-100.html. Abgerufen am 22.5.2021.

57 Institut für europäische Politik, Interview mit Werner Weidenfeld vom 10.2.2017, http://iep-berlin.de/blog/interview-mit-prof-dr-werner-weidenfeld-herausgeber-des-jahrbuchs-der-europaeischen-integration/. Abgerufen am 22.5.2021.

58 Klaus Geiger/Christoph B. Schlitz, Wie Corona die EU ins Wanken bringt, vom 12.3.2021, https://amp.welt.de/politik/ausland/plus228073649/Pandemie-Management-Corona-bringt-die-EU-ins-Wanken.html. Abgerufen am 22.5.2021.

59 Michael Gehler, Europa wachte langsam auf, handelte verspätet und ringt weiter mit sich, in: Michael Gehler/Manfred Rauchensteiner (Hrsg.): Corona und die Welt von gestern, Wien u. a. 2021, S. 67 f.

60 Ebd., S. 72.

61 Svea Junge, Euro-Wirtschaft um fast 7 Prozent geschrumpft, in: *FAZ*, vom 3.2.2021.

62 António Guterres, Ursula von der Leyen, Emmanuel Macron, Angela Merkel, Charles Michel und Macky Sell, Mit multilateraler Kooperation die Krisen überwinden, in: *FAZ*, vom 3.2.2021.

63 Gehler, Europa wachte langsam auf, handelte verspätet und ringt weiter mit sich, S. 70 f.

64 Billionen-Hilfen für Unternehmen und Beschäftigte. Von der Leyen fordert Marshall-Plan

Zusammenhang schlugen der französische Präsident Emmanuel Macron und die deutsche Bundeskanzlerin Angela Merkel am 18. Mai 2020 vor ein Wiederaufbauprogramm in Höhe von 500 Milliarden Euro aufzulegen.[65] Bemerkenswert ist, dass diese Summe ziemlich genau dem in der Studie ermittelten Wert von 1,1 Prozent des Bruttosozialproduktes (über vier Jahre gerechnet) entspricht.[66] Die EU-Kommission überbot das deutsch-französische Angebot und so wurden aus 500 Milliarden 750 Milliarden Euro, die zu einem Drittel als Kredite und zu zwei Dritteln als nicht rückzahlbare Zuschüsse geleistet werden sollten.[67]

Die „Sparsamen Vier", ein Zusammenschluss aus den kleinen und mittleren Staaten Dänemark, Niederlande, Österreich und Schweden, warnten vor einem Einstieg „in eine gemeinsame Verschuldung" und forderten, das Programm in Form von mehr Darlehen umzusetzen.[68] Sie sprachen sich auch gegen die Aufnahme von Eurobonds im Sinne einer gemeinsamen Schuldenhaftung aus.[69] Als Kompromiss wurde eine Kombination aus beiden Ansätzen beschlossen.[70] Von den 750 Milliarden Euro sollten 360 Milliarden Euro als Zuschüsse gezahlt werden und 390 Milliarden als Kredite.[71] Ein einzigartiger Vorgang: Erstmals gab es die Bereitschaft der EU, neue Schulden aufzunehmen, „um die Union zu einer selbstbewussten, souveränen und zukunftsgewandten Weltregion zu machen", so Gehler.[72] Michael Höfling spricht in diesem Zusammenhang von einer fundamental veränderten „Finanzarchitektur der Staatengemeinschaft".[73] Aus historischer Sicht ist dieser Schritt vergleichbar mit der Aufnahme gemeinsamer Schulden der Vereinigten Staaten von Amerika im Jahr 1790.[74]

---

für Europa, in: *EU-Nachrichten*, 8.4.2020, Nr. 7, S. 1–2. https://ec.europa.eu/germany/sites/germany/files/docs/eu_nachrichten_07_2020web.pdf. Abgerufen am 18.5.2020.

65   https://www.sueddeutsche.de/politik/merkel-macron-wiederaufbau-eu-1.4911668, vom 18.5.2020. Abgerufen am 18.5.2020. Hierzu auch: Werner Weidenfeld, Zukunft der EU: Milliarden sind noch keine Strategie, *FAZ*, vom 14.8.2020.

66   Benn Steil gab die Marshall-Plan-Gelder der USA mit 1, 1 Prozent des US-amerikanischen Bruttosozialprodukts an. Steil, The Marshall Plan, S. 342. Hochgerechnet auf ein Covid-Marshallprogramm ergäbe sich angepasst an die EU (ohne GB) bei einem in einer mail (8.4.2020) an Christoph Ploß, MdB, geschätzten BIP von 2018 von 13,4 Billionen Euro (tatsächlich 13,53 Billionen Euro) eine hochgerechnete Summe von ca. 536 Milliarden Euro. Hierzu auch: https://de.statista.com/statistik/daten/studie/222901/umfrage/bruttoinlandsprodukt-bip-in-der-europaeischen-union-eu/. Abgerufen am 21.5.2021.

67   https://www.zeit.de/wirtschaft/2020-05/eu-kommission-will-750-milliarden-in-wiederaufbauprogramm-investieren. Abgerufen am 22.5.2021.

68   Casper van der Veen, Der Mann, der sich gegen ein Schulden-Europa stemmt, 17.3.2021. https://www.welt.de/politik/ausland/article228311181/Wahl-in-den-Niederlanden-Mark-Rutte-Der-Mann-der-sich-gegen-ein-Schulden-Europa-stemmt.html. Abgerufen am 17.3.2021.

69   Hierzu auch: https://www.zeit.de/politik/ausland/2020-05/corona-fonds-eu-wiederaufbauplan-gegenvorschlag. Abgerufen am 22.5.2021.

70   Weidenfeld, in: *FAZ*, vom 14.8.2020.

71   *Die Welt*, vom 22.7.2020.

72   Gehler, Europa wachte langsam auf, handelte verspätet und ringt weiter mit sich, S. 76.

73   390 Milliarden Euro als Zuschüsse, 360 Milliarden Euro als Kredite. Vgl. hierzu: Michael Höfling, Jetzt bekommt Deutschland die Schuldenunion, die es nie wollte, vom 25.3.2021, https://amp.welt.de/wirtschaft/article229112429/Coronahilfen-fuer-die-EU-Wiederaufbaufonds-als-Einstieg-in-die-Schuldenunion.html. Abgerufen am 22.5.2021.

Interessant an dieser Entwicklung ist der Einfluss von kleinen und mittleren Staaten, eben der „Sparsamen Vier", die sich durch die finnische Beteiligung auf fünf erweiterte.[75] Für Gehler wurde hiermit erstmals von Ländern wie Österreich eine Gegenposition zu Frankreich und Deutschland aufgebaut.[76] Die wachsende Bedeutung dieser Staaten in der Entwicklung Europas ist vor dem Hintergrund der in der Studie beleuchteten Frage nach dem Einfluss kleinerer und mittlerer Länder zu sehen. Mit einer Skalierung auf eine europäische Handlungsebene, einer Partizipation am einheitlichen Markt und einer gleichberechtigten Teilhabe an Kommunikationsprozessen haben sich diese europäischen Staaten aus der Bevormundung durch die großen Staaten teilweise emanzipieren können. Durch multilaterales Agieren sind sie nicht mehr nur Mittler, sondern jetzt in der Lage, ihre Interessen zu artikulieren, wie das Beispiel der „Sparsamen Fünf" eindeutig zeigt – undenkbar in der Frühphase der europäischen Entwicklung. Aus den irischen und österreichischen Spaziergängern im europäischen Integrationsprozess sind Mitgestalter geworden.

Auch der Umgang mit der gemeinsamen Impfstoffversorgung verdeutlicht den multilateralen Gedanken. Um einen Impfstoffnationalismus zu verhindern, verfolgten die EU-Kommission und die deutsche Ratspräsidentschaft den Ansatz einer gemeinsamen Impfstoffbeschaffung.[77] Trotz berechtigter Kritik am Handeln europäischer Verantwortlicher, insbesondere zu Beginn der Krise, hatte sich die Einsicht durchgesetzt, gemeinsam erfolgreicher agieren zu können: "Bei der Bewältigung dieser Herausforderung ist der Multilateralismus nicht bloß eine x-beliebige diplomatische Technik. Er prägt die Art, wie internationale Beziehungen organisiert werden, und verkörpert eine sehr spezifische Art der Organisation internationaler Beziehungen. Diese beruht auf Zusammenarbeit, Rechtsstaatlichkeit, kollektivem Handeln und gemeinsamen Prinzipien. Statt Kulturen und Werte gegeneinander auszuspielen, müssen wir einen integrativen Multilateralismus aufbauen."[78]

e)   Marshall-Plan für Afrika: Eine Chance für den Kontinent?

Die integrative Kraft des Multilateralismus war für viele Staaten in Europa ein Erfolg und der Marshall-Plan ein wichtiger Mosaikstein dieser Entwicklung. Der Wunsch, ähnliche Erfolge zu erzielen, führt dazu, dass ein „Marshall-Plan für Afrika" thematisiert wird. Dass Finanzleistungen allein nicht zum Erfolg beitragen, konnte in dieser Arbeit verdeutlicht werden, es bedurfte weiterer Integrationsprojekte. Liefert der US-amerikanische Ansatz des Förderns und Forderns des Marshall-Plans Analogien für Afrika? Doch die Ausgangsvor-

---

74   Was wussten Sie über Wirecard? Wie findet Europa wieder zusammen? Interview mit Olaf Scholz, *Die Zeit* vom 23.7.2020. Vgl. hierzu auch, Willi Paul Adams, Revolution und Nationalstaatsgründung, S. 22–70, S. 56 f., in: Willi Paul Adams (Hrsg.): Die Vereinigten Staaten von Amerika, Frankfurt a. M. 1990 (71–72 tsd.).

75   *Die Welt*, vom 22.7.2020.

76   Gehler, Europa wachte langsam auf, handelte verspätet und ringt weiter mit sich, S. 80.

77   Ebd., S. 92. Hierzu auch: „Die Amerikaner machen Kriegsrecht, wir machen Verwaltungsrecht", *Spiegel* Nr. 12, 20.3.2021.

78   Guterres, Von der Leyen, Macron, Merkel, Michel und Sall, Mit multilateraler Kooperation die Krisen überwinden, in: *FAZ* vom 3.2.2021.

aussetzungen sind grundlegend verschieden: „Anders als Europa ist der afrikanische Kontinent durch Grenzbäume und Zollkontrollen zerteilt, die einen nur annähernd reibungslosen Warenverkehr und Handel unmöglich machen. Viele Volkswirtschaften schotten sich verbissen gegen ihre Nachbarn ab."[79] Korruption und eine schlechte Infrastruktur erschweren den Austausch weiter. Das Ergebnis: Nur 15 Prozent der Exporte werden innerafrikanisch abgewickelt, während im Vergleich dazu der innereuropäische Handel 64 Prozent ausmacht. Der größere Teil der Exporte geht ins Ausland, „vor allem in die EU, die Afrikas wichtigster Handelspartner ist".[80] Paul Kagame, Präsident Ruandas und Vorsitzender der Afrikanischen Union (AU), verweist auf die Bedeutung des innerafrikanischen Handels:

> Wenn die afrikanischen Länder untereinander mehr Handel betreiben, dann fördert und entwickelt dies auch die Stärken ihrer jeweiligen Volkswirtschaften besser. Neue Absatzmärkte führen zu Investitionen und Investition zu Arbeitsplätzen.[81]

Er bewertet sowohl den Europäischen Binnenmarkt als auch einen Marshall-Plan für Afrika positiv.[82] Im März 2018 schlossen 44 von 55 Staaten der Afrikanischen Union ein Freihandelsabkommen ab.[83] Das Ziel: Innerhalb von 10 Jahren sollen 90 Prozent der Zölle entfallen, der innerafrikanische Handel soll sich verdoppeln.[84] 36 Staaten hatten das Abkommen bis zum 15. März 2021 ratifiziert.[85] Der Startpunkt einer der größten Freihandelsmärkte der Welt wurde durch die Auswirkungen der Covid-19-Krise vom 1. Juli 2020 auf den 1. Januar 2021 verschoben.[86]

Für Kagame ist das eine Chance:

> Dieser gemeinsame afrikanische Markt hat das Potenzial, die Verhältnisse grundlegend zu verändern. Das kann ein *Game Changer* werden, wie Wirtschaftsleute gerne sagen.[87]

Auch der deutsche Entwicklungshilfeminister Gerd Müller unterstützt das Prinzip des Forderns und Förderns. Die afrikanischen Staaten müssten für die Entwicklung „selbst

---

79 *Die Welt* vom 8.8.2018.
80 Hannelore Crolly, „Freihandel statt Flickenteppich", in: *Die Welt*, vom 8.8.2018. Paul Kagame, Präsident Ruandas und Vorsitzender der Afrikanischen Union im Gespräch mit der *Bilanz* meint dazu mit vergleichbaren Zahlen: „Der innerafrikanische Handel läuft bisher ausgesprochen schwach, er macht gerade mal 17 Prozent des gesamten Handels aus. Das bedeutet, dass die afrikanischen Länder den größten Teil ihres Handels mit dem Rest der Welt abwickeln." *Bilanz*, April 2018.
81 Ebd..
82 *Bilanz*, April 2018.
83 *Die Welt*, vom 8.8.2018.
84 Ebd.
85 Aleksandra Kroll, Panafrikanische Freihandelszone: Chance für Unternehmen im Afrikageschäft?, vom 15.3.2021, https://www.subsahara-afrika-ihk.de/blog/2021/03/15/panafrikanische-freihandelszone-chance-fuer-unternehmen-im-afrikageschaeft/. Abgerufen am 22.5.2021.
86 https://www.zeit.de/amp/politik/ausland/2020-12/afcfta-abkommen-afrikanische-freihandelszone-armut-corona-weltbank. Abgerufen am 22.5.2021.
87 *Bilanz*, April 2018, S. 14 f.

mehr leisten".[88] Es bedürfe einer Grundlage, eines Planes, „der einen umfassenden Ansatz, langen Atem des Gebers und Milliardenhilfe für viele Länder verspricht. So war jedenfalls das Vorbild nach dem Zweiten Weltkrieg angelegt."[89]

Gemeinsam mit Europa den innerafrikanischen Handel, die Infrastruktur, den politischen Austausch zu fördern und auf der Grundlage gemeinsamer Interessen und rechtsstaatlicher Regeln die Entwicklung voranzubringen, kann sowohl für Afrika als auch für Europa eine Chance sein.[90]

Für Europa war die transatlantische Kooperation nach dem Zweiten Weltkrieg die Grundlage, den Kontinent friedlich zu gestalten.

> Ganz wesentlich hat dazu der Plan von George Marshall beigetragen, den er hier 1947 bei einer Commencement Speech (am 5. Juni 1947 U. Z.) verkündete. Die transatlantische Partnerschaft mit unseren Werten von Demokratie und Menschenrechten hat uns eine nun schon über 70 Jahre dauernde Zeit des Friedens und des Wohlstands beschert, von der alle Seiten profitieren.[91]

Dieses deutliche Plädoyer gab Angela Merkel an der Harvard University anlässlich der Graduierungsfeier und Verleihung der Ehrendoktorwürde am 30. Mai 2019.
Der Appell der Bundeskanzlerin:

> Mehr denn je müssen wir multilateral statt unilateral denken und handeln, global statt national, weltoffen statt isolationistisch. Kurzum: gemeinsam statt allein.[92]

Die Bedeutung der Zusammenarbeit war auch den Gründervätern Europas bewusst. Weitblickend und fordernd erscheint aus heutiger Sicht Jean Monnet's Äußerung von 1952 als Fundament:

> L'unification de l Éurope est une nécessité pour les Européens, mais pas seulement pour eux. Je pense qu'il s'agit là de l'entreprise politique et économique la plus importante de notre époque.[93]

---

88 Müller benennt die vier K's als Bedingung: „erstens Konditionierung, also Kopplung der Hilfe an Bedingungen; zweitens Kampf gegen Korruption; drittens Konzentration statt Gießkanne; viertens Kooperation." *FAZ* vom 19.1.2017.

89 *Der Spiegel* 3/2017. Horand Knaup/Christoph Schult, Schicksalhaft verbunden, einen Marshall-Plan für Afrika.

90 In Anlehnung an die Formulierung der Uni Hildesheim „Europa als Auftrag zu begreifen", https://www.uni-hildesheim.de/fb1/institute/geschichte/. Abgerufen am 24.5.2019.

91 https://www.n-tv.de/politik/Was-Merkel-in-Harvard-sagte-article21059002.html. Abgerufen am 31.5.2019 und https://news.harvard.edu/gazette/story/2019/05/at-harvard-commencement-merkel-tells-grads-break-the-walls-that-hem-you-in/. Abgerufen am 31.5.2019.

92 Ebd.

93 Jean Monnet in Washington Allocution de Monsieur Jean Monnet au National press Club, Washington, 30.4.1952. http://aei.pitt.edu/14364/. (University of Pittsburgh – Archive of European Integration). Abgerufen am 13.5.2019.

VIII. Anhang

1. Kurzbiographien

a) Irland

1 Frederick H. Boland

Frederick H. Boland wurde 1904 in Dublin geboren.[1] Er war der Sohn des späteren Assistant Secretary im Department of Finance, Henry P. Boland. Seine Ausbildung führte über das Trinity College Dublin und das King's Inn 1929 zum Eintritt in das Department of External Affairs.[2]

Von diesem Zeitpunkt an erhielt Frederick H. Boland eine vielseitige Ausbildung und wurde laut Dermot Keogh der erste Technokrat im Department of External Affairs.[3] 1932 wurde er First Secretary der Pariser Gesandtschaft.[4] 1934 kehrte er als Verantwortlicher für den Völkerbund in das Außenministerium zurück.[5] In dieser Zeit nahm er an Konferenzen des British Commonwealth teil, durch die er sein Fachwissen im außenpolitischen Bereich steigern konnte.[6]

Nachdem er kurzzeitig im Department of Industry and Commerce gearbeitet hatte, kehrte er 1938 in das Department of External Affairs als Assistant Secretary[7] zurück.[8] Im Rahmen seiner Aufgabenstellung war er einer der entschiedensten Befürworter der irischen Neutralitätspolitik gegenüber Deutschland.[9] Dennoch versuchte er zusammen mit dem Secretary of External Affairs, Joseph Walshe, Eamon de Valera davon abzuhalten, der deutschen Gesandtschaft einen Kondolenzbesuch anlässlich des Todes Adolf Hitlers abzustatten.[10]

Als Joseph Walshe 1946 irischer Botschafter im Vatikan wurde, übernahm Boland die Nachfolge als Secretary of External Affairs.[11]

Boland brachte, laut Bernadette Whelan, in das Amt neue soziale und kulturelle Elemente ein, die der veränderten Aufgabenstellung in der direkten Nachkriegsphase angemessen

---

1 Hickey/Doherty, A Dictionary of Irish History since 1800, S. 38.
2 Keogh, Ireland & Europe 1919–1948, S. 27 und S. 34.
3 "Boland was the first of the ‚technocrats'", Ebd., S. 27.
4 Ebd., S. 39 und S. 50.
5 Ebd., S. 53.
6 Whelan, Europe-Aspects of Irish Foreign Policy, S. 38.
7 Zweithöchste Position innerhalb des Außenministeriums.
8 Fax vom 26. August 1992, Gill and Macmillian Publishers, von Fergal Tobin, auf den Hinweis auf Unstimmigkeiten innerhalb der biographischen Darstellung Frederick H. Bolands, Hickey/Doherty, A Dictionary of Irish History since 1800. Fergal Tobin korrigierte im Auftrag des Herausgebers in diesem Fax den Fehler.
9 Keogh, Ireland & Europe 1919–1948, S. 135.
10 Ebd., S. 191.
11 Ebd., S. 200.

waren.[12] Statt der Neutralitätspolitik war nun internationales Engagement innerhalb dieser Neutralität der bestimmende Faktor in der irischen Außenpolitik geworden. Bedingt wurde dies durch die veränderte internationale Lage nach dem Zweiten Weltkrieg, die eine Ausweitung der irischen Interessenvertretungen im Ausland verlangte. Boland wurde hierbei als professioneller Berater gesehen, der nicht als Bürokrat galt. Er unterstützte den Antrag Irlands auf Mitgliedschaft in den Vereinten Nationen.[13] Das Gleiche galt für die Teilnahme am European Recovery Programme, da er die politischen und wirtschaftlichen Möglichkeiten für Irland sah, die in dem Wiederaufbauprogramm steckten.[14]

Zur 1947 einberufenen transatlantischen Planungskonferenz des Marshall-Plans reiste Boland im Juli als Begleitung des Wirtschafts- und Industrieministers Sean Lemass nach Paris. Boland wurde der irische Delegierte im Koordinierungskomitee für den Marshall-Plan, so dass das Department of External Affairs eine maßgebliche Stellung innerhalb der irischen Regierung einnahm. Diese und andere Maßnahmen zeigen, welche wichtige Position das Außenministerium direkt in der Zeit nach dem Zweiten Weltkrieg innehatte.

Eine wichtige Leistung Bolands innerhalb des Außenministeriums war es, in der kritischen Nachkriegsphase die diplomatische Kontinuität und somit die Zuverlässigkeit der irischen Außenpolitik weiterzuführen.[15] Den politischen Einordnungsversuchen der Regierung John A. Costellos stand er kritisch gegenüber. Diese sah Irland als Mittler zwischen Europa und den Vereinigten Staaten. Als Resultat dieser Unstimmigkeiten verließ Boland die Position des Staatssekretärs im Department of External Affairs und wurde Botschafter der Republik Irland in London.[16]

1955 wurde Boland Head of Permanent Delegation der Republik Irland bei den Vereinten Nationen.[17] In der Zeit von 1959 bis 1964 erreichte er die Stellung des President of the Permanent Assembly.[18] 1964 übernahm er die Position des Chancellor of Trinity College Dublin. Er starb am 4. Dezember 1985.[19]

Bolands außenpolitische Hauptaktivitäten lagen in der Nachkriegszeit und somit auch beim European Recovery Programme. Da in seinem Aufgabengebiet permanent Berührungspunkte zwischen wirtschaftlichen und außenpolitischen Interessen existierten, war seine Kenntnis des Department of Industry and Commerce hilfreich. Er wurde so einer der Hauptträger der irischen Außenpolitik sowohl innerhalb der irischen Regierung als auch in der Organization for Economic European Cooperation.[20]

---

12 Whelan, Europe-Aspects of Irish Foreign Policy, S. 38 f.

13 Keogh, Ireland & Europe 1919–1989, S. 201 f.

14 Department of External Affairs, Memorandum 7.6.1947, S 14106A.

15 Keogh, Ireland & Europe 1919–1948, S. 210 f.

16 Lee, Ireland 1912–1985, S. 307 f.

17 Keogh, Twentieth-Century Ireland – Nation and State –, S. 234.

18 Lee, Ireland 1912–1985, S. 369.

19 Fax vom 26.8.1992 Gill and Macmillan Publishers.

20 Whelan, Europe-Aspects of Irish Foreign Policy, S. 38 ff.

2 Sean Lemass

Der spätere Taoiseach der Republik Irland wurde am 15. Juli 1899 bei Dublin geboren. Seine Schulausbildung wurde in den ersten Jahren von seiner Familie forciert, damit er frühzeitig die Schule verlassen konnte. Schon mit 15 Jahren trat er den Irish Volunteers bei und kämpfte 1916 während des Osteraufstandes im General Post Office mit den Irish Volunteers um die Unabhängigkeit Irlands von Großbritannien.[21]

Nachdem es im Treaty zu einer Übereinkunft zwischen Teilen der Unabhängigkeitsbewegung und der britischen Regierung gekommen war, schloss er sich der Anti-Treaty-Bewegung und der Irish Republican Army an.[22] Sean Lemass wurde in das Standing Comittee der Sinn Fein gewählt und gelangte so in die höhere Parteiebene.[23] Diese erreichte er laut Brian Farrel[24] vor allem durch den Tod seines bekannteren Bruders, da die Delegierten einem Mitglied der Familie Lemass aus emotionalen Gründen ihre Stimme gaben.[25] In die Führungsebene gewählt, vermied Lemass keine Kontroversen und erlangte schnell politische Anerkennung. Er selbst erkannte, dass die Sinn Fein zersplittert war.[26] Dies führte unter der Führung Eamon de Valeras und der Mitarbeit von Lemass 1926 zur Gründung der Fianna Fail. Innerhalb dieser neuen Partei errang er sofort eine zentrale Funktion und war für den Aufbau der politischen Organisation zuständig.[27] Die Wahlen im Juni 1927 waren erfolgreich: Die neue Gruppierung der Fianna Fail konnte sofort 44 (von 153) Parlamentarier in die Dail Eireann entsenden.[28] Da es keiner Gruppierung gelang, eine regierungsfähige Mehrheit zu bilden, fanden im September 1927 Neuwahlen statt, bei denen die Fianna Fail ihre Parlamentssitze auf 57 Sitze steigerte.[29] Lemass widmete sich in der Dail Eireann verstärkt wirtschaftlichen Angelegenheiten, die seiner Ansicht nach stärker vom Staat gesteuert werden sollten. Nicht nur der direkte Einfluss des Staates auf die Wirtschaft war für Lemass entscheidend. Auch der Protektionismus war ein Mittel, um die nationalen Interessen Irlands für den Aufbau einer eigenen Industrie zu fördern.[30] Hintergrund dieser politischen Einstellung war, Irland unabhängiger von ausländischem, vornehmlich britischem Einfluss werden zu lassen. Vor diesem Hintergrund wurde er zum wirtschaftspolitischen Sprecher der Fianna Fail.[31]

Bei den nächsten Wahlen erreichte die Fianna Fail 72 Sitze, die abgewählte Regierungspartei Cumann na n Gaedheal jedoch nur 56. So wurde die Fianna Fail mit Unter-

---

21 Brian Farrel, Sean Lemass, Dublin 1983, S. 2 f.
22 Ebd., S. 7 f.
23 Eamon de Valera holte Sean Lemass 1922 in seine alternative provisorische Regierung, nachdem er vorher in die Dail Eireann gewählt worden war.
24 Autor einer Biographie über Sean Lemass.
25 Farrel, Sean Lemass, S. 9.
26 Ebd., S. 13 f.
27 Murphy, Die Entwicklung der politischen Parteien in Irland, S. 368 f.
28 John A. Murphy, Ireland in the Twentieth Century, Dublin 1977 Dublin (2. Auflage reprinted, S. 69.
29 Ebd., S. 71.
30 Farrel, Sean Lemass, S. 15.
31 Murphy, Ireland in the Twentieth Century, S. 85.

stützung der Labour Party selbst Regierungspartei. Innerhalb der neuen Regierung wurde Lemass 1932 Minister im Department of Industry and Commerce.[32]

Dieses Amt hatte zu dem Zeitpunkt kaum eine Bedeutung innerhalb der Regierung, wurde unter der Führung von Lemass aber zu einem der wichtigsten Ministerien.[33] Entsprechend seiner protektionistischen Wirtschaftsphilosophie war eines seiner ersten Gesetzesvorhaben die Erhöhung der Zölle, um den Aufbau der einheimischen Wirtschaft zu unterstützen.[34] Inmitten des Economic War mit Großbritannien erhielt die Fianna Fail unter der Organisation Lemass in der Dail Eireann die absolute Mehrheit.

Um die Wirtschaft Irlands voranzutreiben, entstanden unter der Steuerung des Department of Industry and Commerce eine Vielzahl von staatlichen Unternehmungen, wie z.B. Aer Lingus, E.S.B. (Elektrizitätsgesellschaft), Sugar Company, Irish Tourist Board etc., von denen einige heute noch existieren.[35]

Das Ende des Economic War führte 1938 zum freien Zugang irischer Produkte nach Großbritannien und zu starken Wachstumszahlen in der irischen Wirtschaft.[36] In der Folgezeit fanden weitere Investitionen in den Aufbau des Landes statt. Im Zeitrahmen von 1932–1942 entstanden so 81.000 Häuser, Zementfabriken, Straßen und die schon genannten staatlich geförderten Unternehmen.[37]

Während des Zweiten Weltkriegs übernahm Lemass das Department of Supplies, wo er verantwortlich für die Beschaffung und die Rationierung von Produkten war.[38] Direkt nach der Beendigung des Zweiten Weltkriegs ernannte ihn sein Förderer Valera zum Tenaiste.[39] Im Rahmen dieser Aufgabe wurde er mit den Anfängen des Wiederaufbauprogrammes der Amerikaner, dem European Recovery Programme, konfrontiert. Da die Wähler die Krisensituation Irlands mit seiner Rezession und der hohen Inflation der Fianna Fail anlasteten, verlor sie die Mehrheit bei den Wahlen 1948 zur Dail Eireann.[40] Dennoch übernahm Lemass 1948 die Führung der Fianna Fail und amtierte in dieser Funktion bis 1957.[41] Nachdem die Fianna Fail die Wahlen 1951 gegen die Inter-Party-Regierung gewonnen hatte, übernahm auch Lemass zusätzlich zur Parteiführung wieder das Amt des Ministers des Department of Industry and Commerce.[42] Unterbrochen durch die zweite Inter-Party-Regierung von 1954 bis 1957 erlangte Sean Lemass, nach erfolgreichen Wahlen 1957, erneut das Ministeramt im Department of Industry and Commerce. 1959 übernahm er die Amtsgeschäfte von de Valera

---

32 Joseph J. Lee, Sean Lemass, S. 16, in: Joseph J. Lee (Hrsg.), Ireland 1945–1970, Dublin 1979 und Jürgen Elvert, Vom Freistaat zur Republik – Der außenpolitische Faktor zwischen 1921 und 1948, Bochum 1989, S. 229 f.

33 Farrel, Sean Lemass, S. 33 f.

34 Ebd., S. 35.

35 Ebd., S. 40 f.

36 Ebd., S. 48.

37 Brunt, The Republic of Ireland, S. 38.

38 Farrel, Sean Lemass, S. 55 ff.

39 Stellvertretender Regierungschef.

40 Farrel, Sean Lemass, S. 80.

41 John A. Murphy, Put them out – Parties and Elections 1948–1969, in: Lee, Ireland 1945–1970, S. 13–26, S. 16.

42 Farrel, Sean Lemass, S. 84 f.

als Taoiseach.[43] Er wurde der erste Taoiseach, der dieses Amt übernahm und über langjährige Erfahrung verfügte sowie wirtschaftliche und politische Erfolge vorweisen konnte.[44] Durch ihn wurde unter Beweis gestellt, dass die Fianna Fail auch ohne de Valera an der Regierung bleiben konnte.[45] Die Position als Taoiseach behielt er bis 1966.[46] Er starb 1971.[47]

Joseph J. Lee bezeichnete Lemass wie folgt: "He had been the main architect of industrialisation in southern Ireland since he first became Minister of Industry and Commerce 1932."[48] John A. Murphy bezeichnete ihn als: "The dominant political personality of the 60's, he was undisputed ruler as the Chief (Eamon de Valera) had ever been."[49] Als eine solche Persönlichkeit förderte Lemass auch den späteren Taoiseach Charles J. Haughey.

Unumstritten sind Lemass Leistungen für Irland im wirtschaftlichen Bereich.[50] Sie begannen mit dem Kampf um die Unabhängigkeit und führten ihn als erstes Fianna Fail-Parteimitglied nach de Valera an die Spitze des Staates. Fokus seiner Politik waren wirtschaftliche Fragen, und so war es ihm zu verdanken, dass, während er in verantwortlichen Positionen der Regierung war, viele wichtige wirtschaftliche und europäische Initiativen begründet wurden.

3   John A. Costello

John A. Costello wurde 1891 in Dublin geboren. Er erhielt am University College Dublin eine Ausbildung in der juristischen Fakultät und wurde 1914 zu einem Gericht berufen. Er assistierte ab 1922 der provisorischen Regierung Kennedy. 1926 wurde er zum Attorney General[51] ernannt und behielt diese Position bis 1932. In seiner Tätigkeit als Attorney General wurde er damit beauftragt, die Übertragung der politischen Verantwortung von Großbritannien auf die irische Administration zu überwachen.[52]

Weiterhin assistierte er als offizieller Berater der irischen Regierung auf den Imperial Conferences von 1926, 1928 und 1932, die die Basis für Gespräche innerhalb des British Commonwealth waren.[53]

Costello gelangte 1933 als Mitglied der fusionierten Partei Fine Gael[54] in die Dail Eireann, wo er sich im Laufe der Zeit als außenpolitischer Sprecher seiner Partei profi-

---

43 S. 95 f.

44 Murphy, Ireland in the Twentieth Century, S. 141 f.

45 Murphy, Put them out – Parties and Elections 1948–1969, in: Lee, Ireland 1945–1970, S. 13–26, S. 6,

46 Murphy, Ireland in the Twentieth Century, S. 151.

47 Farrel, Sean Lemass, S. 120.

48 Lee, Ireland 1945–1970, Sean Lemass, S. 16.

49 Murphy, Put them out – Parties and Elections 1948–1969, in: Lee, Ireland 1945–1970, S. 13–25, S. 5.

50 Brunt, The Republic of Ireland, S. 17.

51 Bevollmächtigter der provisorischen irischen Regierung.

52 Whelan, Europe-Aspects of Irish Foreign Policy, S. 106.

53 Hickey/Doherty, A Dictionary of Irish History since 1800, S. 98.

54 Die Partei der „Familie der Iren" entstand u. a. aus der Fusion der Cumann na n Gaedheal und den Blueshirts 1933. Die Partei war und ist der Hauptgegner der Fianna Fail. Die Hauptunter-

lierte.[55] 1948 wurde er, obwohl nicht Parteichef der Fine Gael, als Kompromisskandidat zum Taoisaech der ersten Inter-Party-Regierung gewählt, da MacBride den Parteichef der Fine Gael, Richard Mulcahy, ablehnte. Dieser war sein Gegner während des Civil War.[56] Bei Costello war dies nicht der Fall.[57] Ein wichtiger Beschluss zu Beginn seiner Amtsperiode war die Deklaration der Republic of Ireland, die am Ostermontag 1949 in Kraft trat und Irland aus dem British Commonwealth herausführte.[58]

Da es Costellos Regierung nicht gelang, die prekäre Lage der Republic of Ireland zu beseitigen, wurde die Inter-Party-Regierung 1951 von der irischen Bevölkerung abgewählt und durch eine Regierung der Fianna Fail ersetzt.[59]

1954 gelang ihm die Rückkehr in die Position des Taoiseach mit der zweiten Inter-Party-Regierung. Die Unterstützung von MacBrides Partei, der Clann na Poblachta, wurde ihm 1957 entzogen, und so kam es zu Neuwahlen im März 1957, bei denen die Fianna Fail die absolute Mehrheit erhielt.[60] 1963 zog sich Costello aus der Politik zurück. Er starb 1976.[61]

4   Sean MacBride

Sean MacBride wurde 1904 in Paris geboren. Seine Eltern waren in den um die Unabhängigkeit Irlands kämpfenden Kreisen sehr bekannt. Insgesamt verbrachte MacBride 14 Jahre in Frankreich, bevor er 1918 nach Irland kam, um dort seine Ausbildung als Jurist am University College Dublin zu beenden.[62]

Als Gegner des Treaty kämpfte er mit der Irish Republican Army (IRA)[63] gegen das Vertragswerk,[64] obwohl er selbst bei den Unabhängigkeitsverhandlungen in London, als junger Mann, anwesend war.[65]

Als Anhänger der Anti-Treaty Bewegung wurde er für kurze Zeit Sekretär von Valera. MacBride entwickelte mit der Zeit eine gemäßigtere Haltung und rückte von der, in seinen Augen nicht mehr notwendigen, radikalen Meinung der IRA ab. 1939 brach er mit der Organisation, als diese Bombenanschläge in Großbritannien verübte.[66] Trotz seines

---

stützung erhielt die Fine Gael bei der Fusion vor allem durch die Industrie und den Handel. Die Gründungsparteien der Fine Gael gehörten zu den Befürwortern des Treaty und stellen einen Teil des Parteienspektrums dar, in das sich die irische Parteienlandschaft zersplittert.

55   Whelan, Europe-Aspects of Foreign Policy, S. 106 f.
56   Ruth Barrington, Health, Medicine & Politics in Ireland 1900–1970, Dublin 1987, S. 195 und Lee, Ireland 1912–1985, S. 299.
57   Jordan, Sean MacBride, S. 95.
58   Keogh, Twentieth-Century Ireland – Nation and State –, S. 189 ff.
59   Ebd., S. 212 f.
60   Antoin E. Murphy, Economists and the Irish economy from the century to the present day, Dublin 1983, S. 136 ff.
61   Hickey/Doherty, A Dictionary of Irish History since 1800, S. 97.
62   Whelan, Europe-Aspects of Irish Foreign Policy, S. 112.
63   Aus den Irish Volunteers wurde nach dem Osteraufstand 1916 die Irish Republican Army, Hickey/Doherty, A Dictionary of Irish History since 1800, S. 255.
64   Jordan, Sean MacBride, S. 30 ff.
65   Martin Collins, Ireland after Britain, London 1985, S. 26.
66   Whelan, Europe-Aspects of Irish Foreign Affairs, S. 112.

offiziellen Bruchs mit der IRA verteidigte er, nachdem er 1937 als Anwalt zum Gericht zugelassen worden war, viele inhaftierte IRA-Anhänger kostenlos.[67]

Seine Bemühungen, eine republikanische Partei zu gründen, nahm er am 6. Juli 1946 auf, indem er die Clann na Poblachta[68] gründete.[69] Damit sprach er viele enttäuschte Fianna Fail-Wähler an und kündigte damit einen Wechsel in der irischen Politik an.[70]

MacBrides Partei galt als sozial fortschrittlich in der Dail Eireann und wollte die Basis für einen Wohlfahrtsstaat schaffen.[71] Da viele der Mitglieder aus der Fianna Fail stammten, übernahm auch seine Partei radikale Elemente sowohl von der Fianna Fail als auch der Labour Party. Seine Partei war jedoch keine stabile Organisation, so dass sie nach einer gewissen Zeit[72] wieder zerfiel.[73]

Dennoch bildete die Clann na Poblachta nach der Wahl am 10. Februar 1948 die erste Inter-Party-Regierung.[74] MacBride wurde Minister of External Affairs.[75] Seine Aufgabe als Minister für das Department of External Affairs war es, die Hilfsmöglichkeiten zu nutzen, die die Organization for European Economic Cooperation (OEEC) von außen geben konnte, um einerseits Irland stärker an Europa zu binden und es andererseits wirtschaftlich zu stärken.[76]

Am Anfang seiner Amtszeit stärkten MacBrides Lebenserfahrung sowie die Tatsache, dass er fließend Französisch sprach, seine Position innerhalb der Regierung. Dies war auch deshalb von Bedeutung, weil Irland außenpolitisch in die Isolation geraten war, der Außenpolitik daher eine entscheidende Position zukam und Irland später freiwillig das British Commonwealth[77] verließ. Es war somit die Aufgabe MacBrides, sich um internationale Reputation und um wirtschaftliche Unterstützung für Irland zu bemühen.[78] MacBride war auf irischer Seite sowohl für die Beschaffung der Marshall-Plan-Hilfe als auch für die Vorbereitung einer Mitgliedschaft im Europarat zuständig. Auf diese Weise wurde er Mitbegründer wichtiger, integrierender Initiativen.[79]

---

67 Jordan, Sean MacBride, S. 78.
68 Die republikanische Familie wurde u. a. von Sean MacBride am 6. Juli 1947 gegründet und hatte u. a. die Zielsetzung, soziale Reformen in Irland durchzusetzen. Laut Michael Gallaghar (Autor von Political Parties in the Republic of Ireland) wollte die Clann na Poblachta nicht nur die politische Unabhängigkeit, sondern auch das Geld- und Kreditsystem kontrollieren, ohne aber die Verbindung zum Sterling-Pool zu verlieren. Zusätzlich verlangte die Clann na Poblachta auch die Wiedervereinigung Irlands. Murphy, Die Entwicklung der politischen Parteien in Irland, S. 341.
69 Jordan, Sean MacBride, S. 86.
70 Ebd., S. 91 f.
71 Terence Brown, Ireland: a Social and Cultural History, 1922 to the Present, Ithaca/London 1987, S. 170.
72 1969 wurde die Clann na Poblachta aufgelöst, in: Hickey/Doherty, A Dictionary of Irish History since 1800, S. 75 f.
73 Chubb, The Government & Politics, S. 72 f.
74 Murphy, Die Entwicklung der politischen Parteien in Irland, S. 349 f.
75 Barrington, Health, Medicine & Politics in Ireland 1900–1970, Dublin 1970, S. 195 f.
76 Hederman, The Road to Europe, S. 18 f.
77 1949 fand die offizielle Verkündung der Republic of Ireland statt.
78 Hederman, The Road to Europe, S. 22.
79 Ebd., S. 23.

MacBrides missglückter Versuch, die Mittel des European Recovery Programme als Zuschuss und nicht als Kredit zu bekommen, schadete seinem Ansehen im Kabinett. International erfuhr MacBride, trotz seines Machtverlustes im Kabinett, Anerkennung, als er im Februar 1950 Vizepräsident der OEEC wurde.[80] Seine Einstellung zur europäischen Integration war positiv. Er war aktiver Unterstützer der europäischen Zusammenarbeit. MacBride animierte so z.B. irische Politiker, europäischen Ideen positiv gegenüberzustehen.[81] MacBride war ein "cold warrior and a stalwart of the West in the evolving Cold War".[82] Sein persönliches Engagement ging so weit, die Idee der Federated States of Europe zu unterstützen:

> I hope it will evolve rapidly into a more closely-knit body that may lead to Federated States of Europe... it excludes from its ambit all questions of military measures. Unlike many other attempts at world organisations, it relies rather on moral, ethical, social and economic forces than upon military measures.[83]

Der amerikanische Botschafter äußerte sich während eines Empfanges in Irland positiv über MacBride: "... Sean MacBride, whose vision and energy have placed him prominently in the forefront of that impressive group of world leaders striving for world security and prosperity."[84]

Ähnlich positiv beurteilte ihn auch Ronan Fanning[85], der ihn als unabhängige und starke Persönlichkeit sah.[86] Letztlich führte die positive europäische Haltung MacBrides, die vom Kabinett nicht eindeutig unterstützt wurde, zur Teilnahme am Congress of Europe am 7. Mai 1949 in Den Haag.[87]

Da die Inter-Party-Regierung die Handelsbilanzdefizite und die sozialen Probleme nicht lösen konnte, wurde sie abgewählt und wieder von der Fianna Fail ersetzt.[88] In der zweiten Inter-Party-Regierung von 1954 bis 1957 war MacBride nicht mehr vertreten, unterstützte sie aber so lange, bis die Regierung harte Maßnahmen gegen die wieder auftretenden IRA-Attacken 1956 startete. MacBride entzog der Regierung die Unterstützung, Neuwahlen und eine neue Regierung unter de Valeras Fianna Fail waren die Folge. MacBride widmete sich in der Folgezeit intensiv der Menschenrechtsbewegung und wurde Generalsekretär der Internationalen Kommission der Juristen in der Zeit von 1963 bis 1970. Gleichzeitig wurde er Gründungsmitglied von Amnesty International, dessen Vor-

---

80 Ebd., S. 37.

81 Keogh, Twentieth-Century Ireland – Nation and State –, S. 196.

82 O'Driscoll, Ireland, West Germany and the New Europe, S. 27.

83 Anthony J. Jordan zitiert dabei eine Rede aus der *Dail Eireann* vom 21.7.1949, Jordan, Sean MacBride, S. 119.

84 *Irish Independent* vom 22.4.1949.

85 Mittlerweile verstorbener Professor für neuere Geschichte an dem University College Dublin und Autor von mehreren historischen Darstellungen.

86 "... as a strong independent-minded and outward looking minister", Fanning, The Department of Finance, S. 408.

87 Hederman, The Road to Europe, S. 23.

88 Ebd., S. 40.

sitzender er war. Weiterhin war er Mitglied in der Minderheitenrechtsgruppe in der Versammlung des Council of Europe und reiste als Kommissar der United Nations nach Namibia. Er erhielt 1976 den Friedensnobelpreis und ein Jahr später den Lenin-Friedenspreis.[89] MacBride starb am 15. Januar 1988.[90]

5   Eamon de Valera

Eamon de Valera dominierte die irische Politik seit Gründung des unabhängigen Staates Irland. Er wurde 1882 als Sohn irischer Einwanderer in New York geboren.[91] Nachdem sein Vater 1884 starb, schickte ihn seine Mutter nach Irland zurück.[92] Er lebte in Bruree und setzte seine Schulausbildung 1896 in der Christian Brothers School in Rathluire fort. Seine Universitätsausbildung beendete er am University College Dublin mit dem Schwerpunkt Mathematik.[93] In diesem Fach erhielt er eine Anstellung als Lehrkraft und arbeitete in einer Reihe von Colleges in der Nähe von Dublin, bis er 1912 Lehrer am katholischen St. Patricks College wurde.[94] Als Offizier einer Brigade der Irish Volunteers[95] nahm er am Osteraufstand 1916 in Dublin teil.[96] Nach der Niederschlagung des Aufstands durch britische Truppen verhängte die britische Regierung gegen de Valera die Todesstrafe. Sein Todesurteil wurde jedoch kurz darauf in eine lebenslange Freiheitsstrafe umgewandelt.[97] Schon 1917 entließ ihn die britische Regierung aus der Haft, möglicherweise, um ihn als zukünftigen Verhandlungspartner zu gewinnen.[98] Im selben Jahr wurde de Valera Präsident von Sinn Fein[99], was ein Zeichen dafür war, dass die republikanischen Kräfte[100], zu denen er gehörte, in der Organisation die Oberhand gegenüber den Anhängern der "dual monarchy"[101] gewannen.[102]

In den ersten selbstorganisierten irischen Wahlen kandidierte de Valera für die Sinn Fein. Am 1. April 1919 wurde er dann zum Priomh-Aire[103] des Dail Eireann gewählt.[104] Er erlangte

---

89   Hickey/Dohorty, A Dictionary of Irish History since 1800, S. 97.

90   https://www.nytimes.com/1988/01/16/obituaries/sean-macbride-of-ireland-is-dead-at-83. html. Abgerufen am 6.3.2019 und Jordan, Sean MacBride, S. 188.

91   David T. Dwane, Early Life of Eamon de Valera, Dublin 1922 (3. Auflage), S. 3.

92   Ebd., S. 18 f.

93   Ebd., S. 28 ff.

94   Constantine Fitzgibbon/George Morrison, The Life and Times of Eamon de Valera, Dublin 1973, S. 37.

95   Bewaffnete Einheiten, die der Sinn Fein nahestanden und für die Unabhängigkeit Irlands von Großbritannien kämpften.

96   Dwane, Early Life of Eamon de Valera, S. 46.

97   Ryle T. Dwyer, De Valera – The Man and the Myths, Dublin 1991, S. 17 f und M. J. MacManus, Eamon de Valera – A Biography with additional Chapters by David O'Neil, Dublin 1962 (7. Auflage), S. 47.

98   Fitzgibbon/Morrison, The Life and Times of Eamon de Valera, S. 61.

99   Die Partei selbst wurde 1905 gegründet und kämpfte für die Unabhängigkeit Irlands. Nachdem diese erreicht wurde, ging die Sinn Fein in die verschiedensten Parteien auf.

100   Die republikanischen Kräfte kämpften für die Unabhängigkeit Irlands von Großbritannien.

101   Diese Anhänger akzeptierten den britischen König als Staatsoberhaupt Irlands, die Teilung und die Zugehörigkeit des Freistaats Irland zum British Commonwealth, George D. Boyce, Nineteenth-Century Ireland, The Search for Stability, Dublin 1990, S. 256.

102   Ebd.

so die höchste Position im Parlament, die auch „President" genannt wurde.[105] Um die Anerkennung Irlands, das sich in diesem Zeitraum im War of Independence[106] befand, international zu fördern, reiste er 1919 in die USA. Ein Erfolg dieser und anderer Reisen war u. a. der Eintritt Irlands in den Völkerbund.[107] Dem zwischen dem jungen Staat und Großbritannien ausgehandelten Treaty[108] stand er negativ gegenüber, so dass er, als die Dail Eireann das sogenannte „Dokument 2" und somit den Vertrag akzeptierte, als Präsident des Parlamentes zurücktrat.[109] Entscheidender Fürsprecher des Vertrags war Arthur Griffith[110], den de Valera selbst als Verhandlungsführer ausgewählt und zu dem Gespräch entsandt hatte.[111]

Den Vertrag debattierte die Dail Eireann zwischen dem 14. Dezember 1921 und 7. Januar 1922, um ihm dann die Zustimmung mit 64 gegenüber 57 Stimmen zu geben.[112] Er bedeutete für Irland, dass die britische Krone weiterhin formell das irische Staatsoberhaupt war und Irland als Dominion im British Commonwealth blieb.[113] Dieses Abkommen führte zu einer eingeschränkten Unabhängigkeit Irlands von Großbritannien, aber auch zur Teilung in ein nördliches und südliches Irland.[114] Als Antwort auf die Anerkennung des Treaty formte de Valera die Gruppierung Cumann na Poblachta[115], die im Parlament gegen das Vertragswerk mit Großbritannien kämpfte.[116] Aus den Unstimmigkeiten zwischen den Befürwortern und Gegnern des Vertrags entwickelte sich der Civil War[117], der

---

103 Präsident des irischen Parlaments. MacManus, Eamon de Valera, S. 83.

104 Ebd., S. 83.

105 Ebd., S. 135 f.

106 Unabhängigkeitskampf Irlands gegen Großbritannien, 1919–1921. „Ein Krieg, wie die Auseinandersetzung zwischen Irland und Großbritannien von 1919 bis 1921 in der Regel genannt wird, waren die *troubles* jedoch nicht. Eher sind sie als bewaffnete Zusammenstöße zu bezeichnen. Es existierte kein klar zu definierender Frontverlauf, da die republikanischen Rebellen verdeckt im Untergrund agierten.", in: Jens Peter Petersen, Der Aufbau des Sicherheitsapparates in Ulster 1920–1922, Hamburg 1997, (Magisterarbeit), S. 37.

107 MacManus, Eamon de Valera, S. 84 ff.

108 Vertrag, der die Unabhängigkeit Irlands und die Teilung des Landes besiegelte. Gleichzeitig blieb der englische König offizielles Staatsoberhaupt Irlands.

109 MacManus, Eamon de Valera, S. 172 f, S. 190 und Paul Canning, British Policy towards Ireland 1921–1941, Oxford 1985, S. 29.

110 Arthur Griffith, ein Mitbegründer der Sinn Fein, kämpfte zeitlebens für die Unabhängigkeit Irlands. Durch die häufige Abwesenheit Eamon de Valeras wurde er faktisch der politisch höchste Verantwortliche. 1922 wurde er der erste offizielle Staatspräsident Irlands.

111 Jordan, Sean MacBride, Dublin 1993, S. 26 f.

112 Boyce, Nineteenth-Century Ireland – The Search for Stability –, S. 272 und Michael Gallaghar, Political Parties in the Republic of Ireland, Manchester 1985, S. 3.

113 Canning, British Policy towards Ireland, S. 6 f.

114 Boyce, Nineteenth-Century Ireland – The Search for Stability –, S. 273.

115 Republikanische Partei, die im März 1922 von Eamon de Valera gegründet wurde. Die Partei kämpfte gegen den Treaty. Nach der Niederlage im Civil War wurde die Cumann na Poblachta in die Sinn Fein integriert. Diejenigen, die Eamon de Valera folgten, gründeten mit ihm die Fianna Fail.

116 Keogh, Twentieth-Century Ireland, S. 5.

117 Fitzgibbon/Morrison, The Life and Times of Eamon de Valera, S. 65. Bürgerkrieg zwischen der Regierung, die den Treaty mit Großbritannien und somit die Teilung Irlands akzeptierte, und denjenigen, wie Eamon de Valera, die eine Teilung Irlands nicht hinnehmen wollten. Ebd., S. 95 ff.

erst im April/Mai 1923 wieder beendet wurde. Eamon de Valera wurde daraufhin von der amtierenden Regierung gefangen gesetzt.[118] Seine Gefangenschaft endete im Juli 1924. Nach seiner Entlassung wurde er wieder aktiv bei den Treaty-Gegnern.[119]

Als die Regierung die Teilung in ein britisches und ein unabhängiges Irland als einzige Möglichkeit für Irland akzeptierte, um die Unabhängigkeit zu erlangen, ging de Valera in die Totalopposition. Obwohl er als Abgeordneter gewählt worden war, weigerte er sich bis 1927, die Dail Eireann zu betreten und den Oath of Allegiance[120] auf den englischen König zu schwören.[121] De Valera und seine Gruppierung stellten jedoch fest, dass das Fernbleiben von Debatten der Dail Eireann sie in die Isolierung trieb und ihres öffentlichen Forums beraubte, so dass sie ab der nächsten Wahl 1927 trotz des Eids die Dail Eireann betraten.[122]

Im gleichen Zusammenhang muss die Niederlegung seiner Präsidentschaft von Sinn Fein gesehen werden. Die Anhänger der Sinn Fein verloren durch die Unabhängigkeit Irlands die Basis für gemeinsames politisches Handeln.

Als Resultat dieser Situation gründete er die Partei Fianna Fail.[123] Nach den Wahlen im Juni 1927 errang die Fianna Fail 44 Sitze, nur zwei weniger als die regierende Partei von Cosgrave.[124] Seinen Widerstand gegen den Oath of Allegiance gab er auf, weil er den Eid als „leere Formalie" bezeichnete, gegen den es wertlos sei, weiter anzukämpfen.[125] In der Dail Eireann nahm er an einem Misstrauensvotum gegen die Regierung Cosgrave teil, das mit einem Patt endete. Liam Cosgrave löste die Dail Eireann auf und schrieb Neuwahlen aus.[126] Bei der Neuwahl im September 1927 erhielt de Valeras Partei 57 Sitze, und er wurde Führer der Opposition.[127]

Bei den Wahlen im Februar 1932 erreichte die Fianna Fail 72 Sitze in der Dail Eireann und konnte erstmals die Regierung mit Unterstützung der Labour Party bilden.[128] Eine der ersten Amtshandlungen de Valeras war die Abschaffung des Oaths of Allegiance.[129] Dazu kam die Einstellung der Land Annuties[130] an Großbritannien. Dies führte zum Economic

---

118 Dwyer, De Valera – The Man, S. 110 ff. und Mac Manus, Eamon de Valera, S. 241 ff.

119 MacManus, Eamon de Valera, S. 251 f.

120 Der Oath of Allegiance wurde im Treaty mit Großbritannien vereinbart. In diesem Eid musste u. a. jeder irische Parlamentarier auf den englischen König und auf die gemeinsame Herkunft innerhalb des British Commonwealth schwören.

121 Mac Manus, Eamon de Valera, S. 257 f.

122 Ebd., S. 265 ff.

123 Die Soldaten des Schicksals (im Untertitel die republikanische Partei) wurden von Eamon de Valera Anfang 1926 gegründet. Die Partei lehnte den Vertrag weiter ab. Fitzgibbon/Morrison, The Life and Times of Eamon de Valera, S. 102 f. Die Fianna Fail kam das erste Mal 1932 an die Regierung, in: MacManus: Eamon de Valera, S. 281 f.

124 Die Partei wurde von W. T. Cosgrave im März 1923 gegründet, um den Treaty zu unterstützen. Im Jahre 1933 fusionierte sie mit anderen Parteien zur Fine Gael.

125 MacManus, Eamon de Valera, S. 264 ff.

126 Ebd., S. 270.

127 Dwyer, De Valera – The Man, S. 148.

128 MacManus, Eamon de Valera, S. 279 f.

129 Paul Schall, Eamon de Valera und der Kampf Irlands um seine Freiheit, Kreuzweingarten 1964, S. 103.

130 Zahlungen, die die irischen Bauern an die britische Regierung für die von der englischen Regierung ab 1870 finanzierten Landkäufe leisten mussten. Diese Zahlungen waren äußerst unpopu-

War[131] zwischen Irland und Großbritannien.[132] Bestätigung für seine Politik fand de Valera in den Wahlen von 1933, die er in Erwartung der absoluten Mehrheit vorzog, um so ohne die Labour Party regieren zu können. Insgesamt konnte seine Partei fünf weitere Sitze hinzugewinnen (77 von 153) und erhielt somit die absolute Mehrheit.[133]

Die Wichtigkeit der Außenpolitik begreifend wurde er Taoiseach[134] und übernahm in Personalunion das Department of External Affairs. In dieser Eigenschaft wurde er u. a. Präsident der Völkerbundtagung und eröffnete Ende September 1932 die dreizehnte Versammlung in dieser Funktion.[135] 1938 bis 1939 war de Valera Präsident der Versammlung.[136]

Die Einführung einer neuen Verfassung im Jahre 1937 war ein wichtiger Entwicklungsschritt im irischen Staatsaufbau, den de Valera mitverantwortete.[137] Das Gleiche galt für die Beendigung des Economic War im April 1938. Dies war ein entscheidender Wendepunkt in der Außen- und Wirtschaftspolitik des Landes.[138]

Während des Zweiten Weltkriegs blieb Irland, trotz Mitgliedschaft im British Commonwealth, neutral. Dennoch unterstützte Irland indirekt, z. B. durch Nahrungsmittellieferungen, die Alliierten.[139] De Valera führte seine Neutralitätspolitik konsequent durch, was dazu führte, dass er der deutschen Botschaft am 2. Mai 1945, aus Anlass des Todes Adolf Hitlers, einen Kondolenzbesuch abstattete.[140] Dieses Verhalten rief einen weltweiten Aufschrei hervor.[141]

Die direkten Nachkriegsprobleme konnte seine Regierung weder intern noch extern lösen, und so wurde die Fianna Fail-Regierung bei den Wahlen 1948 abgewählt und durch eine Inter-Party-Regierung ersetzt.[142] Drei Jahre später gelangte er erneut an die Regierung, um die Macht 1954 an eine zweite Inter-Party-Regierung wieder abgeben zu müssen. 1957 schließlich gewann de Valera als Kandidat der Fianna Fail die letzte Wahl, in der er auch prozentual die meisten Stimmen seiner gesamten Kandidaturen erhielt.[143] 1959 trat er als Taoiseach zurück und übernahm das repräsentative Amt des Präsidentes der

---

lär, da diese Gelder von den irischen Bauern direkt aufgebracht werden mussten und sie diese eigentlich für ihr eigenes, irisches Land zahlten. Sturm, Hakenkreuz und Kleeblatt, S. 89ff.

131 Der Wirtschaftskrieg begann, nachdem die Fianna Fail in der Regierung die "Land Annuities" 1932 an Großbritannien einstellte. Dies fasste die Regierung in London als Vertragsbruch auf und führte Zölle auf irische Agrarerzeugnisse (20 Prozent) ein. Daraufhin veranlasste die irische Regierung Zölle auf britische Produkte. Insgesamt gingen 92 Prozent der irischen Ausfuhren nach Großbritannien. Der Handel reduzierte sich als Folge des Konflikts insgesamt um 50 Prozent (bis 1935). Beendet wurde der Wirtschaftskrieg 1938, Sturm, Hakenkreuz und Kleeblatt, S. 89ff.

132 MacManus, Eamon de Valera, S. 286f.

133 Ebd., S. 299f.

134 Irischer Regierungschef.

135 Comerford, Do you want to die for Nato? S. 52 und Schall, Eamon de Valera, S. 105.

136 Dwyer, De Valera – The Man, S. 173.

137 Basil Chubb, The Constitution of Ireland, Dublin 1970 (3. Auflage), S. 17ff.

138 Dwyer, Valera – The Man, S. 201ff.

139 Keogh, Ireland & Europe 1919–1989, S. 165f.

140 Irish Times vom 4.5.1945.

141 Clear Telegram from Washington Legation vom 3.5.1945, P 98.

142 Robert F. Foster, Modern Ireland 1600–1972, Dublin 1988, S. 564ff.

143 Lee, Ireland 1912–1985, S. 319ff.

Republik.[144] Das Präsidentenamt gab er erst 1973 auf und beendete so seine über 57 Jahre dauernde politische Tätigkeit.[145] Eamon de Valera starb 1975.[146]

b)   Österreich

I   **Leopold Figl**

„Volle Einigung, wir haben volle Einigung erzielt!"[147] und „Österreich ist frei".[148]

Leopold Figls historische Aussagen anlässlich des Abschlusses des Staatsvertrages 1955 läuteten für Österreich das Ende der Besatzungszeit ein. Der langjährige Bundeskanzler, zum Zeitpunkt des Staatsvertrages Außenminister, war maßgeblich an dieser wichtigen Phase der Zweiten Republik beteiligt.

Figl wurde am 2. Oktober 1902 in Rust im Tullnerfeld geboren.[149] Er war das dritte von neun Kindern in einem bäuerlich, katholisch konservativ geprägten Gebiet Niederösterreichs.[150]

Im Alter von 44 Jahren starb Figls Vater, am 8. Mai 1914. Er hinterließ acht Kinder und eine Witwe, die ein weiteres Kind erwartete.[151] Figl war zu dem Zeitpunkt elf Jahre alt, sein Vater starb, noch bevor er auf das Gymnasium nach St. Pölten wechselte.[152] In seiner Schulzeit lernte er Julius Raab, den späteren Bundeskanzler, kennen und gründete mit ihm im Mai 1919 die katholische Mittelschulverbindung „Nibelungia".[153]

1925 begann Leopold Figl an der Wiener Universität für Bodenkultur sein Studium und trat ein in die katholische Studentenverbindung „Norica".[154] Die „Norica" spielte eine bedeutende Rolle innerhalb des christsozialen Milieus, wie in der Ersten, so auch in der Zweiten Republik.[155] Dies galt sowohl politisch als auch gesellschaftlich; so lernte Figl in einem von der „Norica" veranstalteten Tanzkurs seine zukünftige Frau Hilde Hemla, Tochter eines christsozialen Funktionärs, kennen.[156]

Noch während des Studiums 1927 begann Figl als Sekretär für den Direktor vom Niederösterreichischen Bauernbund Josef Sturm zu arbeiten.[157] 1930 beendete er sein Studium

---

144 Murphy, Put them out – Parties and Elections 1948–1969, S. 5, in: Lee, Ireland 1945–1970.

145 Dwyer, De Valera – The Man, S. 322.

146 Ebd.

147 Ernst Trost, „Österreich ist frei!" Leopold Figl und der Weg zum Staatsvertrag, Wien 2005 (7. Auflage), S. 9.

148 Ebd., S. 23.

149 Agstner/Enderle-Burcel/Follner, Österreichs Spitzendiplomaten zwischen Kaiser und Kreisky, S. 540 und Peter Pelinka, Österreichs Kanzler. Von Leopold Figl bis Wolfgang Schüssel, Wien 2000, S. 19.

150 Pelinka, Österreichs Kanzler, Wien 2000, S. 19.

151 Trost, „Österreich ist frei!" Leopold Figl und der Weg zum Staatsvertrag, S. 36.

152 Pelinka, Österreichs Kanzler, S. 20.

153 Ebd. und Hans Ströbitzer, Leopold Figl und seine Zeit, St. Pölten u. a. 2012, S. 19.

154 Pelinka, Österreichs Kanzler, S. 20.

155 Ebd., S. 20.

als Agraringenieur in Wien und heiratete.[158] Seine Arbeit beim Bauernbund intensivierte sich, und er erhielt als „stellvertretender Direktor des Niederösterreichischen Bauernbundes" neue Aufgaben.[159] Zwei Jahre später, 1933, übernahm er die Position des Direktors des Niederösterreichischen Bauernbundes von Josef Sturm.[160]

Figl nahm 1934 weitere Funktionen an: Vom 1. November 1934 bis 12. März 1938 wurde er Mitglied des Bundeswirtschaftsrates und 1934 Mitglied des Internationalen Agrarinstitutes und der Vereinigung der Agraringenieure.[161] Außerdem war er bei den niederösterreichischen Sturmscharen Landesführer.[162]

Obwohl Figl eine zunehmend kritischere Haltung zur politischen Entwicklung in Österreich einnahm, wurde er 1937, in der Zeit Kurt Schuschniggs, Direktor des Reichsbauernbundes.[163] Differenziert war sein politisches Verhalten. Einerseits organisierte Figl einen Marsch niederösterreichischer Bauern, um Engelbert Dollfuß zu unterstützen, andererseits warnte er vor den Nationalsozialisten.[164] Dem Aufruf der Organisatoren und Figls folgten am 2. Februar 1934 110.000 Bauern.[165] Nur einige Tage vor dem Einmarsch rief er zum Widerstand gegen die Nationalsozialisten auf und warnte vor der Kriegsgefahr, die mit ihnen zusammenhinge.[166] Figls Haltung hatte Folgen. Er wurde kurz nach dem „Anschluß" am 12. März 1938 verhaftet und am 1. April 1938 in das KZ Dachau deportiert.[167] Am 27. September 1939 wurde er zwischenzeitlich in das KZ Flossenbürg verlegt, bis er am 2. April 1940 wieder nach Dachau zurückgeschickt wurde.[168] Am 8. Mai 1943 wurde er aus dem KZ entlassen.[169] Durch Unterstützung von Julius Raab erhielt Figl schnell Arbeit in einer Baufirma in der Erdölgemeinde Zittersdorf.[170] In Freiheit versuchte Figl, die Neugründung einer bürgerlichen Bewegung zu planen, die als „Erbe der Christsozialen" galt und nach dem Krieg die Arbeit aufnehmen sollte.[171] Von den Überlegungen

156 Trost, „Österreich ist frei!" Leopold Figl und der Weg zum Staatsvertrag, S. 102 f.
157 Ströbitzer, Leopold Figl und seine Zeit, S. 32 und Trost, „Österreich ist frei!" Leopold Figl und der Weg zum Staatsvertrag, S. 97 f.
158 Ströbitzer, Leopold Figl und seine Zeit, S. 33.
159 Agstner/Enderle-Burcel/Follner, Österreichs Spitzendiplomaten zwischen Kaiser und Kreisky, S. 540.
160 Trost, „Österreich ist frei" Leopold Figl und der Weg zum Staatsvertrag, S. 87.
161 Agstner/Enderle-Burcel/Follner, Österreichs Spitzendiplomaten zwischen Kaiser und Kreisky, S. 540.
162 Trost, „Österreich ist frei" Leopold Figl und der Weg zum Staatsvertrag, S. 88 ff.
163 Pelinka, Österreichs Kanzler, S. 22.
164 Ebd.
165 Trost, „Österreich ist frei" Leopold Figl und der Weg zum Staatsvertrag, S. 92 f.
166 „Den Nationalsozialisten geht es nicht um eure blauen Augen und eure blonden Haare. Es geht ihnen um unsere Wälder, denn sie brauchen Holz, es geht ihnen um unseren Erzberg, denn sie brauchen Eisen. Es geht ihnen um unser Gold und um unsere Devisenschätze. Wenn ihr dem Nationalsozialismus huldigt, dann seid ihr nächtes Jahr im Krieg. Und wer von euch heimkommt, das weiß ich nicht." Pelinka, Österreichs Kanzler, S. 23, der aus der Figl Biografie von Susanne Seltenreich zitiert. Vgl. hierzu auch: Ströbitzer, Leopold Figl und seine Zeit, S. 55.
167 Pelinka, Österreichs Kanzler, S. 23 f. und Ströbitzer, Leopold Figl und seine Zeit, S. 56.
168 Trost, „Österreich ist frei" Leopold Figl und der Weg zum Staatsvertrag, S. 120.
169 Pelinka, Österreichs Kanzler, S. 26.
170 Ströbitzer, Leopold Figl und seine Zeit, S. 66.

erhielt die Gestapo Kenntnis. Figl wurde im Oktober 1944 erneut verhaftet und in das KZ Mauthausen deportiert.[172]

Das Jahr 1945 war für Figl ein turbulentes Jahr (mit vielen Veränderungen). Die Nationalsozialisten überstellten ihn „in die Todeszelle des Landgerichtes".[173] Die geplante Hinrichtung fand aber mit der Befreiung durch die Sowjets am 6. April 1945 nicht mehr statt.[174] Er war frei.[175] Figl verbrachte viele Jahre in politischer Gefangenschaft.[176] Dennoch oder gerade deshalb erhielt er schon kurz nach seiner Haftentlassung neue politische Aufgaben.

Die sowjetische Militärkommandantur beauftragte ihn am 12. April 1945, eine Organisation zur Versorgung der Bevölkerung mit Lebensmitteln aufzubauen.[177] Zusätzlich erhielt er den Auftrag, den Bauernbund wieder zu gründen.[178] Fünf Tage später, am 17. April 1945, wurde die Österreichische Volkspartei gegründet, am gleichen Tag übernahm er mit dem Sozialdemokraten Oskar Helmer und Otto Mödlagl (KPÖ) kommissarisch die Verwaltung des Landes Niederösterreich.[179] Zehn Tage später, am 27. April 1945, wurde Figl unter Karl Renner als Staatssekretär der provisorischen Staatsregierung ohne Portefeuille in die Regierung berufen.[180]

Als Parteimitglied der Österreichischen Volkspartei und Mitglied der provisorischen Regierung setzte sich Figl im Rahmen einer Länderkonferenz gegen Spaltungstendenzen seiner Partei und für eine gesamtösterreichische provisorische Regierung ein.[181] Zusätzlich zu seiner Position im Kabinett und im Bauernbund wurde er am 8. September 1945 zum Bundesparteiobmann der Österreichischen Volkspartei und zum Spitzenkandidaten für die Nationalratswahl gewählt.[182] Als ehemaliger KZ-Gefangener konnte Figl keine Nähe zum „austrofaschistischen Regime" nachgesagt werden; dies und seine Tätigkeit als Vorsitzender im Bauernbund machten Figl zu einem aussichtsreichen Kandidaten für ein neues Österreich.[183] Er war ein ernstzunehmender Gegner, der sich nicht mit den Sozialdemokraten versöhnen musste, da er kein „überzeugter Vertreter jenes ‚vaterländisch-autoritären' Kurses gewesen" war.[184] Vor den Wahlen am 25. November 1945 warb Figl für ein „neues, demokratisches Österreich".[185]

---

171 Trost, „Österreich ist frei" Leopold Figl und der Weg zum Staatsvertrag, S. 135 ff.

172 Pelinka, Österreichs Kanzler, S. 26.

173 Ströbitzer, Leopold Figl und seine Zeit, S. 69.

174 Ebd., S. 69.

175 Ebd., S. 74.

176 *Die Zeit* Nummer 21/1953.

177 Pelinka, Österreichs Kanzler, S. 26 f.

178 Trost, „Österreichs ist frei" Leopold Figl und der Weg zum Staatsvertrag, S. 62.

179 Pelinka, Österreichs Kanzler, S. 27.

180 Ebd.

181 „Aber es ist Figl wirklich gelungen, diesen Eindruck zu zerstreuen, es ist den Ost-Österreichern wirklich gelungen, die West Österreicher davon zu überzeugen, daß zumindestens die ÖVP-Leute selbständig denken und im Grunde genauso denken wie sie. Das war nicht zuletzt ein Verdienst der Art Figls, die Vertrauen eingeflößt hat." Trost, „Österreichs ist frei" Leopold Figl und der Weg zum Staatsvertrag, S. 151 f.

182 Pelinka, Österreichs Kanzler, S. 27 und Ströbitzer, Leopold Figl und seine Zeit, S. 82.

183 Pelinka, Österreichs Kanzler, S. 19.

In den Wahlen vom 25. November 1945 erhielt die Österreichische Volkspartei die absolute Mehrheit der Abgeordneten, bildete aber mit den anderen Parteien eine Konzentrationsregierung unter der Leitung von Figl.[186] Am 20. Dezember 1945 wurde er zum Bundeskanzler der Zweiten Republik Österreichs gewählt.[187] Figl war in seiner Regierungszeit und als Parteivorsitzender unumstritten und nur die von seinem Parteikollegen (Karl Gruber) prominent gemachte Diskussion um die „Figl-Fischerei" führte zu einer politischen Diskussion.[188] Die Regierung unter Figl wurde im November 1949 bestätigt, wobei die Österreichische Volkspartei die absolute Mehrheit verlor; es wurde erneut eine Koalitionsregierung gebildet.[189] Mit dem Sieg des sozialdemokratischen Kandidaten Theodor Körner bei der Bundespräsidentenwahl am 27. Mai 1951, der mit Unterstützung der Kommunisten gewann, stieg die Unzufriedenheit mit Figl in der eigenen Partei.[190] Im Ergebnis wurden Entscheidungen gegen ihn getroffen, und er trat am 14. Juni 1951 als Parteiobmann zurück.[191] Raab löste Figl als Vorsitzenden der Partei ab.[192] Als Bundeskanzler unternahm Figl noch verschiedene Auslandsreisen, u. a. war er als erster österreichischer Bundeskanzler in den USA.[193] Bei den Wahlen 1953 erhielten die Sozialdemokraten mehr Stimmen der Wahlberechtigten, aber die Wahlregeln ergaben im Parlament dennoch einen Abgeordneten mehr für die Österreichische Volkspartei.[194]

Nach diesen Wahlen wurde Figl von Raab als Bundeskanzler abgelöst.[195] Unter dem neuen Bundeskanzler Raab veränderte sich die politische Ausrichtung der österreichischen Außenpolitik.[196] Für eine kurze Zeit war Figl nicht in der österreichischen Regierung. Dies änderte sich, als Gruber durch die Buchveröffentlichung (Befreiung und Freiheit) in seiner Position als Außenminister nicht mehr zu halten war und am 14. November 1953 zurücktreten musste. Raab nutzte die Chance der „Wiedergutmachung" und bot Figl die Position des Außenministers an, die dieser am 25. November 1953 übernahm.[197] Seine neue Funktion übte Figl sehr aktiv aus.[198]

---

184 Ebd., S. 20.

185 Wagner, Geschichte Österreichs, S. 320.

186 Vocelka, Geschichte Österreichs, S. 319. Die ÖVP erhielt 85, die SPÖ 76 und die KPÖ 4 Abgeordnete, damit hatte die ÖVP die absolute Mehrheit. Trost, „Österreich ist frei!" Leopold Figl und der Weg zum Staatsvertrag, S. 51.

187 Pelinka, Österreichs Kanzler, S. 19.

188 Ebd., S. 28. Die Gespräche, die zwischen der Österreichischen Volkspartei und der Kommunistischen Partei auf höchster Ebene stattfanden, waren umstritten, führten im Ergebnis zur Westorientierung der Außen- und Wirtschaftspolitik. Gehler, Vom Marshall-Plan bis zur EU, S. 24 f.

189 Wagner, Geschichte Österreichs, S. 324 und Ströbitzer, Leopold Figl und seine Zeit, S. 127.

190 Trost, „Österreich ist frei!" Leopold Figl und der Weg zum Staatsvertrag, S. 252 f.

191 „Leopold Figl hatte an diesem 14. Juni 1951 den Höhepunkt seiner machtpolitischen Laufbahn überschritten. Er sollte noch viele erhebende Augenblicke erleben, für die Bevölkerung blieb der Figl der Figl, der Poidl der Poidl, aber sein Surz als Bundeskanzler war nur noch eine Frage der Zeit." Ebd., S. 254.

192 Ströbitzer, Leopold Figl und seine Zeit, S. 132.

193 An der Fordham University erhielt er den Ehrendoktor, Trost, „Österreich ist frei!" Leopold Figl und der Weg zum Staatsvertrag, S. 255 ff.

194 Ebd., S. 269 f.

195 Ebd., S. 273 ff.

Die Regierung Raab forcierte die Gedanken einer stärkeren Neutralität, einer Politik, der auch Figl, wenn auch nicht so überzeugt wie Raab, folgte.[199] So erklärte er in der Funktion des Außenministers auf der Berliner Außenminsterkonferenz, dass Österreich im Falle eines Staatsvertrages keine Militärbündnisse eingehen wolle.[200]

Am 15. Mai 1955 unterzeichnete Figl, als Außenminister, den österreichischen Staatsvertrag und präsentierte ihn vom Balkon des Belvedere der Bevölkerung.[201] Figl: „Österreich ist frei".[202] „Volle Einigung, wir haben volle Einigung erzielt!"[203]

Zehn Jahre und ein paar Tage waren seit Beginn der provisorischen Regierung vergangen, eine Zeit, die Figl aktiv in und für Österreich mitgestaltete.[204]

Im Sommer 1959, nach den Wahlen, kam es zur erneuten Regierungsumbildung, bei der Bruno Kreisky (SPÖ) die Position des Außenministers von Figl übernahm.[205] Figl erhielt eine neue Funktion in der Republik und wurde einstimmig zum Ersten Nationalratspräsidenten gewählt.[206] Einige Jahre später, am 31. Januar 1962, wurde er einstimmig zum Landeshauptmann von Niederösterreich gewählt.[207] Sein letzter öffentlicher Auftritt fand anlässlich des 20. Jahrestags der Zweiten Republik am 26. April 1965 statt. Figl starb am 9. Mai 1965 in Wien.[208]

Figl wurde zum Symbol eines neuen, unbelasteten Österreichs, sowohl in der Österreichischen Volkspartei als auch innerhalb der Regierung.[209] „Einfach, volksverbunden, im wahrsten Sinne des Wortes bauernschlau, provinziell (Figl sprach auch als Außenminister keine Fremdsprache), aber nicht engstirnig", so wurde Figl gekennzeichnet.[210]

---

196 Wagner, Geschichte Österreichs, S. 325.

197 Trost, „Österreich ist frei" Leopold Figl und der Weg zum Staatsvertrag, S. 278 f.

198 Ebd., S. 279 f.

199 Ebd., S. 286 f.

200 Ströbitzer, Leopold Figl und seine Zeit, S. 141 f.

201 Pelinka, Österreichs Kanzler, S. 35.

202 Ströbitzer, Leopold Figl und seine Zeit, S. 145 f.

203 Trost, „Österreich ist frei!" Leopold Figl und der Weg zum Staatsvertrag, S. 9.

204 „Zehn Jahre – fast acht davon hatte Figl als Bundeskanzler gesehen. Zehn Jahre, in denen Figl und Österreich eins waren." Trost, „Österreich ist frei!" Leopold Figl und der Weg zum Staatsvertrag, S. 17.

205 „Das Bauernopfer, das dabei gebracht wurde, hieß jedoch Leopold Figl." Ebd., S. 331.

206 Ströbitzer, Leopold Figl und seine Zeit, S. 154.

207 Ebd., S. 8, Einleitung durch Erwin Pröll (Landeshauptmann Niederösterreich) und S. 158.

208 Agstner/Enderle-Burcel/Follner, Österreichs Spitzendiplomaten zwischen Kaiser und Kreisky, S. 540.

209 Pelinka, Österreichs Kanzler, S. 20.

210 Zit. nach Peter Pelinka, Ebd.

2   Karl Gruber

Karl Gruber wurde am 3. Mai 1909 in Innsbruck geboren.[211] Seine Mutter stammte aus Südtirol, der Vater aus Kufstein/Tirol.[212] Schon früh kam Gruber durch seine Familie mit der Sozialdemokratie in Kontakt.[213] Noch in seiner Schulzeit war er bei den „jungen Sozialisten" und ein „überzeugter Marxist".[214] Nach dem Schulabschluss begann er sein Jurastudium 1932/33 und arbeitete als Werkstudent bei der Postdirektion. Gruber „schloss sich noch während des Studiums der Rechtswissenschaft im Jahre 1935 der katholischen Vereinigung Austria-Wien des Cartell-Verbandes an".[215] Aus dem ehemaligen „Mitglied der sozialistischen Arbeiterjugend" wurde ein „akademischer Bürger", der andere Weltanschauungen vertrat.[216] Den Umzug in die politische Metropole Wien interpretiert Michael Gehler als möglichen Grund für den „weltanschaulichen Wechsel" zum „konservativ-katholischen Lager", der Karl Gruber nicht nur Kritik vom Elternhaus einbrachte, sondern auch von den Sozialdemokraten.[217] Er beendete sein Studium mit der Promotion in den Rechtwissenschaften 1936.[218]

Gruber engagierte sich neben der wissenschaftlichen Arbeit vielfältig: Er arbeitete nicht nur in der österreichischen Post- und Telegraphendirektion, sondern auch beim Amt des österreichischen Preiskommissärs und auch als Redakteur und Verlagsleiter für eine gewerbliche Fachzeitung. Laut Michael Gehler hatte er damit eine „gute Ausgangsposition für eine gehobene Stellung im österreichischen Staat geschaffen". Seine politische Sichtweise entwickelte sich in den Jahren 1934–1938 „immer mehr zu einer antinationalistischen und proösterreichischen Richtung".[219] Schon früh überlegte Gruber, was er „gegen die ansteigende Flut der NS-Propaganda" unternehmen könne. Dabei hörte er Telefone, auch der Nationalsozialisten in Österreich, ab und erhielt über diesen Weg die

---

211 Johannes Eidlitz, Dr. Karl Gruber – Führer im Widerstand, in: Lothar Höbelt und Othmar Huber, Für Österreichs Freiheit. Karl Gruber – Landeshauptmann und Außenminister 1945–1953, Innsbruck 1991, S. 185–194, S. 186.

212 Der Vater stammte aus einem „bäuerlichen Milieu". Michael Gehler, Dr. Ing. Karl Gruber – Erster Landeshauptmann von Tirol nach dem Zweiten Weltkrieg, in: Höbelt/Huber, Für Österreichs Freiheit, S. 11–70, S. 13.

213 Eidlitz, Dr. Karl Gruber – Führer im Widerstand, S. 185–194, S. 186. Die Mutter Karl Grubers war vor dem Ersten Weltkrieg Mitglied des Parteivorstandes der Sozialdemokratischen Partei Tirols, in: Gehler, Dr. Ing. Karl Gruber – Erster Landeshauptmann von Tirol nach dem Zweiten Weltkrieg, S. 11–70, S. 13 f.

214 Noch in Innsbruck beschrieb sich Karl Gruber als „ehemals katholisch, jetzt kirchenfrei", er stammte aus einer siebenköpfigen Familie. Er und seine zwei Brüder gehörten der sozialdemokratischen Partei an. Gehler, Dr. Ing. Karl Gruber, S. 11–70, S. 14 ff.

215 Ebd., S. 14 ff.

216 Gehler, Modellfall für Deutschland?, S. 40. Michael Gehler interpretiert den Wechsel der politischen Sichtweise eher mit den Möglichkeiten, die sich Karl Gruber, einem aus dem „Arbeitermilieu und von sozialdemokratischen Elternhause stammenden Mann", in der Welt der „Gelehrten" eröffneten. Gehler, Dr. Ing. Karl Gruber, S. 11–70, S. 15 ff.

217 Während des Studiums lernte er seine zukünftige Frau kennen. Karl Grubers Frau war die Tochter eines Juristen und Bankdirektors. Gehler, Dr. Ing. Karl Gruber, S. 11–70, S. 15.

218 Ebd., S. 17.

219 Ebd., S. 17 f.

Information, dass die „Okkupation Österreichs" geplant wurde.[220] Nach dem „Anschluß" Österreichs an Deutschland verlor Gruber seine Arbeit und wurde in ein Postamt versetzt.[221] Persönlich empfand er den Anschluss als eine „schmerzliche Niederlage".[222] Er entschloss sich, um einer Gefangenschaft zu entgehen, in das „Altreich" zu einem rüstungsnahen Betrieb zu wechseln und ging als Ingenieur zur AEG nach Berlin, wobei er in Wien keine Adresse hinterließ.[223] Erst nach einem Jahr ermittelte die Gestapo seinen Wohnort. Mit Unterstützung der AEG-Leitung blieb Gruber, trotz weiterer Nachfragen der Gestapo, bis zum Kriegsende bei der AEG beziehungsweise Telefunken.[224] Gehler bezeichnete den Wechsel nach Berlin als „eine[n] der klügsten und geschicktesten Schachzüge seiner bisherigen Karriere", da die Industrie durch die Kriegsüberlegungen Hitlers einen hohen Stellenwert besaß und gute Beschäftigungsmöglichkeiten auch für Nicht-Nationalsozialisten bot.[225] Er wurde unabkömmlich gestellt und nicht zur Wehrmacht eingezogen.[226] Grubers eigentliches Ziel war aber die Auswanderung. Die Chance dazu sah er durch ein Arbeitsangebot als „Assistant Instructor in the Political Science Department" der Fordham University, das am 1. März 1939 beginnen sollte.[227] Er befürchtete jedoch, keine Ausreisegenehmigung zu bekommen und stoppte den Versuch.[228] In der Kriegszeit erstellte Gruber kaum wissenschaftliche Veröffentlichungen, dennoch fertigte er bis 1945 das Buch „Politik zur Mitte", das ein Jahr später publiziert wurde.[229] Schon 1940 stand für Gruber fest, „dass einem Verhältnis der Über- und Unterordnung zwischen Nationen auf die Dauer keine Stabilität innewohnen kann, da jedes Abhängigkeitsverhältnis revolutionäre Kräfte auslöst, die den Bestand einer solchen Ordnung gefährden".[230]

---

220 Die Überwachung erweiterte er auf die Deutsche Botschaft, die in Kontakt zu Regierungsstellen in Berlin stand. Karl Gruber übermittelte zur Planung der „Okkupation Österreichs" direkt an ein österreichisches Regierungsmitglied. Dieser interpretierte die Information als „Tatarennachricht" und unternahm nichts. Eidlitz, Dr. Karl Gruber – Führer im Widerstand, S. 187.

221 Ebd., S. 188.

222 Gehler, Dr. Ing. Karl Gruber, S. 11–70, S. 18.

223 Als bekannter aktiver Gegner der Nationalsozialisten und aktiver christlicher Gewerkschafter war er in Gefahr, direkt verhaftet zu werden. Eidlitz, Dr. Karl Gruber – Führer im Widerstand, S. 185–194, S. 188.

224 Ebd., S. 189. Weitere Nachfragen der Gestapo aus Wien führten dazu, dass er im Juni 1940 zu einer Tochterfirma der AEG, Telefunken, wechselte. Karl Gruber führte dort ein „verhältnismäßiges ruhiges Leben" und entwickelte Neuerungen in der Schwachstromtechnik, die später patentiert wurden. Gehler, Dr. Ing. Karl Gruber, S. 11–70, S. 19.

225 Ebd., S. 18.

226 Gehler, Modellfall für Deutschland?, S. 40.

227 Seine zukünftige Frau Helga arbeitete zu diesem Zeitpunkt in Brüssel für eine internationale Holzorganisation. Gehler, Dr. Ing. Karl Gruber, S. 11–70, S. 19.

228 Ebd.

229 Seine Arbeit hatte visionäre Züge für „ein zukünftiges Europa" und beinhaltet einen „Bundesverfassungsentwurf künftiger vereinter Nationen". Diese Gedanken zirkulierten innerhalb der österreichischen Kolonie und anti-nationalistischen Betriebszellen in Berlin. Ebd., S. 19 f. In dem Buch „Politik der Mitte" sprach sich Karl Gruber für die Gründung einer Völkergemeinschaft aus, „die sich vornehmlich aus den europäischen und angelsächsischen Ländern zusammensetzten und eine Gegenkraft zur Sowjetunion bilden sollte". Gleichzeitig sprach er sich für die Stärkung der Mittelschicht und eine Absage an jede Art der Radikalität aus. Ebd., S. 50 f.

In der Zeit von 1938 bis 1945 unterhielt Gruber „ausgezeichnete Verbindungen zu den Amerikanern und Briten", „was für seine politische Karriere nach 1945 nicht bedeutungslos gewesen sein dürfte".[231] Er knüpfte Kontakt zu anderen Auslandsösterreichern und auch zum amerikanischen Geheimdienst Office of Strategic Services (OSS) in Bern unter der Leitung Allen W. Dulles.[232] Bei einem kurzen Besuch in Innsbruck bekam er Kontakt zu der Widerstandsbewegung in Tirol, mit der er, wie auch mit der Wiener Widerstandsbewegung, in Verbindung blieb.[233] Während des Krieges änderte er öfter seinen Arbeitsort, bis er im Januar 1945 Straubing/Niederbayern erreichte.[234] Zum Kriegsende ging er nach Innsbruck.[235]

Karl Grubers eigentliches Ziel war Wien, doch durch den Vormarsch der Sowjets blieb er in Innsbruck und wurde schnell zur „Schlüsselfigur des Tiroler Widerstandes".[236] Am 15. März 1945 wurde Gruber gefragt, ob er die Führung der Widerstandsgruppen in Tirol übernehmen könne.[237] Die Erfahrungen des Widerstands in Berlin kamen Gruber zugute und er versuchte, die Wehrmacht in die Entwaffnung miteinzubeziehen.[238] Noch vor „Einrücken der alliierten Verbände" sollte die Herrschaft der Nationalsozialisten eigenständig beendet werden.[239] Am 3. Mai 1945 besetzten Widerstandskämpfer das geräumte Regierungsgebäude in Innsbruck und „zogen eine rot-weiß-rote Fahne auf."[240]

Gruber wurde Vorsitzender des Exekutivausschusses der österreichischen Widerstandsbewegung (ÖWB) und veranlasste erste Verwaltungsmaßnahmen.[241] Direkt am 3. Mai 1945 trafen sich die US-Amerikaner in Innsbruck mit dem Exekutivausschuss und ernannten diesen zur provisorischen Landesregierung in Tirol.[242] Grubers Autorität wurde durch seine Tätigkeit und sein „temperamentvolles und dynamisches Wesen" gestärkt.[243] Durch sein Verhalten vor und nach dem Krieg hatte er insgesamt sehr gute Vorausset-

230 *Die Zeit* 21/1953.

231 Gehler, Dr. Ing. Karl Gruber, S. 11–70, S. 12 f.

232 Ebd., S. 20 f.

233 Karl Gruber verschaffte seinem Bruder Gustav eine Arbeitsstelle in Berlin. Dieser pendelte zwischen Innsbruck und Berlin. Ebd., S. 20 f.

234 Ebd., S. 21.

235 *Die Zeit* 21/1953.

236 Karl Gruber entwickelte sich als „eine Art Kompromißkandidat" zwischen Professor Karl Gamper und Univ. Prof. Dr. Eduard Reut-Nicolussi, die sich untereinander nicht über die Führung einigen konnten. So übernahm Karl Gruber die Führung. Gehler, Dr. Ing. Karl Gruber, S. 11–70, S. 22 f.

237 Eidlitz, Dr. Karl Gruber – Führer im Widerstand, S. 185–194, S. 192.

238 Es gelang, große Mengen an Waffen aus den Kasernen zu schaffen und die Gruppen waren bereit, die Macht in Tirol zu übernehmen. Ebd., S. 192 f.

239 Gehler, Dr. Ing. Karl Gruber, S. 11–70, S. 21. Ab 30.4. und 2.5.1945 wurden verschiedene Gestapo-Einrichtungen und -Kasernen eingenommen. Ebd., S. 11–70, S. 21 und S. 25.

240 Ebd., S. 25 f.

241 Ebd., S. 27.

242 Die Arbeit der provisorischen Regierung musste durch die Alliierten genehmigt werden, was abgesehen von Ausnahmen geschah. Die Regierung bestand aus Vertretern der Sozialdemokraten, der Kommunisten und der Volkspartei. Die schwierigste Aufgabe war die Versorgung der Bevölkerung mit Lebensmitteln. Ebd., S. 27 ff.

243 Ebd., S. 27.

zungen, amerikanischer Vertrauensmann und provisorischer Landeshauptmann von Tirol zu werden.[244] Am 23. Mai 1945 wurde Gruber zum Landeshauptmann Tirols gewählt.[245] Kritisch wurde von ihm der Wechsel der Besatzungsmächte gesehen, da er erwartete, dass sich die Versorgung Tirols mit lebensnotwendigen Gütern verschlechtern würde – die Amerikaner zogen am 9. Juli 1945 ab und die Franzosen übernahmen die Kontrolle.[246]

Als Landeshauptmann versuchte Gruber energisch die Vereinigung Tirols voranzutreiben. „Die bloße Autonomie ist keine Lösung. Niemals wird eine bloße Autonomie eine Lösung seiner politischen und wirtschaftlichen Schwierigkeit bedeuten," so Karl Gruber zur Südtirol-Frage.[247]

Auch im Rahmen der Neuorientierung des österreichischen Parteiensystems arbeitete Gruber aktiv an der Gründung der Österreichischen Volkspartei mit.[248] Als Landeshauptmann und Vertreter der Österreichischen Volkspartei nahm er an mehreren Konferenzen teil mit dem Ziel, ein einheitliches Österreich zu erreichen. In dieser Funktion war er anfänglich gegenüber der provisorischen Regierung in Wien skeptisch eingestellt.[249] Diese Meinung änderte sich ab Mitte August, stattdessen stand eine Regierungsbeteiligung auf dem Programm.[250] Am Ende der Länderkonferenz wurde Gruber am 26. September 1945 zum Unterstaatssekretär für Äußeres ernannt, die Österreichische Volkspartei trat in die provisorische Regierung in Wien ein.[251] Auf der Länderkonferenz wurde außerdem ein Termin für freie und geheime Wahlen für den 25. November 1945 angesetzt.[252]

Er tat „den entscheidenden Schritt, den Westen Österreichs in die 2. Republik einzubinden", zu einem Zeitpunkt, als die provisorische Regierung noch als eine „sowjetische Marionettenregierung" gesehen wurde. Da Gruber „als ein entschiedener Antikommunist galt", war dieser Entschluss von Wichtigkeit und hatte „Signalwirkung", um auch eine Teilung in Zonengrenzen zu verhindern.[253]

---

244 Gehler, Modellfall für Deutschland?, S. 40.

245 Gehler, Dr. Ing. Karl Gruber, S. 11–70, S. 33.

246 Karl Gruber bedankte sich bei den US-Amerikanern,"to overcome the enormous initial difficulties of reconstruction work we all faced with. Roads, streets and railroad tracks have been repaired with the assistance of American engineers within an astonishingly short time, so that railroad traffic has been functioning in all directions since quite time." Gehler, Dr. Ing. Karl Gruber, S. 11–70, S. 39 ff. Die drängende Frage blieb aber weiter die Lebensmittelversorgung. Bethouart als französischer Hochkommissar der französischen Zone traf am 18.7.1945 in Innsbruck ein und bekräftigte die Priorität des Wirtschaftsaufbaus, Ebd., S. 41.

247 Ebd., S. 49.

248 Ebd., S. 53.

249 Ebd., S. 55 f.

250 Karl Gruber hatte bei Gesprächen mit einem russischen Oberst „nicht den Eindruck, daß Rußland in Österreich einen kommunistischen Stützpunkt errichten wolle". Ebd., S. 57.

251 Josef Leidenfrost, Karl Gruber und die Westorientierung Österreichs 1945, in: Höbelt/Huber, Für Österreichs Freiheit, S. 101–119, S. 102.

252 Die prowestliche Haltung Karl Grubers war für Briten und die USA wichtig, um eine gesamtstaatliche Regierung zu akzeptieren. Gehler, Dr. Ing. Karl Gruber, S. 11–70, S. 57 f.

253 Höbelt/Huber, Für Österreichs Freiheit, S. 7.

Aus den Wahlen ging die Österreichische Volkspartei als Sieger hervor, und Karl Gruber verantwortete als Außenminister den Aufbau des Außenministeriums.[254] Auch im neuen Kabinett Figl suchte er weiter engen Kontakt zu den USA. Auch die lange Reise Grubers vom 19. Oktober 1946 bis zum 20. November 1946 in die USA, mit verschiedenen Vorträgen und Treffen mit US-amerikanischen Politikern, verdeutlichte „die offen gezeigte Amerika-Freundschaft".[255] Gruber war aus westlicher Sicht eine vertrauensbildende Persönlichkeit.[256] Kritischer sahen dagegen die Kommunisten seine politische Haltung.[257]

Wie schon in der Funktion des Tiroler Landeshauptmannes, war ein Schwerpunkt seiner politischen Arbeit die Südtirol-Frage. Schon am 11. Januar 1946 fanden zu dem Thema erste Gespräche mit einem italienischen Gesandten im Rahmen einer Handelsdelegation statt.[258] Gruber versuchte Südtirol wieder an Österreich anzubinden, die Chancen standen dafür aber schlecht.[259] Am 1. Mai 1946 lehnten „die Außenminister in Paris, die österreichische Forderung nach Rückgabe Südtirols" ab.[260] Das Gruber-de Gasperi-Abkommen vom 6. September 1946 sahen viele Kritiker als einen „eklatanten Mißerfolg".[261] Die politische Position Grubers war dadurch geschwächt.[262] Friedl Volgger, der an den Verhandlungen für die Südtiroler Volkspartei teilgenommen hatte, bezeichnete dagegen später das Abkommen als Basis für die weiteren Entwicklungen in Südtirol.[263]

Ein weiteres wichtiges außenpolitisches Thema waren die Verhandlungen zum Staatsvertrag und dem damit verbundenen Abzug der Alliierten.[264] Die Frage des Deutschen Eigentums, die Deutsche Frage insgesamt und die wirtschaftlich angespannte Lage in Europa dominierten die Londoner und Moskauer Außenministerkonferenz. Aus Sicht Grubers stellten sich die USA hinsichtlich eines Vertragsabschlusses mit Österreich „stur".[265]

---

254 Gehler, Modellfall für Deutschland?, S. 40 und *Die Zeit* 21/1953.

255 Er pflegte den Kontakt, tauschte Informationen aus und traf sich regelmäßig mit dem politischen Berater General Clarks John Ehrhardt zu sonntäglichen Meinungsaustauschen. Leidenfrost, Dr. Ing. Karl Gruber und die Westorientierung Österreichs nach 1945, S. 101–119, S. 103 ff.

256 „John Ehrhardt, reüssierte Gruber als ‚the only leader of a provencial or local government in Austria, so far as I have been informed, who has expressed opposition to the Renner regime'." Ebd., S. 101–119, S. 103.

257 Ebd., S. 103.

258 Rolf Steininger, Karl Gruber und die Südtirolfrage 1945/46, in: Höbelt/Huber: Für Österreichs Freiheit, S. 71–100, S. 74.

259 „....bei nüchterner Einschätzung der Lage, vor allen Dingen der internationalen Rahmenbedingungen, hätte man auch in Wien erkennen können – erkennen müssen –, daß dafür von Anfang an die Chancen schlecht standen", Ebd., S. 76.

260 Ebd., S. 79 ff.

261 Leidenfrost, Karl Gruber und die Westorientierung nach 1945, S. 101–119, S. 105.

262 Ebd., S. 105 f.

263 Friedl Volgger, Verhandlungsteilnehmer der Südtiroler Volkspartei (Seite 205), war der Meinung, ohne das Abkommen „hätten die Südtiroler nie jene Instrumente zu ihrem Schutz erhalten" und kritisierte die Kritik an dem Abkommen. Friedl Vollger, Karl Grubers große Leistung, S. 208 f., in: Höbelt/Huber, Für Österreichs Freiheit, S. 195–209, S. 195, S. 205 und S. 208 ff.

264 Leidenfrost, Karl Gruber und die Westorientierung, S. 101–119, S. 109.

265 „Die proamerikanische Karte Grubers stach diesmal nicht." In einem Bericht an die Regierung äußerte sich Karl Gruber äußerst kritisch über die US-amerikanische Verhandlungslösung. Ebd., S. 109 f.

Das Scheitern der Staatsvertrags-Verhandlungen hatte innenpolitische Verwerfungen zur Folge und war der zweite außenpolitische Misserfolg Grubers innerhalb kurzer Zeit.[266]

Der öffentliche Diskurs über die „Figl-Fischerei" führte aber im Ergebnis zu einem proamerikanischen Kurs sowohl der SPÖ als auch der ÖVP. Damit war die Orientierung der Außenpolitik klarer, die Option für den Westen „war die Option Karl Grubers".[267] Die Verhandlungen auf dem Weg zum Marshall-Plan, die Gründung der OEEC, waren ein weiteres wesentliches außen- und wirtschaftspolitisches Gebiet, mit dem sich Gruber auseinandersetzte.[268]

Die Spannungen im Kalten Krieg und der Konflikt in Korea gaben der österreichischen Außenpolitik und damit Gruber keine Möglichkeit, einen Staatsvertag zu verhandeln. Der Tod Josef Stalins, die Neuwahl von Präsident Dwight D. Eisenhower und der Waffenstillstand in Korea schafften neue Handlungsoptionen.[269] Als auch in Österreich der neue Kanzler Raab die Ausrichtung der österreichischen Außenpolitik hin zu einer sowjetfreundlicheren Politik änderte, veränderte sich damit auch der von Gruber verbundene Weg einer auf den Westen ausgerichteten Außenpolitik. In der Folge wurde im Jahre 1953 konkret die Möglichkeit der Bündnisfreiheit erörtert.[270] Dieser Politik folgte auch Gruber.[271] Er erklärte am 7. Juli 1953, „es sei immer schon die erklärte Politik Österreichs gewesen, sich aus militärischen Blöcken herauszuhalten".[272] Die Positionsverschiebung verärgerte die Westmächte, sie bezeichneten die Vorgehensweise der Sondierungen, ohne Absprache, als typischen „Gruberism".[273] Faktisch wurde Gruber von einem Vertreter der westlichen Politik „zu einem der Wegbereiter der neuen, vom Westen emanzipierten, unabhängigen österreichischen Außenpolitik".[274] Er war damit einer der ersten Vertreter dieser neuen Ausrichtung, trotz Kritik aus dem Westen.[275] „Auch wenn er die ersten Schritte auf dem Weg zur Neutralität Österreichs noch in seiner Amtszeit als Außenminister begleitet hat, war Gruber stets ein entschiedener Verfechter der Unterscheidung zwischen Neutralität und Neutralismus."[276]

---

266 In einer Zeit von Versorgungsengpässen erhöhte die Gesamtsituation den innenpolitischen Druck und es kam zu verstärkten Demonstrationen am 5.5.1947, mit der Forderung einer stärkeren Regierungsbeteiligung der Kommunisten und einer anderen Ausrichtung der Außenpolitik. Ebd., S. 110 f.

267 Leidenfrost, Karl Gruber und die Westorientierung nach 1945, S. 101–119, S. 113 f.

268 Kapitel IV, V und VI.

269 Günter Bischof, Karl Gruber und die Anfänge des ‚Neuen Kurses' in der österreichischen Außenpolitik 1952/53, in: Höbelt/Huber, Für Österreichs Freiheit, S. 143–183, S. 143.

270 Ebd., S. 143 f.

271 „Die österreichische Diplomatie entwickelte mit Raabs Regierungsantritt einen ausgeprägten Hang zur Unabhängigkeit.", Ebd., S. 158 ff.

272 Ebd., S. 167.

273 Karl Gruber wusste um die Schwierigkeiten, die der Westen mit den Neutralitätsbemühungen Österreichs hatte, daher wurde die Politik Raabs vom Westen skeptisch betrachtet. Selbst schrieb er das Buch „Zwischen Befreiung und Freiheit", das noch während seiner Amtszeit im Oktober 1953 veröffentlicht wurde und auch kritische Passagen über den Westen enthielt. Ebd., S. 167 ff.

274 Ebd., S. 169.

275 Ebd., S. 170.

276 Höbelt/Huber, Für Österreichs Freiheit, S. 7.

Am 26. November 1953 war seine Zeit als Außenminister beendet, sein Nationalrats-
mandat behielt er jedoch noch bis zum 19. Mai 1954. Ab Februar 1954 trat er in den Diplomatischen Dienst ein und wurde zum Botschafter in den USA und später auch für Kuba
und die Dominikanische Republik ernannt, eine Aufgabe, die er bis zum 5. Januar 1958 erfüllte.[277] In dieser Funktion arbeitete er aktiv an der Umsetzung des Staatsvertrages mit.[278]
Von Januar 1958 bis 1961 wechselte Gruber als Sonderbotschafter der „Internationalen
Atom-Energiebehörde nach Wien".[279] Es folgten weitere Botschaftstätigkeiten in Madrid
(1961–1966), wieder in Washington (1969–1972) und in Bern (1972–1974). Während der
Waldheim-Affäre wurde er 1987 als Sonderbotschafter in die USA entsandt.[280]

Gruber gehörte politisch 1945 „weder zur ersten noch zur zweiten Garnitur. Er war
ein unbekannter neuer Mann, der einzig und allein dank seiner Persönlichkeit in den
Vordergrund kam".[281] Gruber war nach Lothar Höbelt und Othmar Huber eine Ausnahme-
erscheinung in der österreichischen Politik.[282] Er wurde als „Individualist" bezeichnet, der
sich mit seiner „kantigen Art" nicht überall Freunde machte; einige kritisierten Gruber als
undiplomatisch.[283]

Gehler verweist auf den sowjetischen Historiker Wjatscheslaw Daschitschew, „der
neben Karl Renner, Julius Raab, und Leopold Figl auch Karl Gruber als eine österreichische Politikergröße nach dem Zweiten Weltkrieg hervorhob, die mit dazu beigetragen
hätte, Österreich nach 1945 aus dem Ost-West-Konflikt herauszuhalten, eine Haltung, die
letztendlich für die politische Freiheit und die staatliche Unabhängigkeit des Landes von
großer Bedeutung gewesen sei."[284] Karl Gruber starb am 1. Februar 1995.[285]

3   Karl Renner

Karl Renner wurde am 14. Dezember 1870 in Untertannowitz geboren.[286] Seine Eltern
Maria und Matthäus Renner hatten bereits 16 Kinder, als die Zwillingsbrüder Karl und
Anton (der schon nach einigen Wochen starb) geboren wurden.[287] Die Familie Renner
litt unter finanziellen Schwierigkeiten, die dazu führten, dass sie 1873 die Hälfte ihres

---

277 Agstner/Enderle-Burcel/Follner, Österreichs Spitzendiplomaten zwischen Kaiser und Kreisky,
     S. 211.
278 Bischof, Karl Gruber und die Anfänge des ‚Neuen Kurses' in der österreichischen Außenpoli-
     tik 1952/53, S. 143–183, S. 170.
279 Agstner/Enderel-Burcel/Follner, Österreichs Spitzendiplomaten zwischen Kaiser und Kreisky,
     S. 210 f.
280 Ebd.
281 „Wendigkeit und dennoch Konsequenz" und den Balanceakt zwischen „westlicher und öst-
     licher Welt" musste er bestehen. *Die Zeit* 21/1953. Abgerufen am 21.11.2012.
282 Höbelt/Huber, Für Österreichs Freiheit, S. 7.
283 Ebd., S. 7.
284 Gehler, Dr. Ing. Karl Gruber, S. 11–70, S. 11.
285 Agstner/Enderle-Burcel/Follner, Österreichs Spitzendiplomaten zwischen Kaiser und Kreisky,
     S. 210.
286 Untertannowitz (Dni Dunajovice), in der heutigen tschechischen Republik gelegen, Ebd., S. 542.
287 Siegfried Nasko, Karl Renner – Zu Unrecht umstritten? Eine Wahrheitssuche, Salzburg/Wien
     2016, S, 19 f.

Hauses verkaufen mussten.[288] Die Familie lebte „armselig", religiös römisch-katholisch geprägt.[289] Die finanziellen Verhältnisse der Familie Renner verschlechterten sich weiter und so wurde 1885 ihr Haus und ihr Grundstück zwangsversteigert, die Familie musste in ein Armenhaus ziehen.[290]

Renner wurde 1876 in Untertannowitz eingeschult und wechselte später auf das Gymnasium nach Nikolsburg, für das er im Herbst 1883 ein Stipendium erhielt.[291] Es gelang ihm das Gymnasium 1889 mit Auszeichnung abzuschließen.[292] Ab dem 1. Dezember 1889 bis Ende September 1890 absolvierte er einen freiwilligen, einjährigen Militärdienst in Wien.[293] Während seiner Zeit beim Militär wurde Renner „erstmals bewußt mit dem Sozialismus" konfrontiert. Obwohl er noch nicht studierte, schrieb er sich in der juristischen Fakultät ein.[294] Noch in Uniform, beim Bezug seiner neuen Wohnung, lernte er Luise Stoicis, seine spätere Frau kennen. Im Oktober 1890 begann er sein Jurastudium, er knüpfte erste Kontakte zu sozialistischen Gruppen und beschäftigte sich intensiver mit der Thematik des Sozialismus.[295] In der Phase der Familiengründung, am 16. August 1891 kam seine Tochter Leopoldine zur Welt, engagierte er sich stärker in der Arbeiterbewegung und näherte sich weiter der Sozialdemokratie an.[296] 1895 war er Mitbegründer der Naturfreunde[297] und lernte auch Dr. Victor Adler kennen.[298]

Als er am 1. Dezember 1895 „wissenschaftlicher Hilfsarbeiter" beim Archiv des Reichsrates wurde, intensivierte er seine Studien, heiratete 1896 seine Frau und schloss die Universität am 18. November 1898 mit Promotion ab.[299] Um als Beamte und Bibliothekar nicht in Konflikt mit dem Staat zu kommen, äußerte er sich unter einem Pseudonym von 1889 bis 1906 zu verschiedenen sozialdemokratischen Fragen.[300]

Renner begründete nach der Jahrhundertwende unter anderem mit Karl Kauskay, „die Intellektuellengruppe des Austro-Marxismus."[301] In diesem Kontext erschien 1904 sein Karl-Werk „Die soziale Funktion der Rechtsinstitute, besonders des Eigentums".[302] Björn Engholm schrieb zu Renner dem Austromarxismus und deren Zielen:

---

288 Siegfried Nasko/Johannes Reichl, Karl Renner – Zwischen Anschluß und Europa, Wien 2000, S. 102.

289 Nasko, Karl Renner – Zu Unrecht umstritten?, S. 20.

290 Nasko/Reichl, Karl Renner – Zwischen Anschluß und Europa, S. 102.

291 Die Initiative ging vom Schulleiter und dem Bürgermeister von Untertannowitz aus, Ebd., S. 105

292 Nasko, Karl Renner – Zu Unrecht umstritten?, S. 21.

293 Nasko/Reichl, Karl Renner – Zwischen Anschluß und Europa, S. 112.

294 Nasko, Karl Renner – Zu Unrecht umstritten?, S. 22.

295 Ebd., S. 23 f.

296 Ebd., S. 22 f.

297 Die Naturfreundebewegung zählt heute 500.000 Mitglieder, https://www.naturfreunde.at/ ueber-uns/naturfreunde/geschichte/. Abgerufen am 2.2.2019.

298 Nasko, Karl Renner – Zu Unrecht umstritten?, S. 24 f.

299 Ebd., S. 26.

300 Ebd., S. 26 f.

301 Björn Engholm, Vorwort in: Nasko/Reichl, Karl Renner, Zwischen Anschluß und Europa, S. 13.

302 Nasko, Karl Renner – Zu Unrecht umstritten?, S. 28.

Der Austromarxismus, als dessen Staatstheoretiker Renner gilt, wollte durch Hinwendung zu aktuellen gesellschaftlichen Fragen und Entwicklung praktischer Lösungskompetenzen den im Widerstreit zwischen Orthodoxie und Revisionismus erstarrten Marxismus revitalisieren.[303]

Dabei ging Renner immer von einer „demokratischen Basis" aus, indem der Staat der Mehrheit dienen solle, aus Renners Sicht würde langfristig der Anteil der Arbeiterklasse überwiegen.[304]

Renner engagierte sich auch auf anderen gesellschaftlichen Ebenen verstärkt. So wurde er im Genossenschaftswesen aktiv und unterstützte ab 1905 den Ersten Wiener Consumverein.[305] Ab 1911 wurde er zum Verbandsobmann der österreichischen Konsumgenossenschaften gewählt.[306] 1912 wurde er Mitbegründer des Kreditverbands der österreichischen Arbeitervereinigung.[307] Der Vorläufer der Arbeiterbank hatte das Ziel, die „Großeinkaufsgesellschaft österreichischer Consumvereine" aus der „Hörigkeit der Großbanken herauszulösen".[308] In seinem Wohnort Gloggnitz gründete er weiterhin eine Wohnungsbaugenossenschaft.[309]

In die Parlamentsarbeit trat Renner mit der Wahl 1907 ein, bei der er als Sozialdemokrat in den Reichsrat und auch 1908 als Landtagsabgeordneter für Niederösterreich gewählt wurde.[310]

Den Ersten Weltkrieg unterstützte Renner; ging jedoch nicht zum Militär, sondern engagierte sich stattdessen in vielfältigen Tätigkeiten in Österreich.[311] So wurde er beispielsweise Direktor des staatlichen Ernährungsamtes.[312] Kritiker aus den eigenen Reihen, warfen Renner eine zu große Nähe zur Monarchie vor. In der Zeit kam es auch zu Zerwürfnissen mit vielen seiner Wegbegleiter. Am deutlichsten wurde dies mit dem tödlichen Attentat von Friedrich Adler auf den österreichischen Ministerpräsidenten Karl Graf Sturgkh, bei der Renner 1917 im Prozess gegen Friedrich Adler für seine unehrliche Haltung stark kritisiert wurde.[313] Noch im Krieg und während der großen Streiks im Januar 1918 versuchte die Parteiführung der Sozialdemokraten auf die Streikenden Einfluss zu nehmen.[314] Obwohl sich im Oktober 1918 die „Provisorische Nationalversammlung für

---

303 Engholm, Vorwort, in: Nasko/Reichl, Karl Renner – Zwischen Anschluß und Europa, S. 13.

304 Die reformistischen Ansätze waren laut Nasko, Karl Renners „größte wissenschaftliche Leistung", Karl Renner – Zu Unrecht umstritten?, S. 28.

305 Ebd., S. 233.

306 Nasko/Reichl, Karl Renner – Zwischen Anschluß und Europa, S. 143.

307 Ebd., S. 144.

308 Nasko, Karl Renner – Zu Unrecht umstritten?, S. 30.

309 Ebd.

310 Ebd., S. 29.

311 Ebd., S. 30.

312 Nasko/Reichl, Karl Renner – Zwischen Anschluß und Europa, S. 31 f.

313 „Und wenn Sie (Richter) verstehen wollen, was mich hierher geführt hat, dann ist das die Tatsache, daß dieser Geist der biederen Verlogenheit in meine Partei, in die Sozialdemokratie, Eingang gefunden hat, daß er in ihr repräsentiert wird durch diesen Dr. Karl Renner, der nichts anderes darstellt als einen Lueger der Sozialdemokratie, der den Geist der Prinzipienlosigkeit, den Geist der Gaukelei in unsere Partei gebracht hat, daß man sich immer schämen muß, das auf sich sitzen zu lassen." Ebd., S. 29 f.

Deutsch-Österreich" konstituiert hatte, hielt Renner bei einem Besuch des Deutsch-Ös-
terreichischen Wirtschaftsbundes ein Pladöyer für die Monarchie.[315] Die führenden Parteien Österreichs betrachteten dabei ein sich bildendes „Deutsch-Österreich" als „Über-
gangsstadium" zu einem größeren Gebilde in einem gesamtdeutschen Rahmen.[316] Der
Zusammenschluss zweier demokratischer Staaten war geplant.[317] Die Friedensverträge
von St. Germain verboten den Zusammenschluss und es bildete sich mit der Republik
Österreich, ein „Staat wider Willen".[318]

Am 31. Oktober 1918 wurde Renner Leiter der Staatskanzlei der Republik „Deutsch-
Österreich".[319] In dieser Funktion übernahm Renner ohne Widerstände die Leitung der
Kabinettssitzung, er „mutiert" „zum Berichterstatter und Sprecher des Kabinetts, wodurch seine Rolle weiter einzementiert wird".[320] Die weiteren politischen Ereignisse, wie
zum Beispiel die Abdankung Kaiser Wilhelms II. in Deutschland, beschleunigten das
Ende der Monarchie in Österreich, förderten die Entwicklung hin zur Demokratie und
damit auch die politische Entwicklung Renners. Er nutzte die Zeit und legte am 11. November 1918 einen Verfassungsentwurf vor. *Die Wiener Zeitung* berichtete: „Der Staatskanzler Dr. Renner hat heute, 10 Uhr vormittags dem Staatsrat einen Gesetzesentwurf
an die morgen tagende Nationalversammlung unterbreitet, worin Deutsch-Österreich als
Republik und als Bestandteil der deutschen Republik erklärt wird."[321] Siegfried Nasko
und Johannes Reichl beschrieben Renners Entwicklung: „Der Leiter der Staatskanzlei ist
also auch medial zum Staatskanzler aufgestiegen."[322] Tragisch für Renner war aus Sicht
von Nasko die Wahl zum Regierungschef:

> Sein Triumph als Regierungschef – eine Funktion, mit der er immer kokettiert hat – basiert
> auf dem Untergang jenes Staates, an dessen Spitze er sich gerne gesehen hätte und für dessen
> Fortbestand er sich immer eingesetzt hat. Als Kanzler wird er zum Totengräber seiner eige-
> nen Visionen, seines gesamten bisherigen Lebenswerkes.[323]

Am 12. November 1918 wurde von der Provisorischen Nationalversammlung der von
Renners entwickelte Übergangsverfassungsentwurf angenommen.[324] Der Artikel 1 der
Verfassung nannte den Staat „Deutschösterreich" und schon in Artikel 2 erklärte sich der
neu bildende Staat „zum Bestandteil der deutschen Republik".[325] 1919, nach den für die

---

314 Der Parteivorstand beschloss, sich vorzubereiten, „um die Bewegung zu erfassen, zu leiten und
    vor Mißdeutung wie vor Abirrungen zu schützen" so Karl Renner als Reichstagsabgeordneter,
    Wagner, Geschichte Österreichs, S. 278 f.
315 Nasko/Reichl, Karl Renner – Zwischen Anschluß und Europa, S. 27.
316 Wagner, Geschichte Österreichs, S. 283.
317 Vocelka, Geschichte Österreichs, S. 272.
318 Ebd., S. 275 f.
319 Nasko/Reichl, Karl Renner – Zwischen Anschluß und Europa, S. 37.
320 Ebd., S. 38.
321 Ebd., S. 39.
322 Ebd., S. 39.
323 Ebd., S. 27 f.
324 Ebd., S. 39.
325 Wagner, Geschichte Österreichs, S. 284 und Neisser, Loibelsberger/Strobl, Unsere Republik

Sozialdemokraten erfolgreichen Wahlen, wurde eine Koalition mit den Christsozialen gebildet. Im Mai wurde er Leiter der Friedensdelegation in St. Germain und unterzeichnete dort am 10. September 1919 den Friedensvertrag.[326]

Die Vielzahl von weiteren Funktionen, die Renner in der Ersten Republik übernahm, waren:

- 21. Oktober 1918 bis 16. Februar 1919: Mitglied der Provisorischen Nationalversammlung
- 30. Oktober 1918 bis 7. Juli 1920: Staatskanzler,
- 4. März 1919 bis 9. November 1920: Mitglied der Konstituierenden Nationalversammlung
- 15. März 1919 bis 9. Mai 1919: Staatssekretär für Inneres und Unterricht
- 26. Juli 1919 bis 17. Oktober 1919: Staatskanzler, mit der Leitung des Staatsamtes für Äußeres betraut
- 17. Oktober 1919 bis 22. Oktober 1920: Staatssekretär für Äußeres.[327]

Nach den verlorenen Wahlen im Oktober 1920 gingen die Sozialdemokraten in die Opposition.[328] Renner blieb bis zum 17. Februar 1934 Nationalratsabgeordneter.[329]

Nach den vielen politischen Ämtern arbeitete er auch weiter an der genossenschaftlichen Idee. 1923 wurde auf Anregung Renners die Arbeiterbank gegründet, deren erster Präsident des Verwaltungsrates er wurde.[330] Drei Jahre später, ab 1. Januar 1926, wurde er zusätzlich Präsident der Großeinkaufsgesellschaft österreichischer Konsumvereine.[331]

In der sich verschärfenden politischen Diskussion sprach sich Renner für eine Verständigung aus, eine Sichtweise, die er auch nach dem Justizbrand 1927 weiter vertrat.[332] Am 4. März 1933 legte Renner in Absprache mit seiner Partei das Amt des Präsidenten des Nationalrates nieder, dem folgten aus politischen Gründen alle Nationalratspräsidenten und es kam dadurch zur „Selbstausschaltung" des österreichischen Parlamentes.[333] Die Regierung Dollfuß nutzte die Gelegenheit zur Ausschaltung des Parlaments.[334] Obwohl Renner nach Lösungsmöglichkeiten suchte, reagierten sowohl der Bundespräsident als auch die bürgerliche Regierung reserviert auf die Verständigungsversuche.[335] Die politische Lage verschlechterte sich weiter und die Sozialdemokraten wurden am 12. Februar

---

auf einen Blick, S. 13 f.
326 Nasko/Reichl, Karl Renner – Zwischen Anschluß und Europa, S. 40.
327 Im Juli 1920 zog sich Karl Renner, nach Bildung eines Proporzkabinettes, auf das Außenamt zurück. Agstner/Enderle-Burcel/Follner, Österreichs Diplomaten zwischen Kaiser und Kreisky, S. 542.
328 Nasko, Zu Unrecht umstritten?, S. 224 f.
329 Agstner/Enderle-Burcel/Follner, Österreichs Diplomaten zwischen Kaiser und Kreisky, S. 542.
330 Nasko, Zu Unrecht umstritten?, S. 245 ff.
331 Agstner/Enderle-Burcel/Follner, Österreichs Diplomaten zwischen Kaiser und Kreisky, S. 542.
332 Nasko, Zu Unrecht umstritten? S. 225.
333 Nasko/Reichl, Zwischen Anschluß und Europa, S. 44 f. und Vocelka, Geschichte Österreichs, S. 290.
334 Ebd., S. 48 f. und Vocelka, Geschichte Österreichs, S. 290.
335 Nasko/Reichl, Karl Renner – Zwischen Anschluß und Europa, S. 49 ff.

1934 verboten und 10.000 von ihnen verhaftet, so auch Renner. Dieser musste wegen des Vorwurfs des Hochverrats vom 12. Februar 1934 bis zum 20. Mai 1934 ins Gefängnis.[336]

1938 begrüßte Renner in einem Interview im „Neuen Wiener Tageblatt" den Anschluss an das Deutsche Reich.[337] Er verabschiedete sich laut Peter Pelinka „während des Zweiten Weltkriegs aber von der ‚deutschen' Identität des Landes innerlich endgültig".[338] Während der Kriegsjahre zog sich Renner in seine Villa zurück und widmete sich seiner „schriftstellerischen Leidenschaft".[339]

Am 2. April 1945, gegen Ende des Krieges, nahm Renner 1945 in Gloggnitz Kontakt mit Vertretern der Sowjetunion auf, mit dem Ziel, die Republik Österreich wieder zu errichten.[340] Als Josef Stalin von der Kontaktaufnahme erfuhr, gab er Anweisung, Renner zu unterstützen.[341] Er bekam noch im April „grünes Licht" aus Moskau zur Regierungsbildung mit ihm als Regierungschef.[342] Renner wurde, mit Unterstützung der Sowjets, „Geburtshelfer des neuen Österreichs".[343]

Peter Pelinka bezeichnete Karl Renner wie folgt: „Der im Verlaufe seiner langen Karierre stets anpassungsfähige ‚Realpolitiker' war von den Sowjets nicht zuletzt wegen dieser Eigenschaft als 75-Jähriger zum Regierungschef gekürt worden."[344]

Die Westalliierten erklärten am 20. April 1945, trotz der Skepsis von „westösterreichischen Politikern", die Zustimmung. Das Kabinett wurde von Renner am 23. April 1945 mit drei Parteien, der SPÖ, ÖVP und KPÖ, zusammengestellt.[345] Am 27. April 1945 bildete er eine Konzentrationsregierung mit Anspruch für das gesamte Bundesgebiet.[346] Am gleichen Tag einigten sich die Parteien auf die Unabhängigkeitserklärung Österreichs unter der „provisorischen Regierung Karl Renners." Die Verfassung aus dem Jahre 1920 sollte wieder gelten und der Anschluss wurde für „null und nichtig" erklärt.[347] Am 29. April 1945 präsentierte Renner seine provisorische Regierung der Öffentlichkeit in Wien.[348]

In der am 25. November 1945 stattfindenden Wahl „agierte Karl Renner streng überparteilich" und die SPÖ warb mit Renner „mehr indirekt".[349] Nach den Wahlen wurde er am 20. Dezember 1945 von der Bundesversammlung zum Bundespräsidenten gewählt.[350]

---

336 Er wurde erst am 20.5.1934 nach Abgabe einer Loyalitätserklärung entlassen, Ebd., S. 53 f.

337 Interview in der Neuen Wiener Zeitung am 3.4.1938, Nasko/Reichl, Karl Renner – Zwischen Anschluß und Europa, Interview, Staatskanzler a. D. Karl Renner, „Ich stimme mit Ja.", Ebd., S. 55.

338 Pelinka, Österreichs Kanzler, S. 17.

339 Nasko/Reichl, Karl Renner – Zwischen Anschluß und Europa, S. 77.

340 Ebd., S. 77 f.

341 Ebd., S. 80.

342 Ebd., S. 85.

343 Pelinka, Österreichs Kanzler, S. 17.

344 Ebd.

345 Ebd., S. 17 f.

346 Nasko/Reichl, Karl Renner – Zwischen Anschluß und Europa, S. 85.

347 Vocelka, Geschichte Österreichs, S. 317.

348 Nasko/Reichl, Karl Renner – Zwischen Anschluß und Europa, S. 88.

349 „Seitz und Renner wählen SPÖ", Pelinka, Österreichs Kanzler, S. 18 f.

350 „Karl Renner, der auch oder gerade wegen seiner zuweilen opportunistisch gefärbten Anpassungsfähigkeit seine amtskonforme Rolle als Integrator in der Zweiten Republik wesentlich besser spielen konnte als in der Ersten, wurde dann folgerichtig von ihren Vertretern in der

Renner war einer der wenigen Menschen in der Geschichte, die zwei Republiken gründeten, er erlebte den Aufbau und Niedergang der Ersten und den Aufbau der Zweiten Republik. Der *Observer* schrieb 1949: „Wenn aber diese zweite österreichische Republik erfolgreich bleibt, dann wird sie Dr. Renners Monument sein".[351]

Er arbeitete hart für seinen Erfolg und plante akribisch seine Vorgehensweise, und obwohl er zeitweise nicht aktiv war, tauchte er irgendwann wieder auf. Otto Bauer[352] nannte ihn „Quartalspolitiker".[353]

Renner stieg zum Nationalhelden auf, nachdem er nach 1945 die Republik Österreich wiedererrichtete, einen Statt, der jung, aber noch nicht ganz unabhängig war. Siegfried Nasko bewertet die Tatsache, dass Renner viele Ämter annahm, durchaus auch kritisch:

> Es trifft auch zu, daß der historische Zufall für Renner in bestimmten Phasen seines Lebens eine Art Geburtshelfer für Ämter spielte. Nur, und dies ist die andere Seite der Wahrheit, die Zeugung und auch die Geburt, die hat Renner schon selbst herbei- und durchgeführt. Anders ausgedrückt Renner ist immer bemüht Staatsämter zu ergattern. Er agiert politisch und taktisch stets so, daß er für die Mächtigen in Frage kommen kann. Renner, ein Möglichkeitsmensch, ein Mensch, der „nie abseits stehen konnte", der immer mitregieren wollte.[354]

Am 14. Dezember 1950 wurde Renner 80 Jahre alt. Die Wiener Bevölkerung dekorierte die Stadt in rot-weiss-rot, die Politik feierte ihn mit einer Sondersitzung des Nationalrates und einer Sitzung des Alliierten Rates.[355] Karl Renner starb am 31.12.1950, knapp zwei Wochen nach seinem 80. Geburtstag.[356]

Bundesversammlung (National- und Bundesrat) einstimmig zum ersten Bundespräsidenten der Zweiten Republik gewählt." Pelinka, Österreichs Kanzler, S. 19.

351   Nasko/Reichl, Karl Renner – Zwischen Anschluß und Europa, S. 25.

352   Otto Bauer gehörte zum linken Flügel der Sozialdemokratie und galt als „der große Theoretiker und Wortführer des Austromarxismus". Er setzte sich 1918 stark für den Anschluss ein. Vocelka, Geschichte Österreichs, S. 280.

353   „Umgemünzt für unsere Fußballfreunde: 90 Minuten scheint Renner nur am Feld herumzustehen, weshalb man über ihn schimpft, seinen Wechsel, ja gar die Eliminierung aus dem Kader fordert. Aber im entscheidenden Moment beweist er seinen Torriecher und setzt zum atemberaubenden Solo an und erzielt das entscheidende Tor." Nasko/Reichl, Karl Renner – Zwischen Anschluß und Europa, S. 25.

354   Dies war „zwei Wochen vor der offiziellen Proklamation der Republik", Ebd., S. 26.

355   „Keine Frage, jetzt, nur zwei Wochen vor seinem Tod am 31. Dezember, ist Karl Renner am absoluten Höhepunkt angelangt. Verklärt in der Sicht der Bürger wirkt er wie ein wolkenumhülllter, gütiger Vater der Nation", Ebd., S. 19.

356   Ebd.

4 Alois Vollgruber

Alois Vollgruber wurde am 17. August 1890 in Josefstadt geboren.[357] Seine Schulausbildung schloss er mit der Matura in Wien ab.[358] In der Folge ging er auf die K. u. K.-Konsularakademie[359], die er am 6. Juli 1913 erfolgreich abschloss.[360] Vor Kriegsbeginn begann er einen einjährigen Freiwilligendienst beim Ulanenregiment Nr. 1A vom 1. Oktober 1913 bis zum 30. September 1914, diente dort übergangslos im Ersten Weltkrieg bis zum 30. Oktober 1917 und erreichte den Dienstgrad eines Oberleutnants i. d. Reserve.[361] Schon während des Kriegsdienstes trat er in den „Auswärtigen Dienst" ein, verblieb, wie eben beschrieben, jedoch bis Oktober 1917 im Kriegsdienst. Seine Karriere im Auswärtigen Dienst startete er Anfang Januar 1918 in Breslau, bis er Ende Januar zum Konsulat nach Dortmund wechselte, um dann Anfang Oktober 1919 zur Gesandtschaft nach Prag zu gehen.[362] Nach einem Jahr wechselte er Anfang Oktober 1920 bis zu seiner Abberufung am 5. April 1927 für längere Zeit zur Gesandtschaft nach Bukarest. Sein diplomatischer Weg führte ihn von Mitte April 1927 von Bukarest nach Warschau, um dann wieder am 8. Mai 1928 abberufen zu werden.[363] Von 1928 bis 1933 war Alois Vollgruber „Legationsrat bei der österreichischen Gesandtschaft" in Rom.[364] Er begann am 19. Mai 1928 und arbeitete dort bis zum 19. Juni 1933.[365] Am 10. Juli 1933 wechselte er wieder als „ao. Gesandter und bev. Minister nach Bukarest".[366] Im Oktober 1934 wurde er dann zum „ausserordentlichen Gesandten und bevollmächtigten Minister" ernannt und nach Rom entsandt.[367] In Rom blieb Alois Vollgruber, der ab Juni 1934 der „Vater-

---

357 Josefstadt (heute Josefov) liegt auf dem Gebiet der Tschechischen Republik. Agstner/Enderle-Burcel/Michaela Follner, Österreichs Spitzendiplomaten zwischen Kaiser und Kreisky, S. 454. Sein Vater war Generalmajor in der österreichischen Armee. https://www.munzinger. de/search/portrait/Alois+Vollgruber/0/5343.html. Abgerufen am 7.1.2019 und 26.8.2021.

358 Ebd.

359 Die Konsularakademie war eine Ausbildungsstätte, unter anderem für den „Konsulatsdienst", Michaela Follner, Der Aufbau des Bundesministeriums für Auswärtige Angelegenheiten, S. 96, in: Agstner/Enderle-Burcel/Follner, Österreichs Spitzendiplomaten zwischen Kaiser und Kreisky.

360 Ebd., S. 454.

361 Ebd., S. 454f. Alois Vollgruber erhielt während seiner Zeit im Krieg, mehrere Auszeichnungen. https://www.munzinger.de/search/portrait/Alois+Vollgruber/0/5343.html. Abgerufen am 7.1.2019 und 26.8.2021.

362 Agstner/Enderle-Burcel/Follner, Österreichs Spitzendiplomaten zwischen Kaiser und Kreisky, S. 455.

363 Ebd.

364 https://www.munzinger.de/search/portrait/Alois+Vollgruber/0/5343.html. Abgerufen am 7.1.2019 und 26.8.2021.

365 1929 wurde er zum Legationsrat 2. Klasse ernannt, S. 455. Der Legionsrat 2. Klasse, war im „höheren auswärtigen Dienst der Ersten Republik die Dienstklasse IV auf der dritten Hierarchiestufe. In der Dienstklasse I und II befanden sich ao. Gesandte und Minister, auf der zweiten Stufe der Legionsrat 1. Klasse und der Generalkonsul 1. Klasse.", in: Agstner/Enderle-Burcel/Follner, Österreichs Spitzendiplomaten zwischen Kaiser und Kreisky, S. 555.

366 Ebd.

367 Er ersetzte den an der Juliverschwörung beteiligten Dr. Rintelen, *Güssinger Zeitung* vom 14.10.1934.

ländischen Front" angehörte, bis Juni 1936.[368] Von Rom aus wurde er am 30. Juni 1936 weiter als „Gesandter und bevollmächtigter Minister" nach Paris geschickt.[369] Im Januar 1937 wurde Vollgruber zum „ao. Gesandten bev. Minister" ernannt, bis er nach dem Anschluss am 13. März 1938 aus Paris abberufen wurde.[370] Nach seiner Abberufung kam er am 17. März 1938 bis zum September 1938 im „Wiener Polizeigefangenenhaus" in Gestapohaft und wurde im „Dezember 1938 wegen seiner ‚feindlichen Haltung' gegen den Nationalismus entlassen".[371] Nach seiner Rehabilitierung begann er am 15. Mai 1945 wieder seine Arbeit im Auswärtigen Dienst und vertrat bis Ende Mai 1945 die Interessen Österreichs in der Tschechoslowakei.[372] In dieser Position vertrat er während seiner Abschiedsbesuche am 4. Januar 1947 bei tschechischen Regierungsmitgliedern die Meinung, dass tschechische Wünsche nach Grenzkorrekturen zu Lasten Österreichs durch die Moskauer Deklaration keine Grundlage hätten.[373] Am 17. Februar 1947 wurde er als „ao. Gesandter und bev. Minister" an die Gesandtschaft nach Paris geschickt, bei der er bis Februar/März 1950 blieb.[374] Vollgruber kaufte in dieser Funktion am 22. Dezember 1949 die Botschaft in Paris und arbeitete aktiv am Marshall-Plan mit.[375] Vom 23. Februar 1950 bis zum 20. Juni 1953 wurde er „Generalsekretär für die Auswärtigen Angelegenheiten im Bundeskanzleramt/Auswärtige Angelegenheiten".[376]

Mitte 1953 wurde er wieder als Botschafter nach Paris geschickt, eine Position, die er bis zum 31. März 1958 innehatte, obwohl er am 31. Dezember 1955 in den Ruhestand versetzt wurde.[377] Vollgruber „galt nach 1945 als politisch neutral".[378] Der spätere Bundeskanzler Raab[379] bezeichnete Vollgruber als „erstklassige[n] Diplomaten".[380] Er starb am 29. November 1976 in Wien.[381]

---

368 Agstner/Enderle-Burcel/Follner, Österreichs Spitzendiplomaten zwischen Kaiser und Kreisky, S. 455 f.

369 Ebd.

370 Alois Vollgruber verbrannte im März 1938 das Aktenmaterial der Gesandtschaft in Paris, Ebd., S. 455.

371 Ebd., S. 455 f.

372 Ebd., S. 455.

373 Paul Ullmann, Eine schwierige Nachbarschaft – Die Geschichte der diplomatischen Beziehungen zwischen Österreich und der Tschechoslowakei 1945–1968, in: Wiener Osteuropa Studien, Wien 2006, S. 55.

374 Agstner/Enderle-Burcel/Follner, Österreichs Spitzendiplomaten zwischen Kaiser und Kreisky, S. 455.

375 https://www.bmeia.gv.at/oeb-paris/ueber-uns/geschichte-des-amtsgebaeudes/. Abgerufen am 12.1.2019.

376 Aufstellung der Generalsekretäre des BKA/AA und des BMfAA 1945–2005, in: Michael Gehler, Österreichs Außenpolitik der Zweiten Republik, Von der alliierten Besetzung bis zum Europa des 21. Jahrhunderts, Band 2, Innsbruck/Wien/Bozen 2005, S. 1261.

377 Agstner/Enderle-Burcel/Follner, Österreichs Spitzendiplomaten zwischen Kaiser und Kreisky, S. 455 f.

378 Ebd.

379 Michael Gehler, Österreichs Außenpolitik der Zweiten Republik. Von der alliierten Besetzung bis zum Europa des 21. Jahrhunderts, Band 1, Bundeskanzler von 1953–1961, Innsbruck/Wien/Bozen 2005, S. 95.

380 Ebd., S. 93.

2.   Rede George C. Marshalls an der Harvard Universitiy

I need not tell you gentlemen that the world situation is very serious. That must be apparent to all intelligent people. I think one difficulty is that the problem is one of such enormous complexity that the very mass of facts presented to the public by press and radio make it exceedingly difficult for the man in the street to reach a clear appraisement of the situation. Furthermore, the people of this country are distant from the troubled areas of the earth and it is hard for them to comprehend the plight and consequent reactions of the long-suffering peoples, and the effect of those reactions on their governments in connection with our efforts to promote peace in the world.

In considering the requirements for the rehabilitation of Europe the physical loss of life, the visible destruction of cities, factories, mines and railroads was correctly estimated, but it has become obvious during recent months that this visible destruction was probably less serious than the dislocation of the entire fabric of European economy. For the past ten years conditions have been highly abnormal. The feverish preparation for war and the more feverish maintenance of the war effort engulfed all aspects of national economies. Machinery has fallen into disrepair or is entirely obsolete. Under the arbitrary and destructive Nazi rule, virtually every possible enterprise was geared into the German war machine. Long-standing commercial ties, private institutions, banks, insurance companies and shipping companies disappeared, through loss of capital, absorption through nationalization or by simple destruction. In many countries, confidence in the local currency has been severely shaken. The breakdown of the business structure of Europe during the war was complete. Recovery has been seriously retarded by the fact that two years after the close of hostilities a peace settlement with Germany and Austria has not been agreed upon. But even given a more prompt solution of these difficult problems, the rehabilitation of the economic structure of Europe quite evidently will require a much longer time and greater effort than had been foreseen.

There is a phase of this matter which is both interesting and serious. The farmer has always produced the foodstuffs to exchange with the city dweller for the other necessities of life. This division of labor is the basis of modern civilization. At the present time it is threatened with breakdown. The town and city industries are not producing adequate goods to exchange with the food-producing farmer. Raw materials and fuel are in short supply. Machinery is lacking or worn out. The farmer of the peasant cannot find the goods for sale which he desires to purchase. So the sale of his farm produce for money which he cannot use seems to him an unprofitable transaction. He, therefore, has withdrawn many fields from crop cultivation and is using them for grazing. He feeds more grain to stock and finds for himself and his family an ample supply of food, however short he may be on clothing and the other ordinary gadgets of civilization. Meanwhile people in the cities are short of food and fuel. So the governments are forced to use their foreign money and credits to procure these necessities abroad. This process exhausts funds which are urgently needed for reconstruction. This a very serious situation is rapidly developing which bodes no good for the world. The modern system of the division of labor upon which the exchange of products is based is in danger of breaking down.

---

381 Agstner/Enderle-Burcel/Follner, Österreichs Spitzendiplomaten zwischen Kaiser und Kreisky, S. 455.

The truth of the matter is that Europe's requirements for the next three or four years of foreign food and other essential products—principally from America—are so much greater than her present ability to pay that she must have substantial additional help, or face economic, social and political deterioration of a very grave character.

The remedy lies in breaking the vicious circle and restoring the confidence of the European people in the economic future of their own countries and of Europe as a whole. The manufacturer and the farmer throughout wide areas must be able and willing to exchange their products for currencies the continuing value of which is not open to question.

Aside from the demoralizing effect on the world at large and the possibilities of disturbances arising as a result of the desperation of the people concerned, the consequences to the economy of the United States should be apparent to all. It is logical that the United States should do whatever it is able to do to assist in the return of normal economic health in the world, without which there can be no political stability and no assured peace. Our policy is directed not against any country or doctrine but against hunger, poverty, desperation and chaos. Its purpose should be the revival of a working economy in the world so as to permit the emergence of political and social conditions in which free institutions can exist. Such assistance, I am convinced, must not be on a piece-meal basis as various crises develop. Any assistance that this Government may render in the future should provide a cure rather than a mere palliative. Any government that is willing to assist in the task of recovery will find full cooperation, I am sure, on the part of the United States Government. Any government which maneuvers to block the recovery of other countries cannot expect help from us. Furthermore, governments, political parties or groups which seek to perpetuate human misery in order to profit therefrom politically or otherwise will encounter the opposition of the United States.

It is already evident that, before the United States Government can proceed much further in its efforts to alleviate the situation and help start the European world on its way to recovery, there must be some agreement among the countries of Europe as to the requirements of the situation and the part those countries themselves will take in order to give proper effect to whatever action might be undertaken by this Government. It would be neither fitting nor efficacious for this Government to undertake to draw up unilaterally a program designed to place Europe on its feet economically. This is the business of the Europeans. The initiative, I think, must come from Europe. The role of this country should consist of friendly aid in the drafting of a European program and of later support of such a program so far as it may be practical for us to do so. The program should be a joint one, agreed to by a number, if not all European nations.

An essential part of any successful action on the part of the United States is an understanding on the part of the people of America of the character of the problem and the remedies to be applied. Political passion and prejudice should have no part. With foresight, and a willingness on the part of our people to face up to the vast responsibility which history has clearly placed upon our country, the difficulties I have outlined can and will be overcome.[382]

---

382 Marshall Foundation: Collection Marshallplan. "The speech was not given at the formal June 5 morning commencement exercise but after lunch when the twelve honorary degree recipients made speeches to the graduates, friends, and alumni." https://www.marshallfoundation.org/

3. Abkürzungen

AU   Afrikanische Union
BBC   British Broadcasting Corporation
BKA/AA   Bundeskanzleramt/Auswärtige Angelegenheiten
BMfAA   Bundesministerium für Äußere Angelegenheiten
BMfVuW   Bundesministerium für Vermögenssicherung und Wirtschaftsplanung
BSP   Bruttosozialprodukt
C. M. G.   Companion St. Michel, St. George, britischer Orden (3. Stufe)
CEEC   Committee of European Economic Cooperation
CEMT   Europäische Konferenz der Verkehrsminister
COMECON   Council of Mutual Economic Assistance
CSSR   Tschechoslowakische Sozialistische Republik
ECA   Economic Cooperation Administration
ECSC   European Coal and Steel Community
EG   Europäische Gemeinschaft
EPU   European Payment Union
EPZ   Europäische Produktivitätszentrale
ERP   European Recovery Programme
EU   Europäische Union
EWG   Europäische Wirtschaftsgemeinschaft
EZB   Europäische Zentralbank
EZU   Europäische Zahlungsunion
FRUS   Foreign Relations of the United States
GAROIA   Government Aid and Relief in Occupied Areas
GATT   General Agreement on Tariffs and Trade
GB   Großbritannien
IMF   International Monetary Fund
IWF   Internationaler Währungsfonds
KPÖ   Kommunistische Partei Österreichs
KZ   Konzentrationslager
NAIRL   National Archives Ireland, Dublin
NATO   North Atlantic Treaty Organization
NS   Nationalsozialismus
OECD   Organization of Economic Cooperation and Development
OEEC   Organization of European Economic Cooperation
ÖVP   Österreichische Volkspartei
SM   Single Market
SPÖ   Sozialdemokratische Partei Österreichs
UdSSR   Union der Sozialistischen Sowjetrepubliken
UK   United Kingdom
UNESCO   United Nations Educational, Scientific and Cultural Organization

---

library/documents/text-marshallsharvard-speech-department-states-press-release/. Abgerufen
am 28.2.2019.

UNO	United Nations Organization
UNRRA	United Nations Relief and Rehabilitation Administration
US	United States
USA	United States of America
USIA	Upravlenie Svetskogo Imusesta v Avstrie
WHO	World Health Organization
WPOL	Österreichisches Staatsarchiv/Archiv der Republik, Bestände des Außenministeriums/Wirtschaftspolitische Quellen
WWII	World War II

IX. Quellen- und Literaturverzeichnis

1. Quellen

a) Ungedruckte Quellen

1   P-files – chronologisch sortiert
National Archives Irland, Dublin Department of Foreign Affairs

Brief an Eamon de Valera von Angela Walshe, 3. Mai 1945, P 98

Clear Telegram from Washington Legation vom 3. Mai 1945, P 98

Aide-Memoire vom 4. September 1947, P 130

Letter from Frederick H. Boland to the Foreign Secretary vom 4. September 1947, P 130

Report of discussion with Mr. E. Rowe-Dutton, C. M. G. at the Treasury on Thursday, 4. September 1947, P 130

Einladung von Attlee vom 17. September 1947 für den 19. September 1947, unterschrieben vom britischen Botschafter in Irland, P 130

Top Secret, Foreign Exchange Requirements, Department of Finance, 18. September 1947, P 130

Top Secret, Discussion with Eire Ministers, Minutes of a Meeting held in No. 10 Downing Street, 19. September 1947, P 130

Committee of European Economic Cooperation Volume 1 Paris vom 21. September 1947

Draft Telegram to Washington vom 6. Oktober 1947, P 130

Maurice Moynihan vom Department of Finance and Con Cremin vom Department of External Affairs, 7. November 1947, P 130

History of the London Talks, vom 12. November 1947, P 130 und Discussions with EIRE Ministers vom 4. November 1947, P 130

Note of Conference vom 25. November 1947, P 130

Brief an J. Williams Deputy Secretary, Department of Industry and Commerce vom 9. Dezember 1947, P 130

Resume of subjects dealt with by Departments in reply to query concerning ties with the Commonwealth, P 231. Dieses Dokument ohne Datum muss 1948 erstellt worden sein, da es durch die im Februar 1948 gewählte Inter-Party Regierung verfasst und der Austritt aus dem British Commonwealth erst im September des Jahres 1948 bekannt gegeben wurde

Note of Discussion at Treasury vom 19. Juni 1948, P 130

Note of Discussion at Treasury vom 21. Juni 1948 (morning), P 130

Note of Discussion at Treasury vom 23. Juni 1948, P 130

Note of Conference vom 25. November 1948, P 130

Secret: The North Atlantic Pact and Ireland. Die Quelle ist ohne Datum aber direkt nach erstem Treffen der NATO vom 17. September 1949, P 89

New York Times vom 10. März 1948 und P 141 (NAIRL, P. files)

New York Times vom 11. März 1948 und P 141 (NAIRL, P. files)

2   S-files – chronologisch sortiert
National Archives Irland, Dublin
Department of Foreign Affairs

Exchequer Bills, unterzeichnet am 2. Januar 1946, S 13749A
Department of Local Government and Public Health, International Health Conferences, New York vom 21. Juni 1946, S 13878A
Cabinet Minutes vom 19. Juli 1946, item 5, S 13750A
Department of Foreign Affairs – Schreiben an den Taoiseach von der Dail Eireann vom 26. Juli 1946, S 13750A
Cabinet Minutes vom 30. Juli 1946, item 7, S 13750
Cabinet Minutes vom 29. April 1947, item 1, S 13878
Department of External Affairs, Memorandum 7. Juni 1947, S 14106A
The Marshall Plan, The Department of External Affairs vom 1. Juli 1947, S 14106D
Cabinet Minutes vom 4. Juli 1947, S 14106A
Proposed Organisation Department of the Taoiseach vom 4. Juli 1947, S 14106A
Food and Agriculture, Fuel and Power, Iron and Steel, Transport. Proposed organization und Schreiben des britischen Botschafters an die irische Regierung, vom 4.7.1947, S 14106A
United Kingdom Representive to Eire vom 4. Juli 1947, S 14106A
Brief von Frederick H. Boland, Assistant Secretary Department of External Affairs an die Regierung, Paris vom 8. September 1947, S 14106 Annex 3
Document about telephon conference Mr. Boland, Midnight 11. September 1947, S 14106 Annex 3
Treasury Chambers, R. W. B. Clake an Hogan (Department of Finance) vom 16. Februar 1948, S 14106C
Cabinet Minutes, item 1, 2. März 1948, S 14106B
Department of External Affairs, Paris Economy Report, Official Summary, vom Außenministerium an die Ministerien verteilt am 3. März 1948, S 14106B
The European Recovery Programme, Country Studies, Chapter VIII Ireland durch das Department of External Affairs in der irischen Regierung verteilt am 3. März 1948, S 14106B
Legation of Ireland Madrid 8. April 1948, Secret, S 14291
Commissioner for Ireland to the Secretary, Department of External Affairs, Ottawa 15. April 1948, S 14291A1
Department of External Affairs, Commissioner for Ireland to the Secretary, Ottawa 15. April 1948, S 14291A1
Issue of Full Power to the Irish signatory to the agreement for an Organization for European Economic Co-Operation, Paris 21. April 1948, S 14106B
Summary of Submission to the Government concerning Inter-Departmental and Staff Organisation required for the Administration for the European Recovery Programme, 28. April 1948, S 14299
Summary of Submission to the Government concerning Inter Departmental and Staff organisation required for the European Recovery Programme, 28. April 1948, S 14299 (NAIRL, S. files).
Antwort von Sean MacBride an James Larkin 4. Mai 1948, S 14106B
Draft Minute of Government Decision in Relation to Memorandum submitted by the Minister for External Affairs on ERP Inter-Departmental and Staff organization, unterzeichnet von Sean MacBride am 4. Mai 1948, S 14299
Cabinet Minutes vom 7. Mai 1948, European Recovery Programme: Procedure governing Ireland's participation, item 3, ausgehändigt an die Ministerien am 14. Mai 1948, S 14299
Department of External Affairs, Immediate Problems in connection with the European Recovery Programme vom 8. Mai 1948, S 14106B
Department of External Affairs, Secret and Urgent vom 9. Mai 1948, S 14106B

1. Quellen

Development of natural Resources, Suggested Investment Programme for Local Currency Fund,
9. Mai 1948, S 14106B

Irish Legation in Washington D.C. Confidential Letter to the Department of External Affairs vom
13. Mai 1948, S 14106B

Department of the Taoiseach vom 14. Mai 1948, S 14299

Department of External Affairs, Memorandum for the Government, Discussions in Washington
regarding terms of ERP aid to Ireland Joint Report of Delegation to the USA 18. Mai–28. Mai
1948, Besprechung vom 18. Mai 1948, S 14106C

The European Recovery Programme, Department of External Affairs, General Considerations on
Ireland's position in relating to the European Recovery Programme, unterschrieben von Sean
MacBride am 3. Juni 1948, S 14106B

Department of External Affairs, Memorandum for the Government, Discussions in Washington
regarding terms of ERP aid to Ireland, Besprechung vom 20. Mai 1948, 8. Juni 1948, S 14106C

Department of External Affairs, Memorandum for the Government, Discussions in Washington
regarding terms of ERP aid to Ireland, Besprechung vom 21. Mai 1948, unterzeichnet am 8. Juni
1948, S 14106C

Department of External Affairs, Memorandum for the Government, Besprechung vom 22. Mai
1948, unterzeichnet am 8. Juni 1948, S 14106C

Department of External Affairs, Memorandum for the Government, Besprechung vom 24. Mai
1948, unterzeichnet am 8. Juni 1948, S 14106C

Department of External Affairs, Memorandum for the Government, 25. Mai 1948, 8. Juni 1948,
S 14106C

Department of External Affairs, Memorandum for the Government vom 8. Juni 1948, S 14106C

Department of Finance, Memorandum for the Government-Participation of Ireland in ERP-Method
of Financing vom 8. Juni 1948, S 14106C

Department of External Affairs, Memorandum for the Government-Participation of Ireland in ERP-
Method of Financing vom 8. Juni 1948, S 14106C

Paul Nitze war zu diesem Zeitpunkt im "Department of State Deputy Director, Office of International Trade", Department of External Affairs, Memorandum for the Government vom 8. Juni
1948, S 14106C

Cabinet minutes vom 11. Juni 1948 und Department of the Taoiseach 14. Juni 1948, S 14106C

Inter-Departmental ERP Committee Meeting held in the Department of External Affairs on the
22. Juni 1948, S 15290

Cabinet minutes 25. Juni 1948 und Department of the Taoiseach vom 26. Juni 1948. Der Vertrag
wurde laut Sean MacBride in Dublin unterzeichnet. Sean MacBride am 30. Juni 1948 and Sean
Lemass in der Dail Eireann

Inter-Departmental-ERP Committee Meeting held in the Department of External Affairs on the
25. Juni 1948, S 15290

Department of Taoiseach vom 26. Juni 1948, S 14106C

Economic Co-operation Agreement (ECA) between Ireland and the United States of America, Dublin 28. Juni 1948, Presented to the Daily Eireann by the Minister of External Affairs (P. No. 8942),
Art. 1.1., S 14106C

Inter-Departmental ERP-Meeting held in the Department of Industry and Commerce am 28. Juni
1948, S 15290

Department of External Affairs, Memorandum for the Government, Revised ERP Dollar Import
Programme for year ending, 30. Juni 1949, S 14106C (NAIRL, S. files)

Inter-Departmental ERP Committee Meeting, Minutes of meeting held in the Department of External Affairs, 2. Juli 1948, S 15290

Department for External Affairs 14. Juli 1948, Memorandum for the Government, Telefonat des
irischen Gesandten J.D. Brennan mit Paul G. Hoffman vom 15. Juni 1948, S 14106C

Summary Record of Meeting of Inter-Departmental Committee, 15. Juli 1948, S 15290
Inter-Departmental Committee ERP, Minutes of the Meeting held on 24. Juli 1948 und vom 28. Juli 1948, S 15290
Inter-Departmental Committee E. R. P. Meetings vom 29. Juli, 7. August, 10. August, 13. August, 20. August, 24. August, 26. August, und 2. September 1948, S 15290
Summary of Memorandum for the Government ERP Dollar Import Programme for the Quarter Juli-September 1948, 30. Juli 1948, S 14106D
Inter-Departmental ERP-Committee, Minutes of Meeting held at the Department of External Affairs, 16. September 1948, S 15290
Summary Record of Inter-Departmental ERP-Committee, Meeting held at Department of External Affairs, 7. Oktober 1948, S 15290
Loan Agreement between Government of Ireland and Export-Import Bank of Washington 28. Oktober 1948, S 14106D
Cabinet Minutes, 2. November 1948, S 14106D
Long Term Recovery Programme vom Department of the Taoiseach, 5. November 1948, S 14106D
Department of External Affairs, Long-Term Programme, Examination by Executive Committee of OEEC-Summary, 23. November 1948, S 14106D
Inter-Departmental ERP-Meeting, Summary Record of meeting held in Department of External Affairs, 24. November 1948, S 15290
Inter-Departmental ERP-Committee, Meeting held in the Department of External Affairs vom 11. Dezember 1948, S 15290
Department of External Affairs, Memorandum for the Government, 16. Dezember 1948, S 14106D
Cabinet Minutes vom 17. Dezember 1948, S 14106D
Use of ECA Funds, Loan and Grants 18. Dezember 1948, S 14106D
Aide-Memoire, Top Secret vom 8. Februar 1949, S 14291A1
Cabinet Minutes, 8. Februar 1949, item 2, S 14291A1
Interview Sean MacBride mit United Press 12. Februar 1949, S 14291A1
Department of External Affairs, Memorandum for the Government, 9. März 1949, S 14106E
Department of External Affairs, Memorandum for the Government, Provision of Technical Assistance by the Economic Co-operation Administration, 29. März 1949, S 14504A1
Department of External Affairs, Memorandum of the Government 6. Mai 1949 und Cabinet minutes vom 7. Mai 1949, S 14106E
Department of External Affairs, Memorandum for the Government, Revised ERP Dollar Import Programme for year ending, 30. Juni 1949, S 14106C
Extrakt from The Statist 15. April 1950, Progress in Ireland, S 14474A

3   Österreichisches Nationalarchiv, Archiv der Republik Wien (ÖSTA/AdR-wpol), chronologisch sortiert Bundesministerium für auswärtige Angelegenheiten (BMfAA) bis 1959 Bundeskanzleramt, Auswärtige Angelegenheiten – wpol Abteilung

wpol 142883 im August, Anweisung von der Regierung an Alois Vollgruber
wpol 138155 Alois Vollgruber an BKA/AA 21. Mai 1947
wpol 135464 vom 4. Juli 1947. UK political representative Vienna
wpol 135548 vom 8. Juli 1947. Karl Gruber Vortrag an den Ministerrat 8. Juli 1947
wpol 135826 vom 8. Juli 1947
wpol 135826 vom 8. Juli 1947 Karl Gruber an Henry B. Mack, Minister plenipotentiary. Political representative of the UK, and political adviser to the Commander of the British Forces in Austria

I. Quellen

wpol 136074 vom 9. Juli 1947

wpol 135826 vom 5., 7. und 10. Juli 1947

wpol 139983 vom 10. Juli 1947. Dort bestätigt der Armeegeneral Bethouart die Teilnahme Österreichs

wpol 136796 Amtsvermerk des BKA/AA über die interministerielle Koordinationssitzung am
12. Juli 1947

wpol 136248 vom 12. Juli 1947

wpol 136258 vom 12. Juli 1947

wpol 136796 vom 12. Juli 1947

wpol 138001 vom 24. Juli 1947 inklusive einer Darstellung des Konferenzablaufes

wpol 139037 Alois Vollgruber an Karl Gruber vom 25. Juli 1947

wpol 139585 vom 2. August 1947 Bundesminister für Finanzen Dr. Zimmermann

wpol 141709 vom 7. August 1947 Alois Vollgruber an Karl Gruber

wpol 141350 vom 11. August 1947 Beantwortung des Schreibens von Dr. Kloss

wpol 142858 Alois Vollgruber an BKA/AA 13. August 1947

wpol 141979 Aussage des Präsidenten der Belgischen Nationalbank Maurice Frere vom 20. August
1947

wpol 142870 Gesandter Alois Vollgruber an das BKA/AA vom 20. August 1947 – Commitee of
European Economic cooperation Grand Palais Paris am 13. August 1947

wpol 142909 vom 21. August 1947 Gesandter Alois Vollgruber an das BKAAA

wpol 143668 vom 26. August 1947 Alois Vollgruber an BKA/AA

wpol 143670 vom 28. August 1947

wpol 143714, Schreiben an den Bundesminister für Auswärtige Angelegenheiten Dr. Karl Gruber
vom 28. August 1947

wpol 142883 im August, Anweisung von der Regierung an Alois Vollgruber

wpol 145538 Wien im September 1947

wpol 144455 vom 2. September Alois Vollgruber an Karl Gruber

wpol 144456 vom 2. September 1947 Alois Vollgruber an Karl Gruber

wpol 144776 vom 2. September 1947

wpol 143880 Telegramm Österreich Gesandtschaft vom 3. September 1947

wpol 143878 vom 4. September 1947

wpol 144125 vom 4. September 1947. Telegramm von der österreichischen Gesandtschaft an den
Generalsekretär

wpol 144323 Nachtrag von Angaben für die Konferenz vom 4. September 1947

wpol 144560 vom 4. September 1947

wpol 144323 Telegramm an Gesandtschaft vom 6. September 1947

wpol 145069 vom 8. September 1947 Alois Vollgruber an Karl Gruber

wpol 145071 vom 8. September 1947

wpol 144326 vom 9. September 1947 BKA/AA

wpol 145073 vom 9. September 1947 an Karl Gruber. Bericht von einem Gespräch mit dem italienischen Delegierten Campilli.

wpol 145163 vom 14. September 1947 Telegramm von der österreichischen Gesandtschaft in Paris an
den Generalsekretär. The European Recovery Programme, S 14106B

wpol 145881 von Alois Vollgruber an BKA/AA am 16. September 1947

wpol 150525 vom 16. September 1947. Die österreichische Gesandtschaft aus der Schweiz an das
BKA/AA zum Thema Zollunion. In der Kommunikation ist kein Druck der UdSSR erkennbar

wpol 145704 vom 17. September 1947, BM für Handel und Wiederaufbau an das BKAAA z. Hd.
Minister Sommeragua

wpol 146200 vom 18. September 1947

wpol 150767 Paris den 2. Oktober 1947 der Gesandte an das BKA/AA wpol 154202 und 153263 Ludwig Kleinwächter vom 10. Oktober 1947, Telegramm von Kleinwächter

wpol 134983 (Geschäftszahl 154365) Telegramm vom 23. Oktober 1947. Ludwig Kleinwächter vom 10. Oktober 1947. wpol 154202 und 153263 Telegramm von Ludwig Kleinwächter

wpol 134983 (Zahl 152755) Ludwig Kleinwächter vom 10. Oktober 1947

wpol 134983 (Zahl 152931) 10. Oktober 1947

wpol 134983 (Zahl 152760) vom 12. Oktober 1947 an die österreichische Gesandtschaft Washington von BKA/AA

wpol 153148 vom 14. Oktober 1947

wpol 153478 Telegramm vom 17. Oktober 1947

wpol 146286. Vortrag des Bundesministeriums für Vermögenssicherung und Wirtschaftsplanung vor dem Ministerrat. Betreffend: Einrichtung von Organisationen für zusammenfassende Planung und Lenkung der Wirtschaft vom 21. Oktober 1947

wpol 154399 vom 22. Oktober 1947

wpol 134983 (Geschäftszahl 154365 Telegramm vom 23. Oktober 1947 und wpol 134983 (zahl 1543655)

wpol 155062 vom 28. Oktober 1947 Bundesministerium Handel und Wiederaufbau und

wpol 158115 Bundesministerium Energiewirtschaft und Elektrifizierung vom 28. Oktober 1947

wpol 158115 vom 28. Oktober 1947 und Bundesministerium für Handel und Wiederaufbau

wpol 155175 vom 29. Oktober 1947 und Bundesministerium für Energiewirtschaft und Elektrifizierung

wpol 134983/155431 vom 31. Oktober 1947

wpol 134983/156127 vom 31. Oktober 1947 Bundesministerium für Land und Forstwirtschaft und auch das Verkehrsministerium

wpol 155520 Telegramm an alle Länder, die nicht an den Gesprächen teilgenommen haben, vom 31. Oktober 1947

wpol 134983 (Zahl 156926) vom 4. November 1947 britische Gesandtschaft

wpol 134983. Die britische Gesandtschaft in Wien vom 11. November 1947

wpol 134983 Zahl 158954 Wien 17. November 1947

wpol 159318 vom 19. November 1947

wpol 159783 Aide Memoire Economic Commission for Europe and the Marshallplan vom 19. November 1947. Dies wurde dem britischen Handelsrat mitgeteilt als Sichtweise der österreichischen Regierung

wpol 163723 vom 16. Dezember 1947

wpol 162218 Schlussberichte der englischen Regierung an das BKA/AA vom 19. Dezember 1947

wpol 162218 vom 19. Dezember 1947, BKA/AA, Committee of european Economic Cooperation Volume I General report, Paris 21. September 1947

wpol 163722 vom 23/24. Dezember 1947

wpol 134 056 Paris vom 17. Januar 1948, Alois Vollgruber berichtet hier in einem Telegramm aus Paris, die Wiedereinberufung der Meetings, um Maßnahmen und Status abzustimmen

wpol 135295 vom 22. Januar 1948; Karl Gruber an Mission in Washington

wpol 134963 vom 29. Januar 1948

wpol 138307 und 138308b vom 13. Februar 1948 Telegramme aus Washington

wpol 149094 vom 18. Mai 1948

wpol 155584 Stempel vom 20. Mai 1948. Gegenstand OEEC Erklärung Prof. Taucher zur Bitte um Vorlage beim Gen. sek. und Gesandtschaften in Paris

wpol 158446. Telegramm nach Washington vom 8. Juni 1948 zum bilateralen Abkommen

wpol 162532 vom 8. Juni 1948. Bundeskammer der gewerblichen Wirtschaft an BM Handel und Wiederaufbau

wpol 169944 8. Juni 1948. BM für Vermögenssicherung und Wirtschaftsplanung das BKAAA

wpol 163245 vom 26. Juni 1948 Bundeskammer der gewerblichen Wirtschaft

1. Quellen

wpol 140502 vom 7. Juli 1948, unterschrieben von Eibenschuetz. The Austrian Foreign Trade Office London

wpol 150961. Paris den 1. August 1948, Vorbereitung Handelsverträge

wpol 169914 BM an das BKA/AA im August

wpol 185576 Nr. 27 Wien vom 4. Oktober 1948, Bundeskammer der gewerblichen Wirtschaft-Auslandsbericht

wpol 158757 Brief an BKA/AA Gesandten in Norwegen von Ernst Strutz, Repräsentant des österreichischen Warenverkehrsbüros in Norwegen, Oslo den 30. Oktober 1948

wpol 193036 Bundeskammer der gewerblichen Wirtschaft Auslandsbericht Nr. 34 vom 9. November 1948

wpol 178393 ohne erkennbares Datum aber in Zusammenhang mit wpol 180752 vom 31. Dezember 1948 und wpol 178406 vom 12. Dezember 1948 im Karton 154

wpol 171839 Aktenvermerk BKA/AA vom 23. Januar 1949, Fernschreiben vom 15. November 1949

wpol 147564 vom 23. Juni 1949. BM soziale Verwaltung an das BKA/AA. Dies betraf Pharma und Drogengüter und deren Preisstellung

wpol 144369 vom 28. Juni 1949. BM für Handel und Wiederaufbau an BKA/AA wegen der USA Special Mission to Austria zur Beseitigung von Handelsschranken

wpol 148994 BKA/AA Aktenvermerk vom 4. August 1949 und beiliegender Schriftverkehr

wpol 150961. Vorbereitung Handelsvertrag mit Irland, Wien 19. August 1949

wpol 158045 Irish delegation to the OEEC vom 22. August 1949 BKA/AA

wpol 154884 Wien vom 1. September 1949 an das BKA/AA, Vorbereitung Handelsvertrag Irland und wpol 155784 Bundesminister der Finanzen Wien vom 3. September 1949

wpol 161183 Wien vom 7. September 1949 Bundesministerium für Volksernährung an BKA/AA, Vorbereitung Handelsvertrag mit Irland

wpol 158573 Aktenvermerk Wien vom 20. September 1949. Dieser Sichtweise folgte auch das Handelsministerium die wie auch die Arbeiterkammer Gefahren sahen

wpol 161173 Wien vom 26. September 1949 Bundesministerium für Wiederaufbau an das BKA/AA

wpol 160502 vom 28. September 1949. Bundesamt für Vermögenssicherung, Vorbereitung eines Handelsvertrages mit Irland

wpol 162320 vom 11. Oktober 1949 BKA/AA

wpol 163171 vom 12. Oktober 1949 BKA/AA

wpol 166455 vom 19. Oktober 1949 Schreiben der österreichischen Gesandtschaft an den irischen Gesandten Driscoll hinsichtlich der Kartoffeln

wpol 166455 vom 29. Oktober 1949 BKA/AA

wpol 171784 irischer Gesandter Driscoll an Praack, beide ERP Büros Paris BKA/AA vom 5. November 1949

wpol 171106 vom 5. November 1949. Dort bot der irische Delegierte Mr. Driscoll in Paris der österreichischen Delegation Kartoffeln an. Die Weiterleitung erfolgte am 10. November 1949 an das BKA/AA

wpol 171784 vom 11. November 1949

wpol 172 670 Wien 21. November 1949. Prozentsätze und Werte der österreichischen Liberalisierungslisten A, B1, B2 gegenüber den einzelnen Teilnehmerstaaten. Die Gesamtsumme betrug 66,152 Millionen US-Dollar. Das deutsche Gebiet hatte in der Liste eine Summe von 18, 7 Millionen US-Dollar und Italien von 11,104 Millionen und Irland von 0,015 Millionen

wpol 173310 BKA/AA an die französische und britische Gesandtschaft vom 30. November 1949

wpol 176819 Bezugszahlen (Belgien) oder Bezugszahl 171840 vom 8. Dezember 1949, oder bzgl. Dänemark wpol vom 17. Dezember 1949 (Bezugszahl 171840, 170430 und 178393)

wpol 178406 vom 12. Dezember 1949 an verschiedene Ministerien BKA/AA

wpol 180752 vom 31. Dezember 1949, Liberalisierung: Ergänzung des österreichischen Memorandums nach bilateralen Verhandlungen

4   Internet-Quellen, alphabetisch sortiert

British Royal Family: https://www.royal.uk/queens-speech-us-state-banquet. Abgerufen am 9.6.2019

Bundesministerium für wirtschaftliche Zusammenarbeit: https://www.bmz.de/de/ministerium/wege/ multilaterale_ez/akteure/Weltbank/index.html, https://www.bmz.de/de/themen/welthandel/welt handelssystem/gatt/index.html. Abgerufen am 18.5.2020

Council of Europe: Mitgliederliste: https://www.coe.int/de/web/portal/austria bzw. ireland. Abgerufen am 9.4.2018

Deutschlandfunk kultur: Julia Smirnova, Nordirland nach dem Brexit, „Wir sind Bürger zweiter Klasse", Deutschlandfunk kultur vom 21.4.2021. Abgerufen am 19.6.2021

Die Welt online: Klaus Geiger/Christoph B. Schlitz, Wie Corona die EU ins Wanken bringt, 12.3.2021, https://amp.welt.de/politik/ausland/plus228073649/Pandemie-Management-Corona-bringt-die-EU-ins-Wanken.html. Abgerufen am 22.5.2021

Die Welt online: Casper van der Veen, Der Mann der sich gegen ein Schulden-Europa stemmt, 17.3.2021. https://www.welt.de/politik/ausland/article228311181/Wahl-in-den-Niederlanden-Mark-Rutte-Der-Mann-der-sich-gegen-ein-Schulden-Europa-stemmt.html. Abgerufen am 17.3.2021

Die Welt online: Michael Höfling, Jetzt bekommt Deutschland die Schuldenunion, die es nie wollte, vom 25.3.2021, https://amp.welt.de/wirtschaft/article229112429/Coronahilfen-fuer-die-EU-Wiederaufbaufonds-als-Einstieg-in-die-Schuldenunion.html. Abgerufen am 22.5.2021

Die Zeit online: https://www.zeit.de/wirtschaft/2020-05/eu-kommission-will-750-milliarden-in-wiederaufbauprogramm-investieren. Abgerufen am 22.5.2021

Die Zeit online: https://www.zeit.de/politik/ausland/2020-05/corona-fonds-eu-wiederaufbauplan-gegenvorschlag. Abgerufen am 22.5.2021

Die Zeit online: https://www.zeit.de/amp/politik/ausland/2020-12/afcfta-abkommen-afrikanische-freihandelszone-armut-corona-weltbank. Abgerufen am 22.5.2021

Dörrbecker, Maximilian (Chumwa): https://commons.wikimedia.org/wiki/File:Karte_Alliierte_ Besatzungszonen_in_Österreich_von_1945_bis_1955.png, „Karte Alliierte Besatzungszonen in Österreich von 1945 bis 1955", https://creativecommons.org/licenses/by-sa/3.0/legalcode, Abgerufen am 21.1.2019 und 23.8.2021

Dollartimes: https://www.dollartimes.com/inflation/inflation.php?amount=100&year=1950. Errechnet auf Basis 13,2 Milliarden US-Dollar mit dem mittleren Jahr des Programms 1950. Abgerufen am 5.5.2019

Economic History Association: https://eh.net/encyclopia/the-sterling-area/. Abgerufen am 4.1.2019

EU.info: http://www.eu-info.de/europa/zeittafel/. Abgerufen am 20.6.2019

EU-Nachrichten, 8.4.2020, Nr. 7, S. 1–2: Billionen-Hilfen für Unternehmen und Beschäftigte. Von der Leyen fordert Marshall-Plan für Europa, https://ec.europa.eu/germany/sites/germany/files/ docs/eu_nachrichten_07_2020web.pdf. Abgerufen am 18.5.2020

Europäische Kommission: https://ec.europa.eu/commission/presscorner/detail/de/MEMO_02_102. Abgerufen am 3.7.2020

History Ireland: https://historyireland.com/20th-century-contemporary-history/the-forgotten-volun teers-of-world-war-ii/. Published in 20th century Contemporary History, Features, Issue (Spring 1998), The Emergency, Volume 6. Abgerufen am 14.4.2018

IHK Mittlerer Niederrhein: Kroll, Aleksandra: Panafrikanische Freihandelszone: Chance für Unternehmen im Afrikageschäft? Vom 15.3.2021, https://www.subsahara-afrika-ihk. de/blog/2021/03/15/panafrikanische-freihandelszone-chance-fuer-unternehmen-im-afrika geschaeft/. Abgerufen am 22.5.2021

1. Quellen

Institut für europäische Politik, Interview mit Werner Weidenfeld vom 10.2.2017, http://iep-berlin.de/blog/interview-mit-prof-dr-werner-weidenfeld-herausgeber-des-jahrbuchs-der-europaeischen-integration/. Abgerufen am 22.5.2021

International Monetary Fund: https://www.imf.org/external/about/histcoop.html. Abgerufen am 12.4.2018

Irische Labourparty: https://www.labour.ie/party/. Abgerufen am 29.1.2019

Marshallfoundation: https://www.marshallfoundation.org/library/digital-achive/6-060-radio-address-april-28-1947/. George C. Marshall als Secretary of State in einer Radioansprache am 28.4.1947. Abgerufen am 18.5.2018

Marshallfoundation: https://www.marshallfoundation.org/library/documents/text-marshallsharvard-speech-department-states-press-release/. Abgerufen am 28.2.2019

Marshallfoundation: https://www.marshallfoundation.org/library/wp-content/uploads/sites/16/2014/05/Chronology_of_the_Marshall_Plan_June_5_1947_to_November_5_1947-1.pdf. Thorsten V. Kalijarvi, Introduction and Chronology of the Marshall Plan from June 5 to November 5, 1946, erstellt am 6.11.1947. Abgerufen am 12.6.2019

Munzinger: https://www.munzinger.de/search/portrait/Alois+Vollgruber/0/5343.html. Abgerufen am 7.1.2019 und 26.8.2021

National Press Club, Allocution de Monsieur Jean Monnet au National press Club, Washington, 30. April 1952 = Speech (on the ECSC and the Plevan Plan) by Mr. Jean Monnet at the National Press club, Washington DC, 30. April 1952. Vgl. hierzu: http://aei.pitt.edu/14364/. (University of Pittsburgh- Archive of European Integration). Abgerufen am 13.5.2019

NATO: https://www.nato.int/cps/en/natohq/official_texts_17120.htm. Abgerufen 4.1.2019

Naturfreunde: https://www.naturfreunde.at/ueber-uns/naturfreunde/geschichte/ Abgerufen am 2.2.2019

New York Times: https://www.nytimes.com/1988/01/16/obituaries/sean-macbride-of-ireland-is-dead-at-83.html. Abgerufen am 6.3.2019

n-tv: https://www.n-tv.de/politik/Was-Merkel-in-Harvard-sagte-article21059002.html. Abgerufen am 31.5.2019

OECD: http://www.oecd.org/general/organisationforeuropeaneconomicco-operation.htm. Abgerufen 12.6.2019

Österreichische Botschaft in Paris: https://www.bmeia.gv.at/oeb-paris/ueber-uns/geschichte-des-amtsgebaeudes/. Abgerufen am 12.1.2019

Roosevelt Library: https://www.fdrlibrary.marist.edu/_resources/images/sign/fdr_33pdf. Atlantik charter Original Draft Telegram Announcing the Results of the Atlantic Conference, August 14, 1941, Note: President's Secretary's Files: Atlantic Charter (Box1) Abgerufen am 2.1.2019 oder https://www.fdrlibrary.org/documents/356632/390886/atlantic_charter.pdf/30b3c906-e448-4192-8657-7bbb9e0fdd38. Abgerufen am 26.8.2021

Statista: https://de.statista.com/statistik/daten/studie/222901/umfrage/bruttoinlandsprodukt-bip-in-der-europaeischen-union-eu/. Abgerufen am 21.5.2021

Süddeutsche Zeitung online: https://www.sueddeutsche.de/politik/merkel-macron-wiederaufbau-eu-1.4911668, vom 18.5.2020. Abgerufen am 18.5.2020

The Harvard Gazette: https://news.harvard.edu/gazette/story/2019/05/at-harvard-commencement-merkel-tells-grads-break-the-walls-that-hem-you-in/. Abgerufen am 31.5.2019

Truman Library: https://trumanlibrary.org./publicpapers/index.php?pid2189. Abgerufen am 12.4.2019, https://www.trumanlibrary.gov/education/lesson-plans/harry-truman-and-truman-doctrine. Abgerufen am 26.8.2021

Universität Hildesheim, Institut für Geschichte, https://www.uni-hildesheim.de/fb1/institute/geschichte/. Abgerufen am 24.5.2019

Universität Luxemburg: http://www.cvce.eu/obj/statement_by_paul_hoffman_at_the_75th_oeec_council_meeting_31_october_1949-en840d9b55-4d17-4c33-8b09-7ea547b85b40.html. Publication date: 20/12/2013. Abgerufen am 4.6.2020

UNO: https://www.unric.org/de/pressemitteilungen/4116-die-192-mitgliedstaaten-der-vereinten-nationen. UNO, Member States. Abgerufen am 9.4.2018.
UNO: https://www.un.org/en/member-states/. Abgerufen am 10.6.2019
WHO: http://www.euro.who.int/de/about-us/organization/who-worldwide. Abgerufen am 28.2.2019
White House Trump: https://www.whitehouse.gov/briefings-statements/remarks-president-trump-majesty-queen-elizabeth-ii-state-banquet-london-united-kingdom/. Abgerufen am 9.6.2019
Worldbank: https://www.worldbank.org/en/about. Abgerufen am 12.4.2018.
Worldbank: https://www.worldbank.org/en/about/history. Abgerufen am 12.4.2018
WTO: https://www.wto.org/english/tratop_e/gatt_e/task_of_signing_e.ht. Abgerufen am 18.5.2020
ZDF: Bernhard, Felix: Irland Profiteur einer neuen Zeit? 5.4.2021, https://amp.zdf.de/nachrichten/wirtschaft/brexit-irland-steuern-100.html. Abgerufen am 22.5.2021

b)   Gedruckte Quellen

I   USA Foreign Relations of the US (FRUS),
Historical Documents – Office of the Historians, chronologisch sortiert

FRUS, 1943, Diplomatic Papers, General Volume I, Moscow Conference Annex 6. https://history.state.gov/historicaldocuments/frus1943v01/pg_761
FRUS, 1947, Council of Foreign Ministers Germany and Austria, Volume II, Document 309, 11-147, Office of the Historians, Memorandum by the United States High Comissioner for Austria (Keyes) for the Secrertary of State, Top secret, The Austrian Problem. Undatiert
FRUS, 1947, Council of Foreign Minister; Germany and Austria, Volume II, Office of the Historians. The Austrian Foreign Minister (Gruber) to the Secretary of State, Moscow 24.4.1947
FRUS, 1947, The British Commonwealth, Europa, Volume III, Office of the Historians, The Director of Policy Planning Staff (Kennan) to the Under Secretary of State (Achseson) am 23.5.1947
FRUS, 1947, The British Commonwealth; Europe, Volume III, Office of the Historians, Memorandum by the Under Secretary of State for Economic Affairs (Clayton) am 27. Mai 1947 https://history.state.gov/historicaldocuments/frus1947v03/d136. Abgerufen am 10.6.2020
FRUS, 1947, Office of the Historians, 1947, The British Commonwealth; Europe, Volume III, Summary of Discussion on Problems of Relief, Rehabilitation and Reconstruction of Europe, Die Besprechung fand am 28. Mai 1947 statt, das Protokoll wurde am 29. Mai 1947 versandt https://history.state.gov/historicaldocuments/frus1947v03/d136. Abgerufen am 3.5.2018
FRUS, 1947, Germany and Austria, Volume II, Office of the Historians, The United States High Commissioner for Austria (Keyes) to the Joint Chiefs of Staff, Vienna 19. July 1947
FRUS, 1947, The British Commonwealth: Europe, Volume III, Office of the Historians, Memorandum by the Director of the policy Planning Staff (Kennan), Report: Situation with Respect to European Recovery Programme, 4. September 1947, Document 233
FRUS, 1948, Germany and Austria, II, 3 - 1048 Telegram. The Minister in Austria (Ehrhardt) to the Secretary of State, Vienna 10. März 1948

1.   Quellen

2.   **Gedruckte Quellen und Zeitungen, alphabetisch und chronologisch sortiert**

Bilanz April 2018

Der Spiegel 3/2017, Schicksalhaft verbunden, einen Marshall-Plan für Afrika

Der Spiegel 5/19, Markus Feldenkirchen: Irisches Leid

Der Spiegel 12/21, Die Amerikaner machen Kriegsrecht, wir machen Verwaltungsrecht

Die Welt 14. April 2018

Die Welt 8. August 2018

Die Welt 19. Januar 2019, Jacques Schuster: Mit Trump endet die Pax Americana

Die Welt, 22. Juli 2020

Die Zeit 15/1947

Die Zeit 21/1953

Die Zeit 23. Juli 2020, Was wussten Sie über Wirecard? Wie findet Europa wieder zusammen? Interview mit Olaf Scholz

Güssinger Zeitung vom 14. Oktober 1934

FAZ 19. Januar 2017

FAZ 2. Dezember 2017, Jochen Buchensteiner: Wo der Brexit an eine Grenze stößt

FAZ 27. März 2019, Lord Stephen K. Green, Baron Green of Hurstpierpoint (britischer Handelsminister unter James Cameron von 2011 bis 2013): Keine Alternative für Deutschland

FAZ 14. August 2020, Werner Weidenfeld, Zukunft der EU: Milliarden sind noch keine Strategie

FAZ 28. Dezember 2020, Hendrik Kafsack, 1246 Seiten zu Weihnachten

FAZ 3. Februar 2021, António Guterres, Ursula von der Leyen, Emmanuel Macron, Angela Merkel, Charles Michel und Macky Sell, Mit multilateraler Kooperation die Krisen überwinden

FAZ 3. Februar 2021, Svea Junge, Euro-Wirtschaft um fast 7 Prozent geschrumpft

Irish Independent vom 22. Juli 1946

Irish Independent vom 16. August 1946

Irish Independent vom 31. August 1946

Irish Independent vom 12. Dezember 1946

Irish Independent vom 10. Juli 1947

Irish Independent vom 15. Mai 1948

Irish Independent vom 19. Mai 1948

Irish Independent vom 4. Juni 1948

Irish Independent vom 21. Juni 1948

Irish Independent vom 29. Juni 1948

Irish Independent vom 2. Juli 1948

Irish Independent vom 7. Oktober 1948

Irish Independent vom 14. Dezember 1948

Irish Independent vom 17. Dezember 1948

Irish Independent vom 2. Februar 1949

Irish Independent vom 14. Februar 1949

Irish Independent vom 8. März 1949

Irish Independent vom 10. März 1949

Irish Independent vom 2. April 1949

Irish Independent vom 5. April 1949

Irish Independent vom 13. April 1949

Irish Independent vom 15. April 1949

Irish Independent vom 22. April 1949

Irish Independent vom 12. August 1949

Irish Independent vom 11. September 1949

Irish Independent vom 7. Juni 1950
Irish Press vom 13. August 1946
Irish Press vom 30. August 1946
Irish Press vom 12. Juli 1947
Irish Press vom 14. Juli 1947
Irish Press vom 31. Juli 1947
Irish Press vom 16. September 1947
Irish Press vom 7. Oktober 1947
Irish Press vom 18. November 1947
Irish Press vom 30. November 1948
Irish Press vom 9. Dezember 1948
Irish Times vom 21. Dezember 1948.
Irish Press vom 23. April 1949
Irish Times vom 4. Mai 1945
Irish Times vom 22. Juli 1946
Irish Times vom 23. Juli 1946
Irish Times vom 4. Juli 1947
Irish Times vom 7. Juli 1947
Irish Times vom 14. Juli 1947
Irish Times vom 9. Mai 1948
Irish Times vom 18. Mai 1948.
Irish Times vom 21. Dezember 1948
Irish Times vom 22. März 1949
Irish Times vom 22. April 1949
Irish Times vom 27. Juni 1949
Neues Österreich, 28. Juni 1945
New York Times vom 10. März 1948
New York Times vom 11. März 1948
Österreichische Volksstimme vom 29. Juni 1946
Sceala Eireann vom 21. Mai 1948
Sunday Times vom 28. November 1948
Sunday Independent vom 6. Juli 1947
Sunday Independent vom 13. Juli 1947
Sceala Eireann vom 21. Mai 1948
The Statist 8. Mai 1948
The Times vom 19. Juni 1947
The Times vom 21. Juni 1947
The Times vom 24. Juli 2017
Weltpresse vom 29. Juni 1946
Weltpresse (Hrsg.) vom britischen Weltnachrichtendienst), vom 29. Juni 1946
Wiener Zeitung vom 11. April 1938
Wiener Zeitung vom 25. April 1945
Wiener Zeitung vom 26. September 1945
Wiener Zeitung vom 27. September 1945
Wiener Zeitung vom 21. Oktober 1945
Wiener Zeitung vom 21. November 1945
Wiener Zeitung vom 27. November 1945
Wiener Zeitung vom 20. Dezember 1945
Wiener Zeitung vom 29. Juni 1946
Wiener Zeitung vom 16. Januar 1947

3   Offizielle Publikationen, Vortrag

American Economic Association, Programm und Rednerliste. Preliminary program of the Fifty-fith annual meeting of the American Economic Association Source: The American Economic Review, Vol. 32, No. 4 (Dec., 1942), pp. 953–965 Published by: American Economic Association Stable URL: https://www.jstor.org/stable/1816802. Accessed: 3.6.2020 18:57 UTC. Abgerufen durch Chris Fleisher am 3.6.2020, 18:57 UTC

Dail Eireann Parliamentary Debates – Official Report Volume 108 –, Comprising period from 8. Oktober 1947–20. November 1947, Dublin 1947

Europarat, Veröffentlicht von der Presse- und Informationsabteilung des Europarats, Straßburg 1986

Fischer, Joschka: Zürich – Rede am 16. Mai 2018 im Hotel Baur au Lac

Guide du Comite de Cooperation Europeene Grand Palais Paris Juillet 1947

Ministère de l'Economie des Finances et du Budget (Hrsg.): Le Plan Marshall et le relèvement économique de l'Éurope, Paris 1993

2.   Literatur

Abelshauser, Werner: Deutsche Wirtschaftsgeschichte von 1945 bis zur Gegenwart, München 2011 (2. vollständig aktualisierte und erweiterte Auflage)

Adams, Willi Paul: Die Vereinigten Staaten von Amerika, Frankfurt a. M. 1990 (71–72 tsd.)

Adams, Willi Paul: Revolution und Nationalstaatsgründung, S. 22–70, S. 56 f. in: Willi Paul Adams (Hrsg.) Die Vereinigten Staaten von Amerika, Frankfurt a. M. 1990 (71–72 tsd.)

Adams, Angela und Willi Paul (Hrsg.): Die Amerikanische Revolution und die Verfassung 1754–1791, München 1987

Agstner, Rudolf/Enderle-Burcel, Gertrude und Follner, Michaela: Österreichs Spitzendiplomaten zwischen Kaiser und Kreisky, Wien 2009 (1. Auflage)

Akenson, Donald Harman: The United States and Ireland, Cambridge 1973 (1. Auflage)

Aldcroft, Derek: The European Economy 1914–1970, London 1978 (1. Auflage)

Bailey, Thomas A.: The Marshall Plan Summer – An Eyewitness Report on Europe and the Russians in 1947, Stanford 1977 (1. Auflage)

Baretta von Mario: Der Fischer Weltalmanach, 1994, Frankfurt a. M. 1993 (1. Auflage)

Barrington, Ruth: Health, Medicine & Politics in Ireland 1900–1970, Dublin 1987 (1. Auflage)

Barrington, Thomas J.: The Irish Administrive System, Dublin 1980 (1. Auflage)

Beckett, James C.: Geschichte Irlands, Stuttgart 1991 (3. erweiterte Auflage)

Benz, Wolfgang: Neutrale Staaten, in: Benz, Wolfgang/Graml, Hermann: Das Zwanzigste Jahrhundert II – Europa nach dem Zweiten Weltkrieg 1945–1982, Frankfurt a. M. 1990 (35–37 tsd.), S. 206–224

Benz, Wolfgang/Graml, Hermann (Hrsg.): Das Zwanzigste Jahrhundert II – Europa nach dem Zweiten Weltkrieg 1945–1982, Frankfurt a. M. 1990 (35–37 tsd.)

Berger, Gerhard: Nationalstaatsbildung, Industrialisierung und berufliche Zivilisierung in der Republik Irland, Europäische Hochschulschriften (Reihe XXII, Soziologie), Frankfurt a. M. 1987 (1. Auflage)

Bieling, Hans Jürgen: Intergouvernementalismus, S. 77–98, S. 77. in: Hans Jürgen Bieling/Marika Lerch, Theorien der europäischen Integration, Wiesbaden 2012 (3. Auflage)

Bieling, Hans Jürgen/Lerch, Marika: Theorien der europäischen Integration, Wiesbaden 2012 (3. Auflage)

Bischof, Günter/Petschar, Hans: Der Marshall-Plan, Wien 2017 (1. Auflage)

Bischof, Günter: Austria in First Cold War. 1945–55, The Leverage of the Weak, London/New York 1999

Bischof, Günter: Die Planung und Politik der Alliierten 1940–1954. Die alliierte Österreichpolitik 1945–1950, in: Gehler, Michael/Steininger, Rolf (Hrsg.): Österreich im 20. Jahrhundert, Band 2 (Hrsg.): Vom Zweiten Weltkrieg bis zur Gegenwart, Wien 1997, S. 107–146

Bischof, Günter: Karl Gruber und die Anfänge des ‚Neuen Kurses‘ in der österreichischen Außenpolitik 1952/53, in: Höbelt, Lothar/Huber, Othmar: Für Österreichs Freiheit, Karl Gruber – Landeshauptmann und Außenminister 1945–1955, Innsbruck 1991 (1. Auflage), S. 143–183

Boltho, Andrea (Hrsg): The European Economy Growth and Crisis, Oxford 1982 (1. Auflage)

Bossuat, Gérard: L'Europe occidentale à l'heure américaine: Le Plan Marshall et l'unification européene 1945–1952, Bruxelles 1992 (1. Auflage)

Bossuat, Gérard: La et l'aide americaine et la construction europenne 1944–1954, Band 2, Paris 1997 (1. Auflage)

Boyce, D. George: Nineteenth-Century Ireland: The Search for Stability, Dublin 1990 (1. Auflage)

Browne, Noel: Against the Tide, Dublin 1987 (8. Auflage)

Browne, Terence: Ireland: A Social and Cultural History, 1922 to the Present, Ithaca/London 1987

Brunt, Barry: The Republic of Ireland, London 1988 (1. Auflage)

Buchheim, Christoph: Deutschland und der Marshall-Plan, in: 50 Jahre Marshall-Plan, Haus der Geschichte Bonn 1997, S. 38–45

Bullen, Roger J./von Strandmann, Hartmut/Pogge, Hartmut und Polonsky, Antony (Hrsg.): Ideas into Politics, Aspects of European History 1880–1950, London/Sidney 1984 (1. Auflage)

Canning, Paul: British Policy towards Ireland, Oxford 1985 (1. Auflage)

Chubb, Basil: The Constitution of Ireland, Dublin 1970 (3. Auflage)

Chubb, Basil: The Government & Politics of Ireland, London u. a. 1970 (1. Auflage)

Chubb, Basil: A Source Book of Irish Government, Dublin 1964 (1. Auflage)

Collins, Martin (Hrsg.): Ireland after Britain, London 1985, (1. Auflage)

Comerford, Patrick: Do you want to die for NATO? Cork/Dublin 1984 (1. Auflage)

Commager, Henry Steele: Documents of American History Volume II, New York 1949 (5. Auflage)

Coudenhove-Kalergi, Richard: Kampf um Europa, III. Band, Wien/Leipzig 1928 (1. Auflage)

Dahrendorf, Ralf: Homo Sociologicus. Ein Versuch zur Geschichte, Bedeutung und Kritik der Kategorie der sozialen Rolle, Wiesbaden 2006 (16. Auflage)

Daniel, Ute: Dollardiplomatie in Europa: Marshallplan, kalter Krieg und US-Außenwirtschaftspolitik 1945–52, Düsseldorf 1982 (1. Auflage)

Duroselle, Jean Baptiste: 1948: Les Debuts de la Construction Européene, in: Poidevin, Raymond (Hrsg.): Histoire des debuts de la construction europeene, Brüssel 1986 (1. Auflage), S. 11–22

Drudy, P. J. (Hrsg.): Ireland and Britain since 1922, Cambridge u. a. 1986 (1. Auflage)

Dwane, David T.: Early Life of Eamon de Valera, Dublin 1922 (3. Auflage)

Dwyer, Ryle T.: De Valera – The Man and the Myths, Dublin 1991 (1. Auflage)

Dwyer, Ryle T.: Strained Relations-Ireland at Peace and the USA at War 1941–1945, Dublin 1988 (1. Auflage)

Eichengreen, Barry: Der Marshall-Plan heute, in: 50 Jahre Marshall-Plan, Haus der Geschichte Bonn 1997, S. 54–64

Eidlitz, Johannes: Dr. Karl Gruber – Führer im Widerstand, in: Höbelt, Lothar/Huber, Othmar: Für Österreichs Freiheit, Karl Gruber – Landeshauptmann und Außenminister 1945–1953, Innsbruck 1991 (1. Auflage), S. 185–194

Eisterer, Klaus: Österreich unter alliierter Besatzung 1945–1955, in: Gehler, Michael/Steininger, Rolf: Österreich im 20. Jahrhundert, Band 2. Vom Zweiten Weltkrieg bis zur Gegenwart, Wien 1997 (1. Auflage), S. 147–216

Elvert, Jürgen: Die europäische Integration, Darmstadt 2013 (2. Auflage)

Elvert, Jürgen: Geschichte Irlands, München 2003 (4. Auflage)

2. Literatur

Elvert, Jürgen/Krauß, Susanne (Hrsg.): Historische Debatten und Kontroversen, (HMRG-Beiheft) Essen 2001, Stuttgart 2003

Elvert, Jürgen: Korporativismus aus Tradition, in: Reutter, Werner/Rütters, Peter: Verbände und Verbandssysteme in Westeuropa, Opladen 2001 (1. Auflage), S. 197–220

Elvert, Jürgen: Vom Freistaat zur Republik – Der außenpolitische Faktor zwischen 1921 und 1948, Bochum 1989 (1. Auflage)

Fanning, Ronan: Irish Neutrality, in: Neutrals in Europe: Ireland, The Swedish Institute of International Affairs, Stockholm 1990

Fanning, Ronan: Economists and governments: Ireland 1922–52, in: Murphy, Antoin E.: Economists and the Irish Economy from the Eigthteenth Century to the present day, Dublin 1983, S. 138–156

Fanning, Ronan: Independent Ireland, Dublin 1983 (1. Auflage)

Fanning, Ronan: The Irish Department of Finance 1922–1958, Dublin 1978 (1. Auflage)

Farrel, Brian: Sean Lemass, Dublin 1983 (1. Auflage)

Fitzgibbon, Constantine/Morrison, George: The Life and Times of Eamon de Valera, Dublin 1973 (1. Auflage)

Follner, Michaela: Der Aufbau des Bundesministeriums für Auswärtige Angelegenheiten, in: Agstner, Rudolf/Enderle-Burcel, Gertrude und Follner, Michaela: Österreichs Spitzendiplomaten zwischen Kaiser und Kreisky, Wien 2009 (1. Auflage), S. 77–101

Foster Robert. F.: Modern Ireland 1600–1972, Dublin 1988 (1. Auflage)

Gallaghar, Michael: Political Parties in the Republic of Ireland, Manchester 1985

Gardner, Richard N.: Sterling-Dollar Diplomacy in current Perspective: The Origins and the Prospects of our international Economic Order, New York 1986 (New and expanded edition with revised introduction)

Gasteyger, Curt: Europa zwischen Spaltung und Einigung 1945 bis 1993, Band 321, Bonn 1994 (Überarbeitete und wesentlich erweiterte Neuauflage)

Gehler, Michael: Europa wachte langsam auf, handelte verspätet und ringt weiter mit sich, in: Corona und die Welt von gestern, in: Michael Gehler/Manfried Rauchensteiner (Hrsg.); Corona und die Welt von gestern, Wien u.a. 2021 (1. Auflage)

Gehler, Michael: From Saint-Germain to Lisbon, Austria's Long Road from Disintegrated to United Europe 1919–2009, Vienna 2020 (1. Auflage)

Gehler, Michael: Deutschland, Von der gespaltenen Gesellschaft 1945 bis heute, Wien/Köln/Weimar 2020

Gehler, Michael: Stadt-Region-Nation-Union: Herrschaftsbedingungen, Kompetenzverlagerungen und Machtverschiebungen, in: Walter Obwexer/Peter Bußjäger/Anna Gamper/Esther Happacher (Hrsg.) Band, Integration oder Desintegration, Herausforderungen für die Regionen in Europa, Baden-Baden 2018, S. 19–58

Gehler, Michael: Europa, Ideen, Institution, Vereinigung, Zusammenhalt, Reinbek 2018 (3. komplett überarbeitete und erheblich erweiterte Auflage)

Gehler, Michael: Common and Different Interests since World War II and after the end of the Cold War. Europe's integrated member states and their relations to the United States 1945–2005, in: de Maeyer, Jan/Viaene, Vincent (ed. by), World views and Worldly Wisdom. Religion, ideology and politics 1750-2006, Leuven 2016, S. 310–335

Gehler, Michael: Modellfall für Deutschland? Die Österreichlösung mit Staatsvertrag und Neutralität 1945–1955. Innsbruck u. a. 2015 (1. Auflage)

Gehler, Michael: Vom Marshall-Plan bis zur EU: Österreich und die europäische Integration von 1945 bis zur Gegenwart, Innsbruck 2006 (1. Auflage)

Gehler, Michael: Österreichs Außenpolitik der Zweiten Republik. Von der alliierten Besetzung bis zum Europa des 21. Jahrhunderts, Band 1, Bundeskanzler von 1953–1961, Innsbruck u. a. 2005 (1. Auflage)

Gehler, Michael: Österreichs Außenpolitik der Zweiten Republik. Von der alliierten Besetzung bis zum Europa des 21. Jahrhunderts, Band 2, Innsbruck u. a. 2005 (1. Auflage)

Gehler, Michael: Vom Sonderfall zum Modellfall?, in: Krauß, Susanne/Elvert, Jürgen (Hrsg.), Jubiläumstagung der Ranke-Gesellschaft in Essen 2001 (Historische Mitteilungen der Ranke-Gesellschaft, Beiheft 46), Stuttgart 2003, S. 175–205

Gehler, Michael: Finis Neutralität? Historische und politische Aspekte im europäischen Vergleich: Irland, Finnland, Schweden, Schweiz und Österreich, in: Zentrum für Europäische Integrationsforschung, Rheinische Friedrich-Wilhelms-Universität Bonn, Discussion Papers C 92, Bonn 2001

Gehler, Michael/Steininger, Rolf: Die Neutralen und die europäische Integration 1945–1955, Wien 2000 (1. Auflage)

Gehler, Michael/Steininger, Rolf (Hrsg.): Österreich im 20. Jahrhundert Band 2. Vom Zweiten Weltkrieg bis zur Gegenwart, Wien u. a. 1997 (1. Auflage)

Gehler, Michael: 17. Juli 1989. Der EG-Beitrittsantrag. Österreich und die europäische Integration 1945–1995, in: Gehler, Michael/Steininger, Rolf (Hrsg.): Österreich im 20. Jahrhundert, Band 2, Wien 1997 (1. Auflage), S. 515–595

Gehler, Michael: "...this nine days wonder"? Die „Figl-Fischerei" von 1947. Eine politische Affäre mit Nachspiel, S. 346–381, in: Gehler, Michael/Sickinger, Hubert (Hrsg.), Politische Affären und Skandale in Österreich: Von Mayerling bis Waldheim, Wien/Thaur/München 1995, 2. durchgesehene und erweiterte Auflage 1996

Gehler, Michael: Karl Gruber, Reden und Dokumente 1945–1953, Wien u. a. 1994 (1. Auflage)

Gehler, Michael: Dr. Ing Karl Gruber – Erster Landeshauptmann von Tirol nach dem Zweiten Weltkrieg, in: Höbelt, Lothar/Huber, Othmar: Für Österreichs Freiheit. Karl Gruber – Landeshauptmann und Außenminister 1945–1953, Innsbruck 1991 (1. Auflage), S. 11–70

Gehrt, Katja/Sandschneider, Eberhard (Hrsg.): Die Sicherheitspolitik der Asean, Grenzen, Probleme, Perspektiven, Wiesbaden 2000

Graml, Hermann: Anfänge der europäischen Einigung, in: Benz, Wolfgang/Graml, Hermann (Hrsg.): Das Zwanzigste Jahrhundert II – Europa nach dem Zweiten Weltkrieg 1945–1982, Frankfurt a. M. 1990 (35–37 tsd.), S. 58–81

Grimmel, Andreas/Jakobeit, Cord: Politische Theorien der Europäischen Integration, Wiesbaden 2009

Gillmor, Desmond A.: Economic Activities in the Republic of Ireland: A Geographical Perspective, Dublin 1985 (1. Auflage)

Gimbel, John: The Origins of the Marshall Plan, Stanford 1976, (1. Auflage)

Grosser, Alfred: The Western Alliance, European-American Relations since 1945, London 1980 (1. Auflage)

Gruber, Karl: Zwischen Befreiung und Freiheit, Der Sonderfall Österreich, Wien 1953 (1. Auflage)

Gruner, Wolf D.: Der Deutsche Bund 1815–1866, München 2012 (1. Auflage)

Gruner, Wolf D.: Deutschland in Europa, 1750–2007, Cluj-Napoca 2009 (1. Auflage)

Gruner, Wolf D./Woyke, Wichard: Europa-Lexikon, München 2007 (2. Auflage)

Gruner, Wolf D.: Deutschland mitten in Europa, Beiträge zur deutschen und europäischen Geschichte; Bd. 5, Hamburg 1992

Gruner, Wolf D.: Der Europarat wird fünfzig „Vater" der europäischen Integration: Gründungsvorstellungen, Wirkungen, Leistungen und Perspektive nach 50 Jahren, in: Gruner, Wolf D. (Hrsg.): Jubiläumsjahre – Historische Forschung, Band 7, Rostock 1999 (1. Auflage), S. 117–234

Gruner, Wolf D (Hrsg.)/Wendt, Bernd-Jürgen: Großbritannien in Geschichte und Gegenwart, Beiträge zur deutschen und europäischen Geschichte, Band 9, Hamburg 1994 (1. Auflage)

Gruner, Wolf D.: Die deutsche Frage in Europa 1800–1990, München 1993 (1. Auflage)

2. Literatur

Gruner, Wolf D.: Die Rolle und Funktion von „Kleinstaaten" im internationalen System 1815–1914: Die Bedeutung des Endes der Deutschen Klein- und Mittelstaaten für die europäische Ordnung, S. 107–172, in: Gruner, Wolf D.: Deutschland mitten in Europa, Beiträge zur deutschen und europäischen Geschichte; Bd. 5, Hamburg 1992 (1. Auflage).

Gruner, Wolf D.: Völkerbund, Europäische Föderation oder internationales Schiedsgericht? Die Diskussion über neue Formen der europäischen und internationalen Beziehungen im 19. und frühen 20. Jahrhundert, S. 173–224, in: Gruner, Wolf D.: Deutschland mitten in Europa, Beiträge zur deutschen und europäischen Geschichte; Bd. 5, Hamburg 1992 (1. Auflage)

Haas, Ernst B: The Uniting Europe, Political, Social, and Economic Forces 1950–1957, Notre Dame 2004 (3. Auflage)

Hardach, Gerd: Der Marshall-Plan: Auslandshilfe und Wiederaufbau 1948-1952, München 1994 (1. Auflage)

Hartmann, Jürgen: Internationale Beziehungen, Opladen 2001 (1. Auflage)

Hederman, Miriam: The Road to Europe, Irish Attitudes 1948–61, Dublin 1983 (1. Auflage)

Henke, Klaus Dieter: Westeuropa bis zu den Römischen Verträgen. Wiederaufbau und Integration: Großbritannien, in: Benz. Wolfgang/Graml, Hermann (Hrsg.): Das Zwanzigste Jahrhundert II – Europa nach dem Zweiten Weltkrieg – Frankfurt a. M. 1990 (35–37 tsd.), S. 82–107

Herbst, Ludolf: Die zeitgenössische Integrationstheorie und die Anfänge der europäischen Einigung 1947–1950, in: *Vierteljahrshefte für Zeitgeschichte* 34 (1986), Heft 2, S. 161–205

Herbst, Ludolf (Hrsg.): Vom Marshallplan zur EWG: die Eingliederung der Bundesrepublik Deutschland in die westliche Welt, München 1990 (1. Auflage)

Herbst, Ludolf: Option für den Westen. Vom Marshallplan bis zum deutsch-französischen Vertrag, München 1989 (1. Auflage)

Hickey, D. J./Doherty, J. E.: A Dictionary of Irish History since 1800, Dublin 1980 (1. Auflage), Fax vom 26. August 1992 Gill and Macmillan Publishers

Hilgerdt, Folke: The Case for Multilateral Trade, A World System of Multilateral Trade, S. 393–407, in: The American Economic Review, Vol. 33, No. 1, Part 2. Supplement, Papers and Proceedings of the Fifty-fifth Annual Meeting of the American Economic Association (Mar. 1943) pp. 393–407, https://www.jstor.org/stable/1819026. Abgerufen durch Chris Fleisher am 3.6.2020, 18:59 UTC

Hoffmann, Stanley: Die staatszentrierte Perspektive, in: Grimmel, Andreas/Jakobeit, Cord (Hrsg.), Politische Theorien der Europäischen Integration, Wiesbaden 2009, S. 137–140

Hogan, Michael J.: The Marshall Plan, America, Britain, and the Reconstruction of Western Europe 1947–1952, Cambridge u. a. 1987 (1. Auflage)

Höbelt, Lothar/Huber, Othmar: Für Österreichs Freiheit. Karl Gruber – Landeshauptmann und Außenminister 1945–1955, Innsbruck 1991 (1. Auflage)

Hüttmann, Martin Große/Wehling, Hans Georg (Hrsg): Das Europalexikon, Begriffe/Namen/Institutionen, Bonn 2013 (2., aktualisierte Auflage)

Jordan, Anthony J.: Sean MacBride, Dublin 1993 (1. Auflage)

Jovanovic, Miroslav N.: International Economic Integration, Limits and Prospects, London/New York 1998 (2. Auflage)

Karolewski, Ireneusz Pawel: Die künftige Gestalt Europas: Funktionalismus oder Föderalismus? Am Beispiel der Osterweiterung der Europäischen Union, in: Region-Nation-Europa (Heinz Kleger Hrsg.), Band 1, Münster/Hamburg/London 2000 (Dissertation, 1. Auflage)

Keatinge, Patrick: Unequal sovereigns: the diplomatic dimension of Anglo-Irish relations, in: Drudy, P. J. (Hrsg.): Ireland and Britain since 1922, Cambridge u. a. 1986 (1. Auflage), S. 139–160

Keatinge, Patrick: A Place among the Nations, Dublin 1978 (1. Auflage)

Keatinge, Patrick: The Formulation of Irish Foreign Policy, Dublin 1973 (1. Auflage)

Keogh, Dermot/O'Shea, Finbarr und Quinlain, Carmel (Hrsg): The Lost Decade, Douglas Village, Cork 2004 (1. Auflage)

Keogh, Dermot: Twentieth-Century Ireland – Nation and State –, New York 1995 (1. Auflage)

Keogh, Dermot: Ireland & Europe 1919–1989, Cork/Dublin 1990 (1. Auflage)

Keogh, Dermot: Ireland & Europe 1919–1948, Dublin 1988 (1. Auflage)

Kessel, Martina: Westeuropa und die deutsche Teilung: Englische und französische Deutschlandpolitik auf den Außenministerkonferenzen von 1945 bis 1947, München 1989 (1. Auflage)

Kissiniger, Henry A.: Diplomacy, New York/London/Toronto/Sydney/Tokyo/Singapore 1994 (1. Auflage)

Knapp, Manfred: Das Deutschlandproblem und die Ursprünge des Europäischen Wiederaufbauprogramms. Eine Auseinandersetzung mit John Gimbels Marshall-Plan-Thesen, in: Schröder, Hans-Jürgen (Hrsg.): Marshallplan und westdeutscher Wiederaufstieg, Stuttgart 1990 (1. Auflage), S. 22–31

Klahr, Alfred: Gesellschaft, Mittelungen, 25. Jg. Nr. 2 Juni Wien 2018

Lee, Joseph J.: Ireland 1912–1985, Cambridge u. a. 1990 (2. Auflage)

Lee, Joseph J. (Hrsg.): Ireland 1945–70, Dublin 1979 (1. Auflage)

Leidenfrost, Josef: Karl Gruber und die Westorientierung Österreichs nach 1945, in: Höbelt, Lothar/ Huber, Othmar: Für Österreichs Freiheit. Karl Gruber – Landeshauptmann und Außenminister 1945–1953, Innsbruck 1991 (1. Auflage), S. 101–119

Lipgens, Walter: Die Anfänge der Europäischen Einigungspolitik 1945–1950, I. Teil: 1945–1947, Stuttgart 1977 (1. Auflage)

Löchel, Christin: (verantwortlich) Fischer Weltalmanach 2019, Frankfurt a. M. 2018 (1. Auflage)

Loth, Wilfried: Europas Einigung, Eine unvollendete Geschichte, Frankfurt a. M./New York 2014 (1. Auflage)

Loth, Wilfried: Die Gemeinschaftsmethode Jean Monnets (Abstract des Referats auf der Fachtagung „Theologie und Vergangenheitsbewältigung III. Gemeinschaftskonzepte im 20. Jahrhundert zwischen Wissenschaft und Ideologie" vom 09. bis 11. Januar 2009) http://universaar. uni-saarland.de/journals/index.php/tg/article/viewArticle/258/280. Abgerufen am 24.8.2020

Loth, Wilfried: Die Teilung der Welt: Geschichte des Kalten Krieges 1941–1955, München 2000 (Februar 2000, erweiterte Neuausgabe)

Loth, Wilfried: Der Weg nach Europa: Geschichte der europäischen Integration 1939–1957, Göttingen 1990 (1. Auflage)

Loth, Wilfried: Die Anfänge der europäischen Integration 1945–1950, Bonn 1990 (1. Auflage)

Loth, Wilfried: Europa nach 1945: Die Formation der Blöcke, in: Benz, Wolfgang/Graml, Hermann (Hrsg.): Das Zwanzigste Jahrhundert II – Europa nach dem Zweiten Weltkrieg – Frankfurt a. M. 1990 (35–37 tsd.), S. 23–57

Lyons, Francis S. L.: Ireland since the Famine. London 1985 (9. Auflage)

Machlup, Fritz: A History of Thought on Economic Integration, Basingstoke/London 1977 (1. Auflage)

Mac Manus, M. J.: Eamon de Valera – A Biography with additional Chapters by David O'Neil, Dublin 1962 (7. Auflage)

Mähr, Wilfried: Von der UNRRA zum Marshallplan, Wien 1985 (Dissertation)

Maier Charles S. (Ed.)/Günter Bischof, The Marshall Plan and Germany: West German development within the Framework of the European Recovery Program New York/Oxford 1991 (1. Auflage)

Maier, Charles S.: The Factory as Society. Ideologies of Industrial Management in the Twentieth Century: Bullen, Roger J./von Strandmann, Hartmut/Pogge, Hartmut und Polonsky, Antony (Hrsg.): Ideas into Politics, Aspects of European History 1880–1950, London 1984 (1. Auflage), S. 147–163

Mayne, Richard J.: The Recovery of Europe – From Devastation to Unity –, London 1970 (1. Auflage)

Mayne, Richard: Einheit Europas, München 1963 (1. Auflage)

McCabe, Ian: A Diplomatic History of Ireland, 1948–49, The Republic, The Commonwealth and Nato, Dublin 1991 (1. Auflage)

2. Literatur

Mearsheimer, John J.: The False Promise of International Institutions, in: Morgenthau: Politics Among Nations

Milward, Alan S.: The Reconstruction of Western Europe, 1945–1951, London 1984 (1. Auflage)

Milward, Alan S.: Die Auswirkungen des Marshall-Plans, in: 50 Jahre Marshall-Plan, Haus der Geschichte, Bonn Juni 1997, S. 46–53

Mion Giordano/Ponattu, Dominic: Estimating economic benefits of the Single Market for European countries and regions – Policy Paper, Bertelsmann Stiftung, Gütersloh Mai 2019

Mitchell, Brian R.: The European Historical Statistics 1750–1970, Basingstoke/London 1975 (1. Auflage)

Mitrany, David: A Working Peace System, Chicago 1966 (die Auflage wird nicht genannt, es gibt den Hinweis auf drei Nachdrucke in Großbritannien auf Seite 25, daher vermutlich 5. Auflage. Es entstand in der Kriegszeit, als er für das State Department gearbeitet hat)

Monnet, Jean: Erinnerungen eines Europäers, München/Wien 1978 (1. Auflage)

Morgenthau, Hans Joachim: Politics Among Nations, The Struggle for Power and Peace, New York 2006 (7. Auflage)

Morgenthau Hans Joachim/Thompson, Kenneth W. (Edited by): Principles & Problems of international politics Selected readings, Washington 1950/1982 (1. Auflage) 1982 NR

Moynihan, Maurice: Currency and Central Banking in Ireland 1922–1960, Dublin 1975 (1. Auflage)

Mueller, Wolfgang: Die sowjetische Besatzung in Österreich 1945–1955 und ihre politische Mission, Wien/Köln/Weimar 2005

Mugrauer, Manfred: „Reaktionäre aus der Regierung hinauswerfen". Die Figl-Fischerei im Mai/Juni 1947, in: Klahr, Alfred: Gesellschaft, Mitteilungen, 25. Jg. Nr. 2 Juni Wien 2018 (1. Auflage)

Murphy, Antoin E.: Economists and the Irish economy from the century to the present day, Dublin 1983 (1. Auflage)

Murphy, Detlef: Die Entwicklung der politischen Parteien in Irland: Nationalismus, Katholizismus und agrarische Konservatismus als Determinanten der irischen Politik von 1823–1977, Opladen 1982 (1. Auflage)

Murphy, John A.: Ireland in the Twentieth Century, Dublin 1977 (2. Auflage reprinted 1977)

Murphy, John A.: Put them out – Parties and Elections 1948–1969, in: Lee, Joseph J.: Ireland 1945–1970 (1. Auflage), S. 13–26

Nasko, Siegfried: Karl Renner – Zu Unrecht umstritten? Eine Wahrheitssuche, Salzburg/Wien 2016 (1. Auflage)

Nasko, Siegfried/Reichl, Johannes: Karl Renner – Zwischen Anschluß und Europa, Wien 2000 (1. Auflage)

Neisser, Heinrich/Loibelsberger, Gerhard und Strobl, Helmut: Unsere Republik auf einen Blick, Wien 2005 (aktualisierte und erweiterte Neuausgabe)

Niedhart Gottfried: Geschichte Englands im 19. und 20. Jahrhundert (Band 3), München 1987 (1. Auflage)

O'Connor, Lysaght: The Republic of Ireland, Cork 1970 (1. Auflage)

O'Donnell, James: How Ireland is governed, Dublin 1965 (1. Auflage)

O'Driscoll, Mervyn: Ireland. West Germany and the New Europe, 1949–73, Best Friend and Ally? Manchester 2018 (1. Auflage)

Pelinka, Peter: Österreichs Kanzler. Von Leopold Figl bis Wolfgang Schüssel, Wien 2000 (1. Auflage)

Petersen, Jens Peter: Der Aufbau des Sicherheitsapparates in Ulster 1920–1922, Hamburg 1997, (Magisterarbeit)

Poidevin, Raymond (Hrsg.): Origins of the European Integration – Histoire des debuts de la construction europeene (March 1948–May 1950), Baden-Baden/Brüssel u. a. 1986 (1. Auflage)

Pogue, Forrest C.: George C. Marshall and the Marshall Plan S. 46–70, S. 52. in: Maier (Ed.)/ Bischof, The Marshall Plan and Germany: West German development within the Framework of the European Recovery Program, New York/Oxford 1991 (1. Auflage)

Pollard, Robert A.: Economic Security and the Origins of the Cold War 1945–1950, New York 1985 (1. Auflage)

Ponattu, Dominic/Mion, Giordano: Ökonomische Effekte des EU-Binnenmarktes in Europas Ländern und Regionen – Zusammenfassung der Studie, Bertelsmann Stiftung, Gütersloh Mai 2019

Popper, Karl: Logik der Forschung, Tübingen 2005 (11. Auflage)

Prettenthaler-Ziegerhofer, Anita: Europäische Integrationsrechtsgeschichte, Innsbruck u. a. 2012 (3., aktualisierte und ergänzte Auflage)

Rauchensteiner, Manfried: „Die Zwei" – Die Große Koalition 1945–1966, in: Gehler, Michael/ Steininger, Rolf: Österreich im 20. Jahrhundert, Wien u. a. 1997 (1. Auflage), S. 259–305.

Rauchensteiner, Manfried: Der Sonderfall: die Besatzungszeit in Österreich 1945–1955, Graz/Wien/ Köln 1979.

Reutter, Werner/Rütters, Peter (Hrsg.): Verbände und Verbandssystem in Westeuropa, Opladen 2001 (1. Auflage)

Risse, Thomas: Konstruktivismus, Rationalismus und Theorien Internationaler Beziehungen – warum empirisch nichts so heiß gegessen wird, wie es theoretisch gekocht wurde, Beitrag für Gunther Hellmann, Klaus Dieter Wolf und Michael Zürn (Hrsg.), Forschungsstand und Perspektiven der Internationalen Beziehungen, 10.2.2003. https://docplayer.org/20944898-10-02-03-von-thomas-risse.html. Abgerufen am 28.3.2021.

Rittberger, Volker/Zangl, Bernhard/Kruck, Andreas: Internationale Organisationen, Wiesbaden 2013 (4., überarbeitete Auflage)

Ruggie, John Gerrard: Multilateralism: The Anatomy of an Institution, S. 3–47, in: John Gerard Ruggie (Editor), Multilateralism Matters, The Theory and Praxis of an Institutional Form, New York/Oxford 1993

Risse, Thomas: Social Constructivism and European Integration. in: Antje Wiener/Thomas Diez, European Integration Theory, Oxford 2009 (2. Auflage), S. 144–160

Röpke, Wilhelm: Internationale Ordnung, Erlenbach/Zürich 1945 (1. Auflage)

Schall, Paul: Eamon de Valera und der Kampf Irlands um seine Freiheit, Kreuzweingarten 1964 (1. Auflage)

Schimmelfennig, Frank: The EU, NATO and the Integration of Europe, Rules and Rhetoric, Cambridge 2003 (1. Auflage)

Schmitt, Hans A.: The Path to the European Union – From the Marshall Plan to the Common Market –, Baton Rouge/Louisiana 1962 (1. Auflage)

Schopp, Josef (Pseudonym Josef Schleifstein): Was ist der Marshallplan (Hrsg: Kommunistische Partei Deutschlands), Frankfurt a. M 1950 (1. Auflage)

Schröder, Hans Jürgen: Marshallplan und westdeutscher Wiederaufstieg, Stuttgart 1990 (1. Auflage)

Schulz, Matthias: Normen und Praxen: Das Europäische Konzert der Großmächte als Sicherheitsrat, 1815–1860, Band 21 Studien zur Internationalen Geschichte, Wilfried Loth (Hrsg.) München 2009 (1. Auflage)

Schwabe, Klaus: Der Marshall-Plan und Europa, in: Poidevin, Raymond: Origins of the European Integration (March 1948–May 1950), Baden-Baden/Brüssel u. a. 1986 (1. Auflage), S. 47–69

Sharp, Paul: Irish Foreign Policy and the European Community – A Study of the Impact of Interdependence on the Foreign Policy of a small state, Aldershot 1990 (1. Auflage)

Siedschlag, Alexander: Neorealismus; Neoliberalismus und postinternationale Politik. Beispiel internationale Sicherheit – Theoretische Bestandsaufnahme und Evaluation, Opladen 1997

Skarpelis-Sperk, Sigrid: Lehren für die Zukunft, in: 50 Jahre Marshall-Plan, Haus der Geschichte Bonn 1997, S. 15–22

Spaak, Paul-Henri: Memoiren eines Europäers, Hamburg 1969 (1. Auflage)

Staudinger, Anton: Die nationale Frage im Österreich der Ersten und Zweiten Republik, in: Zöllner, Erich: Volk, Land und Staat in der Geschichte Österreichs, Wien 1984 (1. Auflage), S. 168–179

Steil, Benn: The Marshall Plan, Dawn of the Cold War, New York, Februar 2018 (1. Auflage)

2. Literatur

Steinhilber, Jochen: Liberaler Intergouvernementalismus, S. 141–163, S. 145. in: Hans Jürgen Bieling/ Monika Lerch, Theorien der europäischen Integration, Wiesbaden 2012 (3. Auflage)

Steininger, Rolf: 15. Mai 1955: Der Staatsvertrag, in: Gehler, Michael/Steininger, Rolf:(Hrsg.): Österreich im 20. Jahrhundert, vom Zweiten Weltkrieg bis zur Gegenwart, Band 2, Wien u. a. 1997 (1. Auflage), S. 217–257

Steininger, Rolf: Karl Gruber und die Südtirolfrage 1945/46, in: Höbelt, Lothar/Huber, Othmar: Für Österreichs Freiheit. Karl Gruber – Landeshauptmann und Außenminister 1945–1953, Innsbruck 1991 (1. Auflage), S. 71–100

Stourzh, Gerald: Um Einheit und Freiheit, Staatsvertrag, Neutralität und das Ende der Ost-West-Besetzung Österreichs 1945–1955, Wien/Köln/Graz 1998 (4., völlig überarbeitete und wesentlich erweiterte Auflage)

Stourzh, Gerald: Geschichte des Staatsvertrages, 1945–1955, Österreichs Weg zur Neutralität, Graz/ Wien/Köln 1985 (3. Auflage, als durchgesehener Nachdruck der 2. Auflage)

Ströbitzer, Hans: Leopold Figl und seine Zeit, Wien u. a. 2012 (1. Auflage)

Sturm, Hubert: Hakenkreuz und Kleeblatt – Irland, die Alliierten und das „Dritte Reich" Reich 1933–1945, Frankfurt a. M. 1984. Europäische Hochschulzeitschriften. Reihe 3, Geschichte und ihre Hilfswissenschaften; 222. Erschienen in: Bd. 1 1984–Bd. 2 1984, München 1983 (Dissertation)

Thompson, Kenneth W./David Clinton, David: Vorwort/Preface, S. v. in: Hans Joachim Morgenthau, Politics Among Nations, New York 2006 (7. Auflage).

Trost, Ernst: „Österreich ist frei!" Leopold Figl und der Weg zum Staatsvertrag, Wien 2005 (7. Auflage)

Ullmann, Paul: Eine schwierige Nachbarschaft – Die Geschichte der diplomatischen Beziehungen zwischen Österreich und der Tschechoslowakei 1945–1968, in: Wiener Osteuropa Studien, Wien 2006 (1. Auflage)

Vocelka, Karl: Geschichte Österreichs, Kultur – Gesellschaft – Politik, München 2002 (3. Auflage)

Volgger, Friedl: Karl Grubers große Leistung, in: Höbelt, Lothar/Huber, Othmar: Für Österreichs Freiheit, Karl Gruber – Landeshauptmann und Außenminister 1945–1953, Innsbruck 1991 (1. Auflage), S. 195–209

Wagner, Wilhelm J.: Geschichte Österreichs, St. Pölten 2002 (1. Auflage)

Wartmann, Urs: Wege und Institutionen zur Integration Europas 1945–1961, Paris/Köln/Opladen 1961 (1. Auflage)

Weber, Steve: Shaping the Postwar Power, S. 233–292, S. 241. in: John Gerard Ruggie, Multilateralism Matters. The Theory and Praxis of an Institutional Form, Oxford 1993 (1. Auflage)

Weidenfeld, Werner: Die Europäische Union, Akteure-Prozesse-Herausforderungen, München 2013

Weidenfeld, Werner (Hrsg.)/Wessels, Wolfgang (Hrsg.): Europa von A bis Z, Taschenbuch der europäischen Integration, Baden-Baden 2014 (13. Auflage)

Wehe, Walter (Hrsg. – Auswärtiges Amt): Das Werden Europas: Zeittafel der europäischen Einigungsbestrebungen 1946–1955, Frankfurt a. M. 1955 (1. Auflage)

Weiss, Florian: Auf sanften Pfoten gehen. Die österreichische Bundesregierung und die Anfänge der westeuropäischen Integration 1947–1957, München 1989 (Magisterarbeit, Ludwig-Maximilians-Universität München)

Whelan, Bernadette: Ireland and the Marshall-Plan 1947–1957, Dublin 2000 (1. Auflage)

Whelan, Bernadette: Europe-Aspects Irish Foreign Policy, Cork 1984 (Masterthesis)

Wiener, Antje/Diez, Thomas, European Integration Theory, Oxford/New York 2009 (2. Auflage)

Wurm, Clemens A.: Großbritannien und die westeuropäische Integration, in: Wolf D. Gruner/ Wendt, Bernd Jürgen (Hrsg.): Großbritannien in Geschichte und Gegenwart, Beiträge zur Deutschen und Europäischen Geschichte, Band 9, Hamburg 1994 (1. Auflage), S. 225–245

Wynn, Neil A.: Vom Weltkrieg zur Wohlstandsgesellschaft 1941–1961, in: Adams, Willi Paul: Die Vereinigten Staaten von Amerika, Frankfurt a. M. 1990 (71–72 tsd.), S. 354–404

Zöllner, Erich: Volk, Land und Staat in der Geschichte Österreichs, Wien 1984 (1. Auflage)

Zöllner, Ulfert: Irlands Weg zum Marshall-Plan, Hamburg 1995, (Magisterarbeit, Universität Hamburg)

Zöllner, Ulfert: Irland und die Anfänge der europäischen Integration, in: Gehler, Michael/Steininger, Rolf: Die Neutralen und die europäische Integration, 1945–1955, Wien u. a. 2000 (1. Auflage), S. 113–143

In der Reihe „Historische Europa-Studien" (ISSN 1869-1196)
erschienen bisher folgende Titel:

Band 1: Romain Kirt
Europa – Die Weltmacht der
Herzen. Zukunftsszenarien
für das 21. Jahrhundert
2009. IV/184 S.
ISBN 978-3-487-14239-5

Band 2: Michael Gehler,
Andreas Pudlat (Hg.)
Grenzen in Europa
Unter Mitarbeit von Imke Scharlemann.
2009. 378 S.
ISBN 978-3-487-14240-1

Band 3: Kurt Gritsch
Inszenierung eines gerechten Krieges?
Intellektuelle, Medien und
der „Kosovo-Krieg" 1999
2010. 533 S.
ISBN 978-3-487-14355-2

Band 4: Michael Gehler (Hg.)
Die Macht der Städte.
Von der Antike bis zur Gegenwart
Unter Mitarbeit von Imke Scharlemann.
2010. 780 S. mit zahlreichen Abb.
ISBN 978-3-487-14481-8

Band 5: Michael Gehler,
Hinnerk Meyer (Hg.)
Deutschland, der Westen und der
europäische Parlamentarismus.
Hildesheimer Europagespräche I
2012. 475 S.
ISBN 978-3-487-14693-5

Band 6: Michael Gehler, Xuewu Gu,
Andreas Schimmelpfennig (Hg.)
EU – China. Global Players
in a Complex World
2011. 355 S.
ISBN 978-3-487-14727-7

Band 7: Andreas Pudlat
Schengen. Zur Manifestation von
Grenze und Grenzschutz in Europa
2013. 367 S. mit 21 Abb.
ISBN 978-3-487-14730-7

Band 8: Christoph Kühberger
Globalgeschichte als
Vernetzungsgeschichte.
Geschichtsunterricht im
Mehr-Ebenen-System
2012. 303 S.
ISBN 978-3-487-14820-5

Band 9: Hannah Maischein
Ecce Polska. Studien zur Kontinuität
des Messianismus in der polnischen
Kunst des 20. Jahrhunderts
2012. 136 S.
ISBN 978-3-487-14853-3

Band 10: Michael Gehler,
Imke Scharlemann (Hg.)
Zwischen Diktatur und
Demokratie. Erfahrungen in
Mittelost- und Südosteuropa.
Hildesheimer Europagespräche II
2013. 728 S.
ISBN 978-3-487-14833-5

Band 11: Michael Gehler,
Marcus Gonschor, Hinnerk Meyer (Hg.)
Banken, Finanzen und Wirtschaft
im Kontext europäischer
und globaler Krisen.
Hildesheimer Europagespräche III
Unter Mitarbeit von Severin
Cramm und Miriam Hetzel.
2015. 687 S.
ISBN 978-3-487-15041-3

Band 12: Hinnerk Meyer
Formationsphasen der europäischen Integrationspolitik im Vergleich
2014. 431 S.
ISBN 978-3-487-15129-8

Band 13: Michael Gehler,
Marcus Gonschor, Severin Cramm,
Miriam Hetzel (Hg.)
Internationale Geschichte im globalen Wandel.
Hildesheimer Europagespräche IV
2 Bände. 2018. XXII/1278 S. mit 82 Abb.
ISBN 978-3-487-15568-5

Band 14: Michael Gehler,
Peter Müller, Peter Nitschke (Hg.)
Europa-Räume. Von der Antike bis zur Gegenwart
2016. 508 S. mit 43 Abb.
ISBN 978-3-487-15482-4

Band 15: Felix Hinz (Hg.)
Kreuzzüge des Mittelalters und der Neuzeit. Realhistorie – Geschichtskultur – Didaktik
2015. 389 S.
ISBN 978-3-487-15267-7

Band 16: Holm A. Leonhardt
Kartelltheorie und Internationale Beziehungen. Theoriegeschichtliche Studien
2013. 861 S.
ISBN 978-3-487-14840-3

Band 17: Michael Gehler,
Andrea Brait (Hg.)
Am Ort des Geschehens in Zeiten des Umbruchs
2018. 974 S. mit 30 Abb.
ISBN 978-3-487-15622-4

Band 19: Marcus Gonschor
Politik der Feder
2017. 893 S.
ISBN 978-3-487-15531-9

Band 20: Michael Gehler, Paul Luif,
Elisabeth Vyslonzil (Hg.)
Die Dimension Mitteleuropa in der Europäischen Union
2015. 499 S. mit 9 Abb. und 18 Tabellen.
ISBN 978-3-487-15268-4

Band 21: Michael Gehler,
Andrea Brait, Philipp Strobl (Hg.)
Geschichte schreiben – Geschichte vermitteln. Inner- und interdisziplinäre Perspektiven auf die Europaforschung
Hildesheimer Europagespräche V
2 Bände. 2020. 1402 S. mit 31 Abb.
ISBN 978-3-487-15939-3

Band 22: Deborah Cuccia
There are two German States and two must remain?
2019. XIV/394 S. mit 18 Abb.
ISBN 978-3-487-15810-5

Band 23: Schinze-Gerber
Franz Josef Strauß. Wegbereiter der deutschen Einheit und Europäer aus Überzeugung
2020. 384 S.
ISBN 978-3-487-15904-1

Band 24: Harald Kleinschmidt
Der Kontext der Europäischen Union
2020. 380 S. mit 2 Abb.
ISBN 978-3-487-15839-6

Band 25: Ulfert Zöllner
An den Peripherien Westeuropas
2021. 288 S. mit 5 Abb.
ISBN 978-3-487-16052-8